第九辑

EASTLING

东方语言学

《东方语言学》编委会

上海高校比较语言学E-研究院

上海教育出版社

目 录

江东方言的"汝"字（>苏州 nɛ² "倷"）及其相关问题

美国康奈尔大学　　　梅祖麟

内容提要　本文从两方面来说明"汝"字在南北朝已经是江东的方言词。（1）当"你"讲的吴语苏州[nɛ²]、桐庐[ʰne]，赣语黎昌[ʰnɛ]、南城[ʰnɛ]本字都是"汝"。吴语黄岩、常山，赣语南昌、高安本字也是"汝"。上海话、金华话的"侬侬"是"汝侬"的合音词：ʰn̩-ₐnong > ₐnong。（2）何大安（1993）用王羲之的尺牍、六朝歌谣、《世说新语》的"尔汝歌"来说明六朝南人"口语中用的第二人称代词都是'汝'，而[六朝歌谣中的]'尔'、'你'的用例都集中在北齐"。（3）最后本文也讨论怎么样在现代方言中寻找南朝江东方言的痕迹，怎样寻找北朝河北方言的遗迹。

关键词　汝/你　鱼虞有别　江东方言　比较吴语

1　引言

我以前说过北部吴语有个鱼虞有别的层次，在这个层次里，（1）苏州话"倷"[nɛ²]本字是"汝"。"汝"和"锯虚许"等字都是鱼韵三等字。当-j-介音失落时，"汝"的日母变为泥母 n-，韵母的演变和"虚"[ₐhɛ]、"锯"[kɛ²]等一样，变成ɛ。（2）"辣海"的"海"本字是"许"[ʰhɛ]。闽语、赣语也用"许"作远指词。（3）苏州话的"著"在鱼虞有别的层次里，韵母演变和苏州话"苧"[ʰzʅ]、"煮"[ʰtsʅ]、"鼠"[ʰsʅ]一样；也就是说"著"字在苏州话会变成"吃仔饭哉"的"仔"[tsʅ²]。上海话的"著"跟"猪"[ₐtsʅ]的演变相同，也会变成"仔"[tsʅ²]。（梅祖麟 1995，2000：416）

现在想提出一些相关的资料来说明"汝"字在南北朝已经是江东方言词。进入正文之前先回顾一下苏州话、上海话鱼虞有别层次的鱼韵例字。

用汪平《苏州方言语音研究》（1996）、叶祥苓《苏州方言志》（1988）里面的资料，可以给苏州话的鱼韵字做个文白异读表（声调略去，下同）：

苏州	猪	煮	鼠	苧	著	锄	梳	居	锯	许	虚	汝
文读	tsʮ	tsʮ	sʮ	zʮ	tsʮ	zəu	səu	tɕy	tɕy	ɕy	ɕy	zʮ
白读	tsʅ	tsʅ	sʅ	zʅ	tsʅ仔	zʅ	sʅ	kɛ拥有	kɛ	hɛ	hɛ	nɛ

文读是鱼虞相混的层次，在这个层次里，鱼韵字读合口（有圆唇成分）。白读是鱼虞有别的层次，鱼韵一律读开口（ʅ、ɛ）。

我 20 世纪 80 年代研究上海话"仔"[tsɹ]的来源，当时知道的平行的例子只有一个："猪猡"、"猪头三"的"猪"[tsɹ]。最近重读高本汉《中国音韵学研究》的"方音字汇"部分（原著 1915-26，中译本 1948），恍然大悟。19 世纪末的沪语，跟其他吴语一样，有一套读开口的鱼韵字。

高本汉（1915-26）的"方音字汇"正表 673-676 页所列的是上海话鱼韵的文读，如：居 tɕy、渠 dʑy、虚 ɕy、猪 tsɹ、锄 dzu、梳 su。540 页注当中有星号*的表示这个读法是正表所列的又读，来源是 D.H. Davis & Silbey, Shanghai vernacular Chinese-English Dictionary, Shanghai, 1900。下面引 673-674 页附注里上海话的又读。

	锯	去	许	猪	锄	梳	煮	鼠
沪（1900）	ke*	khi*	he*	tsɹ*	dzɹ*	sɹ*	tsɹ*	tshɥ*, sɹ*, tshɹ*

2　方言的证据

下面举北部赣语黎川、南城开口鱼韵的例字。黎川据颜森《黎川方言词典》，全部照抄；26 页"汝 ꜂nɛ，你。代词称对方"。南城根据李如龙、张双庆《客赣方言调查报告》，鱼韵字照抄 31-33 页的例字。419 页列南城第二人称代词"你（哩）nɛ³（li⁰）"，本文照抄 nɛ³，但是我们认为本字是"汝"。

黎川和南城相距不远，南城是《广韵》编者陈彭年的故乡。

	猪	苧	煮	鼠	箸	锄	梳	女	锯	虚	许	渠他	*
黎川	tɕiɛ	tɕhiɛ	tɕiɛ	ɕiɛ	tɕhiɛ	thɛ	ɕiɛ	niɛ	kɛ	hɛ	hɛ	kɛ/tɕiɛ	꜂nɛ 汝
南城	tɕiɛ	tɕhiɛ	tɕiɛ	ɕiɛ	tɕhiɛ	thu	ɕiɛ	ɲiɛ	kiɛ	[ɕy]	—	kiɛ	꜂nɛ 汝
苏州	tsɹ	zɹ	tsɹ	sɹ	—	zɹ	sɹ	[ɲy]	kE	hE	hE	gE	nE² 汝

注：① * 表示第二人称代词的那个语素。②"渠"字苏州一栏里所记实为邻近常熟的读音。

再看三个吴方言的第二人称代词：桐庐[꜂ne]、遂昌[꜂nie]、庆元[꜂nie]。《桐庐方言志》（1992：122）和《吴语处衢方言研究》（2000：466）在这三个对称代词前面写个"你"字，本文认为本字都是"汝"。

《桐庐方言志》35-38 页列举桐庐话鱼韵的文白异读，我们抄录，然后把苏州话的白读写在下面。

		猪	煮	苧	徐	去	锯	第二人称代词
桐庐	文读	tɕy	tɕy	dʑy	dʑi	tɕhy	tɕy	—
	白读	tsɹ	tsɹ	dzɹ	zi	khi	ke	"你" ꜂ne

苏州	tsʅ	tsʅ	zʅ	zi	tɕhi	kɛ	nɛ²

很清楚，桐庐话的[ˈne]，苏州话的[nɛ²]，本字都是"汝"。

《吴语处衢方言研究》416 页第二人称单数下记录了遂昌"你ⁿ̩ie"、"庆元ˈnie"。问题在于，这两个第二人称代词本字是之韵的"你"，还是鱼韵的"汝"？下面预备了一些资料以供参考。

	鱼韵	苧	煮	鼠	锯	渠他	之韵	李姓	耳	字	第二人称代词
庆元		tɕye⁴	ie³	tɕhie³	kɤ⁵	kɤ⁴		li⁴	n̩ĩ⁴	sʅ⁶	ˈn̩ie
遂昌		dzie⁴	ie³	tɕhie³	kɤɯ⁵	gɤ²		li⁴	n̩i⁴	zɤ⁶	ˈn̩ie

结论：庆元、遂昌的第二人称代词ˈn̩ie，本字是"汝"。

庆元、遂昌的ˈn̩ie来自一个保留-j-介音的"汝"字，所以韵母-ie 和"煮"ie³、"鼠"tɕhie³等字的韵母-ie 相同。苏州[nɛ]、桐庐[ne]、黎川[nɛ]来自失落-j-介音的"汝"字，所以韵母-ɛ(-e)和"锯"的韵母-ɛ(-e)相同。把上面的几张表合并为一张大表，就可以看出这几个方言之间的亲疏关系。

	猪	苧	煮	鼠	箸	锄	梳	虚	许	锯	去	渠他	汝你
苏州	tsʅ	zʅ	tsʅ	sʅ	tsʅ	zʅ	sʅ	hɛ	hɛ	kɛ	tɕhi	gɛ	nɛ²
桐庐	tsʅ	dzʅ	tsʅ	[tɕhy]	dzʅ	[dzu]	[su]	[ɕy]	[ɕy]	ke	khi	—	ˈne
黎川	tɕiɛ	tɕhiɛ	tɕiɛ	ɕiɛ	tɕhiɛ	thɛ	ɕiɛ	hɛ	hɛ 那	kɛ	tɕhiɛ	kɛ/tɕiɛ	ˈnɛ
南城	tɕiɛ	tɕhiɛ	tɕiɛ	ɕiɛ	tɕhiɛ	[thu]	ɕiɛ	[ɕy]	[ɕy]	kiɛ	khiɛ	kiɛ	ˈnɛ
遂昌	[ta]	dzie	ie	tɕhie	dzie	[za]	[sa]	—	xɤ	kɤɯ	khɤ	gɤ	ˈn̩ie
庆元	[ʔdo]	tɕye	ie	tɕhie	tɕye	[so]	[sɤ]	xɤ	xɤ*	kɤ	khɤ	kɤ	ˈnɛ

注：*表"臃肿"义，见 232 页。

上面的表说明"猪苧渠他锯许那汝"等字属于鱼虞有别的层次。颜之推（531-581）的名言"北人以庶为戍，以如为儒"说明鱼虞有别是六朝南人所说的江东方言的特征。于是我们推论从南北朝开始，"汝"字就是江东的方言词。换句话说，北人所说的河北方言第二人称不用"汝"而用"尔"、"你"，而南人所说的江东方言正相反，用"汝"而不用"尔"、"你"。

3　文献的证据

何大安《语词的脉络、阶级与体式——中古代词尔、汝、卿的用法与异同》（1993）有一段讲北"尔"南"汝"。何文不容易看到。下面引 907-908 页的全部论述。

《后汉书》、《三国志》、南北史八书和中古时期的传世文献与译经中，凡用于诫下、斥责，或妇女、盗贼之间，以汝字为多。与非人的虎、鹿、骆驼等动物，或无生命的用具如刀之类对话时，也多用汝。此外我们还有三种用汝的资料，可以特别一提。第一种是王羲之的尺牍。这些尺牍是以书法名迹的理由被保存下来的。无论经过多少次的摹写、翻刻，不改易原来的用字这一点，应该是没有疑问的。这些尺牍的对象，有王羲之的朋友和家人，所使用的是浅近的口语，其中所有的第二人称代词，都是汝。（原注：请参看森野繁夫、佐藤利行合编《王羲之の书翰》，1985 年东京第一学习社刊行。）

第二种是六朝的歌谣。根据现在辑得的资料（原注：请参看杜文澜辑、周绍良校点《古谣谚》，1958 年北京中华书局出版），六朝民谣、童谚、时人语中第二人称汝、尔、你用次之比是 7:2:2。其中尔、你的用例都集中在北齐，我们下文会讨论；北齐以外，可以说用的都是汝。

第三种资料是孙皓的《尔汝歌》。《世说新语·排调》载：

> 晋武帝问孙皓：“闻南人好作《尔汝歌》，颇能为不？”皓正饮酒，因举觞劝帝而言曰：“昔与汝为邻，今与汝为臣。上汝一杯酒，令汝寿万春。”帝悔之。

“帝悔之”的原因，是因为以皇帝之尊被作为“汝”的指称对象，不符当时的文化脉络，故而有被羞辱的感觉。请注意这首歌虽名为“尔汝”，歌内却实只有汝，没有尔。《尔汝歌》一定是一首极为暱近的歌，有“忘形到尔汝”之意；而所用却无尔字。可见作“尔汝”一词时，尔只是并列之一部分，只有构成“尔汝”这一并列复合词的功用，真正见诸使用的，只是汝一个字。

尽管传世的文献尔汝并用，甚至尔汝不分，不过从上面引述的一些蛛丝马迹来看，尔汝的区别还是有的。尔容易出现在比较文雅、较庄重的场合，汝则否。

中古时期有一些非汉民族入主中原，他们之中有许多都能说汉语。史书在记录他们的谈话时，大多能反映出上文对卿、尔、汝用法上的观察和解释。刘汉、苻秦、慕容燕、元魏、沮渠氏，及氐、羌、凉各族大抵如此。如果史书所载都是实录，这表示这些非汉民族对汉语的脉络掌握得都很精确。如果史书所载，曾经史官的文饰，那么这也可以表现出当时人对语词使用上无意间所透露出来的敏锐感觉。

不过有一点必须要说明的，那就是北齐使用尔的特别多。前人已经指出，北齐时期的尔，就是后来的你字。（原注：请参看周法高前引书《中国古代语法·称代篇》，1962 年台北中研院出版，页 70；王力《汉语史稿》中册，272 页，1957 年北京科学出版社；吕叔湘《近代汉语指代词》，3-4 页，1985 年上海学林出版社）尔字《广韵》儿氏切，为纸韵日母字。你字《广韵》乃里切，为止韵泥母字。二者声韵俱不相同。所以北齐的尔，读音本来就已经不是儿氏切，写成尔，或你，是取其义近的假借字。北齐尔的语源，究竟是儿氏切的尔，还是人渚切的汝，现在还有争论。但是不能和上文讨论的尔混为一谈，则是非常清楚的。

4　变成声化韵[ŋ]"唔"的"汝"字

我 1992 年发现苏州话[nᴇ²] "㑚"的本字是"汝"以后，就去查赵元任《现代吴语的研究》（1928），希望能找到其他吴语中的"汝"字。96 页的资料节录如下：

	4. nii 你	5. niimen 你们
丹阳	nng 五白音	nngdji 五白音齐音
苏州	neh '㑚'，nh '唔' 止格,少	nndoq '唔笃'，néhdoq'㑚笃'
昆山	nenn 能上音	nndeq '唔得'皆音
宝山	nong 侬音	nndeq '唔得'皆音
上海	nong 侬音	naa 那上音
常熟	neeng 能上音	neengdoq '能上笃'
嘉兴	néé'㑚'	néélaq'㑚'辣轻音
杭州	n'ii 你	n'iimen 你们
黄岩	nn 唔上音	nnté 唔推皆音
温州	gnii 你	gniilé 你来音，你大文家白
永康	nn 唔音	nnlöhnong 唔乱侬（人字）皆音

上面的表有两点值得注意，（ⅰ）嘉兴第二人称代词"㑚"跟苏州"㑚" nᴇ²一样，本字都是"汝"。（ⅱ）苏州话第二人称代词复数有"唔笃" ŋ²-toʔ、"㑚笃" nᴇ²-toʔ 两式，可见 ŋ²"唔"来自 nᴇ² "㑚"①。我在《苏州话的"唔笃"（你们）和汉代的"若属"》（2004：249）写道："上面说明'唔笃' ŋ²-toʔ 来自'㑚笃' nᴇ²-toʔ。因此可以说，'唔笃'、'㑚笃'的本字都是'汝属'"。

再看桐庐方言。《桐庐方言志》122 页列举桐庐第二人称代词：单数"你ᶜne"；复数"五得ŋ̩ təʔ"。李荣先生在《汉语方言当"你"讲的"尔"（上）》（1997）83 页指出："桐庐[ᶜne]其实是'汝'字"，又在同页中说："现在说到桐庐的'五得你们'[ŋ̩ təʔ]。这个只要把[ŋ ɚ]两韵及其相配的文白读列表对比，就可以看出来，'五得'实在是'尔得'。桐庐方言志 36'儿耳二'三字文白[ɚ ŋ]对比，54[ɚ]韵'而尔'两字不分文白读。'而'字口语不用，无白读在情理之中。就古今音变看，就今音文白对比看，就意义看，桐庐[ŋ̩ təʔ]的[ŋ]为'尔'字白读音义皆合，'五'字音义不合。"

现在重抄桐庐、苏州鱼韵字的比较字表，再把第二人称代词复数加在后面：

---

① 李小凡《苏州方言语法研究》（1998：57）："对称指代词的单称形式是'㑚 [nᴇ²³¹]'，复称形式是'唔笃[n̩²³¹⁻²³toʔ⁵⁵⁻²¹]'。但在《海上花列传》中，复称形式写作'耐笃'，'耐'与'㑚'同音，'耐笃'即'㑚笃'，读作[nᴇ²³¹⁻²³toʔ⁵⁵⁻²¹]。从语音形式看，'唔笃'可能是'㑚笃'失落前一音节的韵母演变来的。这样，对称指代词的复数形式就是在单称形式上附加后缀'笃'构成的。"

	猪	煮	苧	徐	去	锯	汝	你们
桐庐	tsʅ	tsʅ	dʑʅ	ʑi	khi	ke	˙ne	˙ŋ təʔ 五得
苏州	tsʅ	tsʅ	zʅ	ʑi	tɕhi	kᴇ	nᴇ²徐	ṇ² toʔ 唔笃 nᴇ² toʔ 俫笃

《桐庐方言志》62 页[təʔ]音下列"得德笃督"等字,可见桐庐的"五得"就是苏州的"唔笃",也就是昆山、宝山的"唔得你们",那么"五得"、"唔笃"、"唔得"下字的本字是"属",上字的本字是"汝";"汝"[nᴇ]弱化了就变成了声化韵[ṇ]~[ŋ]。

　　按照李荣先生的说法,桐庐话第二人称代词单数用"汝",复数用"尔得音"。我们觉得这种分析法不太合适。

　　李荣先生（1997:83）指出新建望城第二人称代词[ˈnᴇ]的本字是"汝"。查地图,新建就在南昌市的旁边。李荣先生《吴语本字举例》（《方言》1980）首次说明南昌话①也有个鱼虞有别的层次。下面把陈昌仪《赣方言概要》提供的望城的资料写在李文的资料的下面。

	锯	去	渠他	鱼	许那	第二人称代词
常熟白	kᴇ²	khᴇ²	₌gᴇ	₌ŋᴇ	—	neeng 能上声
南昌白	kie²	tɕhie²	₌tɕhie	ɲie²	ˈhe	ˈṇ
望城	kᴇ²	—	₌tɕhie	ɲie²	ˈhᴇ	ˈnᴇ 汝

本文认为南昌[ˈṇ]的本字是"汝"。换句话说,南昌的昨天就是望城的今天。

　　"我们"、"你们"、"他们"在赣语南昌、土塘的说法如下。陈昌仪《赣方言概要》324页把南昌[n²¹³]、土塘[n³¹⁵]写成"你"。本文认为本字是"汝"。下面照抄陈书的写法,但把"你"放在方括弧内。

	我们	你们	他们		我们	你们	他们
南昌	我东 ˈŋo tuŋ	[你]东 ˈṇ tuŋ	渠东 ₌tɕie tuŋ	土塘	俺侬 ŋan³⁵noŋ	[你]侬 ṇ noŋ	渠侬 ₌ie noŋ

南昌"东"tuŋ 是"多侬"的合音词。这三个人称复数代词的本字在南昌是:我多侬、汝多侬、渠多侬;在土塘是:俺侬、汝侬、渠侬。

　　都昌人称代词也以"侬"为附加成分,但"侬"不表示复数。第一人称单数可以说"我",也可以说"我侬"。李如龙、张双庆《客赣方言调查报告》（1992）和卢继芳《都昌阳峰方言研究》（2007）都报导都昌话。当"你"讲的[ˈṇ (nuŋ⁰)],前者419页写作"你（侬）",

---

　　① 熊正辉《南昌方言词典》（1994:4）"南昌方言分城里话和乡下话","城里话一些读[tsu tshu su]的字（如:租粗苏）和[tɕy tɕhy ɕy]的字（如:猪初书）,有一些乡下话读[tsʅ tshʅ sʅ]"。笔者按:"猪初书"是知照系声母的鱼韵字。南昌乡下话读[tsʅ tshʅ sʅ],这说明不久以前的南昌城里话鱼虞有别的层次里的鱼韵字包括"猪初书锯去渠他鱼许那汝"等字。

本文照抄，但把"你"放在方括弧内。后者 208 页写作"口侬"，方框框表明来源不明。本文认为[ʼn]的本字是"汝"。

	我	你	他
都昌	我（侬）ʻŋɔ（nuŋ⁰）	[你]（侬）ʼn（nuŋ⁰）	渠（侬）ˌiɛ（nuŋ⁰）
本字	我（侬）	汝（侬）	渠（侬）

吴语处衢方言开化、龙游、遂昌也用"我侬"、"汝侬"、"渠侬"来表示第一、二、三身单数。"汝"字开化音[n²]、龙游音[ʻŋ]、遂昌音[ʻȵie]。下面是《吴语处衢方言研究》416页的人称代词表：

	我	我们	你	你们	他	他们
开化	我[ŋɔ] 我侬 ŋɔ nəŋ	我口ŋɔ ne⁰	尔[n] 尔侬 n nəŋ	尔口n ne	渠[ge] 渠侬 ge nəŋ	渠口ge ne
玉山	我（侬） ŋa³²（nã³²）	我信*侬 ŋa siŋ nã	你（侬） ȵi（nã）	你信*侬 ȵi siŋ nã	渠（侬） ŋə³²（nã⁵²）	渠信*侬 ŋə³³siŋ⁵²nã⁰
龙游	奴侬ˍ多	奴拉	尔侬ˍ多	尔拉	渠侬ˍ多	渠拉
遂昌	我[ŋa] 我侬 ŋa nəŋ	我些侬 ŋa seʔ nəŋ	你ˍ多[ȵie] 你侬	你些侬 ȵie seʔ nəŋ	渠ˍ多[gɤ] 渠侬 gɤ nəŋ	渠些侬 gɤ seʔ nəŋ
庆元	我[ŋɔ]	我侬 ŋɔ noŋ	你[ȵie]	你侬 ȵie noŋ	渠[kɤ]	渠侬 kɤ noŋ

遂昌[ʻȵie]本字是"汝"，所以遂昌当"你们"讲的[ȵie nəŋ]本字是"汝侬"。上面已经说明当"你"讲的[ʼn]本字是"汝"，所以当"你们"讲的遂昌[ʼn nəŋ]、龙游[ʻŋ nəŋ]本字都是"汝侬"。

　　总结以上，都昌、开化、遂昌的第一、二、三身单数代词都是：我侬、汝侬、渠侬。庆元也用"我侬"、"汝侬"、"渠侬"，但这三个代词都是复数，分别表示我们、你们、他们。这种情形和闽南话相似。我们、你们、他们在闽南话分别是"阮ʻgun、恁ʻlin、因ˌin"，它们的来源是"我侬、汝侬、伊侬"①。

　　吕叔湘先生《近代汉语指代词》（1985）51页引过冯梦龙《古今谭概·杂志》第三十六："嘉定近海处，乡人自称曰吾侬、我侬，称他人曰渠侬、你侬，问人曰谁侬。夜间有叩门者，主人问曰：'谁侬？'外客曰：'我侬。'主人不知何人，开门方识，乃曰：'却是你侬。'后人因名其为三侬之地。"

　　沈宠绥（生于明代万历年间）的《度曲须知》里说："吴俗呼'无'字，不作'巫'音，另有土音，与闭口音相似。又有我侬、你侬之称。其'你'字不作'泥'音，另有土音，与舐腭音相似。"

---

　　① 请参看拙著（梅祖麟 2004：251）。

　　"三侬之地"虽然指的是嘉定近海处，但都昌、开化、遂昌才是现代方言的"三侬之地"。沈宠绥所描写的"你侬"——其"你"不作"泥"音，另有土音，与舐腭音相似——很像都昌的[ṇ noŋ]，开化的[ṇ nəŋ]；上字"你(?)"[ṇ]更像苏州话ṇ-toʔ"唔笃"中的[ṇ]"唔"。北部吴语的昨天就是吴语处衢方言的今天。

　　质言之，早期的北部吴语第二人称单数有"汝"、"汝侬ᴀ"两个形式。甲方言选择"汝"，结果就变成苏州的[nᴇʔ]、庆元的[ˊɲie]。乙方言选择"汝侬"，"汝"字变成声化韵[ṇ]，结果是都昌的[ˊṇ nuŋ]、开化的[ˊṇ nəŋ]。丙方言[ṇ-noŋ]的第一个成分继续弱化，就被 noŋ 的声母 n-吸收，结果 ṇ-noŋ "汝侬" > noŋ "侬你"。换句话说，上海、宝山、余姚、嵊县、金华的"侬[noŋ]"来自"汝侬"。常熟、昆山当"你"讲的"能"也来自"汝侬"。

　　也许有人会提出异议：冯梦龙书中提到的三侬是"我侬、你侬、渠侬"。清代的《宝山县志》、《青浦县志》记载宝山、青浦说"你侬"，《上海县志》、《松江府志》记载上海、松江说"尔侬"[①]。按照明清文献的记载，宝山、上海等地的"侬你"应该是"你侬"或"尔侬"的合音词，不该是"汝侬"的合音字。

　　我们再去看看《现代吴语的研究》记载的上海、宝山周边的吴方言。

	4. nii 你	5. niimen 你们
苏州	neh '倷'，nh '唔' 止格,少	nndoq '唔笃'，néhdoq'倷笃'
昆山	nenn 能上音	nndeq '唔得'皆音
宝山	nong 侬音	nndeq '唔得'皆音
上海	nong 侬音	naa 那上音
嘉兴	néé '倷'	néélaq '倷'辣轻音

先看宝山当"你们"讲的"唔得"[ṇ dəʔ]，参照苏州"唔笃你们"[ṇ toʔ]、宝山的[ṇ]来源是"汝"。既然宝山第二人称复数带有[ṇ]唔<[nᴇ]倷"汝"，它的第二人称单数也应该带有[ṇ]（或[nᴇ]）。但是宝山第二人称单数用 nong "侬你"：[ṇ]到哪里去了？"侬你"本来是[ṇ-noŋ]，变成合音词后，[ṇ]被[noŋ]"侬ᴀ"吸收，所以"侬你"其实包含着一个隐形的[ṇ]。

　　上海话、宝山话周边的吴语保存着明确的"汝"字；其中包括苏州、嘉兴的"倷[nᴇ]"；苏州、昆山、宝山的[ṇ]。但是上海、宝山周边的吴语不见明确的"你"或"尔"，所以我们不便把"侬你"的来源定为"你侬"或"尔侬"。

　　游汝杰先生的《吴语里的人称代词》（1995），补充了赵元任先生（1928）所记录的吴语的代词。现在用这两宗资料，把吴语中的"汝"字开个清单。

　　Ⅰ．声韵俱全的"汝"字

　　　苏州[nᴇʔ]、太仓[nᴇ]、嘉兴[ne]、桐庐[ne]、遂昌[ɲie]、庆元[ɲie]

　　Ⅱ．变成声化韵[ṇ]的"汝"字

　　　（1）苏州[ṇ toʔ]唔笃（你们）、太仓[ṇ taʔ]（你们）、昆山[ṇ dəʔ]（你们）

---

　　① 请参看许宝华、游汝杰（1988）《方志所见上海方言初探》，载《吴语论丛》，上海教育出版社，189 页。

嘉兴[ṇ na]（你们）

（2）[ṇ] 安吉、德清、富阳、长兴、萧山、仙居、黄岩、温岭[ʔṇ]、东阳、浦
江、常山、湖州[zəʔ ṇ]（你）、长兴[zəʔ ṇ]（你）、富阳[zəʔ ṇ]（你）、宁
波[ṇ nɐu]（你）①

（3）[ŋ̍]（你）崇明、新昌、临海、汤溪、永康、淳安

III. 被"侬你"吸收进去的[ṇ]"汝"。"汝侬"ṇ-nong＞nong "侬你"

（1）[nong] 上海、莘庄、嘉定、奉贤、宝山、海宁、上虞、嵊县、定海、金
华、兰溪

（2）[nəng]"能" 常熟、昆山[nən]

用同样的方法也可以说明赣语有 I、II 两类的"汝"字。

I. 声韵俱全的"汝"字

黎川[ˊnɛ]、南城[ˊnɛ]、望城[ˊnɛ]、宁都[ˊnie]

II. 变成声化韵[ṇ]的"汝"字

[ṇ] 南昌、景德镇、铅山、泉口、土塘、宜丰、高安、平江、修水、阳新。

5　结论和余论

苏州话第二人称代词用"汝"[nɛ²]，吴语还有没有其他方言也是以"汝"为第二人称
代词？1992 年我发现苏州话[nɛ²]的本字是"汝"以后，一直被这个问题困扰。

读了何大安先生（1993）的文章，我的困惑愈益加深。何文说得很清楚，南北朝时代
的南人，他们"所使用的是浅近的口语，其中所有的第二人称代词，都是汝"。南人包括王
羲之、孙皓，还有不知名的六朝歌谣的作者。

何文继续说，"其中尔、你的用例都集中在北齐"。后面又引吕叔湘（1985）②页 3。吕
先生说：

在《北齐书》里（百衲本《二十四史》，他本同），'爾'、'尔'、'你'三种写
法都有：

谁是爾奴？敢唤我作叔？（卷 11 河间王孝琬）

闻尔病，我为尔针。（卷 30 高德政）

你父打我时，竟不来救。（卷 12 太原王绍德）

阿那环终破你国。（卷 50 高阿那肱）

《周书》和《隋书》里也有'你'的写法，如：

---

① 曹志耘《金华方言词典》（1996:4）："⑤'人'，汤溪话说'农'[nɑo]"，"⑦第二人称单数
汤溪话用'尔'[ŋ̍]或'尔侬'[ŋ̍ʎ nɑo]"。曹志耘说明"侬"可以读作[nɑo]。本文汤溪[ṇ ɑon]、宁波[ṇ nɐu]
的本字都是"汝侬"。

② 吕叔湘先生的《近代汉语指代词》页 1"三身代词"下列举"1 我 2 你 3 他 4 身 5 侬 6 奴 7 渠 8
伊"。这个单子里没有"汝"字。吕书主要是讲官话方言里的指代词，附带着讲方言里的指代词。也许写
书的时候还不知道闽语里第二身代词用"汝"，吴语也有若干方言用"汝"，所以没有把"汝"字收进去。

你能作几年可汗？（周书 50 突厥）

狐截尾，你欲除我我除你。（隋书 22 五行）

和士开，七月三十日，将你向南台。（同）

我好欲放你，敢如此不逊！（又 58 许善心）

共你论相杀事，何须作书语邪？（又 70 李密）

按照何大安的说法，从南北朝开始，第二人称在北方（河北）用"你"（或"爾"），在南方（江东）用"汝"。这种北"你（＜爾）"南"汝"的分布在现代方言中应该产生什么样的影响？吕叔湘先生（1985）说明，晚唐五代的官话三身代词用"我、你、他"。现代官话承继晚唐五代的官话，它的三身代词也是"我、你、他"。这一部分的历史方言学说得顺理成章。

现代吴语有一部分承继六朝的江东方言。按照同样的推理方式，我们期待吴方言的第二人称代词大部用"汝"，少数受官话影响深的吴方言（如常州、杭州）用"你"。但是事与愿违，上世纪八九十年代看到的吴语调查报告第二人称代词一片"你"字，苏州话"倷"[nɛ²]是"汝"字的孤岛。吴方言的"汝"字到哪里去了？

据上所述，近年来的吴语研究者指"汝"为"你"，指"汝"为"尔"，还有指"倷"为"侬"，原来吴语一片"汝"字的版图弄得面目全非。

现在用比较方法做了一番吴方言本字研究，得知江东方言流行的地区——赣北、江浙、福建，吴语和北部赣语都是"汝"多"你"少。换句话说，方言的资料和文献的资料相辅相成。从南北朝开始，汉语的河北、江东两大方言已经产生基本分歧，其一便是人称代词"你/汝"。

6　尾声

《切韵·序》说"江东取韵，与河北复殊"。颜之推《颜氏家训·音辞》"北人以庶为戍，以如为儒，以紫为姊"。这是说北人说的河北方言鱼虞不分，支脂无别，同时也是说南人所说的江东方言鱼虞有别，支亦不与脂相混。

本文作者 1994 年曾经提出过一个假设：现代汉语方言分成两大类。南朝的江东方言保存在闽语、吴语、北部赣语。官话、客家话、粤语的前身是唐代的河北方言，这三种方言没有江东方言的成分在内。

有六个特征可以辨认河北/江东这两种方言。

	韵母结构	询问代词	远指词	对称	他称	人
河北	鱼韵相混	何,是物>什么	那	你（＜尔）	他	人
江东	鱼虞有别	底	许那	汝	伊,渠他	侬人

我在《几个闽语语法成分的时间层次》（梅祖麟、杨秀芳 1995）曾经说明：（1）"许_那"出现于赣语南昌话、吴语上海话、温州话以及闽南话。（2）询问代词"底"出现于闽南话、吴语丹阳话、金坛话。鱼虞有别的层次正好有三个鱼韵指代词"许"、"汝"、"渠"，探索它们的分布可以一石二鸟。本文主要是探索"汝"在吴语、北部赣语里的分布，同时也探讨了"许_那"、"渠_他"、"侬_人"在吴语和赣语里的分布。本文题目所说的"相关问题"就是指江东方言的六个特征以及它们在现代方言中的分布。

参考文献

曹志耘　1996　《金华方言词典》，南京：江苏教育出版社。

曹志耘 秋谷裕幸 太田斋 赵日新　2000　《吴语处衢方言研究》，东京：好文出版。

陈昌仪　1991　《赣方言概要》，南昌：江西教育出版社。

陈忠敏　1999　论苏州话人称代词的语源，《中国语言学论丛》第二辑，101-119 页，北京语言文化大学出版社。

高本汉　1948　《中国音韵学研究》（赵元任、李方桂、罗常培译），北京：商务印书馆。

何大安　1993　语词的脉络、阶级与体式——中古代词尔、汝、卿的用法与异同，《王叔岷先生八十岁寿庆文集》，901-910 页，台北：大安出版社。

李　荣　1980　吴语本字举例，《方言》2: 137-140。

——　1997　汉语方言里当"你"讲的"尔"（上），《方言》2: 81-87。

李小凡　1998　《苏州方言语法研究》，北京大学出版社。

李如龙 张双庆　1992　《客赣方言调查报告》，广州：暨南大学出版社。

卢继芳　2007　《都昌阳峰方言研究》，北京：文化艺术出版社。

吕叔湘　1985　《近代汉语指代词》，上海：学林出版社。

梅祖麟　1994　More on the Aspect Marker tsɿ in Wu Dialects, *In Honor of William S-Y Wang*；又载梅祖麟（2000：510-526）。

——　1995　方言本字研究的两种方法，《吴语和闽语的比较研究》，1-14 页，上海教育出版社；又载梅祖麟（2000：403-422）。

——　2000　《梅祖麟语言学论文集》，北京：商务印书馆。

——　2004　苏州话的"唔笃"（你们）和汉代的"若属"，《方言》3: 247-255。

梅祖麟 杨秀芳　1995　几个闽语语法成分的时间层次，《史语所集刊》66.1；又载梅祖麟（2000：286-305）。

潘悟云 陈忠敏　1995　释"侬"，*Journal of Chinese Linguistics* 23.2: 129-147。

汪　平　1996　《苏州方言语音研究》，武汉：华中理工大学出版社。

熊正辉　1994　《南昌方言词典》，南京：江苏教育出版社。

许宝华 游汝杰　1988　方志所见上海方言初探，《吴语论丛》，184-192 页，上海教育出版社。

颜　森　1995　《黎川方言词典》，南京：江苏教育出版社。

叶祥苓　1988　《苏州方言志》，南京：江苏教育出版社。

游汝杰 1995 吴语里的人称代词，《吴语和闽语的比较研究》，32-49 页，上海教育出版社。

洪成玉 冯 蒸等 1992 《桐庐方言志》，北京：语文出版社。

赵元任 1928 《现代吴语的研究》，北京：清华学校研究院。

郑 伟 2008 古吴语的指代词"尔"和常熟话的"唔"——兼论苏州话第二人称代词的来源问题，《语言学论丛》第三十七辑，105-124 页，北京：商务印书馆。

周祖谟 1966 颜氏家训音辞篇注补，《问学集》（上册），405-428 页，北京：中华书局。

≈≈

中国语言学研究学会"李方桂博士论文奖"介绍及申请办法

"纪念李方桂先生中国语言学研究学会"（以下简称"本会"）为纪念语言学大师李方桂先生对中国语言学的贡献，设立了"李方桂语言学论著奖"、"李方桂博士论文奖"、"李方桂田野调查奖"和"李方桂研究生学术会议旅费资助奖金"等四个奖项。其中"李方桂博士论文奖"的简介及申请办法如下：

一、为纪念李方桂先生在汉语历史音韵及汉藏语研究等两方面的贡献，特地设立"李方桂学会博士论文奖"（LFK Dissertation Award，以下简称"本奖"），并订定本奖办法。

二、本奖的奖励对象，为任何地区最近三年内获得博士学位的学者，其博士论文需与汉语历史音韵或汉藏语研究密切相关。

三、本奖每年评审一次。凡有意申请者，请于每年 6 月 30 日前，备妥下列各件电子文件（PDF 版）寄达本会：

（1）博士论文（含二千字以内的中文或英文摘要）；

（2）博士学位证书复印件；

（3）个人简历，以及两位咨询人的姓名与联络地址（无须推荐信。本会将视需要主动致函咨询人）。

四、 上列各件请寄： 香港科技大学中国语言学研究中心（电邮：yuyanxue@ust.hk）。

五、本奖每次颁发一到两名，每名美金一千元。

六、本奖的评审由本会聘请专家担任，最后由本会执行委员会投票决定。评审结果将于次年四月底前公布并一次给奖。

七、本办法由本会执行委员会订定，修订时同。

具体详情，可浏览本会的网站：www.lfksociety.org。

吴语台州（路桥）方言词汇

福建师范大学 林晓晓

内容提要 本文按照义项，分为三十类，描写了吴语台州路桥方言的词汇，旨在提供一份该方言详细的词汇系统的调查报告。

关键词 吴语 台州 路桥方言 词汇

浙江台州位于浙江省沿海中部，辖椒江、黄岩、路桥三区，临海、温岭两市，玉环、天台、仙居、三门四县。台州方言自成一片，与台州市范围基本重合。

本词汇表以笔者家乡路桥区新桥镇的方言作为调查点。词汇表力求精准，因此在调查上下的功夫较多。单字音调查借助《方言调查字表》，选取了两个发音人[①]。在单字音的基础上，以语言研究所方言组的《方言调查词汇表》为词汇调查的依据，分类别找不同的人调查[②]。后又两次对词汇标音进行核对，并有所补充。词汇共计四千多条。

本表既是补充方言同音字汇的依据，同时也是进一步研究方言连读变调和小称变音的依据。为明晰起见，笔者将标音作了分类标记：①副词部分、介词与连词部分、四字及以上的不做分析，不加标记。②四字以下的如果符合一般连读变调规律的也不加标记。③符合小称变音规律的加单下划线"____"表示。④属特殊变调的加双下划线"____"表示。⑤合音的情况在合音的两个字外及在对应的音标部分加中括号"[ ]"表示。如："[拔桁][pɦʌ³⁵]（上梁）"。⑥有些读音不合规律的用字符边框"☐"标示。另，本词汇表中所有本字不明的都用"口"表示。必要时加注。

台州方言的声母、声调可以有多种处理方案[③]。在本文中我们选用的声韵调系统如下。

声母（40个）：

p	布	p'	怕	pɦ	步盘	m	妈晚	mɦ	骂袜

---

① 2009年1月至2月间，笔者调查了林庆裕先生，老先生于1935年出生于新桥镇郑际村，初中文化程度，当过农民、门卫、会计，一直说纯正的方言，不能说别处的话。2009年7月至8月间调查了林崇多老师，林老师于1945年生于新桥镇桥头叶村，高中文化程度，在当地从事语文教学四十多年，除了方言，还会说带有方言特征的普通话。二位先生的发音略有出入，但都是可靠的。

② 主要调查人有林广平（笔者父亲，1962年出生于新桥镇桥头叶村，初中文化程度，口音纯正）、韩彩香（笔者母亲，1965年出生于温岭市新河镇东合村，初中文化程度）、陈丹霞（笔者表姐，1984年出生于温岭市新河镇后行村，现供职于温岭市农技站，主要调查内容为动物类、植物类）、林崇才（笔者祖父，1935年出生于新桥镇桥头叶村，语言环境纯粹，主要调查内容为农业类、迷信类等）。口音以林广平的为准。还有其他很多人也都对本词表的调查工作做了许多帮助，不一一赘述。

③ 详见《吴语路桥方言声母、声调的三套处理方案》（《台州学院学报》2010年第2期）。

f 飞	fɦ 符无	ts 左猪	ts' 醋出	tsɦ 暂祠茶治
s 锁雪删产	sɦ 才坐旋士	tʃ 中弓嘴	tʃ' 窗框白曲	tʃɦ 虫住局绪
ʃ 岁墟书况	ʃɦ 熟如随徐	t 多啄鸟白	t' 兔	tɦ 稻田
n 哪粒	nɦ 南	l 两	lɦ 蓝	tɕ 借走张狗
tɕ' 千创口溪	tɕɦ 赵陈茄轿	ɕ 写搜升	ɕɦ 集齐晨舌	ȵ 女软眼藕
ȵɦ 泥人艺原	k 歌介扛峡	k' 去可剑菌	kɦ 巨狂共群	ŋ 我咬
ŋɦ 熬	h 火许	j 荣岸于淆	ɦ 咸合卫	∅ 巫雅户哀

声调（7个，其中阳上与阳平同为31）：

阴平33 高开妈街	阴上42 古女马卡	阴去55 对唱送信	阴入5 一笔切八
阳平31 名人成雷	阳上31 上市稻近	阳去22 帽树骂败	阳入2 六白药直

韵母（包括自成音节的m、n、ŋ，共47个）：

ʮ 徐书岁	ʅ 猪私示厕	i 衣世被婿	u 课婆货娓
y 靴白桂椅	ᴀ 抓太街崖	iᴀ 茄鸦者	uᴀ 瓜谐乖
ɛ 宰贪万晏	iɛ 感减癌	uɛ 坏文弯	e 台贝堆帅
ie 贬闪开	ue 块灰官	ø 半团恋全	yø 软文原
ɔ 毛交	iɔ 秒少跃	o 哥我波爬	io 兜母贸牛
əu 多楚都	iəu 流抽	Ã 蚌生打幸	iÃ 娘张创
uÃ 横梗	õ 帮床讲	uõ 光	yõ 双
əŋ 簸森等	iəŋ 拼林寻沉	uəŋ 嫩暖吞旬	yŋ 允闰
oŋ 同翁	yoŋ 兄中	ᴀʔ 阿鸭核白	iᴀʔ 别笔
uᴀʔ 或域划	əʔ 得塞贼劣	iəʔ 些十立甲	uəʔ 刷说绝术
yəʔ 月菊	oʔ 薄乐确恶	uoʔ 忽阔	yoʔ 育阅桌祝
m 某亩	n 儿尔	ŋ 吴白鱼白	

为了方便阅读与查找，下面列出了词汇所涉义项类别及所在页码。

一　天文

日/热头 n̠ɦiəʔ² tɦio³¹⁻⁵¹　（太阳）

日/热头气 n̠ɦiəʔ² tɦio³¹⁻³⁵ tɕ'i⁵⁵

日/热头气[吸爻]n̠ɦiəʔ² tɦio³¹⁻³⁵ tɕ'i⁵⁵[ɕio⁵¹]
（中暑）

日/热头下 n̠ɦiəʔ² tɦio³¹⁻³⁵ o⁴²⁻⁵¹　（太阳照的
地方）

口日/热头 kiəʔ⁵⁻² n̠ɦiəʔ² tɦio³¹⁻³⁵=口日/热头
tsəʔ⁵⁻² n̠ɦiəʔ² tɦio³¹⁻³⁵（晒太阳取暖，尤指
冬日）=晒太阳 so⁵⁵⁻³³ t'ʌ⁵⁵⁻³³ jiʌ̃³¹⁻³⁵（晒
太阳取暖）

荫口 iəŋ³³ tɦĩ³¹⁻⁵¹　（阴凉地）

月亮 n̠ɦyəʔ² lɦiʌ̃²²

星星 ɕiŋ³³⁻⁵⁵ ɕiŋ³³⁻³¹

流星 lɦiəu³¹⁻³⁵ ɕiŋ³³⁻³¹

扫帚星 so⁴²⁻⁴³ tɕiəu⁴²⁻⁴³ ɕiəŋ³³　（彗星）

云 jyŋ³¹

大风 tɦiəu²² foŋ³³　（狂风）

微风 ue³³⁻⁵⁵ foŋ³³⁻³¹

龙卷风 lɦioŋ³¹⁻³³ kyø⁴²⁻⁴³ foŋ³³

台风 tɦie³¹⁻³⁵ foŋ³³⁻³¹

打台风 tʌ̃⁴²⁻⁴³ tɦie³¹⁻³⁵ foŋ³³⁻³¹　（刮台风）

倒风 tɔ⁵⁵⁻³³ foŋ³³　（逆风）

顺风 sɦuəŋ²² foŋ³³

起风 tɕ'i⁴²⁻⁴³ foŋ³³

刮风 kuəʔ⁵⁻² foŋ³³

燥风 so⁵⁵⁻³³ foŋ³³　（干燥的风）

冷东风 lʌ̃⁴²⁻⁴³ toŋ³³⁻⁵⁵ foŋ³³⁻³¹　（寒冷的雨前
东风）

风停爻 foŋ³³ tɦiəŋ³¹ ɦio³¹　（风停了）

冷空气 lʌ̃⁴²⁻⁴³ k'oŋ³³⁻³⁵ tɕ'i⁵⁵

雷佛 lɦie³¹⁻³³ fɦʌʔ²　（雷）

打雷 tʌ̃⁴²⁻⁵⁵ lɦie³¹

雷打爻 lɦie³¹ tʌ̃⁴²⁻⁴³ ŋɦio³¹　（大树被~）

闪电 ɕie⁴²⁻⁴³ tɦie²²

电闪[起来]tɦie²² ɕiəʔ⁵⁻²[tɕ'ie⁴²⁻⁴³]

落雨 lɦioʔ² y⁴²　（下雨）

大雨 tɦiəu²² y⁴²

小雨 ɕiɔ⁴²⁻⁴³ y⁴²⁻⁵¹

雨花毛 y⁴²⁻⁴³ huʌ³³ mɦiŋ³¹⁻³⁵　（毛毛雨）

暴雨 pɦiɔ²² y⁴²

雷雨 lɦie³¹⁻³³ y⁴²

雷阵雨 lɦie³¹⁻³³ tɕɦiəŋ²² y⁴²

雨停爻 y⁴² tɦiəŋ³¹ ŋɦiɔ³¹　（雨停了）

淋雨 liəŋ³¹⁻³³ y⁴²⁻⁵¹

梅雨 mɦie³¹⁻³³ y⁴²

梅雨季 mɦie³¹⁻²² y⁴²⁻⁴³ ky⁵⁵　（梅雨时节）

雪花 suəʔ⁵⁻² huʌ³³⁻³⁵

雪雪子 suəʔ⁵⁻² suəʔ⁵⁻² tsʅ⁴²　（雪珠子）

落雪 lɦioʔ² suəʔ⁵　（下雪）

雪烊/炀爻 suəʔ⁵ jiʌ̃³¹ ŋɦiɔ³¹　（雪化了）

冰 piəŋ³³ =霜冰 sɔ̃³³⁻⁵⁵ piəŋ³³⁻³¹

霜冰权儿 sɔ̃³³ piəŋ³³ ts'ʌ³³⁻³⁵（檐前垂的冰条）

结冰 tɕiəʔ⁵⁻² piəŋ³³

冰烊爻 piəŋ³³ jiʌ̃³¹ ɦiɔ³¹/ŋɦiɔ³¹

雹 pɦiɔʔ² =冰雹 piəŋ³³ pɦiɔʔ²

露水 lɦiəu²² ʃʅ⁴²

落霜 lɦioʔ² sɔ̃³³　（下霜）

雾露 fɦiu²²⁻²⁵ lɦiəu²²⁻⁵⁵ =雾 fɦiu²²

发雾 fʌ⁵⁻² fɦiu²²　（下雾）

鲎 hio⁵⁵　（彩虹）

挂鲎 kuʌ⁵⁵⁻³⁵ hio⁵⁵　（彩虹出来）

天口 t'ie³³⁻³⁵ kɔ⁵⁵　（天气）

晴天 ɕɦiəŋ³¹⁻³⁵ t'ie³³⁻³¹

=晴燥天价 ɕɦiəŋ³¹⁻³³ sɔ⁵⁵⁻³³ t'ie³³⁻³⁵ kɔ⁵⁵

阴天 iəŋ³³⁻⁵⁵ t'ie³³⁻³¹

=胡云天价 ɦiu³¹⁻³³ jyŋ³¹⁻³³ t'ie³³⁻³⁵ kɔ⁵⁵

日头口 n̠ɦiəʔ² tɦio³¹⁻³³ uɔ̃⁴²⁻⁵¹　（太阳被薄
云遮住时不强烈的光线）

落雨天价 lɦioʔ² y⁴²⁻⁴³ t'ie³³⁻³⁵ kɔ⁵⁵

天落水 t'ie³³ lɦioʔ² ʃʅ⁴²　（雨水）

日食 n̠ɦiəʔ² ɕɦiəʔ²

月食 n̠ɦyəʔ² ɕɦiəʔ²

旱天 ie⁴²⁻⁴³ t'ie³³⁻³⁵

暴冷 pʰɔ²²lʌ̃⁴²　　　　　　（天气突然变冷）
暴暖 pʰɔ²²nuəŋ⁴²　　　　　（天气突然变暖）
冷 lʌ̃⁴²
冷口口 lʌ̃⁴²⁻⁴³i³³⁻⁵⁵i³³⁻³¹　　（天气冷的样子）
暖 nuəŋ⁴²　　　　　　（热）
和暖 hu³³nuəŋ⁴²⁻⁵¹　　　（暖和）
暖烘烘 nuəŋ⁴²⁻⁴³hoŋ³³hoŋ³³⁻³⁵（暖和的样子）
凉阴阴 lɦiʌ̃³¹⁻³³iəŋ³³⁻⁵⁵iəŋ³³⁻³¹　（天气偏凉
　　有寒意）
凉阴阴 lɦiʌ̃³¹⁻³³iəŋ³³iəŋ³³⁻³⁵（天气凉爽宜人）

二　地理

平原 pʰiəŋ³¹⁻³⁵nɦyø³¹⁻⁵¹
田 tʰie³¹=田垟 tʰie³¹⁻³⁵jiʌ̃³¹⁻⁵¹
荒地 huɒ̃³³⁻³⁵tʰi²²⁻⁵⁵=荒田 huɒ̃³³⁻³⁵tʰie³¹⁻⁵¹
燥田 sɔ⁵⁵⁻³³tʰie³¹　　（旱地）
滥田 lɦiɛ²²tʰie³¹　　（水田）
秧田 iʌ̃³³⁻³⁵tʰie³¹⁻⁵¹　（种着秧苗的田）
稻田 tɦɔ³¹⁻³⁵tʰie³¹　（种着水稻的田）
丘 tɕʰiəu³³（量词，一块连片的水田叫一丘）
田横头 tʰie³¹⁻³³ɦuʌ̃³¹⁻³⁵tʰio³¹⁻⁵¹　（田的横向
　　的小路，可以走路，也可以种植）
田缺头 tʰie³¹⁻³³kʰyə²⁵tʰio³¹⁻⁵¹（田埂上用于
　　控制水量的缺口）
小田路 ɕiɔ⁴²⁻⁴³tʰie³¹⁻³⁵lɦəu²²⁻⁵¹　（用以隔开
　　一丘一丘田的小路）
畖 kɦiɒ̃³¹　（田间道路或田边可种植农作物
　　的高地）
土堆 tʰəu⁴²⁻⁴³te³³⁻³⁵
空地 kʰoŋ³³⁻³⁵tʰi²²⁻⁵⁵
山顶 se³³tiəŋ⁴²
山头 se³³⁻³⁵tʰio³¹⁻⁵¹
半山腰 bø⁵⁵⁻³³se³³⁻⁵⁵iɔ³³⁻³¹
山脚 se³³tɕiə²⁵→tɕiʌ̃⁵¹
山脚下 se³³tɕiə²⁵⁻²o⁴²⁻⁵¹
山洞 se³³⁻³⁵tɦoŋ²²⁻⁵⁵（除了一般意义上的山
　　洞，台州方言隧道也称山洞）

湖边 ɦu³¹⁻³³pie³³⁻³⁵
湖口岸头 ɦu³¹⁻³³tɕʰie³³jie²²tʰio³¹⁻³⁵　（岸边）
水湖头 ʃʯ⁴²⁻³³ɦu³¹⁻³³tʰio³¹⁻³⁵（湖边，一般特
　　指用于洗衣服的地方）
港 kɒ̃⁴²　　　（港口）
坝 po⁵⁵
溪坑水 tɕʰi³³kʰʌ̃³³ʃʯ⁴²　（溪水）
山水 se³³ʃʯ⁴²　　　　（泉水）
大水 tɦɒu²²ʃʯ⁴²=洪水 ɦoŋ³¹⁻³³ʃʯ⁴²
做大水 tsəu⁵⁵⁻³³tɦɒu²²ʃʯ⁴²
=漫大水 mɦɔ²²tɦɒu²²ʃʯ⁴²　（发大水）
一眼井 iə²⁵⁻²n̠ie⁴²⁻⁴³tɕiəŋ⁴²
打水桶 tʌ̃⁴²⁻⁴³ʃʯ⁴²⁻⁴³tʰoŋ³¹⁻⁵¹
打水 tʌ̃⁴²⁻⁴³ʃʯ⁴²
石头 ɕɦiə²²tʰio³¹⁻⁵¹
石块 ɕɦiə²²kʰue⁵⁵
石头块 ɕɦiə²²tʰio³¹⁻³⁵kʰue⁵⁵
鹅口石 ŋɦio³¹⁻³³miəŋ⁴²⁻⁴³ɕɦiə²　（鹅卵石）
沙 so³³⁻³⁵
沙滩 so³³⁻⁵⁵tʰɛ³³⁻³¹
土砖 tʰəu⁴²⁻⁴³tsø³³⁻³⁵
砖头 tsø³³⁻³⁵tʰio³¹⁻⁵¹
砖块 tsø³³⁻³⁵kʰue⁵⁵
屋瓦 uo²⁵ŋo³¹/ŋɦo³¹　　（瓦片）
墥壅 pɦoŋ³¹⁻³⁵yoŋ³³⁻³¹　（灰尘）
灰 hue³³　　　　（草木灰、柴灰）
石灰 ɕɦiə²²hue³³
蛎灰 lɦii²²hue³³⁻³⁵　（不同于石灰）
水泥 ʃʯ⁴²⁻⁵⁵n̠ɦii³¹
口泥 n̠ɦiʌ̃²²n̠ɦii³¹⁻³⁵=烂泥 lɦiɛ²²n̠ɦii³¹⁻³⁵（泥土）
冷水 lʌ̃⁴²⁻⁴³ʃʯ⁴²
汤 tʰɒ̃³³　　　（温水）
茶 tsɦo³¹　　　（开水）
冷茶 lʌ̃⁴²⁻⁵⁵tsɦo³¹　（凉白开）
烫茶 tʰɒ̃⁵⁵⁻³³tsɦo³¹　（热白开）
煤 mɦie³¹
炭 tʰɛ⁵⁵　　　（木头烧制成的）

煤油 mɦie³¹⁻³⁵jiəu³¹⁻⁵¹ =洋油 jiÃ³¹⁻³⁵jiəu³¹⁻⁵¹

石油 ɕɦiə?²jiəu³¹⁻⁵¹ =汽油 tɕ'i⁵⁵⁻³³jiəu³¹

柴油 sɦA³¹⁻³⁵jiəu³¹⁻⁵¹

机油 tɕi³³⁻³⁵jiəu³¹⁻⁵¹　　（润滑油）

起火 tɕ'i⁴²⁻⁴³hu⁴²

火着[起来]爻 hu⁴²tɕɦiə?²[tɕ'ie⁴²⁻⁵¹]ɦo³¹（着火了）

鑞 lɦA?²　　（锡）

水银 ʃʅ⁴²⁻⁵⁵ȵiən³¹

吸铁石 ɕiə?⁵⁻²t'iə?⁵⁻²ɕɦiə?²　　（磁铁）

玉 ŋyo?²

樟糖丸 tsõ³³thõ³¹⁻³⁵ɦue³¹⁻⁵¹　　（樟脑丸）

硫磺 lɦiəu³¹⁻³⁵ɦuõ³¹⁻⁵¹

口地 thĩ³¹⁻³²tɦi²²　　（地方）

地窟 tɦi²²k'uo?⁵　　（地窖）

城市 ɕɦiŋ³¹⁻³³sɦi³¹

农村 noŋ³¹⁻³⁵ts'uəŋ³³⁻³¹

乡下 ɕiÃ³³o⁴²⁻⁵¹

村 ts'uəŋ³³

乡 ɕiÃ³³

镇 tɕiəŋ⁵⁵

店 tie⁵⁵

园 jyø³¹ =菜园 ts'e⁵⁵⁻³³jyø³¹⁻³⁵（菜地）

市 sɦi³¹　　　　（集市）

落市 lɦio?²sɦi³¹　　（赶集）

弄堂 lɦioŋ²²tɦõ³¹⁻³⁵　　（巷子）

路 lɦiəu²²

走路 tɕio⁴²⁻⁴³lɦiəu²² =趒路 thiõ³¹⁻³²lɦiəu²²

大路 tɦiəu²²⁻²⁵lɦiəu²²⁻⁵⁵

小路 ɕio⁴²⁻⁴³lɦiəu²²⁻⁵¹

马路 mo⁴²⁻⁴³lɦiəu²²

街路 kA³³⁻³⁵lɦiəu²²⁻⁵⁵

车路头 ts'o³³lɦiəu²²tɦio³¹⁻³⁵

抄近路 ts'ɔ³³tɕɦiŋ³¹⁻³²lɦiəu²²　　（走近路）

桥 tɕɦiə³¹

码头 mo⁴²⁻⁵⁵tɦio³¹

坟地 ffiəŋ³¹⁻³⁵tɦi²²⁻⁵⁵

坟 ffiəŋ³¹ =坟墓 ffiəŋ³¹⁻³⁵mɦu²²⁻⁵⁵

坟头 ffiəŋ³¹⁻³⁵tɦio³¹⁻⁵¹

碑 pe³³ =石碑 ɕɦiə?²pe³³ =墓碑 mɦo?²pe³³

三　时令　时间

口年 tɕi³³⁻⁵⁵ȵɦie³¹　　　　（今年）

旧年 tɕɦiəu²²ȵɦie³¹⁻³⁵

=上年 sɦõ²²ȵɦie³¹⁻³⁵ =去年 k'y⁵⁵⁻³³ȵɦie³¹⁻³⁵

下年 o⁴²⁻⁵⁵ȵɦie³¹　　　　（明年）

前年 ɕɦie³¹⁻³²ȵɦie³¹

前几年 ɕɦie³¹tɕi⁴²⁻⁴³ȵɦie³¹

年加年 ȵɦie³¹⁻³³ko³³ȵɦie³¹⁻³⁵　　（每年）

年初 ȵɦie³¹⁻³⁵ts'əu³³⁻³¹

年底 ȵɦie³¹⁻³³ti⁴²⁻⁵¹

上半年 sɦõ²²pø⁵⁵⁻³³ȵɦie³¹⁻³⁵

下半年 o⁴²⁻⁴³pø⁵⁵⁻³³ȵɦie³¹⁻³⁵

春天 ts'uəŋ³³⁻⁵⁵t'ie³³⁻³¹

夏天 ɦo²²t'ie³³⁻³⁵ =暖天 nuəŋ⁴²⁻⁴³t'ie³³⁻³⁵

秋天 tɕ'iəu³³⁻⁵⁵t'ie³³⁻³¹

冬天 toŋ³³⁻⁵⁵t'ie³³⁻³¹

=冷天 lÃ⁴²⁻⁴³t'ie³³⁻³⁵

月初 ȵɦyə?²ts'əu³³⁻³⁵

月底 ȵɦyə?²ti⁴²⁻⁵¹

上个月 sɦõ²²kə?⁵ȵɦyə?²

=上月 sɦõ²²ȵɦyə?²→ȵɦyø⁵¹

下个月 o⁴²⁻⁴³kə?⁵ȵɦyə?²

=下月 o⁴²⁻⁴³ȵɦyə?²→ȵɦyø⁵¹

上半月 sɦõ²²pø⁵⁵⁻³³ȵɦyə?²→ȵɦyø⁵¹

下半月 o⁴²⁻⁴³pø⁵⁵⁻³³ȵɦyə?²→ȵɦyø⁵¹

正月 tɕiəŋ³³ȵɦyə?²→ȵɦyø⁵¹

十二月（农历）ɕɦiə?²fin²²ȵɦyə?²

闰月 jyŋ²²ȵɦyə?²→ȵɦyø⁵¹

星期 ɕiəŋ³³⁻³⁵tɕɦi³¹⁻⁵¹ =礼拜 li⁴²⁻⁴³pA⁵⁵

星期一 ɕiŋ³³tɕɦi³¹⁻³³iə?⁵

=礼拜一 li⁴²⁻⁴³pA⁵⁵⁻³³iə?⁵

星期二 ɕiŋ³³tɕɦi³¹⁻³⁵fin²²⁻⁵⁵

=礼拜二 li⁴²⁻⁴³pA⁵⁵⁻³⁵ʃiŋ²²⁻⁵⁵

星期日 ɕiŋ³³tɕɦi³¹⁻³³n̠ɦiə~ʔ²→n̠ɦiəŋ⁵¹

=礼拜日 li⁴²⁻⁴³pA⁵⁵⁻³³n̠ɦiə~ʔ²→n̠ɦiəŋ⁵¹

三八天 sɛ³³pA~ʔ⁵⁻²t'ie³³⁻³⁵

=三伏天 sɛ³³fɦo~ʔ²t'ie³³⁻³⁵

立春 lɦiə~ʔ²ts'uəŋ³³

雨水 y⁴²⁻⁴³ʃʮ⁴²

惊蛰 tɕiəŋ³³tɕɦiə~ʔ²

春分 ts'uəŋ³³⁻⁵⁵fəŋ³³⁻³¹

清明 tɕ'iŋ³³⁻³⁵mɦiŋ³¹⁻⁵¹

谷雨 kuo~ʔ⁵⁻²y⁴²

立夏 lɦiə~ʔ²ɦo²² =口夏 tʃʮ⁵⁵⁻³⁵ɦo²²⁻⁵⁵

小满 ɕiɔ⁴²⁻⁴³mø⁴²

芒种 mɦɒ̃³¹⁻³⁵tʃyoŋ⁵⁵

夏至 ɦo²²⁻²⁵tsʮ⁵⁵

小暑 ɕiɔ⁴²⁻⁴³ʃʮ⁴²

大暑 tɦA²²ʃʮ⁴²

立秋 lɦiə~ʔ²tɕ'iəu³³

处暑 tʃ'ʮ⁴²⁻⁴³ʃʮ⁴²

白露 pɦA~ʔ²lɦəu²²

秋分 tɕ'iəu³³⁻⁵⁵fəŋ³³⁻³¹

寒露 jie³¹⁻³⁵lɦəu²²⁻⁵⁵

霜降 sɒ̃³³⁻⁵⁵kɒ̃⁵⁵

立冬 lɦiə~ʔ²toŋ³³

小雪 ɕiɔ⁴²⁻⁴³suə~ʔ⁵

大雪 tɦA²²suə~ʔ⁵

冬至 toŋ³³⁻³⁵tsʮ⁵⁵

小寒 ɕiɔ⁴²⁻⁵⁵jie³¹

大寒 tɦA²²jie³¹

稻熟 tɦɔ³¹⁻³²ʃɦyo~ʔ²→ʃɦyoŋ⁵¹

  早稻熟 tsɔ⁴²⁻⁴³tɦɔ³¹⁻³²ʃɦyo~ʔ²→ʃɦyoŋ⁵¹
  （早稻成熟的时节）

晚稻熟 mɛ⁴²⁻⁴³tɦɔ³¹⁻³²ʃɦyo~ʔ²→ʃɦyoŋ⁵¹ （晚
  稻成熟的时节）

三十日 sɛ³³ɕɦei~ʔ²n̠ɦiə~ʔ²→n̠ɦiəŋ⁵¹ （大年三
  十）

除夜 tʃɦʮ³¹⁻³⁵jiA²²⁻⁵⁵ （除夕夜）

守岁 ɕiəu⁴²⁻⁴³ʃʮ⁵⁵

过年 v.ku⁵⁵⁻³³n̠ɦie³¹　n.ku⁵⁵n̠ɦie³¹ （春节）

口对 lɦie³¹⁻³⁵te⁵⁵ （对联）

年里 n̠ɦie³¹⁻³³li⁴²⁻⁵¹ （年前）

年外 n̠ɦie³¹⁻³⁵ŋɦA²²⁻⁵⁵ （年后）

大年初一 tɦA²²n̠ɦie³¹ts'əu³³iə~ʔ⁵

=大月初一 tɦA²²n̠ɦyə~ʔ²ts'əu³³iə~ʔ⁵

=正月初一 tɕiəŋ³³n̠ɦyə~ʔ²ts'əu³³iə~ʔ⁵

正月十五 tɕiəŋ³³n̠ɦyə~ʔ²ɕɦiə~ʔ²ŋ⁴²

=正月半 tɕiəŋ³³n̠ɦyə~ʔ²pø⁵⁵ （元宵节）

汤圆 t'ɒ̃³³jyø³¹⁻³⁵

糟羹 tsɔ³³⁻⁵⁵kɒ̃³³⁻³¹

咸羹 ɦie³¹⁻³⁵kɒ̃³³⁻³¹

甜羹 tɦie³¹⁻³⁵kɒ̃³³⁻³¹ =山粉糊 sɛ³³fəŋ⁴²⁻⁴³ɦu³¹⁻³³

抻糟羹 liəu⁴²⁻⁴³tsɔ³³⁻⁵⁵kɒ̃³³⁻³¹ （正月十五时~）

=抻山粉糊 liəu⁴²⁻⁴³sɛ³³fəŋ⁴²⁻⁴³ɦu³¹⁻³³

正月口头① tɕiəŋ³³n̠ɦyə~ʔ²ɕɦie³¹⁻³⁵tɦio³¹⁻⁵¹（正
  月）

清明 tɕ'iəŋ³³⁻³⁵mɦiəŋ³¹⁻⁵¹

挂梁柳 kuA⁵⁵⁻³³lɦiã³¹⁻³³liəu⁴² （老话：清明挂
  梁柳，下世有娘舅）

地梅 tɦi²²mɦie³¹⁻³⁵ （一种野菜，可用于做青
  叶）

青叶 tɕ'iəŋ³³jiə~ʔ²→jie⁵¹（清明时吃的一种食
  品，地梅晒干后揉到粉里，里面包馅）

端午 tø³³⁻³²ŋ⁴²⁻⁵¹

麦饼 mɦA~ʔ²piəŋ⁴² =口饼 ɕiə~ʔ⁵⁻²piəŋ⁴²

=食饼筒 ɕɦiə~ʔ²piəŋ⁴²⁻⁴³tɦoŋ³¹⁻³⁵

麦油煎 mɦA~ʔ²jiəu³¹⁻³⁵tɕie³³⁻³¹（台州风俗：端
  午吃麦饼或者麦油煎。两者的区别在于，
  前者的外皮是由糯米粉做的，而后者的外
  皮是面粉做的）

粽 tsoŋ⁵⁵

秋 tɕ'iəu³³ =立秋 lɦiə~ʔ²tɕ'iəu³³

---

① 戴昭铭《天台方言研究》196 页认为此处应
为"成"字。

清草糊 tɕ'iəŋ³³tsɔ⁴²⁻⁴³ɦu³¹⁻³³（台州风俗：立秋那天吃清草糊）

七月七 tɕ'iəʔ⁵⁻²n̠ɦyəʔ²tɕ'iəʔ⁵

牛郎 n̠ɦio³¹⁻³⁵lɦiõ³¹⁻⁵¹

织女 tɕiəʔ⁵⁻²n̠y⁴²

七月半 tɕ'iəʔ⁵⁻²n̠ɦyəʔ²pø⁵⁵

月半 n̠ɦyəʔ²pø⁵⁵　（特指七月半）

地藏皇（七月三十）thi²²sɦõ²²ɦuõ³¹⁻³⁵

祭灶（八月初三）tɕi⁵⁵⁻³⁵tsɔ⁵⁵　（祭灶神）

灶师佛寿日 tsɔ⁵⁵⁻³³sʅ³³fɦA²²ɕɦuəu²²n̠ɦiəʔ²

中秋 tʃyoŋ³³⁻⁵⁵tɕ'iəu³³⁻³¹

八月十六 pAʔ⁵⁻²n̠ɦyəʔ²sɦiəʔ²lɦioʔ²（台州以八月十六为中秋节）

月饼 n̠ɦyəʔ²piəŋ⁴²

重阳节 tʃɦyoŋ²²jiã³¹⁻³³tɕiəʔ⁵

=老人节 lɔ⁴²⁻⁴³n̠ɦiəŋ³¹⁻³³tɕiəʔ⁵

皇历（旧）ɦuõ³¹⁻³³lɦiəʔ²=日历 n̠ɦiəʔ²lɦiəʔ²

时候 sɦʅ³¹⁻³⁵io⁵⁵/jio²²⁻⁵⁵

□日 tɕi⁴²⁻⁴³n̠ɦiəʔ²→n̠ɦiəŋ⁵¹　（今天）

□□ t'iəŋ³³⁻³⁵n̠ɦiã²²⁻⁵⁵　（明天）

（□□）后日(t'iəŋ³³n̠ɦiã²²)io⁴²⁻⁴³n̠ɦiəʔ²→n̠ɦiəŋ⁵¹（后天）

大后日 thəu²²io⁴²⁻⁴³n̠ɦiəʔ²→n̠ɦiəŋ⁵¹

□日 sɦioʔ²n̠ɦiəʔ²→n̠ɦiəŋ⁵¹　（昨天）

前日 tɕɦie³¹⁻³²n̠ɦiəʔ²

大前日 thəu²²tɕɦie³¹⁻³²n̠ɦiəʔ²

□ tɕ'iã⁵⁵ =□□ tɕ'iã⁵⁵tɕi³³⁻³¹　（现在）

□□ tsɔ³³⁻³⁵kA⁵⁵　（上午）

早接力 tsɔ⁴²⁻⁴³tɕiəʔ⁵⁻²lɦiəʔ²（上午的点心，也用于指下午吃点心的时候，即上午中段）

晚接力 me⁴²⁻⁴³tɕiəʔ⁵⁻²lɦiəʔ²　（下午的点心，也用于指下午吃点心的时候，即下午中段）

晏□ ɛ⁵⁵⁻³⁵kA⁵⁵　（下午）

一□ iəʔ⁵⁻²kA⁵⁵　（半天）

一□ iəʔ⁵⁻²kA⁵⁵　（大半天）

一□ iəʔ⁵⁻²kA⁵⁵⁻⁵¹　（小半天）

长□ tɕɦiã³¹⁻³⁵kA⁵⁵　（长时间）

一□ iəʔ⁵⁻²tɕi⁵⁵⁻⁵¹　（一小会儿）

一刻儿 iəʔ⁵⁻²k'əʔ⁵→k'əŋ⁵¹　（一会儿）

睏晨头 k'oŋ⁵⁵⁻³³ɕiəŋ³¹⁻³⁵tɦio³¹⁻⁵¹　（早晨）

起早睏晨 tɕ'i⁴²⁻⁴³tsɔ⁴²⁻⁴³k'oŋ⁵⁵tɕ'iəŋ³¹（大清早）

日昼 n̠ɦiəʔ²→n̠ɦi²²⁻³⁵tɕiəu⁵⁵

=日昼头 n̠ɦiəʔ²→n̠ɦi²²tɕiəu⁵⁵⁻³³tɦio³¹⁻³⁵

=日头昼 n̠ɦiəʔ²tɦio³¹⁻³⁵tɕiəu⁵⁵　（中午）

日□ n̠ɦiəʔ²tɦiəʔ²　（白天）

晏根 ɛ⁵⁵⁻³³kəŋ³³⁻³⁵　（傍晚）

黄昏头 ɦuõ³¹⁻³³k'oŋ³³tɦio³¹⁻³⁵　（黄昏）

夜□ jiA²²tɦiəʔ²　（夜晚）

晚头 me⁴²⁻⁴³tɦio³¹⁻³⁵　（晚上）

上半夜 sɦõ²²pø⁵⁵⁻³⁵jiA²²⁻⁵⁵

下半夜 o⁴²⁻⁴³pø⁵⁵⁻³⁵jiA²²⁻⁵⁵

五更 ŋ⁴²⁻⁴³kã³³⁻³⁵

三更半夜 sɛ³³kã³³pø⁵⁵⁻³⁵jiA²²⁻⁵⁵

半夜三更 pø⁵⁵⁻³³jiA²²sɛ³³⁻⁵⁵kã³³⁻³¹

年成 n̠ɦie³¹⁻³⁵ɕiəŋ³¹⁻⁵¹

=收成 ɕiəu³³⁻³⁵ɕiəŋ³¹⁻⁵¹

年成弗好 n̠ɦie³¹⁻³⁵ɕiəŋ³¹⁻⁵¹fAʔ⁵hɔ⁴²　（年成不好）

日子 n̠ɦiəʔ²tsʅ⁴²　（1. 指每日生活，如：过～；2. 指日期，也特指结婚的日子）

日加日 n̠ɦiəʔ²ko³³n̠ɦiəʔ²→n̠ɦiəŋ⁵¹　（每天）

整夜 tɕiəŋ⁴²⁻⁴³jiA²² =通宵 t'oŋ³³⁻⁵⁵ɕiɔ³³⁻³¹

=长夜 tɕɦiã³¹⁻³⁵jiA²²⁻⁵⁵ =整长夜 tɕiəŋ⁴²⁻⁴³tɕɦiã³¹⁻³⁵jiA²²⁻⁵⁵

整日 tɕiəŋ⁴²⁻⁴³n̠ɦiəʔ² =长日 tɕɦiã³¹⁻³³n̠ɦiəʔ²

=整长日 tɕiəŋ⁴²⁻⁴³tɕɦiA³¹⁻³³n̠ɦiəʔ²

一日到晏 iəʔ⁵⁻²n̠ɦiəʔ²tɔ⁵⁵⁻³⁵ɛ⁵⁵　（一天到晚）

整年 tɕiəŋ⁴²⁻⁴³n̠ɦie³¹

=长年 tɕɦiã³¹⁻³⁵n̠ɦie³¹⁻⁵¹

=整长年 tɕiəŋ⁴²⁻⁴³tɕɦiã³¹⁻³⁵n̠ɦie³¹⁻⁵¹

一年到头 iəʔ⁵⁻²n̠ɦie³¹tɔ⁵⁵⁻³³tɦio³¹

一年 iə?⁵⁻²n̠ɦie³¹

两年 liã̠⁴²⁻⁵³n̠ɦie³¹

年把 n̠ɦie³¹⁻³³po⁴²　　（一年多）

年把两年 n̠ɦie³¹⁻³³po⁴²⁻⁵¹liã̠⁴²⁻⁴³n̠ɦie³¹⁻³⁵
　　（一两年）

一两年（表少）iə?⁵⁻²liã̠⁴²⁻⁴³n̠ɦie³¹⁻³⁵

一两年（表多）iə?⁵liã̠⁴²⁻⁵⁵n̠ɦie³¹

十把年（表少）ɕɦiə?²po⁴²⁻⁴³n̠ɦie³¹⁻³⁵

十把年（表多）ɕɦiə?²po⁴²⁻⁵⁵n̠ɦie³¹

多年 təu³³⁻³⁵n̠ɦie³¹⁻⁵¹

一个月头 iə?⁵⁻²kə?⁵⁻²n̠ɦiɣə?²tɦio³¹⁻⁵¹　（一个
　　月）

两个月头 liã̠⁴²⁻⁵¹kə?⁵⁻²n̠ɦiɣə?²tɦio³¹⁻⁵¹　　（两
　　个月）

个把月头（表少）kie⁵⁵⁻³³po⁴²⁻⁴³n̠ɦiɣə?²tɦio³¹⁻³⁵
　　（一个多月）

个把月头（表多）kie⁵⁵⁻³³po⁴²n̠ɦiɣə?²tɦio³¹⁻⁵¹

一两个月头 iə?⁵⁻²liã̠⁴²⁻⁴³kə?⁵⁻²n̠ɦiɣə?²tɦio³¹⁻³⁵
　　（一两个月）

好几个月头 hɔ⁴²⁻⁴³tɕi⁴²⁻⁴³kə?⁵n̠ɦiɣə?²tɦio³¹⁻⁵¹
　　（好几个月）

几月？ tɕi⁴²⁻⁴³n̠ɦiɣə?²→n̠ɦiɣø⁵¹　　（问几月，
　　答正月、二月、三月等）

几个月头？ tɕi⁴²⁻⁴³kə?⁵⁻²n̠ɦiɣə?²tɦio³¹⁻⁵¹（问几
　　个月，答一个月、两个月等）

一日（表少）iə?⁵⁻²n̠ɦiə?²→n̠ɦiəŋ⁵¹

两日 liã̠⁴²⁻⁵¹n̠ɦiə?²

日把（表少）n̠ɦiə?²po⁴²⁻⁵¹　　（一天多）

一两日（表少）iə?⁵⁻²liã̠⁴²⁻⁴³n̠ɦiə?²→n̠ɦiəŋ⁵¹
　　（一两天）

十把日（表少）ɕɦiə?²po⁴²⁻⁴³n̠ɦiə?²→n̠ɦiəŋ⁵¹
　　（十几天）

几时 tɕi⁴²⁻⁴³sɦŋ³¹　　　（什么时候）

清大白日 tɕ'iəŋ³³tɦəu²²pɦʌ?n̠ɦiə?²（青天白
　　日，大白天）

睏晨早黄昏晏 k'oŋ⁵⁵⁻³³ɕɦiəŋ³¹⁻³³tsɔ⁴²ɦuɐ̃³¹⁻³³
　　k'oŋ³³⁻³⁵ɛ⁵⁵　（很早起来，很晚才睡，形
　　容辛苦劳作）

市日 sɦŋ³¹⁻³²n̠ɦiə?²（集市日，每五天为一个
　　市日，各地不一）

一市 iə?⁵⁻²sɦŋ³¹　　　　（五天）

一市口 iə?⁵⁻²sɦŋ³¹⁻⁵⁵jiã̠³¹（五天的时间，形容
　　时间短）

早口 tsɔ⁴²⁻⁴³ɦɦɛ³¹⁻³⁵ =早时 tsɔ⁴²⁻⁴³sɦŋ³¹⁻³⁵

=早日 tsɔ⁴²⁻⁴³n̠ɦiə?²→n̠ɦiəŋ⁵¹　　（以前）

转日 tsø⁴²⁻⁴³n̠ɦiə?²　　　　（改天）

转口 tsø⁴²⁻⁴³ɦɦɛ³¹⁻³⁵　　　（以后）

口口li⁴²⁻⁴³mɛ⁵¹　　（过去讲不久以后）

尽早口ɕɦiəŋ³¹⁻³²tsɔ⁴²⁻⁴³ɦɦɛ³¹⁻³⁵　　（很久
　　很久以前）

尽头起 ɕɦiəŋ³¹⁻³²tɦio³¹⁻³³tɕ'i⁴²⁻⁵¹　　（最早）

蓦定头 mɦʌ?²tɦiəŋ²²⁻²⁵tɦio³¹⁻⁵¹　　（蓦地）

口口时 tɦio⁴²⁻⁴³tɦio⁴²⁻⁴³sɦŋ³¹⁻³⁵　　（经常）

四　农事

柴堆 sɦʌ³¹⁻³⁵te³³⁻³¹

稻秆亭 tɦɔ³¹⁻³²tɕie⁴²⁻⁵⁵tɦiəŋ³¹　　（稻草垛）

口坑① mɦã̠³¹⁻³⁵k'ã̠³³⁻³¹　　（粪坑）

大坑 tɦʌ²²k'ã̠³³　　（贮倒粪便的大池
　　坑，多用石板砌成）

壅田壅 yoŋ³³tɦie³¹⁻³⁵yoŋ⁵⁵ =施肥 sŋ³³⁻³⁵ɦɦi³¹⁻⁵¹

便勺 pɦi²²sɦo?²（粪勺，给庄稼施粪肥的用
　　具）

做田垟 tsəu⁵⁵⁻³³tɦie³¹⁻³⁵jiã̠³¹⁻⁵¹　　（干农活）

关田（旧）kuɛ³³⁻³⁵tɦie³¹⁻⁵¹　（犁田之前在
　　田中放满水）

做地岸 tsəu⁵⁵⁻³³tɦi²²⁻²⁵jie²²⁻⁵⁵　（关田时，把
　　四周小路加高，使不漏水）

放水 fɦɔ⁵⁵⁻³³ʃʮ⁴²（稻子长大了之后对水不
　　是很需要之后放水）

犁田（旧）lɦi³¹⁻³⁵tɦie³¹⁻⁵¹（用犁把地翻一遍）

---

① 戴昭铭《天台方言研究》210 页认为：天台
"茅" 字本音 mau²³⁵，在 "茅坑" 等词中变读为鼻
韵尾音节，可能受后字鼻韵尾成分同化所致。

耕田 kã³³⁻³⁵tɦie³¹⁻⁵¹

口田 tsəʔ⁵tɦie³¹⁻⁵¹　　（用钉耙把地整平）

浸稻种 tɕiəŋ⁵⁵⁻³³tɦɔ³¹⁻³²tʃyoŋ⁴²

孵秧（旧）pɦiu²²iã³³　　（把早稻种浸三夜，注入温水，使容易发芽）

打秧（旧）tã⁴²⁻⁴³iã³³（把孵好的谷种播到田中，发芽两三寸之后要拔回来重新种下）

口落泥 ho⁴²⁻⁴³lɦiɔʔ²n̩ɦi³¹⁻⁵¹　　（下种）

拔秧 pɦʌʔ²iã³³

秧凳 iã³³⁻³⁵təŋ⁵⁵（拔秧时的坐具，上面为一厚木板，木板中间下面是一根粗木棍）

插田 ts'əʔ⁵tɦie³¹⁻⁵¹ =插秧 ts'əʔ⁵⁻²iã³³

摸田（旧）mɦiɔʔ²tɦie³¹⁻⁵¹　　（除杂草）

打药 tã⁴²⁻⁴³jiəʔ²　　（喷农药）

药箱 jiəʔ²ɕiã³³⁻³⁵

=药桶 jiəʔ²tɦioŋ³¹⁻⁵¹　　（喷雾器）

出头 ts'uəʔ⁵tɦio³¹⁻⁵¹　　（谷子抽穗）

口头 tɦʌ³¹⁻³⁵tɦio³¹　　（谷子成熟）

压番薯 Aʔ⁵⁻²fɛ³³⁻³⁵sɦʏ³¹⁻⁵¹　　（种番薯）

手拉车 tɕiəu⁴²⁻⁴³lʌ³³ts'o³³⁻³⁵

轮胎 lɦuəŋ³¹⁻³³t'e⁴² =车胎 ts'o³³t'e⁴²

车篷 ts'o³³⁻³⁵pɦioŋ³¹⁻⁵¹

龙头 lɦioŋ³¹⁻³⁵tɦio³¹⁻⁵¹　　（车把）

耙 pɦio²²⁻³⁵

犁 lɦi³¹

割麦 tɕiəʔ⁵⁻²mɦʌʔ²

打麦 tã⁴²⁻⁴³mɦʌʔ²　　（给麦子脱粒）

麦磨 mɦʌʔ²mɦu²²　　（石磨）

磨笼担 mɦu²²lɦioŋ³¹⁻³⁵te⁵⁵　　（麦磨的摇柄）

磨耳朵 mɦu²²ŋ⁴²⁻⁴³təu⁴²⁻⁵¹（用于装卸磨笼担的孔）

水磨ʃʏ⁴²⁻⁴³mɦu²²　　（用于磨粉）

脚车（旧）tɕiəʔ⁵⁻²ts'o³³　　（车水农具，人力）

水车（旧）ʃʏ⁴²⁻⁴³ts'o³³（车水农具，用机器）

车水 ts'o³³ʃʏ⁴²

谷仓 kuoʔ⁵⁻²ts'ɒ̃³³

谷桶 kuoʔ⁵⁻²tɦioŋ³¹

捣臼（旧）tɦɔ³¹⁻³²tɕɦiəu³¹　　（农具，用于捣米等）

捣臼头 tɦɔ³¹⁻³²tɕɦiəu³¹⁻⁵⁵ tɦio³¹

捣臼缸 tɦɔ³¹⁻³²tɕɦiəu³¹⁻³²kɒ̃³³⁻³⁵

捣臼碗 tɦɔ³¹⁻³³tɕɦiəu³¹⁻³²ue⁴²

捣臼称 tɦɔ³¹⁻³³tɕɦiəu³¹⁻³²tɕiəŋ⁵⁵

捣臼锁 tɦɔ³¹⁻³³tɕɦiəu³¹⁻³²səu⁴²

捣臼山 tɦɔ³¹⁻³³tɕɦiəu³¹⁻³²sɛ³³

钉耙 tiəŋ³³⁻³⁵pɦio²²⁻⁵¹

镐 kɔ⁴²⁻⁵¹

镐头 kɔ⁴²⁻⁴³tɦio³¹⁻³⁵

锄头 sɦʏ³¹⁻³⁵tɦio³¹⁻⁵¹

除草 tʃɦʏ³¹⁻³³ts'ɔ⁴²

割稻鎌tɕiəʔ⁵⁻²tɦɔ³¹⁻³²tɕie⁴²⁻⁵¹　　（镰刀）

割稻机 tɕiəʔ⁵⁻²tɦɔ³¹⁻³²tɕi³³

打稻 tã⁴²⁻⁴³tɦɔ³¹　　（给稻子等脱粒）

打稻机 tã⁴²⁻⁴³tɦɔ³¹⁻³²tɕi³³　　（脱粒机）

稻桶（旧）tɦɔ⁴²⁻⁴³tɦioŋ³¹

=打稻机桶 tã⁴²⁻⁴³tɦɔ³¹⁻³²tɕi³³tɦioŋ³¹⁻⁵¹　　（脱粒机前部用于存放稻谷的地方）

晒谷 so⁵⁵⁻³³kuoʔ⁵

口 p'iəŋ³³　　（晒谷用的竹簟）

谷栅耙 kuoʔ⁵⁻²sAʔ⁵⁻²pɦio²²⁻³⁵　　（晒谷时用于翻谷子的木制农具）

朗齿耙 lɒ̃⁴²⁻⁴³ts'ʅ⁴²⁻⁴³pɦio²²⁻³⁵　　（比谷栅耙稍疏的木制农具）

口箩 tɕiəʔ⁵lɦio³¹⁻⁵¹　　（放粮食的大竹篓）

畚斗 pəŋ³³tio⁴²⁻⁵¹　　（挖粮食的竹制农具）

畚箕 pəŋ³³tɕi³³⁻³⁵　　（用于担泥等的竹制农具）

笼口 loŋ⁴²⁻⁴³tɦʌ³¹⁻⁵¹　　（用于笼谷子等的竹制朗眼农具，用于分开稻谷和碎稻秆）

口 tɦʌ³¹　　（似团箕而四周高的竹制农具）

风车 fəŋ³³⁻⁵⁵ts'o³³⁻³¹　　（扇谷农具）

扇谷ɕie⁵⁵⁻³³kuoʔ⁵　　（用风车分开饱满的谷子与瘪谷子的过程）

谷口 kuoʔ⁵⁻²hɛ⁴²⁻⁵¹　　（瘪了的稻谷）

二头谷 nɦi²²tɦio³¹⁻³³kuoʔ⁵→koŋ⁵¹（半瘪的稻谷）

打米 tã⁴²⁻⁴³mi⁴²　　（把稻子除去外壳变成米的过程）

糠 k'õ³³

米□ mi⁴²⁻⁴³pe⁵⁵　　（圆形竹制容器，主要用于晾晒粮食）

草刀 ts'ɔ⁴²⁻⁴³tɔ³³　　（用于割草的农具）

油草鑘 jiəu³¹⁻³³ts'ɔ⁴²⁻⁴³tɕie⁴²⁻⁵¹　　（比草刀稍小，用于割油草）

硬刀 ŋɦiã²²tɔ³³

=篾刀 mɦiəʔ²tɔ³³（用于将竹劈成篾的农具）

铁锹 t'iəʔ⁵⁻²tɕ'iɔ³³⁻³⁵

水锹 ʃʅ⁴²⁻⁴³tɕ'iɔ³³　　（铁锹的一种，用于放水、开缺头等）

铧锹 ɦuᴀ³¹⁻³⁵tɕ'iɔ³³⁻³¹　　（铁锹的一种，用于做地岸、架水车等）

昄锹 kɦõ³¹⁻³²tɕ'iɔ³³　　（铁锹的一种，用于将沟整平）

筲箕 sɔ³³⁻⁵⁵tɕi³³⁻³¹（用以装垃圾的竹编农具）

□斗 iəʔ⁵⁻²tio⁴²⁻⁵¹　　（簸箕）

撩箕 kɦiəʔ²tɕi³³⁻³⁵　　（竹制农具，化灰时用）

篮 lɦiɛ³¹⁻³⁵

篮撵 lɦiɛ³¹⁻³⁵kɦuɛ²²⁻⁵⁵　　（篮子的提手）

箩 lɦiəu³¹⁻³⁵

□担 pɦii³¹⁻³²tɛ⁵⁵　　（扁担）

团箕 tɦø³¹⁻³⁵tɕi³³⁻³¹　　（用于晒少量农品的圆形竹制农具）

篰 pɦiu³¹⁻⁵¹　　（似篮子而眼疏）

篰篮 pɦiu³¹⁻³²lɦiɛ³¹⁻³⁵

担担 tɛ³³⁻³⁵tɛ⁵⁵

转肩 tsø⁴²⁻⁴³tɕie³³　　（担担时换肩膀）

化灰 ɦuᴀ⁵⁵⁻³³ɦue³³　　（将柴草化成草木灰）

扫帚 sɔ⁴²⁻³³tɕiəu⁴²

木桩 mɦiɔʔ²tʃʮõ³³⁻³⁵

榫头 suəŋ⁴²⁻⁵⁵tɦio³¹

卯眼 mɔ⁴²⁻⁴³ȵiɛ⁴²⁻⁵¹

钉 tiəŋ³³⁻³⁵

用钉钉 joŋ²²tiəŋ³³⁻³⁵tiəŋ⁵⁵⁻³³

夹钳 kiəʔ⁵⁻²tɕɦie³¹⁻³⁵　　（钳子）

□钳 tʃʮõ³³⁻³⁵tɕɦie³¹⁻⁵¹

=老虎钳 lɔ⁴²⁻⁴³hu⁴²⁻⁴³tɕɦie³¹⁻³⁵

尖嘴钳 tɕie³³tʃʮ⁴²⁻⁴³tɕɦie³¹⁻³⁵

鎯头 lɦiõ³¹⁻³³tɦio³¹⁻³⁵　　（锤子）

□扳 sʅ³³pɛ⁴²⁻⁵¹　　（拧螺丝用具）

斧头 fu⁴²⁻⁵⁵tɦio³¹

凿 sɦiɔʔ²→sɦiõ⁵¹

（鏟）sɦiɛ³¹　　（小凿子）

□ tɕɦiɔ³¹　　（似鏟而长，用它撬重物也称~）

锯 kie⁵⁵　　（木工用具）

锯末粉 kie⁵⁵⁻³³mɦiəʔ²fəŋ⁴²　　（使用锯子锯出来的木屑）

铇 pɦiɔ²²　　（木工用具，用于将板等铇平）

铇花 pɦiɔ²²ɦuᴀ³³（使用铇子之后出来的木屑）

绳 ɕɦiəŋ³¹

系牢 tɕi⁵⁵lɦiɔ³¹　　（绑着）

□ ɦue⁴²　　（打结）

打结头 tã⁴²⁻⁴³tɕiəʔ⁵tɦio³¹⁵¹

打结头系 tã⁴²⁻⁴³tɕiəʔ⁵⁻²tɦio³¹⁻³⁵tɕi⁵⁵（打死结）

五　植物

庄稼 tsõ³³⁻⁵⁵tɕiᴀ³³⁻³¹

粮食 lɦiiã³¹⁻³³ɕɦiəʔ²

五谷 ŋ⁴²⁻⁴³kuoʔ⁵

杂粮 sɦiᴀʔ²lɦiiã⁴²⁻⁵¹

麦 mɦiᴀʔ²

小麦 ɕiɔ⁴²⁻⁴³mᴀʔ²

大麦 tɦiəu²²mɦiᴀʔ²

米麦 mi⁴²⁻⁴³mɦiᴀʔ²→mɦiᴀ̃⁵¹

高粱 kɔ³³⁻³⁵liã⁴²⁻⁵¹ =粟 ʃyoʔ²→ʃyõ⁵¹

=粟米 ʃyoʔ⁵⁻²mi⁴²

燕麦 ie³³mɦiᴀʔ²

稻 tɦiɔ³¹

米 mi⁴²

谷米 kuoʔ⁵⁻²mi⁴²

珍珠米 tɕiəŋ³³tʃʅ³³mi⁴²　　（玉米）

狗尾巴粟 tɕio⁴²⁻⁴³mi⁴²⁻⁴³po³³ʃyoʔ⁵→ʃyɒ̃⁵¹（狗尾巴草）

粳米 kÃ⁴²⁻⁴³mi⁴²⁻⁵¹=晚米 mɛ⁴²⁻⁴³mi⁴²⁻⁵¹

糯米 nɦəu²²mi⁴²

黄豆ɦuɒ̃³¹⁻³⁵tɦio²²⁻⁵⁵　　（大豆）

绿豆 lɦioʔ²tɦio²²

豇豆 kɒ̃³³⁻³⁵tɦio²²⁻⁵⁵

=黑豆 hɐʔ⁵⁻²tɦio²²

蚕豆 sɦie³¹⁻³⁵tɦio²²⁻⁵⁵　　（豌豆）

扁豆 pie⁴²⁻⁴³tɦio²²

四季豆 sʅ⁵⁵⁻³³ky³³⁻³⁵tɦio²²⁻⁵⁵

口豆 tɕie⁴²⁻⁴³tɦio²²　　（蚕豆）

川豆 tsʻø³³⁻³⁵tɦio²²⁻⁵⁵

番薯 fɛ³³⁻³⁵sɦʅ²²⁻⁵¹

洋芋头 jiÃ³¹⁻³³jy²²tɦio³¹⁻³⁵　　　（土豆）

芋头 jy²²tɦio³¹

芋头娘 jy²²tɦio³¹⁻³⁵nɦiÃ³¹⁻⁵¹

芋头子 jy²²tɦio³¹⁻³³tsʅ⁴²⁻⁵¹（芋艿）

大芋 tɦəu²²⁻²⁵jy²²⁻⁵⁵

燥芋 sɔ⁵⁵⁻³⁵jy²²⁻⁵⁵

水芋 ʃʮ⁴²⁻⁴³jy²²

薯药 sɦʅ²²jiəʔ²

山药 sɛ³³jiəʔ²

草子 tsʻɔ⁴²⁻⁴³tsʅ⁴²⁻⁵¹　　（紫云英）

花草 huɐ³³tsʻɔ⁴²⁻⁵¹

藕 nio⁴²

莲子 lɦie³¹⁻³³tsʅ⁴²

莲蓬 lɦie³¹⁻³⁵pɦoŋ³¹⁻⁵¹

茄 tɕɦiɐ³¹⁻³⁵

刺瓜 tsʅ̃⁵⁵⁻³³kuɐ³³⁻³⁵　　（黄瓜）

天罗丝 tʻie³³lɦəu³¹⁻³⁵sʅ³³⁻⁵⁵　　（丝瓜）

苦瓜 kʻu⁴²⁻⁴³kuɐ³³⁻³⁵

口口瓜 lɦii²²tsʻʅ⁵⁵⁻³³kuɐ³³⁻³⁵（金铃子）

木爪瓜 mɦoʔ²tsoʔ²kuɐ³³⁻³⁵（蒲瓜）

南金瓜 nɦie³¹⁻³³tɕiəŋ³³⁻⁵⁵kuɐ³³⁻³¹　　（南瓜）

葫芦 ɦu³¹⁻³⁵lɦəu³¹⁻⁵¹

葱 tsʻoŋ³³

洋葱 jiÃ³¹⁻³⁵tsʻoŋ³³⁻³¹

洋葱锥 jiÃ³¹⁻³³tsʻoŋ³³⁻³⁵tʃʅ³¹⁻⁵¹

大蒜 tɦɐ³³⁻³⁵sø⁵⁵

蒜心 sø⁵⁵⁻³³ɕiəŋ³³　　（蒜台）

蒜苗 sø⁵⁵⁻³³mɦio³¹

韭 tɕiəu⁴²⁻⁵¹

韭黄 tɕiəu⁴²⁻⁴³ɦuɒ̃³¹⁻³⁵

口口 hɛ³³⁻³⁵suø⁵⁵　　（苋菜）

白口 pʻɐʔ²hɛ³³　　（白苋菜）

红口 ɦoŋ³¹⁻³⁵hɛ⁵⁵　　（红苋菜）

番茄 fɛ³³⁻³⁵tɕɦiɐ³¹⁻⁵¹

姜 tɕiÃ³³

辣茄 lɦiɐʔ²tɕɦiɐ³¹⁻³⁵　　（辣椒）

菠口菜 po³³lɦioŋ³¹⁻³⁵tsʻe⁵⁵（菠菜）

大白菜 tɦɐ²²pʻɐʔ²tsʻe⁵⁵　（白菜）

包心菜 po³³ɕiəŋ³³⁻³⁵tsʻe⁵⁵

小白菜ɕio⁴²⁻⁴³pʻɐʔ²tsʻe⁵⁵⁻⁵¹

香莴笋ɕiÃ³³u³³suəŋ⁴²　　（莴笋）

笋 suəŋ⁴²

生菜 sÃ³³⁻³⁵tsʻe⁵⁵

芹菜 tɕɦiəŋ³¹⁻³⁵tsʻe⁵⁵

香菜ɕiÃ³³⁻³⁵tsʻe⁵⁵

菜头 tsʻe⁵⁵⁻³³tɦio³¹⁻³⁵　　（白萝卜）

萝卜 lɦəu³¹⁻²²pʻɦoʔ²　　（胡萝卜）

茭口 kɔ³³ɕiəu⁴²　　（茭白）

油菜 jiəu³¹⁻³⁵tsʻe⁵⁵

菜籽 tsʻe⁵⁵⁻³³tsʅ⁴²

芥菜 kɐ³³⁻³⁵tsʻe⁵⁵

菜花 tsʻe⁵⁵⁻³³huɐ³³　　（花菜）

空心菜 kʻoŋ³³ɕiəŋ³³⁻³⁵tsʻe⁵⁵

扫帚秧 sɔ⁴²⁻³³tɕiəu⁴²⁻⁴³iÃ³³⁻³⁵　　（扫帚菜）

野蒿 iɐ⁴²⁻⁴³hɔ³³

蒿菜 hɔ³³⁻³⁵tsʻe⁵⁵

向日葵ɕiÃ⁵⁵⁻³³nɦiəʔ²kɦy³¹⁻⁵¹

瓜子 kuɐ³³tsʅ⁴²　　（葵花籽）

棉花 mɦie³¹⁻³⁵huɐ³³⁻³¹

棉花锥 mɦie$^{31-33}$huA$^{33-35}$tʃɦʯ$^{31-51}$　（棉花球）
麻 mɦo^{31}
蓖麻 pi^{33}mɦo^{31}
蓖麻子 pi^{33}mɦo$^{31-33}$tsʅ^{42}
苎麻 tsfʅ^{22}mɦo^{31}
苎麻线 tsfʅ^{22}mɦo$^{31-35}$ɕie^{55}
络麻 lɦoʔ^{2}mɦo$^{31-51}$
络麻籽 lɦoʔ^{2}mɦo$^{31-33}$tsʅ^{42}
剥络麻 poʔ$^{5-2}$lɦoʔ^{2}mɦo$^{31-51}$
树林 ʃɦʯ^{22}lɦiəŋ^{31}
树木 ʃɦʯ^{22}mɦoʔ^{2}
一株（树）iəʔ$^{5-2}$tʃʯ^{33}
树秧 ʃɦʯ^{22}iÃ$^{33-35}$
树根 ʃɦʯ^{22}kəŋ^{33}
树叶 ʃɦʯ^{22}jiəʔ^{2}→jie^{51}
树皮 ʃɦʯ^{22}pɦi^{31}
树枝 ʃɦʯ^{22}tsʅ$^{33-35}$
树杈 ʃɦʯ$^{22-25}$tsʻo^{55}
种树 tʃyoŋ$^{55-35}$ʃɦʯ$^{22-55}$　=植树 tɕɦiəʔ^{2}ʃɦʯ^{22}
=栽树 tse$^{33-35}$ʃɦʯ$^{22-55}$
扦 tɕʻie^{33}　　（一种种植方法，插扦）
斫树 tsoʔ$^{5-2}$ʃɦʯ^{22}　（砍树）
斫柴 tsoʔ^{5}sɦA$^{31-51}$　（砍柴）
花草 huA^{33}tsʻo^{42}
摘一朵花 tsəʔ$^{5-2}$iəʔ$^{5-2}$təu$^{42-43}$huA$^{33-35}$
花瓣 huA^{33}pɦie$^{22-51}$
花心 huA^{33}ɕiəŋ$^{33-35}$　　　（花蕊）
种花 tʃyoŋ$^{55-33}$huA^{33}
=栽花 tse^{33}huA^{33}
浇花 tɕioɔ^{33}huA^{33} =浇水 tɕioɔ^{33}ʃʯ^{42}
拔草 pɦAʔ^{2}tsʻo^{42}
锄草 tʃʯ$^{31-33}$tsʻo^{42}
果树 ku$^{42-43}$ʃɦʯ^{22}
水果 ʃʯ$^{42-43}$ku$^{42-51}$
干果 kiɛ^{33}ku^{42}
松树 soŋ$^{33-35}$ʃɦʯ$^{22-55}$/ʃyoŋ$^{33-35}$ʃɦʯ$^{22-55}$
松子 soŋ^{33}tsʅ$^{42-51}$

松树蒲 ʃyoŋ^{33}ʃɦʯ^{22}pɦu$^{31-35}$
=松球 ʃyoŋ^{33}tɕɦiəu$^{31-35}$
松针 ʃyoŋ^{33}tɕiəŋ$^{33-31}$
口花 ʃɦiyoŋ$^{31-35}$huA$^{33-31}$　　（松树的花）
马尾松 mo$^{42-43}$ɦi$^{31-32}$ʃyoŋ^{33}
杉树 sɛ$^{33-35}$ʃɦʯ$^{22-55}$ =杉木 sɛ^{33}mɦoʔ^{2}
水杉 ʃʯ$^{42-43}$sɛ^{33}
柏树 pA ʔ$^{5-2}$ʃɦʯ^{22}
枣树 tso$^{42-43}$ʃɦʯ^{22}
枣 tsɔ$^{42-51}$
红枣 ɦin$^{31-33}$tsɔ$^{42-51}$
黑枣 hAʔ$^{5-2}$tsɔ^{42}
蜜枣 mɦiəʔ^{2}tsɔ^{42}
口枣 kiɛ$^{42-43}$tsɔ^{42}
桑树 sõ$^{33-35}$ʃɦʯ$^{22-55}$
桑叶 sõ^{33}jiəʔ^{2}→jie^{51}
桑口 sõ$^{33-55}$ɦiu^{31}　　（桑葚）
杨树 jiÃ$^{31-35}$ʃɦʯ$^{22-55}$
白杨树 pɦAʔ^{2}jiÃ$^{31-35}$ʃɦʯ$^{22-55}$
杨柳 jiÃ$^{31-33}$liəu^{42} =梁柳 lɦiÃ$^{31-33}$liəu^{42}
=柳树 liəu$^{42-43}$ʃɦʯ^{22}
杨花 jiÃ$^{31-35}$huA^{33}　　（柳絮）
柳条儿 liəu$^{42-43}$tɦio$^{31-35}$
紫荆 tsʅ$^{42-43}$tɕiəŋ^{33}
狼基 lɦiõ$^{31-33}$tɕi$^{33-31}$
=狼基头 lɦiõ$^{31-33}$tɕi^{33}tɦio$^{31-35}$（一种蕨类植物）
槐树 ɦuA$^{31-35}$ʃɦʯ$^{22-55}$
梧桐 ɦiu$^{31-35}$tɦoŋ$^{31-51}$
皂角树 sɦo$^{42-43}$koʔ$^{5-2}$ʃɦʯ^{22}
枫树 foŋ$^{33-35}$ʃɦʯ$^{22-55}$
梗籽树 kɦiÃ^{22}tsʅ^{42}ʃɦʯ^{22}　　（乌桕树）
红豆 ɦoŋ$^{31-35}$tɦio$^{22-55}$
桃树 tɦiɔ$^{31-35}$ʃɦʯ$^{22-55}$
桃 tɦiɔ$^{31-35}$
桃花 tɦiɔ$^{31-35}$huA$^{33-31}$
桃浆 tɦiɔ$^{31-35}$tɕiÃ^{55}
杏树 Ã$^{42-43}$ʃɦʯ^{22}

杏 Ã42-51

李树 li42-43ʃɦʮ22

李 li42-51

梨树 lɦi31-35ʃɦʮ22-55

鸭梨 Aʔ5-2lɦi31-35

樱桃 iəŋ33-35tɦɔ31-51

枇杷树 pɦi31-33pɦo31-35ʃɦʮ22-55

枇杷 pɦi31-35pɦo31-51

红口柿 ɦŋ31-33toŋ33sɦŋ31-51

溇柿 lɛ42-43sɦŋ31-51

溇柿树 lɛ42-43sɦŋ31-32ʃɦʮ22

柿饼 sɦŋ31-32piəŋ42

石榴 ɕɦiəʔ2lɦiəu22-51

石榴树 ɕɦiəʔ2lɦiəu22-25ʃɦʮ22-55

石榴花 ɕɦiəʔ2lɦiəu31-35huA33-31

栾 lɦø31-35　（柚子）

文旦 ffiəŋ31-35tɦiɛ22-51　（柚子的一种，比普通栾好吃）=文旦栾 ffiəŋ31-33tɦiɛ22-25lɦø31-51

佛手 ffiAʔ2ɕiəu42

橘① kyəʔ5→kyŋ51

本地早 pəŋ42-43tɦi22tsɔ42-51　（橘子的一个品种）

黄岩蜜橘 ɦuõ31-35n̩ɦiiŋ31-33mɦiəʔ2kyəʔ5　（橘子的一个品种）

无核橘 ffiu31-33ɦAʔ2kyəʔ5（橘子的一个品种）

沙糖橘 so33tɦõ31-33kyəʔ5→kyŋ51　（橘子的一个品种）

涌泉橘 yoŋ42-43sɦø31-33kyəʔ5→kyŋ51　（橘子的一个品种，产于临海涌泉）

早橘 tsɔ42-43kyəʔ5→kyŋ51　（橘子的一个品种，成熟于八月左右）

晚橘 me42-43kyəʔ5→kyŋ51　（橘子的一个品种，成熟于十月左右）

柑橘 kie33kyəʔ5

金口 tɕiəŋ33-35tɦie22-55　（金橘）

---

① 现代汉语中"桔、橘"两可，但是考虑到追寻中古音韵地位的方便，还是用它的本字"橘"。

橙 tɕɦiəŋ31-35

脐橙 ɕɦi31-35tɕɦiəŋ31-51

高橙 kɔ33-35tɕɦiəŋ31-51

橙橘 tɕɦiəŋ31-33kyəʔ5→kyŋ51

木瓜 mɦioʔ2kuA33

口圆 k'yø33-35jyø31-51　　（桂圆）

荔枝 lɦi22tsʮ33-42

橄榄 kiɛ42-43lɛ42

白果 pɦAʔ2ku42　　（银杏的果）

栗树 lɦiəʔ2ʃɦʮ22

栗 lɦiəʔ2

核桃 ɦAʔ2tɦɔ31-51

香榧 ɕiÃ33-55fi33-31

西瓜 ɕi33-55kuA33-31

瓜子 kuA33tsʮ42

甜瓜 tɦie31-35kuA33-31

香瓜 ɕiÃ33-55kuA33-31

美玉瓜 me42-43n̩ɦyoʔ2kuA33-35　（香瓜的一种）

蒲荠 pɦiu31-35tɕɦi31-51　　（荸荠）

糖梗 tɦõ31-33kuÃ42　　（甘蔗）

花生 huA33-55sÃ33-31

菱 lɦiəŋ31

=菱角 lɦiəŋ31-33koʔ5→kɒ̃51

竹 tʃyoʔ5

毛竹 mɦõ31-22tʃyoʔ5

梗口竹 kɦÃ22lɦÃ22tʃyoʔ5

金竹（节密）tɕiəŋ33tʃyoʔ5→tʃyoŋ51

淡竹（粗、节疏）tɦiɛ42-43tʃyoʔ5

苦竹 k'u42-43tʃyoʔ5

竹笋 tʃyoʔ5-2suəŋ42

笋 suəŋ42

冬笋 toŋ33suəŋ42

春笋 ts'uəŋ33suəŋ42

笋壳 suəŋ42-43k'oʔ5→k'ɒ̃51

笋干 suəŋ42-43tɕie33

竹竿 tʃyoʔ5-2tɕie33

竹叶 tʃyoʔ5-2jiəʔ2→jie51

竹衣 tʃyoʔ⁵⁻²i³³⁻³⁵

簏 mɦiəʔ²　　　（竹篓）

牡丹 mio⁴²⁻⁴³tɛ³³

白牡丹 pɦiʌʔ²mio⁴²⁻⁴³tɛ³³

红牡丹 ɦioŋ³¹⁻³³mio⁴²⁻⁴³tɛ³³⁻³⁵

芍药 sɦoʔ²jiəʔ²

玫瑰 mɦie³¹⁻³⁵kue⁵⁵

月月红 ȵɦiyəʔ²ȵɦiyəʔ²ɦiŋ³¹⁻³⁵　　　（月季花）

海棠 he⁴²⁻⁵⁵tɦɒ̃³¹

桂花 ky⁵⁵⁻³³huʌ³³

牛口花 ȵɦiio³¹⁻³³e⁵⁵huʌ³³⁻³¹　（栀子花）

迎春花 ȵɦiəŋ³¹⁻³³tsʻuəŋ³³⁻⁵⁵huʌ³³⁻³¹

金银花 tɕiəŋ³³ȵɦiəŋ³¹⁻³⁵huʌ³³⁻³¹

菊花 kyəʔ⁵⁻²huʌ³³

梅花 mɦie³¹⁻³⁵huʌ³³⁻³¹

腊梅 lɦiʌʔ²mɦie³¹⁻⁵¹

美人蕉 me⁴²⁻⁴³ȵɦiəŋ³¹⁻³⁵tɕio³³⁻³¹

夜来香 jiʌ²²lɦie³¹⁻³⁵ɕiʌ̃³³⁻³¹

兰花 lɦiɛ³¹⁻³⁵huʌ³³⁻³¹

八仙花 pɦiʌʔ⁵⁻²ɕie³³⁻⁵⁵huʌ³³⁻³¹　　（绣球花）

蝴蝶花儿 ɦiu³¹⁻³³tɦiəʔ²huʌ³³⁻³⁵

花梗 huʌ³³kuʌ̃⁴²　　（凤仙花）

鸡冠花 tɕi³³kue³³⁻⁵⁵huʌ³³⁻³¹

荷花 ɦio³¹⁻³⁵huʌ³³⁻³¹

=莲花 lɦiie³¹⁻³⁵huʌ³³⁻³¹

水仙花 sɦʅ⁴²⁻⁴³ɕie³³⁻⁵⁵huʌ³³⁻³¹

茉莉花 mɦoʔ²lɦi²²⁻²⁵huʌ³³⁻³¹

柴爿花 sɦiʌ³¹⁻³³pɦie³¹⁻³⁵huʌ³³⁻³¹　　（映山红）

芙蓉 fɦiu³¹⁻³⁵jyoŋ³¹⁻⁵¹

菖蒲 tsʻɒ̃³³⁻³⁵pɦu³¹⁻⁵¹

万年青 fɦiɛ²²ȵɦiie³¹⁻³⁵tɕʻiəŋ³³⁻³¹

冬青 toŋ³³⁻⁵⁵tɕʻiəŋ³³

仙人掌 ɕie³³ȵɦiəŋ³¹⁻³³tsɒ̃⁴²

瓦松 ŋo⁴²⁻⁴³ʃyoŋ³³

马兰 mo⁴²⁻⁵⁵lɦiɛ³¹

蒲公英 pɦiu³¹⁻³³koŋ³³⁻⁵⁵iəŋ³³⁻³¹

蝦蟆衣 o³³mɦio³¹⁻³⁵i³³⁻³¹　　（车前草）

毛癞口 mɦio³¹⁻³³lɦiʌʔ²lɦi³¹⁻⁵¹　　（旧俗七月七用其叶捣汁洗头，传说洗后头发好）

含羞草 ɦie³¹⁻³³ɕiəu³³tsʻɔ⁴²

芦苇 lɦiəu³¹⁻³³ue⁴²

藻 pɦiio³¹⁻³⁵　　　（浮萍）

香菇 ɕiʌ̃³³⁻⁵⁵ku³³⁻³¹

蘑菇 mɦio³¹⁻³⁵ku³³⁻³¹

平菇 pɦiəŋ³¹⁻³⁵ku³³⁻³¹

青苔 tɕʻiəŋ³³⁻³⁵tɦie³¹⁻⁵¹

口 ȵɦiiʌ̃³¹　　　（核）

六　动物

畜牲 tʃʻyoʔ⁵⁻²sʌ̃³³

雄马 jyoŋ³¹⁻³³mo⁴²

草马 tsʻɔ⁴²⁻⁴³mo⁴²⁻⁵¹

小马 ɕio⁴²⁻⁴³mo⁴²⁻⁵¹

雄牛 jyoŋ³¹⁻³⁵ȵɦiio³¹⁻⁵¹

雌牛 tsʻʅ³³⁻³⁵ȵɦiio³¹⁻⁵¹

=草牛 tsʻɔ⁴²⁻⁴³ȵɦiio³¹⁻³⁵

黄牛 ɦuɒ̃³¹⁻³⁵ȵɦiio³¹⁻⁵¹

水牛 ʃʅ⁴²⁻⁵⁵ȵɦiio³¹

小牛 ɕio⁴²⁻⁴³ȵɦiio³¹⁻³⁵

牛角 ȵɦiio³¹⁻³³koʔ⁵

牛皮口洞 ȵɦiio³¹⁻³³pɦii³¹⁻³³sɦiʌʔ²tɦoŋ²²　　（比喻人脸皮厚）

骆驼 lɦioʔ²tɦiəu³¹⁻⁵¹

绵羊 mɦiie³¹⁻³⁵jiʌ̃³¹⁻⁵¹

山羊 sɛ³³⁻³⁵jiʌ̃³¹⁻⁵¹

狗 tɕio⁴²

雄狗 jioŋ³¹⁻³³tɕio⁴²

草狗 tsʻɔ⁴²⁻⁴³tɕio⁴²⁻⁵¹

小狗 ɕio⁴²⁻⁴³tɕio⁴²⁻⁵¹

狮子狗 sʅ³³tsʅ⁴²⁻³³tɕio⁴²⁻⁵¹　　（哈巴狗）

疯狗 fəŋ³³tɕio⁴²

=癫狗 tie³³tɕio⁴²

癫爻 tie³³ɦio³¹　　　（疯了）

猫儿 mɔ³³⁻³⁵

雄猫 jyoŋ³¹⁻³⁵mɔ³³⁻³¹ 　（公猫）

草猫 tsʻɔ⁴²⁻⁴³mɔ³³⁻³⁵ 　（母猫）

雄猪 jioŋ³¹⁻³⁵tsʅ³³⁻³¹

公猪 koŋ³³⁻⁵⁵tsʅ³³⁻³¹

种猪 tʃyoŋ⁴²⁻⁴³tsʅ³³

猪雄 tsʅ³³⁻³⁵jyoŋ³¹⁻⁵¹ 　（专供交配用的公猪）

草猪 tsʻɔ⁴²⁻⁴³tsʅ³³⁻³⁵

猪种 tsʅ³³tʃyoŋ⁴²

猪娘 tsʅ³³⁻³⁵n̠ɦiA³¹⁻⁵¹

猪儿 tsʅ³³ɦiŋ³¹⁻³⁵ =小猪 ɕiɔ⁴²⁻⁴³tsʅ³³⁻³⁵

燥猪口 sɔ55-33tsʅ33-35e55 　（用于指人言语行动不合事宜，含过分表现自己之意）

尾巴 mi⁴²⁻⁴³po³³⁻³⁵

雄鸡 jioŋ³¹⁻³⁵tɕi³³⁻³¹

雄鸡头 jioŋ³¹⁻³³tɕi³³tɦio³¹⁻³⁵ 　（小公鸡）

草鸡 tsʻɔ⁴²⁻⁴³tɕi³³⁻³⁵

鸡子 tɕi³³tsʅ⁴² 　（鸡蛋）

红鸡子 ɦiŋ³¹⁻³³tɕi³³tsʅ⁴²⁻⁵¹ 　（喜蛋）

生鸡子 sã³³tɕi³³tsʅ⁴² 　（未经烧熟的鸡蛋）

口小鸡 pɦu²²ɕiɔ⁴²⁻⁴³tɕi³³⁻³⁵ 　（孵小鸡）

赖口鸡 lɦiA²²pɦu²²tɕi³³⁻³⁵ 　（孵小鸡的母鸡）

小鸡 ɕiɔ⁴²⁻⁴³tɕi³³⁻³⁵ =鸡黄 tɕi³³ɦuɐ̃³¹⁻³⁵

鸡冠 tɕi³³⁻⁵⁵kue³³⁻³¹

鸡脚爪 tɕi³³tɕiɔʔ⁵⁻²tsɔ⁴²⁻⁵¹ 　（鸡爪子）

乌骨鸡 u³³kuoʔ⁵⁻²tɕi³³⁻³⁵

鸭 Aʔ⁵→ɛ⁵¹

鸭子 Aʔ⁵⁻²tsʅ⁴² 　（鸭蛋）

腌鸭蛋 jie³¹⁻³³Aʔ⁵⁻²tɦie²² 　（咸鸭蛋）

鸟蛋 tiɔ⁴²⁻⁴³tɦie²²

皮蛋 pɦi³¹⁻³⁵tɦie²²⁻⁵⁵

雄鸭 jyoŋ³¹⁻³³Aʔ⁵⁻²→ɛ⁵¹ 　（公鸭）

草鸭 tsʻɔ⁴²⁻⁴³Aʔ⁵⁻²→ɛ⁵¹ 　（母鸭）

华鸭 ɦuA³¹⁻³³Aʔ⁵⁻²→ɛ⁵¹ 　（田鸭）

鹅 n̠ɦie³¹⁻³⁵

鹅黄 n̠ɦie³¹⁻³³ɦuɐ̃³¹⁻³⁵ 　（小鹅）

阉猪 ie³³⁻⁵⁵tsʅ³³⁻³¹

野兽 iA⁴²⁻⁴³ɕiəu⁵⁵

狮子 sʅ³³⁻³⁵tsʅ⁴²⁻⁵⁵

老虎 lɔ⁴²⁻⁴³hu⁴²

大虫 tɦiA²²tʃɦiyoŋ³¹ 　（儿语：老虎）

狼 lɦõ³¹

猢狲 u³³⁻⁵⁵suəŋ³³⁻³¹ 　（猴子）

狗熊 tɕio⁴²⁻⁴³jyoŋ³¹⁻³⁵

豹 pɔ⁵⁵

狐狸 ɦu³¹⁻³⁵lɦii³¹⁻⁵¹

黄鼠狼 ɦuõ³¹⁻²²tsʻʅ⁴²⁻⁴³lɦõ³¹⁻³⁵

兔 tʻəu⁵⁵

老鼠 lɔ⁴²⁻⁴³tsʻʅ⁴²

刺猬 tsʻʅ⁵⁵⁻³⁵ɦiue²²⁻⁵⁵

蛇 sɦio³¹

水蛇 ʃʅ⁴²⁻⁴³sɦio³¹⁻³⁵

鸟 tiɔ⁴²⁻⁵¹

鸟毛 tiɔ⁴²⁻⁴³mɦio³¹⁻³⁵

翼膀 jiəʔ²pɐ̃⁴²⁻⁵¹ 　（翅膀）

张嘴 tɕiÃ³³tʃʅ⁴² =嘴 tʃʅ⁴²

尾巴 mi⁴²⁻⁴³po³³⁻³⁵

乌鸦 u³³⁻⁵⁵iA³³⁻³¹

喜鹊 ɕi⁴²⁻⁴³tɕʻiəʔ⁵→tɕʻiÃ⁵¹

黄头雀 ɦuõ³¹⁻³³tɦio³¹⁻³³tɕʻiəʔ⁵→tɕʻiÃ⁵¹

=麻雀 mɦio³¹⁻³³tɕʻiəʔ⁵→tɕʻiA⁵¹

燕 ie³³⁻³⁵

大雁 tɦiA²²n̠ɦiie²²⁻³⁵

鹁鸪 pɦioʔ² tɕie⁵¹ 　（鸽子）

鹌鹑 ɛ³³⁻³⁵sɦuəŋ³¹⁻⁵¹

口鸪 pɦu²²ku³³⁻³⁵ 　（鹧鸪）

啄木鸟 toʔ⁵⁻²mɦioʔ²n̠iɔ⁴²⁻⁵¹

猫头鹰 mɔ³³tɦio³¹⁻³⁵iəŋ³³⁻³¹

鹦鹉 iəŋ³³ɦɦu⁴²

白鹤 pɦiAʔ²ŋɦoʔ²

口鹰 lɦio²²iəŋ³³⁻³⁵ 　（老鹰）

水鸭 ʃʅ⁴²⁻⁴³Aʔ⁵⁻²→ɛ⁵¹

鸳鸯 yø³³⁻⁵⁵iÃ³³⁻³¹

百灵鸟 pAʔ⁵⁻²lɦiiəŋ³¹⁻³³n̠iɔ⁴²⁻⁵¹

画眉 ɦuA²²mɦie³¹⁻³⁵

孔雀 k'oŋ⁴²⁻⁴³tɕ'iə?⁵

鸬鹚 lɦiəu³¹⁻³⁵sɦɿ³¹⁻⁵¹

夜游 jiA²²jiəu³¹⁻³⁵　　（蝙蝠）

蚕 sɦie³¹⁻³⁵

蚕子 sɦie³¹⁻³³tsɿ⁴²　　（蚕卵）

蝴蝶 ɦiu³¹⁻³⁵tɦiə?²→tɦie⁵¹　　（蚕蛾）

蚕蛹 sɦie³¹⁻³³yoŋ⁴²⁻⁵¹

蚕睏觉 sɦie³¹⁻³⁵k'oŋ⁵⁵⁻³⁵kɔ⁵⁵　　（蚕眠了）

头眠 tɦio³¹⁻³⁵mɦie³¹⁻⁵¹

二眠 ɦin²²mɦie³¹

三眠 sɛ³³⁻³⁵mɦie³¹⁻⁵¹

大眠 tɦiA²²mɦie³¹

=眠大 mɦie³¹⁻³⁵tɦiəu²²⁻⁵⁵

吐丝 t'əu⁴²⁻⁴³sɿ³³

结茧 tɕiə?⁵⁻²tɕie⁴²⁻⁵¹

蚕沙 sɦie³¹⁻³⁵so³³⁻³¹

（爬爬）蟢 (pɦio³¹⁻³²pɦio³¹⁻³³)ɕi⁴²⁻⁵¹　　（蜘蛛）

蟢网 ɕi⁴²⁻³³mɒ̃⁴²⁻⁵¹　　（蜘蛛网）

□□ hu⁴²⁻⁴³m⁴²⁻⁵¹　　（蚂蚁）

土狗 t'əu⁴²⁻⁴³tɕio⁴²⁻⁵¹　　（蝼蛄）

土鳖 t'əu⁴²⁻⁴³piə?⁵

=地鳖虫 tɦi²²piə?⁵tʃɦyoŋ³¹⁻⁵¹

曲蟮 k'yo?⁵⁻²ɕɦie³¹⁻⁵¹　　（蚯蚓）

田□□ tɦie³¹⁻³³lɦiəu³¹⁻³⁵lɦiəu³¹⁻⁵¹　　（蜗牛）

□蚣 mɦioŋ³¹⁻⁵⁵koŋ³³⁻³¹　　（蜈蚣）

壁蝎 piA?⁵⁻²ɕiə?⁵　　（壁虎）

毛载蜊 mɦio³¹⁻³³ts'ɿ⁴²⁻⁴³lɦiA?²→lɦiɛ³¹⁻⁵¹　（毛毛虫）

米虫 mi⁴²⁻⁴³tʃɦyoŋ³¹⁻³⁵　　（米中的小白虫）

蛘 jiÃ³¹⁻³⁵　　（米中的小黑虫）

蛴 jiəu²²　　（蚜虫）

苍蝇 ts'ɒ̃³³⁻³⁵jiəŋ³¹⁻⁵¹

□坑苍蝇 mɦiÃ²²k'Ã³³ts'ɒ̃³³⁻⁵⁵jiəŋ³¹　（绿豆蝇）

蠓虫 mɦiəŋ³¹⁻³⁵tʃɦyoŋ³¹⁻⁵¹　　（蚊子）

（蚊子）咬人 ŋɔ⁴²⁻⁵⁵nɦiəŋ³¹

□虫 tsɿ³³⁻³⁵tʃɦyoŋ³¹⁻⁵¹　　（孑孓）

虱 ɕiə?⁵

虱虮 ɕiə?⁵⁻²tɕi⁴²⁻⁵¹　　（幼虱）

蚤 tsɔ⁴²　　（跳蚤）

牛虻 nɦio³¹⁻³⁵mÃ⁵⁵

□蟑 tsɔ³³suə?⁵　　（蟑螂）

□蜢 kiə?⁵⁻²mÃ⁴²⁻⁵¹　　（蚱蜢）

头发娘 tɦio³¹⁻³³fA?⁵nɦiÃ³¹⁻³⁵　　（螳螂）

蟀蟀 suə?⁵suə?⁵→suəŋ?⁵　　（蟋蟀）

桑□ sÕ³³⁻⁵⁵iA³³⁻³¹　　（蝉）

蜜蜂 mɦiə?²foŋ³³

马蜂 mo⁴²⁻⁴³foŋ³³

黄蜂 ɦuÕ³¹⁻³⁵foŋ³³⁻³¹

胡蜂 ɦu³¹⁻³⁵foŋ³³⁻³¹

（蜜蜂）咬人 ŋɔ⁴²⁻⁵⁵nɦiəŋ³¹

蜂窠 foŋ³³k'u³³⁻³⁵

蜂蜜 foŋ³³mɦiə?²=蜜 mɦiə?²

□火 jiÃ³¹⁻³³hu⁴²⁻⁵¹　　（萤火虫）

拉屁□ lɦiA²²p'i⁵⁵⁻³³tɕiəu³⁵　　（放屁虫）

谷蝶 kuo?⁵⁻²tɦiə?²→tɦie⁵¹　　（谷蛾）

蝴蝶 ɦiu³¹⁻³⁵tɦiə?²→tɦie⁵¹

蜻蜓 tɕ'iəŋ³³⁻³⁵tɦiəŋ³¹⁻⁵¹

□□□ pɦii³¹⁻³³pɦio³¹⁻³³tɕiəu³³⁻³⁵　　（瓢虫）

牛头□□ nɦio³¹⁻³³tɦio³¹⁻³³iA⁴²⁻⁴³ts'o³³⁻³⁵
（天牛）

鲤□ li⁴²⁻⁴³tɕiəu⁴²　　（鲤鱼）

鲫鱼 tɕiə?⁵⁻²ɦŋ³¹⁻³⁵

刀鱼 tɔ³³⁻³⁵ɦŋ³¹⁻⁵¹

扁鲫鱼 pie⁴²⁻⁴³tɕiə?⁵⁻²ɦŋ³¹⁻³⁵（海鲫鱼，北方话称武昌鱼）

黄鱼 ɦuÕ³¹⁻³⁵ɦŋ³¹⁻⁵¹

大黄鱼 tɦiəu²²ɦuÕ³¹⁻³⁵ɦŋ³¹⁻⁵¹

小黄鱼 ɕio⁴²⁻⁴³ɦuÕ³¹⁻³³ɦŋ³¹⁻³⁵

带鱼 tA⁵⁵⁻³³ɦŋ³¹

白鲢鱼 pɦiA?²lɦiie³¹⁻³⁵ɦŋ³¹⁻⁵¹

花鲢 huA³³⁻³⁵lɦiie³¹⁻⁵¹

乌皮鳢 u³³pɦii³¹⁻³³li⁴²　　（乌鱼）

蜴[mɦoŋ⁵¹]①　　　　　　（墨鱼）

□□ lɦiɔʔ²tɕʻiɑ̃³³⁻³⁵=鱿鱼 jiəu³¹⁻³⁵fɦŋ³¹⁻⁵¹

鲳鱼 tɕʻiɑ̃³³⁻³⁵fɦŋ³¹⁻⁵¹

鲰童鱼 mɦiɔ³¹⁻³³tɦioŋ³¹⁻³³fɦŋ³¹⁻³⁵　（梅童鱼）

米鱼 mi⁴²⁻⁵⁵fɦŋ³¹

鲻鱼 tsๅ³³⁻³⁵fɦŋ³¹⁻⁵¹

鳗 mɦø³¹

马鲛鱼 mo⁴²⁻⁴³kɔ³³⁻³⁵fɦŋ³¹⁻⁵¹

剥皮鱼 poʔ⁵⁻²pɦi³¹⁻³⁵fɦŋ³¹⁻⁵¹　（又称圆眼鱼）

□鱼 sɦõ²²fɦŋ³¹⁻³⁵　（海蜇）

参 suəŋ³³　（海参）

水鳗ๅ⁴²⁻⁴³sɦie³¹⁻⁵¹　（豆腐鱼，龙头鱼）

胖头鱼 pʻõ⁵⁵⁻³³tɦio³¹⁻³⁵ɦŋ³¹⁻⁵¹

=胖头 pʻõ⁵⁵⁻³³tɦio³¹　（鳙鱼）

金鱼 tɕiəŋ³³⁻³⁵ɦŋ³¹⁻⁵¹

鱼鳞fɦŋ³¹⁻³⁵lɦiəŋ³¹⁻⁵¹

鱼刺fɦŋ³¹⁻³⁵tʻsๅ⁵⁵

鳔 pɦiɔ³¹⁻³⁵

鳍 tɕɦi³¹

□腮 kɦiiɛ³¹⁻³²se⁵⁵　（鱼鳃）

鱼子fɦŋ³¹⁻³³tsๅ⁴²

鱼苗fɦŋ³¹⁻³³mɦiɔ³¹⁻³⁵

鱼秧fɦŋ³¹⁻³³iɑ̃³³⁻³⁵　（鱼苗稍大的）

钓鱼 tiɔ⁵⁵⁻³³fɦŋ³¹⁻³⁵

钓鱼竿 tiɔ⁵⁵⁻³³fɦŋ³¹⁻³³tɕie³³⁻³⁵

鱼钓钩fɦŋ³¹⁻³³tiɔ⁵⁵⁻³³tɕie³³⁻³⁵

标 piɔ³³　（浮标）

鱼笼fɦŋ³¹⁻³³lɦiəu³¹⁻³⁵

鱼网fɦŋ³¹⁻³³mõ⁴²⁻⁵¹

掷网 tɕɦiɑʔ²mõ⁴²⁻⁵¹　（撒网）

晒网 so⁵⁵⁻³³mõ⁴²⁻⁵¹

打鱼 tɑ̃⁴²⁻⁴³fɦŋ³¹⁻³⁵

投鱼 tɦio³¹⁻³³fɦŋ³¹⁻³⁵（将毒药放入水中使鱼中毒浮起以便捞取）

□鱼 mɦioʔ²fɦŋ³¹⁻³⁵（用电电麻鱼使其浮起以便捞取）

---

① "蜴"为"墨鱼"的合音合义字。

虾 ho³³⁻³⁵

青虾 tɕʻiəŋ³³ho³³⁻³⁵

对虾 te⁵⁵⁻³³ho³³

小白虾 ɕiɔ⁴²⁻⁴³pɦiAʔ²ho³³⁻³⁵

龙虾 lɦioŋ³¹⁻³⁵ho³³⁻³¹

虾米 ho³³mi⁴²　（干虾仁）

炊皮 tʃʻๅ³³⁻³⁵pɦi³¹⁻⁵¹　（干的小虾米）

虾子 ho³³tsๅ⁴²

乌龟 u³³⁻⁵⁵ky³³⁻³¹

鳖 piAʔ⁵

泥鳅 ȵɦi³¹⁻³⁵tɕʻiəu³³⁻³¹

黄鳝 ɦuõ³¹⁻³³ɕɦie³¹

鳗 mɦø³¹

蟹儿（总称）hA⁴²⁻⁵¹

蟹黄 hA⁴²⁻⁴³ɦuõ³¹⁻³⁵=蟹膏 hA⁴²⁻⁴³kɔ³³⁽⁻³⁵⁾

膏蟹 kɔ³³hA⁴²　（梭子蟹）

田蟹 tɦie³¹⁻³³hA⁴²　（大闸蟹）

□jiəŋ³¹⁻³⁵　（青蟹）

白蟹 pɦiAʔ²hA⁴²

沙蟹 so³³hA⁴²⁻⁵¹

岩头蟹 ȵɦie³¹⁻³³tɦio³¹⁻³³hA⁴²⁻⁵¹

蟹脚钳 hA⁴²⁻⁴³tɕiəʔ⁵⁻²tɕɦie³¹⁻³⁵

蟹酱 hA⁴²⁻⁴³tɕiɑ̃⁵⁵　（沙蟹捣碎腌制而成）

蟹子 hA⁴²⁻⁴³tsๅ⁴²　（意为"没有"）

虾□弹 ho³³tɕiəu⁵⁵tɦiɛ³¹　（虾蛄）

弹□ tɦiɛ³¹⁻³⁵fɦiu³¹⁻⁵¹　（跳跳鱼、弹涂鱼）

青蛙 tɕʻiəŋ³³⁻⁵⁵uA³³⁻³¹

蛤蟆 o³³⁻³⁵mɦio³¹⁻⁵¹

蛤蟆锥头 o³³mɦio³¹⁻³³tʃɦๅ²²tɦio³¹⁻³⁵　（蝌蚪）

癞戟蛤蟆 lɦiA²²tsʻๅ⁴²⁻⁴³o³³⁻³⁵mɦio³¹⁻⁵¹

=癞戟 lɦiA²²tsʻๅ⁴²⁻⁵¹　（癞蛤蟆）

马口 mo⁴²⁻⁵⁵sɦๅ³¹　（蚂蟥）

蛤蜊 tɕiəʔ⁵⁻²lɦi³¹⁻³⁵

花鲜 huA³³ɕie³³⁻³⁵　（花蚶）

血鲜 hyəʔ⁵⁻²ɕie³³⁻³⁵　（血蚶）

螺蛳 lɦiəu³¹⁻³⁵sๅ³³⁻³¹

泥螺 ȵɦi³¹⁻³⁵lɦiəu³¹⁻⁵¹

钉螺 tiəŋ³³⁻³⁵lɦəu³¹⁻⁵¹

田螺 tɦiie³¹⁻³⁵lɦəu³¹⁻⁵¹

蛏 tɕ'iəŋ³³⁻³⁵

竹蛏 tʃyoʔ⁵⁻²tɕ'iəŋ³³⁻³⁵

刀蛏 to³³tɕ'iəŋ³³⁻³⁵

鲞 ɕiã⁴²　　（较大鱼类干制品总称）

鱼鲞头 ŋ³¹⁻³³k'ɔ⁵⁵⁻³³tɦiio³¹⁻³⁵　　（小鱼干总称）

鳗鲞 mɦø³¹⁻³³ɕiã⁴²　　（鳗鱼干）

紫菜 tsɿ⁴²⁻⁴³ts'e⁵⁵

七　房屋 器具

屋 uoʔ⁵　　　　（房屋）

小屋 ɕio⁴²⁻⁴³uoʔ⁵→oŋ⁵¹

厂 tɕ'iÃ⁴²⁻⁵¹　　　（小棚子）

茅厂 mɦɔ³¹⁻³³tɕ'iÃ⁴²⁻⁵¹　　（小茅棚）

屋基 uoʔ⁵⁻²tɕi³³　　　（地基）

起屋 tɕ'i⁴²⁻⁴³uoʔ⁵　　（盖房子）

弄堂 lɦoŋ²²tɦɒ̃³¹⁻³⁵　　（巷子）

墙壁 ʑɦiɑ̃³¹⁻³³piɑʔ⁵

起壳 tɕ'i⁴²⁻⁴³k'oʔ⁵→k'ɒ̃⁵¹　　（墙面等因受潮
　　等鼓起来）

围墙 jy³¹⁻³⁵ʑɦiɑ̃³¹⁻⁵¹

外间 ŋɦA²²kie³³⁻³⁵

里间 li⁴²⁻⁴³kie³³⁻³⁵

口床间 mɦəŋ³¹⁻³³sɦɒ̃³¹⁻⁵⁵kie³³⁻³¹　　（卧室）

客厅 k'əʔ⁵⁻²t'iəŋ⁴²⁻⁵¹

客房 k'əʔ⁵⁻²fɦɒ̃³¹⁻⁵¹

厕所 ts'ɿ⁵⁵⁻³³so⁴²⁻⁵¹

厕所间 ts'ɿ⁵⁵⁻³³so⁴²⁻⁴³kie³³⁻³⁵

米筛 mi⁴²⁻⁴³sɿ³³⁻³⁵

粉筛 fəŋ⁴²⁻⁴³sɿ³³⁻³⁵

糠筛 k'ɒ̃³³⁻⁵⁵sɿ³³⁻³¹

猪栏 tsɿ³³⁻³⁵lɦie³¹⁻⁵¹=猪栏间 tsɿ³³lɦie³¹⁻³⁵kie³³⁻³¹
=猪栏厂 tsɿ³³lɦie³¹⁻³³tɕ'iÃ⁴²⁻⁵¹（猪圈）

猪槽 tsɿ³³⁻³⁵sɦɔ³¹⁻⁵¹

猪食 tsɿ³³ɕiəʔ²

猪食桶 tsɿ³³ɕiəʔ²tɦoŋ³¹⁻⁵¹　　（泔水桶）

放羊口 fɒ̃⁵⁵⁻³³jiÃ³¹⁻³⁵kəʔ⁵⁻²　　（放羊的人）

狗窠 tɕio⁴²⁻⁴³k'u³³⁻³⁵　　（狗窝）

鸡窠 tɕi³³k'u³³⁻³⁵　　（鸡窝）

前门 ɕɦiie³¹⁻³⁵mɦəŋ³¹⁻³⁵

后门 io⁴²⁻⁴³mɦəŋ³¹⁻³⁵

口沟 iÃ³³⁻⁵⁵tɕio³³⁻³¹（屋檐下头水滴入的地
　　方）

地栿 tɦii²²fɦoʔ²　　　　　（门槛）

门扇后 mɦəŋ³¹⁻³³ɕie⁵⁵⁻³³io⁴²⁻⁵¹　　（门后）

门鼻 mɦəŋ³¹⁻³³pɦiiʌʔ²

门栓（旧）mɦəŋ³¹⁻³³sø³³⁻³⁵（旧时门的横杠）

门杠（旧）mɦəŋ³¹⁻³⁵kɒ̃⁵⁵　　（就是门的长杠，
　　从内部抵住门）

锁 søu⁴²

划匙 ɦuoʔ²sɦɿ³¹⁻⁵¹　　　　（钥匙）

插销 ts'əʔ⁵⁻²ɕiɔ³³⁻³⁵

摇皮 jiɔ³¹⁻³³pɦii³¹⁻³⁵

司必灵 sɿ³³piʔ⁵lɦiəŋ³¹⁻⁵¹（音译词，门锁）

屋顶 uoʔ⁵⁻²tiəŋ⁴²

屋檐 uoʔ⁵jie³¹⁻⁵¹

栋桁 toŋ⁵⁵⁻³³ɦÃ³¹　　　（栋梁，横梁）

拔栋桁 pɦiʌʔ²toŋ⁵⁵⁻³³ɦÃ³¹

=拔桁 pɦiʌʔ²ɦÃ³¹⁻⁵¹ =[拔桁][pɦÃ³⁵]（上梁）

椽 tsɦø³¹

廊柱 lɦɔ³¹⁻³³tʃɦʮ³¹　　　（柱子）

礅子 sɒ̃⁴²⁻⁴³tsɿ⁴²　　　（柱下石）

天坪 t'ie³³⁻³⁵pɦiəŋ³¹⁻⁵¹　　（天花板）

楼上 lɦio³¹⁻³⁵sɦɒ̃²²⁻⁵⁵

楼下 lɦio³¹⁻³³o⁴²⁻⁵¹

胡梯 ɦu³¹⁻³⁵t'i³³⁻³¹　　　（楼梯）

胡梯格 ɦu³¹⁻³⁵t'i³³kəʔ⁵→kÃ⁵¹（楼梯的台阶）

扶手 fɦu³¹⁻³³ɕiəu⁴²⁻⁵¹

阉门（旧）tɦəʔ²mɦəŋ³¹⁻⁵¹

=窗门 tʃ'yɒ̃³³⁻³⁵mɦəŋ³¹⁻⁵¹

窗帘布 tʃ'yɒ̃³³lɦiie³¹⁻³⁵pu⁵⁵　　（窗帘）

晒台头 sA⁵⁵⁻³³tɦie³¹⁻³³tɦio³¹⁻³⁵

=晒台 sʌ³³tʰie³¹⁻³⁵　　（阳台）

栅栏 sʌʔ⁵⁻²lɦie³¹⁻³⁵

走廊 tɕio⁴²⁻⁵⁵lɦɑ̃³¹

角落头 koʔ⁵⁻²lɦoʔ²tʰio³¹⁻³⁵　（角落）

口 tɕʻie³³　　（使斜屋正）

扫帚 sɔ⁴²⁻³³tɕiəu⁴²

拖地刷 tʻəu³³tʰii²²suəʔ⁵→sø⁵¹　（拖把）

鸡毛掸刷 tɕi³³mɦɤ³¹⁻³³tɛ⁴²⁻⁴³suəʔ⁵→sø⁵¹
（鸡毛刷）

口床 mɦəŋ³¹⁻³⁵sɦõ³¹⁻⁵¹　　（床）

口床头 mɦəŋ³¹⁻³³sɦõ³¹⁻³⁵tʰio³¹⁻⁵¹（床头）

口床板 mɦəŋ³¹⁻³³sɦõ³¹⁻³³pɛ⁴²（床板）

口床光沿 mɦəŋ³¹⁻³³sɦõ³¹⁻³³kuõ³³⁻³⁵jie²²⁻⁵⁵（床边）

棕棚 tsoŋ³³⁻⁵⁵pʰiã³¹

摊口床 tʻɛ³³mɦəŋ³¹⁻³⁵sɦõ³¹⁻⁵¹（铺床）

布帐 pu⁵⁵⁻³⁵tɕiã⁵⁵　　（蚊帐）

布帐钩 pu⁵⁵⁻³³tɕiã⁵⁵⁻³³tɕio³³⁻³⁵（蚊帐钩）

毯 tʻɛ⁴²

被 pɦi³¹

被窠 pɦi³¹⁻³²kʻu³³⁻³⁵　　（被窝）

被里 pɦi³¹⁻³²li⁴²⁻⁵¹

被面 pɦi³¹⁻³²mɦie²²

被套 pɦi³¹⁻³²tʻɔ⁵⁵

被絮 pɦi³¹⁻³²sŋ⁵⁵　　（棉絮）

床单 sɦõ³¹⁻³⁵tɛ³³⁻³¹

床罩 sɦõ³¹⁻³⁵tsɔ⁵⁵

垫被 tʰie²²pɦi³¹⁻⁵¹

睏草 kʻoŋ⁵⁵⁻³³tsʻɔ⁴²⁻⁵¹＝草席 tsʻɔ⁴²⁻⁴³ɕiɦəʔ²

竹席 tʃyoʔ⁵⁻²ɕiɦəʔ²

簟席 mɦiəʔ²ɕiɦəʔ²

枕头 tɕiəŋ⁴²⁻⁵⁵tʰio³¹

枕巾 tɕiəŋ⁴²⁻⁴³tɕiəŋ³³

枕头仁 tɕiəŋ⁴²⁻⁴³tʰio³¹⁻³⁵ɕɦiəŋ³¹⁻⁵¹

枕头套 tɕiəŋ⁴²⁻⁴³tʰio³¹⁻³⁵tʻɔ⁵⁵

枕头肉 tɕiəŋ⁴²⁻⁴³tʰio³¹⁻³³nɦiyoʔ²→nɦiyoŋ⁵¹

沙发 so³³fʌʔ⁵

尿壶 ʃʮ³³ɦu³¹⁻³⁵

粪桶 fəŋ⁵⁵⁻³³tʰioŋ³¹＝便桶 pɦi²²tʰioŋ³¹

＝马桶 mo⁴²⁻⁴³tʰioŋ³¹

手炉 ɕiəu⁴²⁻⁴³lɦəu³¹⁻³⁵

火炉 hu⁴²⁻⁴³lɦəu³¹⁻³⁵

热水袋 nɦiə²²ʃʮ⁴²⁻⁴³tʰie²²

熨斗 jyŋ²²tio⁴²

热水瓶 nɦiə²²ʃʮ⁴²⁻⁵⁵pʰiəŋ³¹

茶壶 tsɦo³¹⁻³⁵ɦu³¹⁻⁵¹

洋盆 jiã³¹⁻³⁵pʰəŋ³¹⁻⁵¹

面架 mɦie²²ko⁵⁵⁻³⁵　　（脸盆架）

香皂 ɕiã³³sɦɔ³¹

油皂 jiəu³¹⁻³³sɦɔ³¹　　（肥皂）

油皂盒 jiəu³¹⁻³³sɦɔ³¹⁻³²ɦʌʔ²→ɦie⁵¹

面巾 mɦie²²tɕiəŋ³³⁻³⁵　（毛巾）

牙罐 ŋɦo³¹⁻³⁵kue⁵⁵　　（茶缸）

口脚桶（旧）tʰiɛ²²tɕiəʔ⁵⁻²tʰioŋ³¹　（旧时陪嫁品，可用于洗被子等）

长桶 tɕɦiã³¹⁻³³tʰioŋ³¹⁻⁵¹

口粉桶 nɦiyoʔ²fəŋ⁴²⁻⁴³tʰioŋ³¹

高脚桶（旧）kɔ³³tɕiəʔ⁵⁻²tʰioŋ³¹　（旧时陪嫁品，可用于给小孩子洗澡等）

拗斗 ɔ⁵⁵⁻³³tio⁴²⁻³⁵　（旧时用于提水的木桶，有把手）

梳妆台 səu³³tsõ³³⁻³⁵tʰie³¹⁻⁵¹

头梳笼 tʰio³¹⁻³³sŋ³³lɦoŋ³¹⁻⁵¹

头梳 tʰio³¹⁻³⁵sŋ³³⁻³¹　（梳子）

＝掠儿 lɦiəʔ²→lɦiã⁵¹

箆箅 pʰi²²tɕi³³⁻³⁵　（密齿梳）

脚布 tɕiəʔ⁵⁻²pu⁵⁵　（擦脚布）

大橱 tʰɦəu²²tʃɦʮ³¹　（立式衣柜）

八扇/仙橱（旧）pʌʔ⁵⁻²ɕie³³⁻³⁵tʃɦʮ³¹⁻⁵¹　（旧时大柜子，上下两排共有八扇门）

五斗橱 ŋ⁴²⁻⁴³tio⁴²⁻⁵⁵tʃɦʮ³¹　（旧时家具，高，有两扇门）

园床 kʻõ⁵⁵⁻³³sɦõ³¹　（旧时床的一种，上面睡人，下中空，可存放东西）

写字台 ɕiA⁴²⁻⁴³sɿ²²tɕʰie³¹⁻³⁵

箱 ɕiÃ³³

箱橱 ɕiÃ³³tʃʰɿ³¹⁻³⁵

柜 kɦy²²

托盘 tʰoʔ⁵pɦø³¹⁻⁵¹

茶盘 tsɦio³¹⁻³⁵pɦø³¹⁻⁵¹

八仙桌 pAʔ⁵⁻²ɕie³³tʃγoʔ⁵　　（四方桌，可坐八个人）

大菜桌 tɦA²²tsʰe⁵⁵⁻³³tʃγoʔ⁵　　（大圆桌）

衣裳架 i³³sɦiɒ̃³¹⁻³³ko⁵⁵⁻³⁵　　（衣架）

三脚撑儿 sɛ³³tɕiəʔ⁵⁻²tsʰÃ³³⁻³⁵　　（架晒衣竿用的三脚竹架，三竿束成）

桌 tʃγoʔ⁵

方桌 fɒ̃³³tʃγoʔ⁵/→tʃγɒ̃⁵¹

圆桌 jγø³¹⁻³³tʃγoʔ⁵/→tʃγɒ̃⁵¹

桌布 tʃγoʔ⁵⁻²pu⁵⁵

格 kəʔ⁵→kÃ⁵¹　　（抽屉）

柜桌 kɦy²²tʃγoʔ⁵（立式柜子，上面可放东西）

柜格 kɦy²²kəʔ⁵　　（柜子的抽屉）

长凳头 tɕɦiA³¹⁻³³təŋ⁵⁵⁻³³tʰio³¹⁻³⁵　　（长凳）

骨牌凳 kuoʔ⁵⁻²pɦA³¹⁻³⁵təŋ⁵⁵　　（方凳）

茶几 tsɦio³¹⁻³⁵tɕi³³⁻³¹

椅 y⁴²

椅靠背 y⁴²⁻⁴³kʰɔ⁵⁵⁻³⁵pe⁵⁵

懒椅 lɛ⁴²⁻⁴³y⁴²⁻⁵¹　　（躺椅）

凳头 təŋ⁵⁵⁻³³tʰio³¹⁻³⁵

打镴 tÃ⁴²⁻⁴³lɦAʔ²　　（台州风俗：女儿出嫁前要准备锡制小件，如镴壶、镴台等）

镴壶 lɦAʔ²ɦu³¹⁻⁵¹

镴台 lɦAʔ²tʰie³¹⁻⁵¹

蜡烛 lɦAʔ²tʃγoʔ⁵

洋蜡烛 jiÃ³¹⁻³³lɦAʔ²tʃγoʔ⁵

红蜡烛 ɦŋ³¹⁻³³lɦAʔ²tʃγoʔ⁵

煤油灯 mɦie³¹⁻³³jiəu³¹⁻³⁵təŋ³³⁻³¹

灯台 təŋ³³⁻³⁵tʰie³¹⁻⁵¹

灯芯 təŋ³³⁻⁵⁵ɕiəŋ³³⁻³¹

洋油灯 jiÃ³¹⁻³³jiəu³¹⁻³⁵⁵təŋ³³⁻³¹

灯罩 təŋ³³⁻³⁵tsɔ⁵⁵

灯笼 təŋ³³⁻³⁵lɦoŋ³¹⁻⁵¹

镬灶间 ɦuoʔ²tsɔ⁵⁵⁻³³kiɛ³³⁻³⁵

=屋灶间 uoʔ⁵⁻²tsɔ⁵⁵⁻³³kiɛ³³⁻³⁵

镬灶 ɦuoʔ²tsɔ⁵⁵

=屋灶 uoʔ²tsɔ⁵⁵

煤炉 mɦie³¹⁻³⁵lɦiəu³¹⁻⁵¹

=煤球炉 mɦie³¹⁻³³tɕɦiəu³¹⁻³⁵lɦiəu³¹⁻⁵¹

煤气灶 mɦie³¹⁻³³tɕʰi⁵⁵⁻³⁵tsɔ⁵⁵

灶台 tsɔ⁵⁵⁻³³tʰie³¹⁻³⁵

灶山 tsɔ⁵⁵⁻³³sɛ³³

镬灶孔 ɦuoʔ²tsɔ⁵⁵⁻³⁵kʰoŋ⁴²⁻⁵⁵

烫罐 tʰɒ̃⁵⁵⁻³⁵kue⁵⁵　　（老式大灶上烧热水的罐子）

镬底灰 ɦuoʔ²ti⁴²⁻⁴³hue³³⁻³⁵

烟囱 ie³³⁻⁵⁵tsʰoŋ³³⁻³¹

镬 ɦuoʔ²　　（锅）

镬黶 ɦuoʔ²tɕie⁴²=镬口 ɦuoʔ²mɦiəŋ²²　　（锅盖）

高压锅 ko³³⁻³²Aʔ⁵⁻²ku³³⁻³⁵

高压锅黶 ko³³⁻³²Aʔ⁵⁻²ku³³tɕie⁴²⁻⁵¹

洋镬 jiA³¹⁻³³ɦuoʔ²→ɦuɒ̃⁵¹

洋镬黶 jiÃ³¹⁻³³ɦuoʔ²tɕie⁴²⁻⁵¹

砂锅 so³³⁻⁵⁵ku³³⁻³¹

电饭煲 tɦie²²fɦiɛ²²pɔ⁴²⁻⁵¹

冰箱 piəŋ³³⁻⁵⁵ɕiÃ³³⁻³¹

风箱（旧）fəŋ³³⁻⁵⁵ɕiÃ³³⁻³¹

拉风箱（旧）lA³³fəŋ³³⁻⁵⁵ɕiÃ³³⁻³¹

鼓风机 ku⁴²⁻³³fəŋ³³⁻⁵⁵tɕi³³⁻³¹

火钳 hu⁴²⁻⁵⁵tɕɦie³¹

饭乘 fɦiɛ²²tɕʰiɔ³³⁻³⁵　　（锅铲）

饭舀 fɦie²²ɕiɔ⁴²⁻⁵¹

水舀 ʃy⁴²⁻⁴³ɕiɔ⁴²⁻⁵¹

汤舀 tʰɒ̃³³ɕiɔ⁴²⁻⁵¹

漏舀 lɦio²²ɕiɔ⁴²⁻⁵¹

洗镬筅（旧）ɕi⁴²⁻⁴³ɦuoʔ²tɕʰiəu³³⁻³⁵　　（旧时厨房专用的竹制洗碗用具）

盆 pɦəŋ³¹

饭碗 $\text{ffiɛ}^{22}\text{ue}^{42}$

=碗 ue^{42}

大碗 $\text{tɦɔu}^{22}\text{ue}^{42}$

小碗 $\text{ɕiɔ}^{42\text{-}43}\text{ue}^{42\text{-}51}$

盏 tsɛ^{42}　（高脚醋碟）

米笋 $\text{mi}^{42\text{-}43}\text{lɦəu}^{31\text{-}35}$

茶杯 $\text{tsɦɔ}^{31\text{-}33}\text{pe}^{33\text{-}35}$

酒盅 $\text{tɕiəu}^{42\text{-}43}\text{tʃyoŋ}^{33\text{-}35}$

彫 tiɔ^{33}　（口小肚大的坛子）

短 $\text{tø}^{42\text{-}51}$　（似彫而较短小的坛子）

瓶儿 $\text{pɦiəŋ}^{31\text{-}35}$

瓶盖 $\text{pɦiəŋ}^{31\text{-}33}\text{tɕie}^{42\text{-}51}$

玻璃瓶 $\text{po}^{33}\text{lɦi}^{31\text{-}33}\text{pɦiəŋ}^{31\text{-}35}$

罐 kue^{55}

花樽 $\text{huA}^{33}\text{tsuəŋ}^{33\text{-}35}$

花盆 $\text{huA}^{33\text{-}35}\text{pɦiəŋ}^{31\text{-}51}$

酒壶 $\text{tɕiəu}^{42\text{-}43}\text{ɦu}^{31\text{-}35}$

酒瓶 $\text{tɕiəu}^{42\text{-}43}\text{pɦiəŋ}^{31\text{-}35}$

酱油醋碟儿 $\text{tɕiã}^{55\text{-}33}\text{jiəu}^{31\text{-}33}\text{tsʻəu}^{55\text{-}33}\text{tɦiie}ʔ^{2}→\text{tɦiie}^{51}$

羹瓢 $\text{kã}^{33}\text{pɦiɔ}^{31\text{-}35}$　（调羹，勺子）

箸 tsɦɿ^{22}　（筷子）

箸笼 $\text{tsɦɿ}^{22}\text{lɦioŋ}^{31}$　（筷笼）

旀橱 $\text{kA}^{55\text{-}33}\text{tʃɦy}^{31}$　（碗橱）

旀齿 $\text{kA}^{55\text{-}33}\text{tsʻɿ}^{42}$　（碗橱上用于放碗的齿）

草镶筛 $\text{tsʻɔ}^{42\text{-}43}\text{ɦuo}ʔ^{2}\text{sɿ}^{33\text{-}35}$　（厨房专用的
　洗碗布或抹布）

拖地刷儿 $\text{tɔu}^{33}\text{tɦi}^{22}\text{suə}ʔ^{5}→\text{sø}^{51}$　（拖把）

旀刀 $\text{kA}^{55\text{-}33}\text{tɔ}^{33}$　（菜刀）

□砧板 $\text{sõ}^{33}\text{tɕiəŋ}^{33}\text{pɛ}^{42}$　（砧板）

水桶 $\text{ʃy}^{42\text{-}43}\text{tɦoŋ}^{31\text{-}51}$

饭桶 $\text{ffiɛ}^{22}\text{tɦoŋ}^{31\text{-}51}$

蒸笼 $\text{tɕiəŋ}^{33\text{-}35}\text{lɦioŋ}^{31\text{-}51}$

饭架儿 $\text{ffiɛ}^{22}\text{ko}^{55\text{-}35}$　（锅内蒸食物用具）

水缸 $\text{ʃy}^{42\text{-}43}\text{kɒ}^{33}$

柴 sɦA^{31}

麦秸 $\text{mɦiɔ}ʔ^{2}\text{tɕie}^{42}$

稻秸 $\text{tɦɔ}^{31\text{-}32}\text{tɕie}^{42}$

稻秸亭 $\text{tɦɔ}^{31\text{-}32}\text{tɕie}^{42\text{-}55}\text{tɦiəŋ}^{31}$

劈柴 $\text{pʻiA}ʔ^{5}\text{sɦA}^{31\text{-}51}$

柴爿 $\text{sɦA}^{31\text{-}35}\text{pɦie}^{31\text{-}51}$

自来火 $\text{sɦɿ}^{22}\text{lɦie}^{31\text{-}33}\text{hu}^{42\text{-}51}$　（火柴）

浆糊 $\text{tɕiã}^{33}\text{ɦu}^{31\text{-}35}$

喷壶 $\text{pʻəŋ}^{33\text{-}35}\text{ɦu}^{31\text{-}51}$

纺车 $\text{fõ}^{42\text{-}43}\text{tsʻo}^{33}$

弹花弓 $\text{tɦie}^{31\text{-}33}\text{huA}^{33\text{-}55}\text{tʃyoŋ}^{33\text{-}31}$

弹花槌 $\text{tɦie}^{31\text{-}33}\text{huA}^{33\text{-}35}\text{tʃɦɿ}^{31\text{-}51}$

弹棉花 $\text{tɦie}^{31\text{-}32}\text{mɦiie}^{31\text{-}35}\text{huA}^{33\text{-}31}$

抵指 $\text{ti}^{42\text{-}43}\text{tsɿ}^{42\text{-}51}$　（顶针）

线口 $\text{ɕie}^{55\text{-}33}\text{kon}^{42\text{-}51}$　（线轴）

针 tɕiəŋ^{33}

针眼 $\text{tɕiəŋ}^{33}\text{ȵie}^{42\text{-}51}$

针脑头 $\text{tɕiəŋ}^{33}\text{nɔ}^{42\text{-}43}\text{tɦio}^{31\text{-}35}$　（针尖）

针脚 $\text{tɕiəŋ}^{33}\text{tɕiə}ʔ^{5}$

穿针 $\text{tsʻue}^{33}\text{tɕiəŋ}^{33}$

脑头 $\text{nɔ}^{42\text{-}43}\text{tɦio}^{31\text{-}35}$　（末梢）

□ $\text{tɕʻie}^{33\text{-}35}$　（织毛衣用的针）

补丁儿 $\text{pu}^{42\text{-}43}\text{tiəŋ}^{33\text{-}35}$

搓衣板 $\text{tsʻəu}^{33}ʔ\text{i}^{33}\text{pe}^{42}$

练槌搭 $\text{lɦie}^{22}\text{tʃɦɿ}^{31\text{-}32}\text{tə}ʔ^{5}→\text{tɛ}^{51}$　（洗衣服时
　用来拍打衣服的棒槌）

阳伞 $\text{jiã}^{31\text{-}35}\text{sɛ}^{42\text{-}55}/\text{jiA}^{31\text{-}33}\text{sɛ}^{42\text{-}51}$

雨伞 $\text{jy}^{42\text{-}43}\text{sɛ}^{42\text{-}51}$

公章 $\text{koŋ}^{33\text{-}55}\text{tsõ}^{33\text{-}31}$　（单位用的印章）

私章 $\text{sɿ}^{33\text{-}55}\text{tsõ}^{33\text{-}31}$　（私人使用的印章）

脚踏车 $\text{tɕiə}ʔ^{5\text{-}2}\text{tɦA}ʔ^{2}\text{tsʻo}^{33\text{-}35}$　（自行车）

摩托车 $\text{mɦo}ʔ^{2}\text{tʻo}ʔ^{5\text{-}2}\text{tsʻo}^{33}$

黄包车 $\text{ɦuõ}^{31\text{-}33}\text{pɔ}^{33\text{-}55}\text{tsʻo}^{33\text{-}31}$

三轮车 $\text{sɛ}^{33}\text{lɦiuəŋ}^{31\text{-}35}\text{tsʻo}^{33\text{-}31}$

手电筒 $\text{ɕiəu}^{42\text{-}43}\text{tɦie}^{22}\text{tɦoŋ}^{31\text{-}35}$

晒（衣裳）so^{55}

晒衣裳 $\text{so}^{55\text{-}33}ʔ\text{i}^{33\text{-}35}\text{sɦõ}^{31\text{-}51}$　（晒衣服）

洗一桶 $\text{ɕi}^{42\text{-}43}\text{iə}ʔ^{5\text{-}2}\text{tɦoŋ}^{31\text{-}35}$　（洗一次）

汰 tɦA^{22}　（漂洗）

灰清汤（旧）hue^{33}tɕ'iəŋ$^{33-55}$t'ɒ̃$^{33-31}$ （柴灰滤水而成，可用于洗衣）

烫衣裳 tɒ̃$^{55-33}$;i$^{33-35}$sɦɒ̃$^{31-51}$

做衣裳 tsəu$^{55-33}$;i$^{33-35}$sɦɒ̃$^{31-51}$

洋车 jiÃ$^{31-55}$ts'o$^{33-31}$　　　　（缝纫机）

织布机 tɕiəʔ$^{5-2}$pu$^{55-33}$tɕi^{33}

剪刀 tɕie$^{42-43}$tɔ$^{33-35}$

尺 tɕ'iə^{5}

老尺 lɔ$^{42-43}$tɕ'iəʔ^{5} =市尺 sɦʅ$^{31-32}$tɕ'iəʔ^{5}

量尺寸 lɦiÃ$^{31-32}$tɕ'iəʔ$^{5-2}$ts'uəŋ^{55} （量身材）

划粉 ɦuAʔ^{2}fəŋ$^{42-51}$ （画粉线用的）

口边 tɕ'iɔ^{33}pie$^{33-35}$（裤脚太长了缝上去一点）

拷边 k'ɔ$^{33-55}$pie$^{33-31}$ （衣料裁剪后，用机器缝毛边）

纳鞋底 nɦAʔ^{2}ɦA$^{31-33}$ti^{42}

口纽珠 tiəʔ$^{5-2}$n̠iəu$^{42-43}$tʃʅ$^{33-35}$ （钉纽扣）

做花 tsəu$^{55-33}$huA^{33}

=绣花 ɕiəu$^{55-33}$huA^{33}

花头 huA$^{33-35}$tɦio$^{31-51}$ （指图案的花色，也用来指人的鬼点子，或说某人鬼点子多，在这个意义上也叫"花头眼"）

口被 hAʔ$^{5-2}$pɦi^{31} （缝被子）

口被 tɦie^{22}pɦi^{31} （将被絮装入被套）

物事 mfɦA^{2}sɦʅ^{22} （东西）

八　人品

男口 nɦiɛ^{31}kəʔ$^{5-2}$ （男的）

女口 n̠y$^{42-43}$kəʔ$^{5-2}$ （女的）

小人儿 ɕiɔ$^{42-43}$n̠iəŋ$^{31-35}$ （小孩）

细佬 ɕi$^{55-33}$lɔ$^{42-51}$

=细佬头 ɕi$^{55-33}$lɔ$^{42-43}$tɦio$^{31-35}$ （男孩）

后生 io$^{42-43}$sÃ$^{33-35}$ （小伙子，年轻）

口娘 tɦiəu^{22}n̠ɦiÃ^{31}

=口娘头 tɦiəu^{22}n̠ɦiÃ$^{31-32}$tɦio$^{31-35}$ （女孩）

口娘精 tɦiəu^{22}n̠ɦiÃ$^{31-32}$tɕiəŋ^{33} （女孩的戏称）

小口娘 ɕiɔ$^{42-43}$tɦiəu^{22}n̠ɦiÃ$^{31-51}$ （小女孩）

老倌 lɔ$^{42-43}$kue$^{33-35}$

=老倌人 lɔ$^{42-43}$kue^{33}n̠ɦiəŋ$^{31-35}$ （老头）

老太 lɔ$^{42-43}$t'A$^{55-51}$

=老太婆 lɔ$^{42-43}$t'A$^{55-33}$pɦu$^{31-35}$

老孺人 lɔ$^{42-43}$ʃɦʅ$^{31-35}$n̠ɦiəŋ^{31} （已婚妇女）

同年 tɦioŋ$^{31-35}$n̠ɦie$^{31-51}$

=同岁 tɦioŋ$^{31-35}$ʃʅ^{55} =共岁 tʃɦyoŋ$^{31-35}$ʃʅ^{55}

祖籍 tsəu$^{42-43}$ɕɦiəʔ^{2} （原籍）

囡儿婿 nɛ$^{42-43}$fɦiŋ$^{31-35}$ɕi^{55} （女婿）

城里人 ɕɦiəŋ$^{31-33}$li$^{42-55}$n̠ɦiəŋ^{31}

乡下人 ɕiÃ^{33}o$^{42-55}$n̠ɦiəŋ^{31}

自口人 sɦʅ$^{22-25}$lɦiŋ$^{31-51}$n̠ɦiəŋ^{31} （自家人）

本家 pəŋ$^{42-43}$ko$^{33-35}$

隔壁 kəʔ$^{5-2}$piAʔ^{5}→piəŋ^{51}

=隔壁邻舍 kəʔ$^{5-2}$piAʔ$^{5-2}$lɦiŋ$^{31-35}$so^{55}

=邻舍 lɦiŋ$^{31-35}$so^{55} （邻居）

外人 ŋɦA^{22}n̠ɦiəŋ^{31}

外路 ŋɦA$^{22-25}$lɦiəu$^{22-55}$

=外路人 ŋɦA^{22}lɦiəu^{22}n̠ɦiəŋ$^{31-35}$

=外地人 ŋɦA^{22}tɦi^{22}n̠ɦiəŋ$^{31-35}$

=外头人 ŋɦA^{22}tɦio$^{31-35}$n̠ɦiəŋ$^{31-51}$

=外乡人 ŋɦA^{22}ɕiÃ$^{33-35}$n̠ɦiəŋ$^{31-51}$

过路客 ku$^{55-33}$lɦiəu^{22}k'əʔ^{5}→k'Ã^{51} （过路人）

散工 se$^{42-43}$koŋ$^{33-35}$

=散工客 se$^{42-43}$koŋ^{33}k'əʔ^{5}→k'Ã^{51} （本指短工，现多用于指雇工）

内行 nɦie^{22}fɦɒ̃^{31}

外行 ŋɦA^{22}fɦɒ̃^{31}

外国人 ŋɦA^{22}kuoʔ^{5}n̠ɦiəŋ$^{31-51}$

日本人 n̠ɦiəʔ^{2}pəŋ$^{42-55}$n̠ɦiəŋ^{31}

死对头 sʅ$^{42-43}$te$^{55-33}$tɦio^{31}

工作 koŋ^{33}tsoʔ^{5}

生活 sÃ^{33}fɦuoʔ^{2}

管家（旧）kue$^{42-43}$tɕiA^{33}

伙计 hu$^{42-43}$tɕi^{55}

厨官 tʃɦʅ$^{31-35}$kue$^{33-31}$

厨官爷（戏谑）tʃɦʅ$^{31-33}$kue$^{33-35}$jiA$^{31-51}$

厨下 tʃɦʮ³¹⁻³³o⁴² （帮厨的人）

厨下叔（戏谑）tʃɦʮ³¹⁻³³o⁴²⁻⁴³ʃyoʔ⁵→ʃyoŋ⁵¹

保姆pɔ⁴²⁻⁴³mio⁴²⁻⁵¹

奶娘nʌ⁴²⁻⁴³n̠ɦiã̃³¹⁻³⁵

佣人jyoŋ²²n̠ɦiəŋ³¹⁻³⁵

丫鬟（旧）iɔ³³ɦuɛ³¹⁻³⁵

长工（旧）tɕɦiã̃³¹⁻⁵⁵koŋ³³⁻³¹

散工sɛ⁴²⁻⁴³koŋ³³⁻³⁵

种田人tʃyoŋ⁵⁵⁻³³tɦiɛ³¹⁻³⁵n̠ɦiəŋ³¹⁻⁵¹

做生活人tsəu⁵⁵⁻³³sã̃³³ɦuəʔ²n̠ɦiəŋ³¹⁻⁵¹（手艺人）

老师头lɔ⁴²⁻⁴³sʮ³³tɦio³¹⁻³⁵（对手艺人的尊称）

泥水老师n̠ɦi³¹⁻²²ʃʮ⁴²lɔ⁴²⁻⁴³sʮ³³ （泥水匠）

木匠老师mɦoʔ²ɕɦiã̃²²lɔ⁴²⁻⁴³sʮ³³ （木匠）

石匠老师ɕɦiã̃²ɕɦiã̃²²lɔ⁴²⁻⁴³sʮ³³ （石匠）

油漆老师jiəu³¹⁻³³tɕʰiəʔ⁵lɔ⁴²⁻⁴³sʮ³³

=油漆仙jiəu³¹⁻³³tɕʰiəʔ⁵⁻²ɕie³³⁻³⁵ （油漆匠）

打铁老师tã̃⁴²⁻⁴³tʰiəʔ⁵lɔ⁴²⁻⁴³sʮ³³ （铁匠）

剃头老师tʰi³³tɦio³¹⁻³³lɔ⁴²⁻⁴³sʮ³³⁻³⁵ （理发师）

船老大sɦø³¹⁻³³lɔ⁴²⁻⁴³tɦʌ²² （船夫）

送信员soŋ⁵⁵⁻³³ɕiəŋ⁵⁵⁻³³jyø³¹⁻³⁵

=邮递员jiəu³¹⁻³³tɦi²²jyø³¹⁻³⁵

生意人sã̃³³i⁵⁵⁻³³n̠ɦiəŋ³¹⁻³⁵

行贩ɦã̃³¹⁻³⁵fɛ⁵⁵

摆摊口pʌ⁴²⁻⁴³tʰɛ³³⁻³⁵kə⁵⁻²

担担口tɛ³³⁻³⁵tɛ⁵⁵kə⁵⁻²

小工ɕiɔ⁴²⁻⁴³koŋ³³⁻³⁵ （被雇佣来打杂的人）

军人kyŋ³³⁻³⁵n̠ɦiəŋ³¹⁻⁵¹

当兵口tõ³³⁻⁵⁵piəŋ³³⁻⁵⁵kə⁵⁻²

兵piəŋ³³⁻³⁵

警察tɕiəŋ⁴²⁻⁴³tsʰəʔ⁵

医生i³³⁻⁵⁵sã̃³³⁻³¹=医师i³³⁻⁵⁵sʮ³³⁻³¹

教书先生（旧）kɔ³³ʃʮ³³ɕie³³⁻⁵⁵sã̃³³⁻³¹

老师lɔ⁴²⁻⁴³sʮ³³

学生ɦɔʔ²sã̃³³⁻³⁵

同学tɦoŋ³¹⁻³³ɦɔʔ²

组桌tsəu⁴²⁻⁴³tʃyoʔ⁵→tʃyø⁵¹

讨饭人tʰɔ⁴²⁻⁴³fɦiɛ²²n̠ɦiəŋ³¹（乞丐）

中间人tʃyoŋ³³kie³³⁻³⁵n̠ɦiəŋ³¹⁻⁵¹（中介）

接生婆（旧）tɕiəʔ⁵⁻²sã̃³³pɦu³¹⁻³⁵

光棍kuõ³³⁻³⁵kuəŋ⁵⁵

老姑娘lɔ⁴²⁻⁴³ku³³⁻³⁵n̠ɦiã̃³¹⁻⁵¹ （老处女）

姘头pʰiəŋ³³tɦio³¹⁻³⁵

犯人fɦiɛ³¹⁻⁵⁵n̠ɦiəŋ³¹

班房头pɛ³³fɦõ³¹⁻³³tɦio³¹⁻³⁵

=监牢头kiɛ³³lɦɔ³¹⁻³³tɦio³¹⁻³⁵ （狱警）

骗子pʰie⁵⁵tsʮ⁴²⁻⁴³

=拐子kuʌ⁴²⁻⁴³tsʮ⁴²⁻⁵¹

贼tsɦəʔ² =小偷ɕiɔ⁴²⁻⁴³tʰio³³⁻³⁵

=贼骨头tsɦəʔ²kuəʔ⁵⁻²tɦio³¹⁻³⁵

=剪绺（旧）tɕie⁴²⁻⁴³lɦiəu³¹⁻⁵¹

望风口mɦõ²²fəŋ³³kə⁵⁻² （把风的人）

老实人lɔ⁴²⁻⁴³ɕɦiəʔ²n̠ɦiəŋ³¹⁻³⁵

寿头ɕɦiəu²²tɦio³¹⁻³⁵

寿头寿脑ɕɦiəu²²tɦio³¹⁻³³ɕɦiəu²²nɔ⁴²

大口tɦiəu²²⁻²⁵tʃʰʮ⁵⁵ （傻瓜）

相貌ɕiã̃⁵⁵⁻³⁵mɦɔ²²⁻⁵⁵ （样子，也指人的脾气）

范子fɦiɛ³¹⁻³²tsʮ⁴²⁻⁵¹（人的样子或东西的样式）

面嘴相儿mɦie²²tʃʮ⁴²⁻⁴³ɕiã̃⁵⁵⁻⁵¹

岁数ʃy⁵⁵⁻³⁵səu⁵⁵

夜弗休jiʌ²²fʌʔ⁵⁻²ɕiəu³³⁻³⁵ （深夜不休息者）

九　亲属

爸pʌ⁵⁵⁻³⁵ =阿爸ʌʔ⁵⁻²pʌ⁵⁵⁻³⁵

=阿伯ʌʔ⁵⁻²pʌʔ⁵ （旧时面称父亲）

伯pʌʔ⁵→pã̃⁵¹ （背称父亲）

姆妈m³³mʌ³³⁻³⁵ （面称母亲）

娘n̠ɦiã̃³¹ （背称母亲）

阿姨（旧）ʌ³³⁻³⁵ji³¹⁻⁵¹ （旧时面称母亲）

娘儿n̠ɦiã̃³¹⁻³⁵fiŋ³¹⁻⁵¹ （母子合称）

娘囡n̠ɦiã̃³¹⁻³³nɛ⁴²⁻⁵¹ （母女合称）

伯伯pʌʔ⁵⁻²pʌʔ⁵

阿姆ʌʔ⁵⁻²m⁴²⁻⁵¹ （伯伯的配偶）

阿叔$_\text{A}$ʔ$^{5-2}$ʃyoʔ^5→ʃyoŋ^{51}

阿婶$_\text{A}$ʔ$^{5-2}$ɕiəŋ$^{42-51}$　　　　　（叔叔的配偶）

爷爷 jiA^{22}jiA$^{22-35}$

嬢嬢 n̠iÃ^{33}n̠iÃ$^{33-35}$　　　　　（奶奶）

外公ŋɦiA^{22}koŋ$^{33-35}$

外婆ŋɦiA^{22}pɦu$^{31-35}$

外孙ŋɦiA^{22}suəŋ$^{33-35}$

外孙女ŋɦiA^{22}suəŋ^{33}n̠y$^{42-51}$

儿ɦin^{31}

新妇ɕiəŋ^{33} fɦu^{31}/fɦu^{31}　　　　（儿媳、媳妇）

囡nɛ$^{42-51}$　　　　（女儿）

大儿 tɦiəu^{22}ɦin^{31}

小儿ɕiɔ$^{42-43}$ɦin$^{31-35}$

小猢狲ɕiɔ$^{42-43}$u^{33}suəŋ$^{33-35}$（对孩子的戏称、
　昵称）

老大 lɔ$^{42-35}$tɦA$^{22-55}$

老二 lɔ$^{42-35}$ɦin$^{22-55}$

老三 lɔ$^{42-33}$sɛ$^{33-35}$

老丈人 lɔ$^{42-43}$tɕɦiÃ$^{31-55}$n̠ɦiəŋ^{31}

老丈母 lɔ$^{42-43}$tɕɦiÃ$^{31-33}$m^{42}

囡儿婿 nɛ$^{42-43}$ɦin$^{31-35}$ɕi^{55}　　（女婿）

姊丈 tsʅ$^{42-43}$tɕɦiÃ$^{31-51}$　　　（姐夫、妹夫）

孙 suəŋ^{33}

孙新妇 suəŋ^{33}ɕiəŋ^{33}ɦu^{31}

孙女 suəŋ^{33}n̠y$^{42-51}$

孙女婿 suəŋ^{33}n̠y$^{42-43}$ɕi^{55}

重孙 tʃɦiyoŋ$^{31-35}$suəŋ$^{33-31}$

重孙女 tʃɦiyoŋ$^{31-33}$suəŋ^{33}n̠y$^{42-51}$

娘舅 n̠ɦiÃ$^{31-33}$tɕɦiəu$^{31-51}$

娘妗 n̠ɦiÃ$^{31-33}$tɕɦiəŋ$^{31-51}$　　　（舅妈）

舅公tɕɦiəu$^{31-32}$koŋ$^{33-35}$（父亲或母亲的舅舅）

妗婆tɕɦiəŋ$^{31-35}$pɦu^{31}　　　（舅公的配偶）

外甥ŋɦiA^{22}sÃ$^{33-35}$

外甥女ŋɦiA^{22}sÃ^{33}n̠y$^{42-51}$

娘 n̠ɦiÃ^{35}　　　（姑母）

口姨 n̠ɦiɛ^{22}ji$^{31-35}$

兄弟ʃyoŋ^{33}tɦi^{31}

姊妹 tsʅ$^{42-43}$mɦie^{22}

兄弟姊妹ɕyoŋ^{33}tɦi$^{31-33}$tsʅ$^{42-43}$mɦie^{22}

阿哥$_\text{A}$ʔ$^{5-2}$ko$^{33-51}$

阿姐$_\text{A}$ʔ$^{5-2}$tɕiA$^{42-35}$

叔伯兄弟ʃyoʔ$^{5-2}$pA$^{5-2}$ʃyoŋ^{33}tɦi^{31}

堂兄 tɦõ$^{31-33}$ɕyoŋ$^{33-31}$ =堂哥 tɦõ$^{31-33}$ko$^{33-51}$

堂弟 tɦõ$^{31-33}$tɦi$^{31-51}$

叔伯弟弟ʃyoʔ$^{5-2}$pA$^{5-2}$tɦi$^{31-32}$tɦi$^{31-51}$

叔伯姊妹ʃyoʔ$^{5-2}$pA$^{5-2}$tsʅ$^{42-43}$mɦie^{22}

堂妹 tɦõ$^{31-33}$mɦie$^{22-51}$

表兄弟 piɔ$^{42-43}$ʃyoŋ^{33}tɦi^{31}

表兄 piɔ$^{42-43}$ʃyoŋ$^{33-35}$ =表哥 piɔ$^{42-43}$ko$^{33-51}$

表嫂 piɔ$^{42-43}$sɔ^{42}

表弟 piɔ$^{42-43}$tɦi$^{31-51}$

表姊妹 piɔ$^{42-43}$tsʅ$^{42-43}$mɦie^{22}

表姐 piɔ$^{42-43}$tɕiA$^{42-51}$

表妹 piɔ$^{42-43}$mɦie$^{22-51}$

表叔 piɔ$^{42-43}$ʃyoʔ^5→ʃyoŋ^{51}

表婶 piɔ$^{42-43}$ɕiəŋ$^{42-51}$

表伯 piɔ$^{42-43}$pA^5→pÃ^{51}

表姆 piɔ$^{42-43}$m$^{42-51}$

伯公 pA$^{5-2}$koŋ$^{33-35}$

伯婆 pA$^{5-2}$pɦu$^{31-35}$

叔公ʃyoʔ$^{5-2}$koŋ$^{33-35}$

叔婆ʃyoʔ$^{5-2}$pɦu$^{31-35}$

姑婆 ku$^{33-35}$pɦu$^{31-51}$

丈公 tɕɦiÃ$^{31-32}$koŋ$^{33-35}$

姨婆 ji$^{31-35}$pɦu$^{31-51}$

姨公 ji$^{31-35}$koŋ$^{33-31}$

太公 t'A$^{55-33}$koŋ$^{33-35}$

太婆 t'A$^{55-33}$pɦu$^{31-35}$

太太公 t'A$^{55-33}$t'A$^{55-33}$koŋ$^{33-35}$

太太婆 t'A$^{55-33}$t'A$^{55-33}$pɦu$^{31-35}$

老官 lɔ$^{42-43}$kue^{33}　　（丈夫）

老安 lɔ$^{42-43}$ie^{33}（妻子）

= 老太 lɔ$^{42-43}$t'A$^{55-51}$ （妻子）

小老安ɕiɔ$^{42-43}$lɔ$^{42-43}$ie$^{33-35}$

=小老太 ɕiɔ⁴²⁻⁴³lɔ⁴²⁻⁴³t'A⁵⁵⁻⁵¹ （小老婆）

大伯 tɦiəu²²pA↑⁵→pÃ⁵¹ （夫之兄）

叔 ʃyoʔ⁵→ʃyoŋ⁵¹ （夫之弟）

姑娘 ku³³ȵɦiÃ³¹⁻³⁵ （背称丈夫之姐妹）

姑娘嫂 ku³³ȵɦiÃ³¹⁻³³sɔ⁴² （姑嫂合称）

叔伯姆 ʃyoʔ⁵⁻²pA⁵⁻²m⁴² （妯娌）

爷 jiA²²⁻³⁵ （背称公公）

家娘 ko³³⁻³⁵ȵɦiÃ³¹⁻⁵¹ （背称婆婆）

家娘爷 ko³³ȵɦiÃ³¹⁻³³jiA²²⁻³⁵ （公婆合称）

舅 tɕɦiəu³¹⁻⁵¹ （妻之兄弟）

大姨 tɦieu²²ji³¹⁻³⁵

小姨 ɕiɔ⁴²⁻⁴³ji³¹⁻³⁵

辈份 pe⁵⁵⁻³⁵fɦəŋ²²⁻⁵⁵

长辈 tɕiÃ⁴²⁻⁴³pe⁵⁵

晚辈 mɛ⁴²⁻⁴³pe⁵⁵

平辈 pɦiəŋ³¹⁻³⁵pe⁵⁵ =共辈 tʃɦyoŋ³¹⁻³⁵pe⁵⁵

排行 pɦA³¹⁻³⁵ɦÃ³¹⁻⁵¹

老亲家 lɔ⁴²⁻⁴³tɕ'iəŋ³³⁻⁵⁵ko³³⁻³¹ （亲家公）

亲家姆 tɕ'iəŋ³³ko³³m⁴²⁻⁵¹

亲眷 tɕ'iəŋ³³⁻³⁵kyø⁵⁵

趒亲眷 tɦiiɔ³¹⁻³²tɕ'iəŋ³³⁻³⁵kyø⁵⁵ （走亲戚）

义娘 ȵɦii²²ȵɦiÃ³¹⁻³⁵ （继母）

义伯 ȵɦii²²pAʔ⁵→pÃ⁵¹ （继父）

义儿 ȵɦii²²ɦn³¹⁻³⁵ （继子）

义囡 ȵɦii²² nɛ⁴²⁻⁵¹ （继女）

份头 fɦəŋ²²tɦio³¹

=亲份 tɕ'iəŋ³³⁻³⁵fɦəŋ²²⁻⁵⁵ （同宗的亲族）

四亲六眷 sɿ⁵⁵⁻³³tɕ'iəŋ³³lɦioʔ²kyø⁵⁵

十　身体

身体 ɕiəŋ³³t'i⁴² =口身 tɕɦi³¹⁻³²ɕiəŋ³³

头 tɦio³¹

脑袋瓜儿 nɔ⁴²⁻⁴³tɦie²²kuA³³⁻³⁵

乌颅头 u³³lɦiəu³¹⁻³⁵tɦio³¹⁻⁵¹

光头 kuɒ³³⁻³⁵tɦio³¹⁻⁵¹

头顶 tɦio³¹⁻³³tiəŋ⁴²

头颈 tɦio³¹⁻³³tɕiəŋ⁴²

后沿颈 io⁴²⁻⁴³jie³¹⁻³³tɕiəŋ⁴² （项部）

头发 tɦio³¹⁻³³fAʔ⁵

落头发 lɦioʔ²tɦio³¹⁻³³fAʔ⁵

头路 tɦio³¹⁻³⁵lɦiəu²²⁻⁵⁵ （头发的纹路）

风屑壳 fəŋ³³ɕiɔʔ⁵⁻²k'oʔ⁵ （头皮屑）

眼骨头 ȵiɛ⁴²⁻⁴³kuoʔ⁵tɦio³¹⁻⁵¹ （额头）

面 mɦie²² =张面 tɕiɔ³³⁻³⁵mɦie²²⁻⁵⁵

=面颊股 mɦie²²tɕiɔʔ⁵⁻²ku⁴²

弗要脸 fAʔ⁵⁻²iɔ⁵⁵⁻³³lie⁴²

面眶骨 mɦie²²ts'yɒ̃³³kuoʔ⁵

酒靥 tɕiəu⁴²⁻⁴³ie⁵¹ （酒窝）

人中 ȵɦiəŋ³¹⁻³⁵tʃyoŋ³³⁻³¹

眼 ȵiɛ⁴²

眼眶 ȵiɛ⁴²⁻⁴³tʃ'yɒ̃³³⁻³⁵

眼乌珠 ȵiɛ⁴²⁻⁴³u³³⁻⁵⁵tʃɿ³³⁻³¹

眼白 ȵiɛ⁴²⁻⁴³pɦAʔ²→pɦÃ⁵¹

瞳孔 tɦioŋ³¹⁻³³k'oŋ⁴²⁻⁵¹

眼滨 nie⁴²⁻⁴³lɦii²²

眼黄 nie⁴²⁻⁴³ɦuɒ̃³¹ （眼屎）

眼皮 nie⁴²⁻⁴³pɦii³¹⁻³⁵

双缘眼 ʃyɒ̃³³jyø³¹⁻³³nie⁴²⁻⁵¹ （双眼皮）

单缘眼 te³³jyø³¹⁻³³nie⁴²⁻⁵¹ （单眼皮）

眼袋 ȵiɛ⁴²⁻⁴³tɦie²²

眼睫毛 nie⁴²⁻⁴³tɕiəʔ⁵cɦmɔ³¹⁻⁵¹

眼眉毛 nie⁴²⁻⁴³mɦii³¹⁻³⁵mɦiɔ³¹⁻⁵¹

眼眉毛搅来
nie⁴²⁻⁴³mɦii³¹⁻³⁵mɦiɔ³¹⁻⁵¹kɔ⁴²⁻⁴³lɦie³¹ （皱眉头）

鼻头 pɦAʔ²tɦio³¹⁻⁵¹ （鼻子）

鼻头涕 pɦAʔ²tɦio³¹⁻³⁵t'i⁵⁵ （鼻涕）

鼻头口 pɦAʔ²tɦio³¹⁻³⁵e⁵⁵ （鼻屎）

鼻头红 pɦAʔ²tɦio³¹⁻³⁵ɦoŋ³¹⁻⁵¹ （鼻血）

鼻头孔 pɦAʔ²tɦio³¹⁻³⁵k'oŋ⁴²⁻⁵⁵ （鼻孔）

鼻头毛 pɦAʔ²tɦio³¹⁻³⁵mɦiɔ³¹⁻⁵¹ （鼻毛）

鼻头梁 pɦAʔ²tɦio³¹⁻³⁵lɦiiÃ³¹⁻⁵¹ （鼻梁）

鼻头锥 pɦAʔ²tɦio³¹⁻³⁵tʃɦɿ³¹⁻⁵¹ （鼻尖）

鼻头灵 pɦAʔ²tɦio³¹lɦiiŋ³¹ （嗅觉灵敏）

张嘴 tɕiA³³tʃʅ⁴² =嘴 tʃʅ⁴²

嘴唇 tʃʅ⁴²⁻⁵⁵sɦuəŋ³¹

□唾□ lɦiɛ²²t'əu⁵⁵⁻³³ləu⁴²⁻⁵¹

=涎唾□ sɦie³¹⁻³³t'əu⁵⁵⁻³³ləu⁴²⁻⁵¹ （口水）

□□ o⁴²⁻⁵⁵pɦo³¹ （下巴）

□□涎□ o⁴²⁻³³pɦo³¹⁻³³sɦie³¹⁻³³ləu⁴² （涎水）

口舌头 tɕ'io⁴²⁻⁴³ɕɦiA?²tɦio³¹⁻⁵¹

苔 t'e⁴² （舌苔）

大口舌 tɦiəu²²tɕ'io⁴²⁻⁴³ɕɦiA?²→ɕɦie⁵¹（大舌头）

小口舌 ɕio⁴²⁻⁴³tɕ'io⁴²⁻⁴³ɕɦiA?²→ɕɦie⁵¹（小舌头）

牙齿 ŋɦio³¹⁻³³ts'ʅ⁴²

门牙 mɦiəŋ³¹⁻³⁵ŋɦio³¹⁻⁵¹ =大牙 tɦiəu²²ŋɦio³¹

=虎牙 hu⁴²⁻⁵⁵ŋɦio³¹

尽牙 ɕɦiəŋ³¹⁻³⁵ŋɦio³¹⁻⁵¹ （智齿）

牙床 ŋɦio³¹⁻³⁵sɦõ³¹⁻⁵¹

蛀牙 tʃʅ⁵⁵⁻³³ŋɦio³¹

齙 pɦo²² （牙齿往外长）

□ ts'ɔ⁵⁵ （牙齿不整齐）

耳朵 ŋ⁴²⁻⁴³təu⁴²

耳朵孔 ŋ⁴²⁻⁴³təu⁴²⁻⁴³k'oŋ⁴²⁻⁵⁵

耳朵洞 ŋ⁴²⁻⁴³təu⁴²⁻⁴³tɦoŋ²²

=□□洞 tiəŋ³³ɕiÃ³³⁻³⁵tɦoŋ²²⁻⁵⁵

耳朵□ ŋ⁴²⁻⁴³təu⁴²⁻⁴³sɦʅ³¹⁻⁵¹ （耳垂）

耳朵□ ŋ⁴²⁻⁴³təu⁴²⁻⁴³e⁵⁵ （耳屎）

□□ nɦiɔ²²tɕiəŋ⁴² （耳光）

扇□□ ɕie⁵⁵⁻³³nɦiɔ²²tɕiəŋ⁴² （打耳光）

耳朵聋 ŋ⁴²⁻⁴³təu⁴²lɦoŋ³¹ （听不清）

喉咙 jio³¹⁻³⁵lɦoŋ³¹⁻⁵¹

喉结 jio³¹⁻³³tɕiə?⁵

胡须 ɦiu³¹⁻³⁵ʃʅ³³⁻³¹

络腮胡 lɦiɔ²²sɔ³³⁻³⁵ɦiu³¹⁻⁵¹

八字胡 pA?⁵⁻²sɦʅ²²ɦiu³¹⁻³⁵

旋 sɦø²² （头发旋）

指纹 tsʅ⁴²⁻⁴³ffiəŋ³¹⁻³⁵

手指印 ɕiəu⁴²⁻⁴³tsʅ⁴²⁻⁴³iəŋ⁵⁵ （打在纸上的指纹）

手纹 ɕiəu⁴²⁻⁴³ffiəŋ³¹⁻³⁵

腒 lɦiəu³¹ （圆形指纹）

箕 tɕi³³ （手指纹，与腒相对）

毛孔 mɦio³¹⁻³³k'oŋ⁴²⁻⁵¹

肩膀 tɕie³³põ⁴²

锁骨 səu⁴²⁻⁴³kuo?⁵

脊梁骨 tɕiə?⁵⁻²lɦiÃ³¹⁻³³kuo?⁵

手臂 ɕiəu⁴²⁻⁴³pi⁵⁵

手桳头 ɕiəu⁴²⁻⁴³tsÃ³³⁻³⁵tɦio³¹⁻⁵¹ （胳膊肘）

手骨 ɕiəu⁴²⁻⁴³kuo?⁵ （臂骨）

□□下 k'ə?⁵⁻²tsə?⁵⁻²o⁴²⁻⁵¹ （胳肢窝）

□□痒 tɕiə?⁵⁻²ko?⁵⁻²iÃ⁴²⁻⁵¹ （抓了痒）

抓抓痒 tsɔ³³tsɔ³³iÃ⁴²⁻⁵¹ （痒了抓）

手腕 ɕiəu⁴²⁻⁴³ue⁴²⁻⁵¹

顺手 sɦuəŋ²²ɕiəu⁴² =右手 iəu⁴²⁻⁴³ɕiəu⁴²

□手 tɕi³³ɕiəu⁴² =左手 tsəu⁴²⁻⁴³ɕiəu⁴²

手末结头 ɕiəu⁴²⁻⁴³mɦA?²tɕiə?⁵tɦio³¹⁻⁵¹

指关节 tsʅ⁴²⁻⁴³kue³³tɕiə?⁵

大手末结头

tɦiəu²²ɕiəu⁴²⁻⁴³mɦA?²tɕiə?⁵tɦio³¹⁻⁵¹

=大拇指 tɦiəu²²mio⁴²⁻⁴³tsʅ⁴²

食指 ɕɦiə?²tsʅ⁴²

中指 tʃyoŋ³³tsʅ⁴²

无名指 ffiu³¹⁻³³mɦiəŋ³¹⁻³³tsʅ⁴²

小手末结头

ɕio⁴²⁻⁴³ɕiəu⁴²⁻⁴³mɦA?²tɕiə?⁵⁻²tɦio³¹⁻³⁵ （小指）

手末头甲 ɕiəu⁴²⁻⁴³mɦA?²tɦio³¹⁻³³kiə?⁵ （指甲）

指甲油 tsʅ⁴²⁻⁴³kiə?⁵jiəu³¹⁻⁵¹

指甲钳 tsʅ⁴²⁻⁴³kiə?⁵⁻²tɕɦie³¹⁻⁵¹

指甲缝 tsʅ⁴²⁻⁴³kiə?⁵⁻²ffioŋ²²

拳头 kɦyø³¹⁻³⁵tɦio³¹⁻⁵¹

手掌 ɕiəu⁴²⁻⁴³tsõ⁴²

手心 ɕiəu⁴²⁻⁴³ɕiəŋ³³⁻³⁵

硬胝 ŋɦiÃ²²tsʅ⁴²

胸头板 ʃyoŋ³³tɦio³¹⁻³³pɛ⁴² （胸口）

肋口骨 lɦiA?²pɦiÃ²²kuo?⁵ （肋骨）

奶奶 nA⁴²⁻³³nA⁴²⁻³⁵

=奶 nA⁴²⁻³³　　　　（乳房/乳汁）

口肚 tɦio²²tɦəu³¹ =肚 tɦəu³¹

肚脐 tɦəu³¹⁻³⁵ɕɦi³¹

肚脐眼 tɦəu³¹⁻³³ɕɦi³¹⁻³³ɲiɛ⁴²⁻⁵¹

上脚肚 sɦũ²²tɕiəʔ⁵⁻²tɦəu³¹⁻⁵¹

=大腿 tɦA²²t'e⁴²

下脚肚 o⁴²⁻⁴³tɕiəʔ⁵⁻²tɦəu³¹⁻⁵¹

=脚肚子 tɕiəʔ⁵⁻²tɦəu³¹⁻³²tsɿ⁴²⁻⁵¹

=小腿 ɕio⁴²⁻⁴³t'e⁴²⁻⁵¹

脚口头 tɕiəʔ⁵⁻²k'ue⁵⁵⁻³⁵tɦio³¹⁻⁵¹　　　（膝盖）

裤裆下 k'u⁵⁵⁻³³tõ³³o⁴²⁻⁵¹

朏臀 k'uo⁵tɦəŋ³¹⁻⁵¹ =屁股 p'i⁵⁵⁻³³ku⁴²

朏臀眼 k'uo⁵⁻²tɦəŋ³¹⁻³³ɲiɛ⁴²⁻⁵¹　　（屁眼）

出朏臀 ts'uəʔ⁵⁻²k'uo⁵tɦəŋ³¹⁻⁵¹　（光屁股）

卵 lø⁴²

卵子 lø⁴²⁻⁴³tsɿ⁴²

卵泡 lø⁴²⁻⁴³p'ɔ⁵⁵⁻³³

卵卵 lø⁴²⁻³³lø⁴²⁻³⁵　　　　（赤子阴）

肶 p'iAʔ⁵　（女阴）

屄屄 pɦiɛ³¹⁻³²pɦiɛ³¹⁻³⁵　（女阴，昵）

弄 lɦoŋ²²　　　（肏）

脚踝柠 tɕiəʔ⁵⁻²ku⁴²⁻³³tsÃ³³⁻³⁵　　　（脚踝）

脚 tɕiəʔ⁵　　　（脚，腿）

脚骨 tɕiəʔ⁵⁻²kuoʔ⁵　　（脚骨，脚力）

出脚 ts'uəʔ⁵⁻² tɕiəʔ⁵→tɕiÃ⁵¹

脚板头 tɕiəʔ⁵⁻²pɛ⁴²⁻⁵⁵tɦio³¹

脚底心 tɕiəʔ⁵⁻²ti⁴²⁻⁴³ɕiəŋ³³

脚末节头 tɕiəʔ⁵⁻²mAʔ²tɕiəʔ⁵tɦio³¹⁻⁵¹（脚趾头）

脚末头甲 tɕiəʔ⁵⁻²mAʔ²tɦio³¹⁻³³kiaʔ⁵（脚趾甲）

脚后跟 ɕiəʔ⁵⁻²io⁴²⁻⁴³kəŋ³³⁻³⁵

脚后跟锥 ɕiəʔ⁵⁻²io⁴²⁻⁴³kəŋ³³⁻³⁵tʃɦɿ³¹⁻⁵¹

脚印 tɕiəʔ⁵⁻²iəŋ⁵⁵

鸡眼 tɕi³³ɲiɛ⁴²⁻⁵¹

痣 tsɿ⁵⁵

骨头 kuoʔ⁵tɦio³¹⁻⁵¹

筋头 tɕiəŋ³³⁻³⁵tɦio³¹⁻⁵¹

辫 pɦie³¹⁻⁵¹

头髻 tɦio³¹⁻³⁵tɕi⁵⁵

口发 tse⁴²⁻⁴³fAʔ⁵→fɛ⁵¹　　（刘海）

紮头发 tsuəʔ⁵⁻²tɦio³¹⁻³³fAʔ⁵

盘头髻 pɦø³¹⁻³²tɦio³¹⁻³⁵tɕi⁵⁵

十一　病痛　医疗

生病爻 sÃ³³⁻³⁵pɦiəŋ²²⁻⁵⁵ɦɔ³¹　　（生病了）

[弗好]过[fɔ⁵⁵]ku³³⁻³¹ =弗豪愺fAʔ⁵ɦɔ³¹⁻³⁵sɔ⁵⁵

=弗舒服 fAʔ⁵ʃɿ³³fɦoʔ²

=弗调泰 fAʔ⁵tɦio³¹⁻³²t'A⁵⁵　（不舒服）

急症 tɕiəʔ⁵⁻²tɕiəŋ⁵⁵

病重[起来]pɦiəŋ²²tʃɦyoŋ³¹[tɕ'ie⁴²]

=损 suəŋ⁴²　（病情变得更严重）

肚[弗好]tɦəu³¹[fɔ⁴²⁻⁴³]　　（肚子不好）

=白肚 pɦAʔ²tɦəu³¹

=拉肚 lɦiA²²tɦəu³¹⁻⁵¹　　（拉肚子）

口身热 tɕɦi³¹⁻³²ɕiəŋ³³ɲɦiəʔ²　（发烧）

冻爻 toŋ⁵⁵ɦɔ³¹　　（着凉了，感冒了）

=生冷口 sÃ³³lÃ⁴²⁻⁴³koŋ⁵⁵

嗽 ɕio⁵⁵　　　（咳嗽）

打嚏 tÃ⁴²⁻⁴³t'i⁵⁵　　（打喷嚏）

发汗痧 fAʔ⁵⁻²jie²²so³³⁻³⁵

热[起来]ɲɦiəʔ²[tɕ'ie⁴²⁻⁵¹] =上火 sɦõ³¹⁻³³hu⁴²

肚痛 tɦəu³¹t'oŋ⁵⁵⁻³³

胸头痛ʃyoŋ³³⁻³⁵tɦio³¹⁻⁵¹t'oŋ⁵⁵⁻³³

醉车 tʃɿ⁵⁵⁻³³ts'o³³ =晕车 yŋ³³ts'o³³

头痛 tɦio³¹t'oŋ⁵⁵⁻³³

想吐ɕiÃ⁴²⁻⁴³t'əu⁵⁵=要吐 iəʔ⁵⁻²t'əu⁵⁵

吐爻t'əu⁵⁵ɦɔ³¹　　　　（呕吐了）

痎 fɛ⁵⁵　（胃里感到不舒服，恶心欲吐）

癆病 lɦɔ²²⁻²⁵pɦiəŋ²²⁻⁵⁵

小肠气ɕio⁴²⁻⁴³tɕɦiÃ³¹⁻³⁵tɕ'i⁵⁵

发热火 fAʔ⁵⁻²ɲɦiəʔ²hu⁴²⁻⁵¹

毛孔口起来 mɦɔ³¹⁻³³k'oŋ⁴²⁻⁵¹tsɦɿ²²⁻²⁵tɕ'ie⁴²⁻⁵¹
　　（起鸡皮疙瘩）

出水痘 ts'uəʔ⁵⁻²ʃɿ⁴²⁻⁴³tɦio²²

出麻 tsʻuəʔ⁵mɦio³¹⁻⁵¹

种痘 tʃyoŋ⁵⁵⁻³⁵tɦio²²⁻⁵⁵　　　（接种疫苗）

瘟病 uəŋ³³⁻³⁵pɦiəŋ²²⁻⁵⁵

羊癫疯 jiÃ³¹⁻³³tie³³⁻⁵⁵fəŋ³³⁻³¹

痹□ pi⁵⁵⁻³³tsoʔ⁵　　　（手脚等发麻）

勾筋 tɕɦiəu³¹⁻³²tɕiəŋ³³⁻³⁵

=抽筋 tɕʻiəu³³⁻⁵⁵tɕiəŋ³³⁻³¹

中风 tʃyoŋ⁵⁵⁻³³foŋ³³

脑充血 nɔ⁴²⁻⁴³tʃʻyoŋ³³hyəʔ⁵　（脑溢血）

脑瘫 nɔ⁴²⁻⁴³tʻɛ³³⁻³⁵

瘫痪 tʻɛ³³⁻³⁵hue⁵⁵

鼓胀 ku⁴²⁻⁵⁵nɦioŋ³¹

□脓 kɦioŋ²²nɦioŋ³¹　　　（溃脓）

化脓 hua⁵⁵⁻³³nɦioŋ³¹

冻□ toŋ⁵⁵piəŋ³³⁻³¹　　　　（冻疮）

皲 tsʻəʔ⁵（皮肤等表面因受冻或干燥而开裂）

开刀 kʻie³³⁻⁵⁵tɔ³³⁻³¹

=做手术 tsəu⁵⁵⁻³³ɕiəu⁴²⁻⁴³ɕɦyoʔ²

剖脑 pʻiAʔ⁵⁻²nɔ⁴²　　　　（开颅手术）

迫药膏 pAʔ⁵⁻²jiəʔ²kɔ³³⁻³⁵

跌倒 lɦie²²⁻²⁵tɔ⁴²⁻⁵¹　　（摔倒）

结□ tɕiəʔ⁵⁻²jie⁵¹　　　（结痂）

疤 po³³⁻³⁵

痔 tsɦʅ³¹　　　（痔疮）

瘤 lɦiiəu³¹

疔嘴 tiəŋ³³tʃʅ⁴²⁻⁵¹

癣 ɕie⁴²

热□ nɦiəʔ²hy⁵⁵　　　（痱子）

痱子粉 fi⁵⁵⁻³³tsʅ⁴²⁻³³fəŋ⁴²⁻⁵¹

乌鸟斑 u³³tiɔ⁴²⁻⁴³pe³³⁻³⁵　（雀斑）

粉刺 fəŋ⁴²⁻⁴³tsʻʅ⁵⁵

□□ tɕiÃ⁴²⁻⁴³le⁴²　　（痘痘）

狐臭 ɦu³¹⁻³⁵tɕʻiəu⁵⁵

脚气 tɕiəʔ⁵⁻²tɕʻi⁵⁵

独只手 tɦioʔ²tɕiəʔ⁵⁻²tɕiəu⁴²⁻⁵¹

独只脚 tɦioʔ²tɕiəʔ⁵⁻²tɕiəʔ⁵→tɕiÃ⁵¹

□脚 pA⁴²⁻⁴³tɕiəʔ⁵

=蹩脚 pʻiAʔ⁵⁻²tɕiəʔ⁵　　（瘸腿）

□背 tɕɦio³¹⁻³⁵pe⁵⁵ =躯背 hio³³⁻³⁵pe⁵⁵

=驼背 tɦiəu³¹⁻³⁵pe⁵⁵

老躯 lɔ⁴²⁻⁴³hio³³⁻³⁵　　　（驼背的人）

癫头 lɦiA²²tɦio³¹⁻³⁵

麻 mɦio³¹

麻面 mɦio³¹⁻³⁵mɦiie²²⁻⁵⁵

花眼 huA³³ȵie⁴²⁻⁵¹

花眼人 huA³³ȵie⁴²⁻⁵⁵nɦiəŋ³¹　　（瞎子）

聋耳朵 lɦioŋ³¹⁻³³ŋ⁴²⁻⁴³təu⁴²

□佬 o⁴²⁻⁴³lɔ⁴²⁻⁵¹　　（哑巴）

□ hɛ⁴²　　　（（喉咙）哑）

长口舌 tɕɦiÃ³¹⁻³³tɕʻio⁴²⁻⁴³ɕɦiəʔ²　　（口吃）

鼻头齆牢 pɦiAʔ²tɦio³¹⁻⁵¹oŋ⁵⁵lɦiɔ³¹（鼻子堵住了）

独只眼 tɦioʔ²tɕiəʔ⁵⁻²ȵie⁴²⁻⁵¹

近视眼 tɕɦiəŋ³¹⁻³²sɦʅ²²ȵie⁴²

老花眼 lɔ⁴²⁻⁴³huA³³ȵie⁴²

斗鸡眼儿 tio⁵⁵⁻³³tɕi³³ȵie⁴²⁻⁵¹

□头 tɕɦiie³¹⁻³²tɦio³¹⁻³⁵　　（歪头）

呆大 nɦiie³¹⁻³⁵tɦiəu²²⁻⁵¹

=木大 mɦioʔ²tɦiəu²²　　　（傻瓜）

望医生 mɦiõ²²ⁱ³³⁻⁵⁵sÃ³³⁻³¹

医 i³³ =治 tsɦi²²

望病 mɦiõ²²⁻²⁵pɦiəŋ²²⁻⁵⁵

好□父 hɔ⁴²⁻⁴³tiəŋ⁴²⁻⁴³fiɔ³¹　　（好点儿了）

□脉 tsəʔ⁵⁻²mɦiAʔ²　　（切脉）

开药方 kʻie³³jiəʔ²fɦõ³³

一帖药 iəʔ⁵⁻²tʻiəʔ⁵⁻²jiəʔ²

煎药 tɕie³³jiəʔ²

药渣 jiəʔ²tsɔ³³⁻³⁵

药罐 jiəʔ²kue⁵⁵

捉药（中药）tʃyoʔ⁵⁻²jiəʔ²

买药（西药）mA⁴²⁻⁴³jiəʔ²

药店（中药）jiəʔ²tie⁵⁵

药房（西药）jiəʔ²fɦõ³¹

出汗 tsʻuəʔ⁵⁻²jie²²

去火 kʻy⁵⁵⁻³³hu⁴²

去湿 k'y⁵⁵⁻³³ɕiəʔ⁵

排毒 pɦA³¹⁻³³tɦoʔ² =去毒 k'y⁵⁵⁻³³tɦoʔ²

=解毒 kA⁴²⁻⁴³tɦoʔ²

消食 ɕiɔ³³ɕɦiəʔ²

打针 tÃ⁴²⁻⁴³tɕiəŋ³³

打口针 tÃ⁴²⁻⁴³sɔ⁵⁵⁻³³tɕiəŋ³³

<u>挂瓶 kuA⁵⁵⁻³³pɦiŋ³¹⁻³⁵</u>

□絮 p'u⁵⁵⁻³⁵sn̩⁵⁵　　　　　（医用棉花）

膏药 kɔ³³jiəʔ²

迫膏药 pA⁵⁻²kɔ³³jiəʔ²

<u>□药膏 t'ə²⁵⁻²jiəʔ²jiɔ²kɔ³³⁻³⁵</u>

乌烟 u³³⁻⁵⁵ie³³⁻³¹　　　　　（鸦片）

乌烟锥 u³³ie³³⁻³⁵tʃɦn̩³¹⁻⁵¹

□ tɕɦiəŋ²²　　（因病禁忌）

<u>吃伤爻 tʃ'yoʔ⁵⁻²ɕiÃ³³ɦɔ³¹</u>　　　　（因吃某

　　种食物而致肠胃受损）

<u>吃怕爻 tʃ'yoʔ⁵⁻²p'o⁵⁵ɦɔ³¹</u>　　（因过度吃某种

　　东西而导致厌恶这种食物）

恶心 oʔ⁵⁻²ɕiəŋ³³

胃病 jy²²⁻²⁵pɦiəŋ²²⁻⁵⁵

<u>胃痛 jy²²t'oŋ⁵⁵⁻³³</u>

□皮 t'əʔ⁵pɦi³¹⁻⁵¹　　　（皮擦破了）

<u>烫□皮 t'õ⁵⁵⁻³³lɦiəu³¹⁻³³pɦi³¹</u>（因烫伤而脱皮）

过人 ku⁵⁵⁻³³nɦiəŋ³¹　　　（疾病等传染人）

蠓虫药 mɦəŋ³¹⁻³³tʃɦyoŋ³¹⁻³⁵jiəʔ²→jiÃ⁵¹（蚊

香）

老鼠药 lɔ⁴²⁻⁴³ts'n̩⁴²⁻⁴³jiəʔ²→jiÃ⁵¹

十二　衣服穿戴

衣裳 i³³⁻³⁵sɦõ³¹⁻⁵¹

打扮 tA⁴²⁻⁴³pɛ⁵⁵

首饰 ɕiəu⁴²⁻⁴³ɕiəʔ⁵

<u>□□ kA³³lɦiÃ⁵¹</u>　　（头箍）

棉毛衫 mɦie³¹⁻³³mɦɔ³¹⁻³⁵sɛ³³⁻³¹

体里 t'i⁴²⁻⁴³li⁴²⁻⁵¹　　　（贴身衣物）

<u>体里衫 t'i⁴²⁻⁴³li⁴²⁻⁴³sɛ³³⁻³⁵</u>　　（贴身衣服）

罩衫 tsɔ⁵⁵⁻³³sɛ³³⁻³⁵

关衫 kuɛ³³sɛ³³⁻³⁵　　　　　（外套）

汗衫 jie²²sɛ³³⁻³⁵

夹袄 kiəʔ⁵⁻²ɔ⁴²⁻⁵¹

絮袄 si⁵⁵⁻³³ɔ⁴²⁻⁵¹　　　　　（棉袄）

旗袍 tɕi³¹⁻³⁵pɦɔ³¹⁻⁵¹

皮衫 pɦi³¹⁻³⁵sɛ³³⁻³¹　　　　（皮袄）

短装 tø⁴²⁻⁴³tsõ³³⁻³⁵

西装 ɕi³³⁻⁵⁵tsõ³³⁻³¹

大衣 tɦA²²i³³/ji³¹

衬衫 ts'uəŋ⁵⁵⁻³³sɛ³³⁻³⁵

夹里 kiəʔ⁵⁻²li⁴² =里子 li⁴²⁻⁴³tsn̩⁴²

对襟 te⁵⁵⁻³³tɕiəŋ³³⁻³⁵

下摆 o⁴²⁻⁴³pA⁴²

领头 liəŋ⁴²⁻⁴³tɦio³¹⁻³³

衫袖头 sɛ³³ɕɦiəu²²tɦio³¹⁻³⁵　　（袖子）

衫袖套 sɛ³³ɕɦiəu²²⁻²⁵t'ɔ⁵⁵　　（袖套）

兜兜儿 tio³³tio³³⁻³⁵

兜儿 tio³³⁻³⁵

暗兜 ie⁵⁵⁻³³tio³³⁻³⁵

裤 k'u⁵⁵

棉毛裤 mɦie³¹⁻³³mɦɔ³¹⁻³⁵k'u⁵⁵

关裤 kuɛ³³⁻³⁵k'u⁵⁵　　　　　（外裤）

<u>裤头 k'u⁵⁵⁻³³tɦio³¹⁻³⁵</u>　　（短裤，内裤）

开裆裤 k'ie³³tõ³³⁻³⁵k'u⁵⁵

鞔裆裤 mɦø³¹⁻³³tõ³³⁻³⁵k'u⁵⁵

裤裆 k'u⁵⁵⁻³³tõ³³

<u>裤腰头 k'u⁵⁵⁻³³iɔ³³tɦio³¹</u>

裤带 k'u⁵⁵⁻³⁵tA⁵⁵

裤脚 k'u⁵⁵⁻³³tɕiəʔ⁵

背褡 <u>pi³³te⁵¹</u>　　　　　　（背心）

礼帽 li⁴²⁻⁴³mɦɔ²²

草帽 ts'ɔ⁴²⁻⁴³mɦɔ²²

毡帽 tɕie³³⁻³⁵mɦɔ²²⁻⁵⁵

学士帽 ɦoʔ²sn̩³¹⁻³²mɦɔ²²　　（礼帽）

制服 tɕi⁵⁵⁻³³fɦoʔ²

军帽 kyŋ³³⁻³⁵mɦɔ²²⁻⁵⁵

帽檐儿 mɦɔ²²jie³¹⁻³⁵

风纪扣 foŋ³³tɕi⁵⁵⁻³⁵tɕʻio⁵⁵

纽珠儿 ȵiəu⁴²⁻⁴³tʃʅ³³⁻³⁵　　　　（纽扣）

纽珠襻 ȵiəu⁴²⁻⁴³tʃʅ³³⁻³⁵pʻɛ⁵⁵　　（旧式服装上用于扣纽扣的地方）

饭拦 ffie²²lɦie³¹⁻³⁵　　　　（围裙）

裙 kɦyŋ³¹

肚褡 thəu³¹⁻³²tɛ⁵¹　　　　（肚兜）

涎头 sɦie³¹⁻³⁵thio³¹　　　　（小孩子的围嘴）

尿裀 ʃʅ³³nɦə?2→nɦɛ⁵¹

=尿口 ʃʅ³³tɕiəŋ³³⁻³⁵　　　　（尿布）

鞋 ɦA³¹

拖鞋 tʻəu³³⁻³⁵ɦA³¹⁻⁵¹

套鞋 tʻɔ⁵⁵⁻³³ɦA³¹⁻³⁵　　　　（雨鞋）

棉鞋 mɦie³¹⁻³⁵ɦA³¹⁻⁵¹

高帮鞋 kɔ³³põ³³⁻³⁵ɦA³¹⁻⁵¹

皮鞋 pɦi³¹⁻³⁵ɦA³¹⁻⁵¹

布鞋 pu⁵⁵⁻³³ɦA³¹⁻³⁵

鞋底 ɦA³¹⁻³³ti⁴²

鞋垫 ɦA³¹⁻³⁵tɦie²²⁻⁵⁵

鞋面 ɦA³¹⁻³⁵mɦie²²⁻⁵⁵

鞋帮 ɦA³¹⁻³⁵põ³³⁻³¹

鞋楦头 ɦA³¹⁻³³hyø³³tɦio³¹⁻³⁵

鞋带 ɦA³¹⁻³⁵tA⁵⁵

洋袜 jiã³¹⁻³³mɦA?²

长筒洋袜 tɕɦiã³¹⁻³³thioŋ³¹⁻³³jiã³¹⁻³³mɦA?²

短筒洋袜 tø⁴²⁻⁴³thioŋ³¹⁻³³jiã³¹⁻³³mɦA?²→mɦiɛ⁵¹

袜底 mɦA?²ti⁴²

蒲鞋 pɦu³¹⁻³⁵ɦA³¹⁻⁵¹　　（用蒲草编成的鞋子，有帮有底）

草鞋 tsʻɔ⁴²⁻⁵⁵ɦA³¹　　　　（用稻草编的鞋子）

蓑衣 so³³⁻⁵⁵ʮ³³⁻³¹（农用雨衣，用棕榈丝编成）

箬帽口 nɦiə?²mɦɔ²²tuəŋ³³⁻³⁵（粽叶和竹篾编成的笠帽）

脚包筒 tɕiə?⁵⁻²pɔ³³⁻³⁵thioŋ³¹⁻⁵¹

包筒布 pɔ³³thioŋ³¹⁻³⁵pu⁵⁵　（旧时男子所用包脚布）

手巾 ɕiəu⁴²⁻⁴³tɕiəŋ³³⁻³⁵

围巾 jy³¹⁻³⁵tɕiəŋ³³⁻³¹

手套 ɕiəu⁴²⁻⁴³tʻɔ⁵⁵

耳朵套 ȵ⁴²⁻⁴³təu⁴²⁻⁴³tʻɔ⁵⁵

眼镜 ȵie⁴²⁻⁴³tɕiəŋ⁵⁵

望远镜 ffiõ²²yø⁴²⁻⁴³tɕiəŋ⁵⁵

钞票包 tsʻɔ³³⁻³²pʻio⁵⁵⁻³³pɔ³³⁻³⁵

皮包 pɦi³¹⁻³³pɔ³³⁻³⁵　　　　（钱包）

网袋 mõ⁴²⁻⁴³tɦie²²⁻⁵¹

油纸袋 jiəu³¹⁻³³tsʅ⁴²⁻⁴³tɦie²²⁻⁵¹　（塑料袋）

折扇 tɕiə?⁵⁻²ɕie⁵⁵

蒲扇 pɦu³¹⁻³⁵ɕie⁵⁵

手表 ɕiəu⁴²⁻⁴³pio⁴²

手镯 ɕiəu⁴²⁻⁴³tʃɦyo?²

戒指 kA⁵⁵⁻³³tsʅ⁴²⁻⁵¹

项链 õ⁴²⁻⁴³lɦie²²

手链 ɕiəu⁴²⁻⁴³lɦie²²

百家锁 pA?⁵⁻²tɕiA³³səu⁴²

耳朵挖儿 ȵ⁴²⁻⁴³təu⁴²⁻⁴³uə?²→uɛ⁵¹　（掏耳勺）

洋别针 jiã³¹⁻³³pɦiA?⁵⁻²tɕiəŋ³³　（别针）

簪 tsɛ³³

□□ tiəŋ³³⁻⁵⁵ɕiã³³⁻³¹　　　　（耳环）

胭脂（旧）ie³³⁻⁵⁵tsʅ³³⁻³¹

粉 fəŋ⁴²

搽（旧）tsfio³¹　　　　（涂（粉等））

□ tʻə?⁵　　　　（涂，抹）

脚纱 tɕiə?⁵⁻²so³³　　　　（裹脚布）

蓑衣（旧）so³³⁻⁵⁵ʮ³³⁻³¹

油衣 jiəu³¹⁻³⁵ʮ³³⁻³¹　　（雨衣）

□□ jiə?²tsfiʅ³¹　　（旧时用粽叶和竹篾编的用于防雨的用具）

拐棒 kuA⁴²⁻⁴³pɦõ³¹⁻⁵¹　　（拐杖）

烟袋 ie³³⁻³⁵tɦie²²⁻⁵⁵

烟酒筒口 ie³³tɕiəu⁴²⁻⁴³tɦioŋ³¹⁻³³koŋ⁴²⁻⁵¹

烟竹筒 ie³³tʃyo?⁵tɦioŋ³¹⁻⁵¹　（烟袋杆）

烟袋嘴儿 ie³³tɦie²²tʃʅ⁴²⁻⁵¹

火石 hu⁴²⁻⁴³ɕɦiA?²→ɕɦiəŋ⁵¹

餐巾纸 ts'e³³⁻³²tɕiəŋ³³tsʐ⁴²
粗纸 ts'əu³³tsʐ⁴²
=卫生纸 ɦue²²sɑ̃³³tsʐ⁴²

十三　饮食

伙食 hu⁴²⁻⁴³ɕɦiəʔ²
便饭 pɦie²²⁻²⁵ffie²²⁻⁵⁵
·家常便饭 tɕiʌ³³sɦɔ̃³¹⁻³³pɦie²²⁻²⁵ffie²²⁻⁵⁵
睏晨饭 k'oŋ⁵⁵⁻³³ɕɦiəŋ³¹⁻³⁵ffiɛ²²⁻⁵⁵　（早饭）
日昼饭 ȵɦiəʔ²→ȵɦi²²tɕiəu⁵⁵⁻³⁵ffiɛ²²⁻⁵⁵（午饭）
夜饭 jiʌ²²⁻²⁵ffiɛ²²⁻⁵⁵　（晚饭）
散口 sɛ⁴²⁻⁴³tɕ'io⁴²⁻⁵¹　（零食）
夜宵 jiʌ²²ɕio³³⁻³⁵=夜点心 jiʌ²²tie⁴²⁻⁴³ɕiəŋ³³⁻³⁵
接力 tɕiəʔ⁵⁻²lɦiəʔ²　（两顿饭中间吃的点心）
夹淡吃 kiəʔ⁵⁻²tɦiɛ³¹⁻⁵¹tʃ'yoʔ⁵⁻²
夹冷吃 kiəʔ⁵⁻²lɑ̃⁴²⁻⁴³tʃ'yoʔ⁵⁻²
生硬 sɑ̃³³⁻³⁵ȵɦiɑ̃²²⁻⁵⁵=夹生 kiəʔ⁵⁻²sɑ̃³³⁻³⁵
吃功 tʃ'yoʔ⁵⁻²koŋ³³
吃相 tʃ'yoʔ⁵⁻²ɕiɑ̃⁵⁵
饭 ffiɛ²²
白米饭 pɦiʌʔ²mi⁴²⁻⁴³ffiɛ²²
燥饭 sɔ⁵⁵⁻³⁵ffiɛ²²⁻⁵⁵　（干饭）
冷饭 lɑ̃⁴²⁻⁴³ffiɛ²²
炊饭 tʃ'ʮ³³⁻³⁵ffiɛ²²⁻⁵⁵　（糯米炊制而成）
镬焦 ɦuoʔ²tɕio³³⁻³⁵　（锅巴）
（饭）着镬焦炇 tɕ'eiʔ²ɦuoʔ²tɕio³³⁻³⁵ɦɔ³（饭烧焦了）
（饭）爓炇 ie³³ɦɔ³¹　（饭馊了）
粉 fəŋ⁴²　（面粉）
山粉 sɛ³³fəŋ⁴²　（生粉）
山粉糊 sɛ³³fəŋ⁴²⁻⁴³ɦu³¹⁻³³　（一种生粉制成的小吃）
泡虾 p'ɔ⁵⁵⁻³³ho³³⁻³⁵　（用面粉裹肉和虾油炸而成的小吃）
面 mɦie²²
米面（大米做的）mi⁴²⁻⁴³mɦie²²

粗面 ts'əu³³⁻³⁵mɦie²²⁻⁵⁵
麦面（小麦做的）mɦiʌʔ²mɦie²²
拉面 lʌ³³⁻³⁵mɦie²²⁻⁵⁵
机器面 tɕi³³tɕ'i⁵⁵⁻³⁵mɦie²²⁻⁵⁵　（麦面的一种，用机器而非手工制成）
绿豆面 lɦioʔ²tɦio²²⁻²⁵mɦie²²⁻⁵⁵
糕 kɔ³³⁻³⁵　（年糕）
麻糍/餈 mɦio³¹⁻³⁵tsɦi³¹⁻⁵¹
饺 tɕio⁴²⁻⁵¹
馄饨 uəŋ³³⁻³⁵tɦuəŋ³¹⁻⁵¹
圆 jyø³¹　（一种米粉做成的小吃）
糖圆 tɦiõ³¹⁻³⁵jyø³¹⁻⁵¹　（一种米粉做成的小吃，内嵌红糖或白糖）
咸圆 ɦiɛ³¹⁻³⁵jyø³¹⁻⁵¹　（一种米粉做成的小吃，内有咸馅）
硬口圆 ȵɦiɑ̃²²lɦie²²jyø³¹⁻³⁵（台州风俗，冬至吃此圆。用糯米粉搓成长条后切块放入水中煮，熟透后捞出沥干，在炒粉中滚一遍。）
口糕 tɕ'iəŋ³³⁻⁵⁵kɔ³³⁻³¹　（糯米做的点心）
口糕 ȵɦiʌ̃²²kɔ³³　（早米做的点心）
糕干坯 kɔ³³tɕie³³⁻⁵⁵p'e³³⁻³¹　（糯米做的点心）
酒盅印 tɕiəu42-43tʃyoŋ33iəŋ55-51　（台州以前常吃的一种糕点，用米粉兑水揉成一团撒上红糖，放进酒盅压实再拿出来蒸）
粥 tʃyoʔ⁵→tʃyoŋ⁵¹
泡饭 p'ɔ⁵⁵⁻³⁵ffiɛ²²⁻⁵⁵
馒头 mɦiɛ³¹⁻³⁵tɦio³¹⁻⁵¹（有馅无馅总称馒头）
馒头段 mɦiɛ³¹⁻³³tɦio³¹⁻³⁵tɦø²²⁻⁵⁵（无馅的馒头）
菜包 ts'e⁵⁵⁻³³pɔ³³
肉包 ȵɦiyoʔ²pɔ³³
=肉包馒头 ȵɦiyoʔ²pɔ³³mɦiɛ³¹⁻³⁵tɦio³¹⁻⁵¹
烧饼 ɕio³³piəŋ⁴²
菜蔬 ts'e⁵⁵⁻³³səu³³⁻³¹　（下饭菜）
过饭 ku⁵⁵⁻³⁵ffiɛ²²⁻⁵⁵　（下饭）
素菜 səu⁵⁵⁻³⁵ts'e⁵⁵
荤菜 huəŋ³³⁻³⁵ts'e⁵⁵

腌菜 jie³¹⁻³⁵ts‘e⁵⁵　　　　　　　（咸菜）

碗脚 ue⁴²⁻⁴³tɕiə̃ʔ⁵→tɕiÃ⁵¹

=菜蔬脚 ts‘e⁵⁵⁻³³səu³³⁻³²tɕiə̃ʔ⁵→tɕiÃ⁵¹（剩菜）

豆腐 tɦio²²⁻²⁵ɦu²²⁻⁵⁵

豆腐皮 tɦio²²ɦu²²pɦi³¹

豆腐干 tɦio²²ɦu²²tɕie³³⁻³⁵

豆腐渣 tɦio²²ɦu²²tso³³⁻³⁵

香干 ɕiÃ³³⁻⁵⁵tɕie³³⁻³¹

豆腐生 tɦio²²vu/ɦu²²sÃ³³⁻³⁵

豆浆 tɦio²²tɕiÃ³³⁻³⁵

豆腐乳 tɦio²²vu/ɦu²²ʃɦʮ³¹⁻⁵¹

粉丝 fəŋ⁴²⁻⁴³sʮ³³⁻³⁵

油条 jiəu³¹⁻³³tɦio³¹⁻³⁵

蛋糕 tɦiɛ²²kɔ³³

炒米 ts‘ɔ⁴²⁻⁴³mi⁴²⁻⁵¹（爆米花（用大米爆的））

糕条 kɔ³³tɦio³¹⁻³⁵

藕粉 ȵio⁴²⁻⁴³fəŋ⁴²

兰花豆 lɦiɛ³¹⁻³³huA³³⁻³⁵tɦio²²⁻⁵⁵（蚕豆制成）

花生米 huA³³sÃ³³mi⁴²

番薯籤 fe³³sɦʮ²²lɦiAʔ²→lɦiɛ⁵¹

=番薯糕干 fɛ³³sɦʮ²²kɔ³³⁻⁵⁵tɕie³³⁻³¹

=番薯干 fɛ³³sɦʮ²²tɕie³³⁻³⁵

味道 mɦii²²tɦiɔ³¹

气道 tɕ‘i⁵⁵⁻³³tɦiɔ³¹

味—股香~mɦii²²

颜色 ȵɦie³¹⁻³³səʔ⁵

香油 ɕiÃ³³⁻³⁵jiəu³¹⁻⁵¹

麻油 mɦio³¹⁻³⁵jiəu³¹⁻⁵¹

猪油 tsʮ³³⁻³⁵jiəu³¹⁻⁵¹

菜油 ts‘e⁵⁵⁻³³jieu³¹

花生油 huA³³sÃ³³⁻³⁵jiəu³¹⁻⁵¹

盐 jie³¹

酱油 tɕiÃ⁵⁵⁻³³jiəu³¹

醋 ts‘əu⁵⁵

=酸酒 sø³³tɕiəu⁴²⁻⁵¹

酱油醋 tɕiÃ⁵⁵⁻³³jiəu³¹⁻³⁵ts‘əu⁵⁵（酱油、醋等
　制成的调料）

黄酒 ɦuõ̃³¹⁻³³tɕiəu⁴²=老酒 lɔ⁴²⁻⁴³tɕiəu⁴²

白酒 pɦiAʔ²tɕiəu⁴²=烧酒 ɕiɔ³³tɕiəu⁴²

酒酿 tɕiəu⁴²⁻⁴³ȵɦiÃ²²

杨梅酒 jiÃ³¹⁻³³mɦie³¹⁻³³tɕiəu⁴²　　　（台州特
　产，杨梅泡烧酒加白糖制成）

红糖 ɦʮ³¹⁻³⁵tɦõ̃³¹⁻⁵¹

糖霜 tɦõ̃³¹⁻³⁵sõ̃³³⁻³¹　　　　　　（白糖）

冰糖 piəŋ³³⁻³⁵tɦõ̃³¹⁻⁵¹

麦芽糖 mɦAʔ²ŋɦio³¹⁻³⁵tɦõ̃³¹⁻⁵¹

料头 lɦiɔ²²tɦio³¹⁻³⁵　　　（作料）

五香粉 ŋ⁴²⁻⁴³ɕiÃ³³fəŋ⁴²⁻⁵¹

八角 pAʔ⁵⁻²koʔ⁵

大茴 tɦA²²ɦue³¹

桂皮 ky⁵⁵⁻³³pɦi³¹

茴香 ɦue³¹⁻³⁵ɕiÃ³³⁻³¹

花椒 huA³³⁻⁵⁵tɕiɔ³³⁻³¹

葱 ts‘oŋ³³

姜 tɕiÃ³³

大蒜 tɦA²²²⁻²⁵sø⁵⁵

蒜泥 sø⁵⁵⁻³³ȵɦi³¹

乌木耳 u³³mɦioʔ²sɦi³¹　　　（木耳）

白木耳 pɦiAʔ²mɦioʔ²sɦi³¹　　　（银耳）

金针 tɕiəŋ³³⁻⁵⁵tɕiəŋ³³⁻³¹　　　（晒干的黄花菜）

金针菇 tɕiəŋ³³tɕiəŋ³³⁻⁵⁵ku³³⁻³¹

海带 he⁴²⁻⁴³tA⁵⁵

肉块 ȵɦyoʔ²k‘ue⁵⁵

肉片 ȵɦyoʔ²p‘ie⁵⁵

肉丝 ȵɦyoʔ²sʮ³³⁻³⁵

肉皮膏 ȵɦyoʔ²pɦi³¹⁻³⁵kɔ³³⁻³¹

肉松 ȵɦyoʔ²soŋ³³

红烧肉 ɦoŋ³¹⁻³³ɕiɔ³³ȵɦyoʔ²

猪脚 tsʮ³³tɕiə̃ʔ⁵

猪脚蹄口 tsʮ³³tɕiə̃ʔ⁵⁻²tɦi³¹⁻³³suəŋ⁵¹

猪肚脏 tsʮ³³tɦiəu³¹⁻³⁵sɦõ̃²²⁻⁵⁵

猪肺头 tsʮ³³fi⁵⁵⁻³³tɦio³¹⁻³⁵

肺 fi⁵⁵

肚肠 tɦiəu³¹⁻³⁵tɕɦiÃ³¹

（猪）肚(tsŋ³³)təu⁴²

（牛）百叶(n̠ɦio³¹⁻³³)pAʔ⁵⁻²jiəʔ²　（牛肚）

肝 kiɛ³³/tɕie³³

腰 io³³

鸡脚爪 tɕi³³tɕiəʔ⁵⁻²tsɔ⁴²⁻⁵¹

鸡翼膀 tɕi³³jiəʔ²pɒ⁴²⁻⁵¹

鸡肫 tɕi³³⁻⁵⁵tsuəŋ³³⁻³¹

猪血 tsŋ³³hyəʔ⁵

鸭血 Aʔ⁵⁻²hyəʔ⁵

鸡子 tɕi³³tsŋ⁴²

炒鸡子 ts‘ɔ⁴²⁻⁴³tɕi³³tsŋ⁴²

皮蛋 pɦi³¹⁻³⁵tɦiɛ²²⁻⁵⁵

香肠 ɕiA³³⁻³⁵tɕɦiÃ³¹⁻⁵¹

腊肠 lɦiAʔ²tɕɦiÃ³¹⁻⁵¹

鳗鲞 mɦø³¹⁻³³ɕiÃ⁴²　（鳗鱼晒干制成）

茶产 tsɦio³¹⁻³³sɛ⁴²　（茶叶）

茶产茶 tsɦio³¹⁻³³sɛ⁴²⁻⁵⁵tsho³¹　（茶）

泡茶 p‘ɔ⁵⁵⁻³³tsɦio³¹

茶 tsɦio³¹ =清茶tɕ‘iəŋ³³⁻³⁵tsɦio³¹⁻⁵¹　（开水）

□茶 tɕ‘iA⁴²⁻⁴³tsɦio³¹/tɕ‘iA⁴²⁻⁵⁵tsɦio³¹

□酒 tɕ‘iA⁴²⁻⁴³tɕiəu⁴²

烧饭 ɕiɔ³³⁻³⁵fɦie²²⁻⁵⁵

（烧）好爻（ɕiɔ³³）hɔ⁴²⁻⁴³ɦio³¹

煮饭 tsŋ⁴²⁻⁴³fɦie²²

烧火 ɕiɔ³³hu⁴²

洗菜 ɕi⁴²⁻⁴³ts‘e⁵⁵

择菜 tsəʔ⁵⁻²ts‘e⁵⁵

切菜 tɕ‘iəʔ⁵⁻²ts‘e⁵⁵

炒菜 ts‘ɔ⁴²⁻⁴³ts‘e⁵⁵

洗米 ɕi⁴²⁻⁴³mi⁴²

□粉 n̠ɦyoʔ²fəŋ⁴²

包饺 pɔ³³tɕiɔ⁴²⁻⁵¹

□圆 kɦie²²/k‘ie⁵⁵⁻³³jyø³¹

□ kie⁴²　（从碗里拨出一部分饭(给别人)）

熄 t‘e⁵⁵　（用热水烫过后去毛）

炒 ts‘ɔ⁴²

蒸 tɕiəŋ³³

煮 tsŋ⁴²

氽 ts‘ø³³　（很快地烧开）

熬 ŋɦo²²

煠 sɦAʔ²　（水煮（蛋等））

煨 ue³³　（把食物埋在有火的灰中，用微火慢慢烤熟）

爜 koʔ⁵　（将食物在火上烤）

搨 t‘Aʔ⁵　（将蛋、冷饭等炒）

摊 t‘ɛ³³　（将蛋等烧成薄薄的一张）

炖 tuəŋ⁵⁵

焖 məŋ⁵⁵

抈 liəu⁴²　（搅拌）

拌 pɦø³¹　（拌匀）

□ tɕiəŋ⁴²　（米饭等重新烧一下使熟透）

受气 ɕɦiəu³¹⁻³²tɕ‘i⁵⁵　（将煮熟的米饭等再焖一下使熟透，或高压锅等从熄火到可开锅的过程，这个过程也可叫"醒"）

□ pɦu³¹　（液体沸溢）

十四　红白大事

婚事 huəŋ³³⁻³⁵sɦŋ²²⁻⁵⁵

讲做媒 kɒ⁴²⁻⁴³tsəu⁵⁵⁻³³mɦie³¹　（做媒）

媒人 mɦie³¹⁻³⁵n̠ɦiəŋ³¹⁻⁵¹

踏亲 tɦAʔ²tɕ‘iəŋ³³　（相亲）

结婚 tɕiəʔ⁵⁻²huəŋ³³

讨老安 t‘ɔ⁴²⁻⁴³lɔ⁴²⁻⁴³ie³³　（娶媳妇）

嫁 ko⁵⁵

嫁人 ko⁵⁵⁻³³n̠ɦiəŋ³¹

嫁囡 ko⁵⁵⁻³³nɛ⁴²⁻⁵¹　（嫁女儿）

定婚 tɦiəŋ²²huəŋ³³ =定亲tɦiəŋ²²tɕ‘iəŋ³³

小定 ɕiɔ⁴²⁻⁴³tɦiəŋ²²　（旧时定亲分小定和大定，小定表示两个人基本上成功了、定下来了，送小彩礼）

大定 tɦeu²²⁻²⁵tɦiəŋ²²⁻⁵⁵　（大定即送日子，结婚的日子选好之后，男方将吉时写在红纸上送到女方家，并送上彩礼。现在大定小定一起，合称为定婚）

送日子 soŋ$^{55-33}$ȵɦiəʔ^{2}tsʅ^{42}（男方将吉时写在红纸上送到女方家，并送上彩礼。也即定婚）

日子 ȵɦiəʔ^{2}tsʅ^{42}　　（结婚那天）

送嫁 soŋ$^{55-35}$ko^{55}

送嫁资 soŋ$^{55-33}$ko$^{55-33}$tsʅ$^{33-42}$（（亲友）送礼钱）

开额 kʻie^{33}ŋɦəʔ^2　　（开脸）

吃喜酒 tʃʻyoʔ$^{5-2}$ɕiʻ$^{42-43}$tɕiəu^{42}

接新妇 tɕiəʔ$^{5-2}$ɕiəŋ^{33}ffiu^{31}/ɦiu^{31}（男方接新娘）

送新妇 soŋ$^{55-33}$ɕiəŋ^{33}ffiu^{31}/ɦiu^{31}（女方送新娘）

花轿（旧）huA$^{33-35}$tɕɦio$^{22-55}$

轿前子 tɕɦio^{22}ɕɦie$^{31-33}$tsʅ^{42}（送嫁队伍中在花轿或婚车前的专人所担的鸡蛋）

拜堂 pA$^{55-33}$tɦɐ̃^{31}

新郎 ɕiəŋ$^{33-35}$lɦɐ̃$^{31-51}$

新郎官 ɕiəŋ^{33}lɦɐ̃$^{31-35}$kue$^{33-31}$

新姊丈 ɕiəŋ^{33}tsʅ$^{42-43}$tɕɦiÃ$^{31-51}$

新妇娘 ɕiəŋ^{33}ɦiu$^{31-33}$ȵɦiÃ^{31}

=新妇相 ɕiəŋ^{33}ɦiu$^{31-32}$ɕiÃ^{55}

=新娘 ɕiəŋ$^{33-35}$ȵɦiÃ$^{31-51}$

陪郎 pɦie$^{31-35}$lɦɐ̃$^{31-51}$　　（伴郎）

陪姑 pɦie$^{31-32}$ku^{33}　　　（伴娘）

新妇间 ɕiəŋ^{33}ɦiu$^{31-32}$kiɛ^{33}　　　（新房）

十三花 ɕɦiəʔ^{2}sɛ$^{33-55}$huA$^{33-31}$　（洞房里所放的食物）

送洞房 soŋ$^{55-33}$tɦoŋ^{22}ffiɐ̃^{31}

交杯酒 ko^{33}pe^{33}tɕiəu^{42}

口新妇 mɦiɛ^{22}ɕiəŋ^{33}ɦiu^{31}　（闹新房）

转嫁 tsue$^{42-43}$ko^{55}　　（再嫁）

杭州篮 ɦɐ̃$^{31-33}$tɕiəu^{33}lɦie$^{31-35}$　（喜庆用具，下部为一圆盘，上有提手）

春兰担（旧）tsʻuəŋ^{33}lɦie$^{31-35}$tɛ^{55}　（喜庆时用于送盆菜等）

春香担（旧）tsʻuəŋ^{33}ɕiÃ$^{33-35}$tɛ^{55}　（旧时大户人家嫁女时使用，送嫁妆时用于放置盆碗盏、花瓶、酒瓶等）

口篮 iəu$^{55-33}$lɦiɛ$^{31-35}$　　　（摇篮）

进舍 tɕiəŋ$^{55-35}$so^{55}　　　　（入赘）

招进舍 tɕiɔ^{33}tɕiəŋ$^{55-35}$so^{55}　（倒插门）

望三日 mɦɐ̃^{22}sɛ^{33}ȵɦiəʔ^2→ȵɦiəŋ^{51}　（新娘第三天回娘家）

大肚 tɦiɐu^{22}tɦiɐu^{31}　　（怀孕）

流产 lɦiɐu$^{31-33}$sɛ^{42}

要生（来爻）iə$^{5-2}$sÃ^{33}(lɦie$^{31-33}$ɦiɔ^{31})　（临产）

接生 tɕiəʔ$^{5-2}$sÃ$^{33-35}$

剪脐带 tɕie$^{42-43}$ɕɦi$^{31-35}$tA^{55}

衣 i^{33}　　（胎盘）

月里 ȵɦiyəʔ^{2}li^{42}　　（坐月子）

炒米饭 tsʻɔ$^{42-43}$mi$^{42-43}$ffiɛ^{22}　　（产妇在月里吃的食物，由生姜和大米炒制而成。）

满月 mø$^{42-43}$ȵɦiyəʔ^2→ȵɦiyø^{51}

对周 te$^{55-33}$tɕiəu$^{33-35}$　　（小儿满周岁）

长长岁 tɕɦiÃ$^{31-33}$tɕɦiÃ$^{31-35}$ʃʮ^{55}　（正月、二月出生者的岁数）

短短岁 tø$^{42-43}$tø$^{42-43}$ʃʮ$^{55-51}$　　（年末出生者的岁数）

毛岁 mɦɔ$^{31-35}$ʃʮ^{55}

周岁 tɕiəu$^{33-35}$ʃʮ^{55}

头胎 tɦiɔ$^{31-35}$tʻe$^{42-43}$

双生 ʃyɐ̃^{33}sÃ$^{33-35}$

双胞胎 ʃyɐ̃^{33}pɔ$^{33-55}$tʻe$^{33-31}$

吃奶 tʃʻyoʔ$^{5-2}$nA^{33}

奶 nA^{33} =奶奶 nA$^{42-33}$nA$^{42-35}$　（乳房/乳汁）

僙 huɛ^{33}　　　　（乖）

听讲 tʻiəŋ$^{55-33}$kɔ̃^{42}　　（听话）

快长 kʻuA$^{55-33}$tɕɦiÃ^{31}　（小孩子长高快）

快大 kʻuA$^{55-35}$tɦiɐu$^{22-55}$（小孩子生长发育快）

拔节 pɦAʔ2tɕiəʔ5　　（小孩子长高）

打生 tA$^{42-43}$sÃ^{33}　　（陌生）

打生人 tA$^{42-43}$sÃ$^{33-35}$ȵɦiəŋ$^{31-51}$　（陌生人）

口人相 oʔ$^{5-2}$ȵɦiəŋ$^{31-35}$ɕiÃ^{55}　　（害羞）

生日 sÃ^{33}ȵɦiəʔ^2

寿日（旧）ɕɦiəu^{22}ȵɦiəʔ^2

做寿 tsəu$^{55-35}$ɕɦiəu$^{22-55}$

过生日 ku⁵⁵⁻³³sʌ̃³³n̠ɦiə？²

拜寿 pʌ⁵⁵⁻³⁵ɕɦiəu²²⁻⁵⁵

寿星 ɕɦiəu²²ɕiəŋ³³

丧事 sɒ⁵⁵⁻³⁵sɿ²²⁻⁵⁵

孝子 hɔ⁵⁵⁻³³tsɿ⁴²

孝女 hɔ⁵⁵⁻³³n̠y⁴²

断气 tɦø³¹⁻³²tɕʻi⁵⁵

<u>死爻 sɿ⁴²⁻⁴³ɦɔ³¹</u>

亡故（旧）ɦ̃ɒ³¹⁻³⁵ku⁵⁵

<u>故爻 ku⁵⁵ɦɔ³¹</u>

脚头灯 tɕiə？⁵⁻²tɦio³¹⁻³⁵təŋ³³⁻³¹　（人死后在其脚边放的长明灯）

材 sɦie³¹

=棺材 kue³³⁻³⁵sɦie³¹⁻⁵¹

寿材 ɕɦiəu²²sɦie³¹　（生前预制的棺材）

牌位 pɦʌ³¹⁻³⁵jy³¹⁻⁵¹

守灵 ɕiəu⁴²⁻⁵⁵lɦiəŋ³¹

望三日 mɦɒ̃²²sɛ³³n̠ɦiə？²→n̠ɦiəŋ⁵¹（人死后第三天迎魂）

七 tɕʻiə？⁵　（祭奠日。人死后每隔七天祭祀一次，至七七四十九日而止）

做七 tsəu⁵⁵⁻³³tɕʻiə？⁵　（人死后每隔七天进行一次祭祀，共做七次）

守孝 ɕiəu⁴²⁻⁴³hɔ⁵⁵

戴孝 tʌ⁵⁵⁻³⁵hɔ⁵⁵

孝布 hɔ⁵⁵⁻³⁵pu⁵⁵

孝帽 hɔ⁵⁵⁻³⁵mɦɔ²²⁻⁵⁵

孝巾 hɔ⁵⁵⁻³³tɕiəŋ³³

戴孝巾 tʌ⁵⁵⁻³⁵hɔ⁵⁵⁻³³tɕiəŋ³³

孝衣 hɔ⁵⁵⁻³³i³³

<u>孝棒 hɔ⁵⁵⁻³³pɦɒ̃³¹⁻⁵¹</u>

吊孝 tio⁵⁵⁻³⁵hɔ⁵⁵

祭文 tɕ⁵⁵⁻³³ɦɦəŋ³¹

守夜 ɕiəu⁴²⁻⁴³jiʌ²²（人死后下葬前晚上都要有人守着，旧时是怕放在外面会被野兽咬，后来这个习惯一直保留了下来）

出殡 tsʻuə？⁵⁻²piəŋ⁵⁵

送葬 soŋ⁵⁵⁻³⁵tsɒ̃⁵⁵ =送上山 soŋ⁵⁵⁻³³sɦɒ̃³¹sɛ³³

千张 tɕʻie³³⁻⁵⁵tɕiʌ̃³³⁻³¹ =福寿纸 fo？⁵⁻²ɕɦiəu²²tsɿ⁴²

破土（旧）pʻu⁵⁵⁻³³tʻeu⁴²

落葬 lɦo？²tsɒ̃⁵⁵　（下葬）

上吊 sɦɒ̃³¹tio⁵⁵

验尸 n̠ɦie²²sɿ³³

骨灰 kuo？⁵⁻²hue³³

捉骨灰 tʃyo？⁵⁻²kuo？⁵⁻²hue³³

骨灰盒 kuo？⁵⁻²hue³³ɦʌ？²→ɦɛ⁵¹

十五　迷信

菩萨 pɦu³¹⁻³³sʌ？⁵

<u>观世音 kue³³ʃʮ⁵⁵⁻³³iəŋ³³⁻³¹</u>

=观音菩萨 kue³³iəŋ³³pɦu³¹⁻³³sʌ？⁵

=观世音菩萨 kue³³ʃʮ⁵⁵⁻³³iəŋ³³⁻³²pɦu³¹⁻³³sʌ？⁵

<u>龙王爷 lɦioŋ³¹⁻³³ɦuɒ̃³¹⁻³⁵jiʌ̃²²⁻⁵¹</u>

灶师佛 tsɔ⁵⁵⁻³³sɿ³³ɦ̃ʌ？²

=灶师菩萨 tsɔ⁵⁵⁻³³sɿ³³pɦu³¹⁻³³sʌ？⁵　（灶神）

娘娘 n̠ɦiʌ̃³¹⁻³⁵n̠ɦiʌ̃³¹⁻⁵¹

娘娘菩萨 n̠ɦiʌ̃³¹⁻³³n̠ɦiʌ̃³¹⁻³³pɦu³¹⁻³³sʌ？⁵

雨王菩萨 y⁴²⁻⁵⁵ɦuɒ̃³¹⁻³²pɦu³¹⁻³³sʌ？⁵

雨王大帝菩萨 y⁴²⁻⁵⁵ɦuɒ̃³¹⁻³²tɦʌ²²⁻²⁵ti⁵⁵pɦu³¹⁻³³sʌ？⁵

佛堂 ɦ̃ʌ？²tɦɒ̃³¹⁻⁵¹

供 tʃyoŋ⁵⁵/kyŋ⁵⁵

蜡烛 lɦʌ？²tʃyo？⁵

香 ɕiʌ̃³³

木鱼 mɦo？²jy³¹⁻⁵¹

念经 n̠ɦie²²tɕiəŋ³³

拜佛 pʌ⁵⁵⁻³³ɦ̃ʌ？²

口尚 u³³⁻³⁵sɦɒ̃²²⁻⁵⁵　　　　　（和尚）

尼姑 n̠ɦi³¹⁻³⁵ku³³⁻³¹

=老口娘 lɔ⁴²⁻⁴³pɦʌ？²n̠ɦiʌ̃³¹⁻⁵¹

道士 tɦɔ³¹⁻³²sɿ³¹

土地庙 tʻəu⁴²⁻⁴³tɦi²²⁻²⁵mɦiɔ²²⁻⁵⁵

财神庙sɦie³¹⁻³³ɕiɦiəŋ³¹⁻³⁵mɦiɔ²²⁻⁵⁵

灵显庙lɦiəŋ³¹⁻³³ɕie⁴²⁻⁴³mɦiɔ²²

阎罗王n̠ɦie³¹⁻³³lɦiəu³¹⁻³⁵ɦuõ³¹⁻⁵¹

祠堂tsɦɿ³¹⁻³⁵tɦõ³¹⁻⁵¹

上间sɦõ²²kiɛ³³　（旧时房屋格局，一个家族有一座房子，称为一退。中间的房间称为上间，是家族公用的，用以供祖宗灵位。上间左右两边各有二间、三间、合头间等，按长幼尊卑分房。现今只保留"上间"的说法，但不再指中间的房子，只是仍表示家族公用、供祖宗灵位的房间）

算命sø⁵⁵⁻³⁵mɦiəŋ²²⁻⁵⁵

算命先生sø⁵⁵⁻³³mɦiəŋ²²ɕie³³⁻⁵⁵sã³³⁻³¹

=测字先生 tsʻəʔ⁵⁻²sɦɿ²²ɕie³³⁻⁵⁵sã³³⁻³¹

教堂kɔ³³tɦõ³¹⁻³⁵

吃教tʃʻyoʔ⁵⁻²kɔ⁵⁵　　　（信基督教）

吃教口tʃʻyoʔ⁵⁻²kɔ⁵⁵kəʔ⁵⁻²

=吃教人tʃʻyoʔ⁵⁻²kɔ⁵⁵⁻³³n̠ɦiəŋ³¹⁻³⁵（信基督教的人）

做祷告tsəu⁵⁵⁻³³tɔ⁴²⁻⁴³kɔ⁵⁵

受洗ɕiɦiəu³¹⁻³²ɕi⁴²

十六　讼事

打官司tã⁴²⁻⁴³kue³³⁻⁵⁵sɿ³³⁻³¹

吃官司tʃʻyoʔ⁵⁻²kue³³⁻⁵⁵sɿ³³⁻³¹

告状kɔ⁵⁵⁻³⁵sɦõ²²⁻⁵⁵

原告n̠ɦyø³¹⁻³⁵kɔ⁵⁵

被告pɦi³¹⁻³²kɔ⁵⁵

状纸sɦõ²²tsɿ⁴²

升堂ɕiəŋ³³⁻³⁵tɦõ³¹⁻⁵¹

退堂tʻe⁵⁵⁻³³tɦõ³¹

审案ɕiəŋ⁴²⁻⁴³ie⁵⁵

开庭kʻie³³⁻³⁵tɦiəŋ³¹⁻⁵¹

证人tɕiəŋ⁵⁵⁻³³n̠ɦiəŋ³¹

人证n̠ɦiəŋ³¹⁻³⁵tɕiəŋ⁵⁵

物证fɦAʔ²tɕiəŋ⁵⁵

对辩te⁵⁵⁻³³pɦie³¹　　　　　（对质）

刑事jiəŋ³¹⁻³⁵sɦɿ²²⁻⁵⁵

民事mɦiəŋ³¹⁻³⁵sɦɿ²²⁻⁵⁵

家务事tɕiA³³fɦu²²⁻²⁵sɦɿ²²⁻⁵⁵

债务tsA⁵⁵⁻³⁵fɦu²²⁻⁵⁵

律师lɦiəʔ²sɿ³³

上诉sɦõ³¹⁻³²səu⁵⁵

宣判sø³³⁻³⁵pʻø⁵⁵

招认tɕiɔ³³⁻³⁵n̠ɦiəŋ²²⁻⁵⁵

屈打成招kʻyəʔ⁵⁻²tã⁴²⁻⁴³ɕɦiəŋ³¹⁻³⁵tɕiɔ³³⁻³¹

供词tʃyoŋ⁵⁵⁻³³sɦɿ³¹

同伙tɦoŋ³¹⁻³³hu⁴²

故犯ku⁵⁵⁻³³fɦie³¹　　　（惯犯）

犯法fɦie³¹⁻³²fAʔ⁵

=犯罪fɦie³¹⁻³²sɦie³¹

诬告u³³⁻³⁵kɔ⁵⁵

拔pɦAʔ²　　　　　　（抓人）

拔牢pɦAʔ²lɦiɔ³¹⁻⁵¹　　（抓住）

囚车tɕiɦiəu³¹⁻³⁵tsʻo³³⁻³¹

贪官tʻɛ³³⁻⁵⁵kue³³⁻³¹

罚款fɦAʔ²kʻue⁴²

较炮（旧）kɔ⁵⁵⁻³⁵pʻɔ⁵⁵ =枪毙tɕʻiã³³⁻³⁵pi⁵⁵

杀头sAʔ⁵tɦio³¹⁻⁵¹

带手铐tA⁵⁵⁻³³ɕiəu⁴²⁻⁴³kʻɔ⁵⁵

带脚铐tA⁵⁵⁻³³tɕiəʔ⁵⁻²kʻɔ⁵⁵

带脚链tA⁵⁵⁻³³tɕiəʔ⁵⁻²lɦie²²

吊[起来]tiɔ⁵⁵[tɕʻie⁴²⁻⁴³]

班房pɛ³³⁻³⁵fɦõ³¹⁻⁵¹　　　（监牢）

坐班房sɦo³¹⁻³²pɛ³³⁻³⁵fɦõ³¹⁻⁵¹　（坐牢）

探监tʻɛ⁵⁵⁻³³kiɛ³³

立字据lɦiəʔ²sɦɿ²²⁻²⁵ky⁵⁵

打手印tã⁴²⁻⁴³ɕiəu⁴²⁻⁴³iəŋ⁵⁵　（按指纹）

地租（旧）tɦi²²tsəu³³

地契（旧）tɦi²²⁻²⁵tɕʻi⁵⁵

田契（旧）tɦie³¹⁻³⁵tɕʻi⁵⁵

屋契（旧）uoʔ⁵⁻²tɕʻi⁵⁵

缴税tɕiɔ⁴²⁻⁴³ʃy⁵⁵

牌照pɦA³¹⁻³⁵tɕiɔ⁵⁵

执照tɕiəʔ⁵⁻²tɕiɔ⁵⁵

护照ɦu²²⁻²⁵tɕiɔ⁵⁵

告示kɔ⁵⁵⁻³³sɦʅ³¹

通知t‘oŋ³³⁻⁵⁵tsʅ³³⁻³¹

命令mɦiɐŋ²²⁻²⁵lɦiɐŋ²²⁻⁵⁵

私章sʅ³³⁻⁵⁵tsɔ̃³³⁻³¹

公章koŋ³³⁻⁵⁵tsɔ̃³³⁻³¹

私访sʅ³³fɔ̃⁴²

交代kɔ³³⁻³⁵tɦie²²⁻⁵⁵

上任sɦɔ̃³¹⁻³²ɕɦiəŋ²²

免职mie⁴²⁻⁴³tɕiəʔ⁵

衙门（旧）jiA³¹⁻³⁵mɦɦəŋ³¹⁻⁵¹

县官（旧）jyø²²kue³³⁻³⁵

县长jyø²²tɕiã⁴²

正堂tɕiəŋ⁵⁵⁻³³tɦɔ̃³¹　　（相当于县官）

传票tsfiø³¹⁻³⁵p‘iɔ⁵⁵

十七　日常生活

爬[起来]pɦo³¹[tɕ‘ie⁴²⁻⁴³]　　（起床）

着衣裳tɕiəʔ⁵⁻²i³³⁻³⁵sɦɔ̃³¹⁻⁵¹

（衫袖头）捋[起来]lɦoʔ²[tɕ‘ie⁴²⁻⁵¹]

（衫袖头）口[起来]tsɔ⁴²⁻⁴³[tɕ‘ie⁴²⁻⁴³]

口裤tɕi⁵⁵⁻³⁵k‘u⁵⁵　　（穿裤子）

洗面ɕi⁴²⁻⁴³mɦie²²　　（洗脸）

刷牙齿suəʔ⁵⁻²ŋɦo³¹⁻³³ts‘ʅ⁴²

梳头sʅ³³⁻³⁵tɦio³¹⁻⁵¹

打辫tã⁴²⁻⁴³pɦie³¹⁻⁵¹　　（编辫子）

剪指甲tɕie⁴²⁻⁴³tsʅ⁴²⁻⁴³kiəʔ⁵

剪手末头甲
tɕie⁴²⁻⁴³ɕiəu⁴²⁻⁴³mɦA²ʔtɦio³¹⁻³³kiəʔ⁵

剪脚末头甲
tɕie⁴²⁻⁴³tɕiəʔ⁵⁻²mɦA²ʔtɦio³¹⁻³³kiəʔ⁵

剐胡须kuA⁴²⁻⁴³ɦu³¹⁻³⁵ʂʮ³³⁻³¹　　（刮胡子）

劙耳朵lio³³ŋ⁴²⁻⁴³təu⁴²　　（掏耳朵）

落垟lɦoʔ²jiA³¹⁻⁵¹　　（开始下地干活）

上垟sɦɔ̃³¹⁻³⁵jiã³¹　　（干完活上田）

上工sɦɔ̃³¹⁻³²koŋ³³

上班sɦɔ̃³¹⁻³²pɛ³³

收工ɕiəu³³⁻⁵⁵koŋ³³⁻³¹

下班ɕiA⁵⁵⁻³³pɛ³³=落班lɦoʔ²pɛ³³

出门爻ts‘uəʔ⁵mɦəŋ³¹⁻⁵¹ɦɔ³¹　　（出门了）

趒出[去爻]tɦiɔ³¹⁻³²ts‘uəʔ⁵⁻²[k‘ɔ⁴²⁻⁴³]　　（出去了）

趒转来爻tɦiɔ³¹⁻³²tsø⁴²⁻⁴³lɦie³¹⁻³²ɦɔ³¹（回来了）

嬉ɕi³³　　　　（玩，游玩）

嬉嬉ɕi³³ɕi³³⁻⁵¹　　（玩，游玩）

搞搞kɔ⁴²⁻⁴³kɔ⁴²⁻⁵¹　　（玩（物））

歇ɕiəʔ⁵　　　（休息）

逛kuɔ̃⁵⁵

趒街tɦɔ̃²²kA³³⁻³⁵　　（逛街）

趒马路tɦɔ̃²²mo⁴²⁻⁴³lɦəu²²
=口马路t‘ɔ̃³³mo⁴²⁻⁴³lɦəu²²　　（逛马路）

口ɦAʔ⁵　　（饥饿）

（口）肚口(tɦiɔ³¹⁻³³)tɦəu³¹ɦAʔ⁵⁻²　　（肚子饿）

吃睏晨饭tʃ‘yoʔ⁵⁻²k‘oŋ⁵⁵⁻³³ɕɦiəŋ³¹⁻³⁵fɦɛ²²⁻⁵⁵
（吃早饭）

吃日昼饭tʃ‘yoʔ⁵⁻²ȵɦiəʔ²ⁿɦfɦi²²tɕiəu⁵⁵⁻³⁵
fɦɛ²²⁻⁵⁵（吃午饭）

吃夜饭tʃ‘yoʔ⁵⁻²jiA²²⁻²⁵fɦɛ²²⁻⁵⁵　　（吃晚饭）

一厨饭iəʔ⁵⁻²tʃɦʮ³¹fɦɛ²²　　（一顿饭）

吃散口tʃ‘yoʔ⁵⁻²sɛ⁴²⁻⁴³tɕ‘iɔ⁴²⁻⁵¹　　（吃零食）

兜饭tio³³⁻³⁵fɦɛ²²⁻⁵⁵　　（盛饭）

吃饭tʃ‘yoʔ⁵⁻²fɦɛ²²

口菜tɕiəʔ⁵⁻²ts‘e⁵⁵　　（挟菜）

舀汤iɔ⁴²⁻⁴³t‘ɔ̃³³⁻³⁵

用箸jyoŋ²²⁻²⁵tsɦʮ²²⁻⁵⁵　　（用筷子）

搭箸k‘ɔ⁵⁵⁻³⁵tsɦʮ²²⁻⁵⁵　　（拿筷子）

咬弗动ŋɔ⁴²⁻⁴³fAʔ⁵⁻²tɦoŋ³¹

噎牢iəʔ⁵lɦio³¹⁻⁵¹　　（吃东西噎住了）

吃餲响tʃ‘yoʔ⁵⁻²kɦio²²⁻²⁵ɕiã⁴²⁻⁵¹　　（打饱嗝）

餲kɦio²²　　　（打嗝）

争[起来]吃tsɦã³¹⁻³²[tɕ‘ie⁴²⁻⁴³]tʃ‘yoʔ⁵⁻²

吃争[起来]tʃ'yoʔ⁵⁻²tsɦĩ³¹⁻³²[tɕ'ie⁴²⁻⁴³]
（吃太多了）胀 tɕiã⁵⁵

吃茶 tʃ'yoʔ⁵tsɦio³¹⁻⁵¹　　（喝水）

吃酒 tʃ'yoʔ⁵⁻²tɕiəu⁴²　　（喝酒/喝喜酒）

吃香烟 tʃ'yoʔ⁵⁻²ɕiã³³⁻⁵⁵ie³³⁻³¹　（吸烟）

洗手 ɕi⁴²⁻⁴³ɕiəu⁴²

洗脚 ɕi⁴²⁻⁴³tɕiəʔ⁵

幞口身 tɕiə⁴²⁻⁴³tɕɦi²²ɕiəŋ³³

=洗人 ɕi⁴²⁻⁵⁵n̠ɦiəŋ³¹

=洗澡 ɕi⁴²⁻⁴³tsɔ⁴²⁻⁵¹

拉尿 lɦiʌ²²ʃʅ³³⁻³⁵　　（小便）

拉屎 lɦiʌ²²⁻²⁵e⁵⁵　　（大便）

扐口 kie³³⁻³⁵e⁵⁵　　（大便后擦屁股）

乘凉 ɕɦiəŋ³¹⁻³⁵lɦiʌ̃³¹⁻⁵¹

口热/日头 tsəʔ⁵⁻²n̠ɦiəʔ²tɦio³¹⁻³⁵　（晒太阳）

口热/日头 kiəʔ⁵⁻²n̠ɦiəʔ²tɦio³¹⁻⁵¹　（晒太阳）

烤火 k'ɔ⁴²⁻⁴³hu⁴²⁻⁵¹

点灯 tie⁴²⁻⁴³təŋ³³

熄灯 ɕiəʔ⁵⁻²təŋ³³

嬉口 ɕi³³tɕ'iã⁴²　（休息一会儿，玩一会儿）

要睏 iəʔ⁵⁻²k'oŋ⁵⁵　（想睡觉）

要睏紧 iəʔ⁵⁻²k'oŋ⁵⁵tɕiəŋ⁴²⁻⁴³　（很想睡觉）

摊口床 t'ɛ³³mɦiəŋ³¹⁻³⁵sɦɩ̃³¹⁻⁵¹　（铺床）

脱衣裳 t'uəʔ⁵⁻²i³³⁻³⁵sɦɩ̃³¹⁻⁵¹

脱鞋 t'oʔ⁵ɦʌ³¹⁻⁵¹

倒落去 tɔ⁴²⁻⁴³lɦoʔ²k'əʔ⁵⁻²　（躺下）

（在床上）倒口 tɔ⁴²⁻⁴³tɦəʔ²

睏觉 k'oŋ⁵⁵⁻³⁵kɔ⁵⁵　（睡觉）

睏[去爻]k'oŋ⁵⁵[k'ɔ⁴²⁻⁴³]　（睡着了）

打呼噜 tʌ⁴²⁻⁴³hu³³⁻⁵⁵ləu⁴²⁻⁴³

睏呆大爻 k'oŋ⁵⁵⁻³³n̠ɦiie³¹⁻³⁵tɦiəu²²⁻⁵¹ɦio³¹　（睡糊涂了）

睏弗去 k'oŋ⁵⁵⁻³³fʌʔ⁵⁻²k'ie⁵⁵　（睡不着）

午睡 ŋ⁴²⁻⁴³ʃɦʅ²²

睏相 k'oŋ⁵⁵⁻³⁵ɕiã⁵⁵　（睡觉的姿势）

仰转睏 n̠iã̃⁴²⁻⁴³tsø⁴²⁻⁴³k'oŋ⁵⁵⁻³³　（仰着睡）

口转睏 tɕiəʔ⁵tsø⁴²⁻⁴³k'oŋ⁵⁵⁻³³　（侧着睡）

趴转睏 p'oʔ⁵tsø⁴²⁻⁴³k'oŋ⁵⁵⁻³³

=趴口睏 p'oʔ⁵tɦəʔ²k'oŋ⁵⁵⁻³³　（趴着睡）

做口口 tsəu⁵⁵⁻³³mɦiəŋ³¹⁻³⁵ɦɦoŋ²²⁻⁵⁵

=做眠梦 tsəu⁵⁵⁻³³mɦie³¹⁻³⁵mɦoŋ²²⁻⁵⁵　（做梦）

讲梦话 kõ⁴²⁻⁴³mɦoŋ²²⁻²⁵ɦuʌ²²⁻⁵⁵

魇[起来]ie⁴²[tɕ'ie⁴²⁻⁴³]　（魇住）

口夜 kɦoʔ²jiʌ²²　　（熬夜）

十八　交际

望 mɦõ²²　　（看望）

名片 mɦiəŋ³¹⁻³⁵p'ie⁵⁵

送口情 soŋ⁵⁵⁻³³n̠ɦiie³¹⁻³⁵ɕɦiəŋ³¹⁻⁵¹

=送人情 soŋ⁵⁵⁻³³n̠ɦiəŋ³¹⁻³⁵ɕɦiəŋ³¹⁻⁵¹

人客 n̠ɦiəŋ³¹⁻³³k'əʔ⁵　（客人）

送客 soŋ⁵⁵⁻³³k'əʔ⁵

慢慢去 mɦie²²mɦie²²⁻²⁵k'ie⁵⁵⁻³³

趃好 tɦio³¹⁻³²hɔ⁴²　（走好）

招待 tɕiɔ³³tɦie³¹

口客气 ɕiɔ⁵⁵k'əʔ⁵⁻²tɕ'i⁵⁵　（不要客气）

口茶 tɕ'iʌ⁴²⁻⁵⁵tsɦio³¹

办酒 pɦie²²tɕiəu⁴²

一桌酒 iəʔ⁵⁻²tʃyoʔ⁵⁻²tɕiəu⁴²

请帖 tɕ'iəŋ⁴²⁻⁴³t'iəʔ⁵

发请帖 fʌʔ⁵⁻²tɕ'iəŋ⁴²⁻⁴³t'iəʔ⁵

主客 tʃy⁴²⁻⁴³k'əʔ⁵

陪客 pɦie³¹⁻²²k'əʔ⁵

（菜）移 ji³¹　　（上（菜））

口酒 tɕ'iʌ⁴²⁻⁴³tɕiəu⁴²

敬酒 tɕiəŋ⁵⁵⁻³³tɕiəu⁴²

一口燥 iəʔ⁵⁻²tɕ'io⁴²⁻⁴³sɔ⁵⁵　（干杯）

假装 ko⁴²⁻⁴³tsõ³³⁻³⁵

装病 tsõ³³⁻³⁵pɦiəŋ²²⁻⁵⁵

弗讲话 fʌʔ⁵kõ⁴²⁻⁴³ɦuʌ²²　（不说话）

讲弗来 kõ⁴²⁻⁴³fʌʔ⁵lɦie³¹⁻⁵¹　（说不到一块）

讲弗着 kõ⁴²⁻⁴³fʌʔ⁵tɕɦiəʔ²　（没关系）

讲闲话 kõ⁴²⁻⁴³ɦiɛ³¹⁻³⁵ɦuʌ²²⁻⁵⁵　（背后议论）

吹胐臀 tʃʻɥʔ³³kʻuoʔ⁵fɦuəŋ³¹⁻⁵¹
=拍马屁 pʻʌʔ⁵⁻²mo⁴²⁻⁴³pʻi⁵⁵
冤家 yø³³⁻⁵⁵ko³³⁻³¹
冤枉 yø³³uɒ̃⁴²
笑话（嘲笑）ɕio⁵⁵⁻³⁵fɦuʌ²²⁻⁵⁵
插嘴 tsʻʌʔ⁵⁻²tʃɥ⁴²
顶嘴 tiəŋ⁴²⁻⁴³tʃɥ⁴²⁻⁵¹
应嘴 iəŋ⁵⁵⁻³³tʃɥ⁴²⁻⁵¹
学嘴fɦoʔ²tʃɥ⁴²⁻⁵¹   （妄传人言）
架落 ko⁵⁵⁻³³lfɦoʔ²   （架子）
摆架落pʌ⁴²⁻⁴³ko⁵⁵⁻³³lfɦoʔ²   （摆架子）
排头pfɦʌ³¹⁻³⁵tfɦio³¹⁻⁵¹   （关系，靠山）
牵排头tɕʻie³³pfɦʌ³¹⁻³⁵tfɦio³¹⁻⁵¹   （拉关系）
排场pfɦʌ³¹⁻³⁵tɕfɦiʌ̃³¹⁻⁵¹
牌子pfɦʌ³¹⁻³³tsɿ⁴²   （面子）
口牌子tsʻʌ̃⁵⁵⁻³³pfɦʌ³¹⁻³³tsɿ⁴²   （挣面子）
倒牌子tɔ⁴²⁻⁴³pfɦʌ³¹⁻³³tsɿ⁴²   （丢脸）
出洋相tsʻuəʔ⁵⁻²jiʌ̃³¹⁻³⁵ɕiʌ̃⁵⁵
弗要脸fʌʔ⁵⁻²iɔ⁵⁵⁻³³lie⁴²
回fɦue³¹   （回绝）
帮忙pɒ̃³³⁻³⁵mfɦɒ̃³¹⁻⁵¹
罗嗦ləu³³⁻⁵⁵səu³³⁻³¹   （麻烦）
口尔啰嗦爻pʌʔ⁵⁻²n⁴²⁻⁴³ləu³³⁻⁵⁵səu³³⁻³²fɦɔ³¹
     （麻烦你了）
争[起来]tsʌ̃³³[tɕʻie⁴²⁻⁴³]
打[起来]tʌ̃⁴²[tɕʻie⁴²⁻⁴³]
敲竹杠kʻɔ³³tʃyoʔ⁵⁻²kɒ̃⁵⁵   （敲诈）
出洋相 tsʻuəʔ⁵⁻²jiʌ̃³¹⁻³⁵ɕiʌ̃⁵⁵   （出丑）
赚口tsfie³¹⁻³²iʌ³³   （挨骂）
碰着pfɦʌ̃²²tɕfɦiʔ²   （遇见）
敬礼tɕiəŋ⁵⁵⁻³³li⁴²
望得起 mfɦɒ̃²²təʔ⁵⁻²tɕʻi⁴²   （看得起）
望弗起 mfɦɒ̃²²fʌʔ⁵⁻²tɕʻi⁴²   （看不起）
对得起 te⁵⁵təʔ⁵⁻²tɕʻi⁴²
对弗起 te⁵⁵⁻³³fʌʔ⁵⁻²tɕʻi⁴²
=对弗住 te⁵⁵⁻³³fʌʔ⁵⁻²tʃfɦɥ²²   （对不起）
答应 təʔ⁵⁻²iəŋ⁵⁵   （答应）

弗答应 fʌʔ⁵təʔ⁵⁻²iəŋ⁵⁵   （不答应）
赶出去（对人）tɕie⁴²⁻⁴³tsʻuəʔ⁵⁻²kʻəʔ⁵⁻²
拦出去（对动物）lfie³¹tsʻuəʔ⁵⁻²kʻəʔ⁵⁻²

十九　商业

商号（旧）ɕiʌ̃³³⁻³⁵fɦɔ²²⁻⁵⁵
招牌（旧）tɕio³³⁻³⁵pfɦʌ³¹⁻⁵¹
开店kʻie³³⁻³⁵tie⁵⁵
门面mfɦiəŋ³¹⁻³⁵mfɦie²²⁻⁵⁵ =店面tie⁵⁵⁻³⁵mfɦie²²⁻⁵⁵
摆摊儿pʌ⁴²⁻⁴³tʻɛ³³⁻³⁵
摆地摊儿pʌ⁴²⁻⁴³tfɦi²²tʻɛ³³⁻³⁵
做生意tsəu⁵⁵⁻³³sʌ̃³³⁻³⁵[ji²²/i⁵⁵]
开业kʻie³³ȵfɦiəʔ²
关门kue³³⁻³⁵mfɦiəŋ³¹⁻⁵¹
倒闭tɔ⁴²⁻⁴³pi⁵⁵
盘出去pfɦø³¹tsʻuəʔ⁵⁻²kʻəʔ⁵⁻²
盘货pfɦø³¹⁻³⁵hu⁵⁵
账房（旧）tɕiʌ̃⁵⁵⁻³³fɦɒ̃³¹
老板lɔ⁴²⁻⁴³pɛ⁴²⁻⁵¹
掌柜（旧）tsɒ̃⁴²⁻⁴³kfɦy²²
经理tɕiəŋ³³li⁴²
老板娘lɔ⁴²⁻⁴³pɛ⁴²⁻⁴³ȵfɦiʌ̃³¹⁻³⁵
店员tie⁵⁵⁻³³jyø³¹
伙计xu⁴²⁻⁴³tɕi⁵⁵
学徒fɦoʔ²tfɦəu³¹⁻⁵¹
人客 ȵfɦiəŋ³¹⁻³³kʻəʔ⁵   （顾客）
讨价tʻɔ⁴²⁻⁴³ko⁵⁵
还价fɦue³¹⁻³⁵ko⁵⁵
弗讲价fʌʔ⁵kɒ̃⁴²⁻⁴³ko⁵⁵
弗还价fʌʔ⁵fɦue³¹⁻³⁵ko⁵⁵
口tø⁵⁵   （还（价））
口价钿tø⁵⁵⁻³³ko⁵⁵⁻³³tfɦie³¹   （还价）
实码价钿ɕfɦiəʔ²mo⁴²⁻⁴³ko³³tfɦie³¹⁻³⁵
=实价ɕfɦiəʔ²ko⁵⁵
=实码ɕfɦiəʔ²mo⁴²⁻⁵¹
贵ky⁵⁵

□ tɕ‘iɔ⁴² 　（便宜）
□ tɕɦiɔ³¹ 　（大量批发进来）
批发 p‘i³³fAʔ⁵
进货 tɕiəŋ⁵⁵⁻³⁵hu⁵⁵
□ k‘oŋ⁵⁵ 　（亏）
□账 k‘oŋ⁵⁵⁻³⁵tɕiÃ⁵⁵ 　（亏本）
老账（旧）lɔ⁴²⁻⁴³tɕiÃ⁵⁵
流水账 lɦiəu³¹⁻³³ʃʮ⁴²⁻⁴³tɕiÃ⁵⁵
记账 tɕi⁵⁵⁻³⁵tɕiÃ⁵⁵ =摘帐 tsəʔ⁵⁻²tɕiÃ⁵⁵
欠账 tɕ‘ie⁵⁵⁻³⁵tɕiÃ⁵⁵
讨账 t‘ɔ⁴²⁻⁴³tɕiÃ⁵⁵
赖账 lɦiA²²⁻²⁵tɕiÃ⁵⁵
（一笔）钞票 ts‘ɔ⁴²⁻⁴³p‘iɔ⁵⁵
进账 tɕiəŋ⁵⁵⁻³⁵tɕiÃ⁵⁵ 　（收入）
存款 sɦuəŋ³¹⁻³³k‘ue⁴²
录 lɦioʔ² 　（攒（钱））
散块 se⁴²⁻⁴³k‘ue⁵⁵⁻⁵¹ 　（零钱）
角子 koʔ⁵⁻²tsʮ⁴²⁻⁵¹ 　（硬币）
零用 lɦiəŋ³¹⁻³⁵jyoŋ²²⁻⁵⁵
发票 fAʔ⁵⁻²p‘iɔ⁵⁵
收据 ɕiəu³³⁻³⁵ky⁵⁵
提货单 tɦii³¹⁻³³hu⁵⁵⁻³³tɛ³³⁻³⁵
算盘 sø⁵⁵⁻³³pɦiø³¹
算盘子 sø⁵⁵⁻³³pɦiø³¹⁻³³tsʮ⁴²
算盘档 sø⁵⁵⁻³³pɦiø³¹⁻³⁵tõ⁵⁵
打算盘 tÃ⁴²⁻⁴³sø⁵⁵⁻³³pɦiø³¹
天平 t‘ie³³⁻³⁵pɦiəŋ³¹⁻⁵¹
盘秤 pɦiø³¹⁻³⁵tɕ‘iəŋ⁵⁵
钩秤 tɕio³³⁻³⁵tɕ‘iəŋ⁵⁵
磅秤 põ⁴²⁻⁴³tɕ‘iəŋ⁵⁵
电子秤 tɦie²²tsʮ⁴²⁻⁴³tɕ‘iəŋ⁵⁵
称锤 tɕ‘iəŋ⁵⁵⁻³³tʃɦy³¹
称杆 tɕ‘iəŋ⁵⁵⁻³³tɕie⁴²
称盘 tɕ‘iəŋ⁵⁵⁻³³pɦiø³¹
称钩儿 tɕ‘iəŋ⁵⁵⁻³³tɕio³³⁻³⁵
称花 tɕ‘iəŋ⁵⁵⁻³³huA³³
称纽绳 tɕ‘iəŋ⁵⁵⁻³³n̠iəu⁴²⁻⁵⁵ɕɦiəŋ³¹

健 tɕɦiie²² 　（秤尾翘）
平 pɦiəŋ³¹ 　（秤尾平）
用称称称相 jioŋ²²⁻²⁵tɕ‘iəŋ⁵⁵tɕ‘iəŋ⁵⁵⁻³³
tɕ‘iəŋ⁵⁵⁻⁵¹ɕiÃ³³⁻³¹ 　（用称称称看）
开支 k‘ie³³⁻⁵⁵tsʮ³³⁻³¹ =开销 k‘ie³³⁻⁵⁵ɕiɔ³³⁻³¹
工钿 koŋ³³⁻³⁵tɦie³¹⁻⁵¹
路费 lɦiəu²²⁻²⁵fi⁵⁵
盘缠 pɦiø³¹⁻³⁵sɦiø³¹⁻⁵¹ 　（路费）
本钿 pəŋ⁴²⁻⁵⁵tɦie³¹ 　（本钱）
利息 lɦi²²ɕiəʔ⁵ =利钿 lɦi²²tɦie³¹
定洋 tɦiəŋ²²jiÃ³¹ 　（定金）
运气好 jyŋ²²⁻²⁵tɕ‘i⁵⁵hɔ⁴²⁻⁴³
=运道好 jyŋ²²tɦiɔ³¹⁻⁵¹lɦɔ⁴²⁻⁴³
畅行 tɕiÃ⁵⁵⁻³⁵ɦɦ³¹⁻⁵¹ 　（畅销）
慢行 mɦɛ²²ɦɦ³¹ 　（滞销）
买卖顺当 mA⁴²⁻⁴³mɦA²²sɦuəŋ²²⁻²⁵tõ⁵⁵
欠（钱）tɕ‘ie⁵⁵
洋钿 jiÃ³¹⁻³⁵tɦie³¹⁻⁵¹ 　（旧指钱，现多表示钱少的意思）
一百块洋钿 iəʔ⁵⁻²pAʔ⁵k‘ue⁵⁵⁻³³jiÃ³¹⁻³⁵tɦie³¹⁻⁵¹ 　（只有一百块）
两百洋钿 liÃ⁴²⁻⁴³pAʔ⁵⁻²jiÃ³¹⁻³⁵tɦie³¹⁻⁵¹ 　（只有两百左右）
铜钿 tɦioŋ³¹⁻³⁵tɦie³¹⁻⁵¹ 　（铜钱）
有铜钿 iəu⁴²⁻⁴³tɦioŋ³¹⁻³⁵tɦie³¹⁻⁵¹ 　（有钱）
钞票 ts‘ɔ⁴²⁻⁴³p‘iɔ⁵⁵
赚铜钿 tsɦie³¹⁻³²tɦioŋ³¹⁻³⁵tɦie³¹⁻⁵¹
=赚钞票 tsɦie³¹⁻³²ts‘ɔ⁴²⁻⁴³p‘iɔ⁵⁵
=□钞票 ts‘Ã⁵⁵⁻³³ts‘ɔ⁴²⁻⁴³p‘iɔ⁵⁵
元宝 jyo³¹⁻³³pɔ⁴²
铜元 tɦioŋ³¹⁻³⁵jyø³¹⁻⁵¹
铜板 tɦioŋ³¹⁻³³pɛ⁴²⁻⁵¹
一块（钞票）（表多）iəʔ⁵⁻²k‘ue⁵⁵
一块（钞票）（表少）iəʔ⁵⁻²k‘ue⁵⁵⁻⁵¹
一块头 iəʔ⁵⁻²k‘ue⁵⁵⁻³³tɦio³¹⁻³⁵
=独块头 tɦioʔ²k‘ue⁵⁵⁻³³tɦio³¹⁻³⁵ 　（单张的一块钱）

一角（表多）iəʔ⁵⁻²koʔ⁵

一角（表少）iəʔ⁵⁻²koʔ⁵→kõ⁵¹

一角头iəʔ⁵⁻²koʔ⁵⁻²tɕʰio³¹⁻³⁵

=独角头tɦioʔ²koʔ⁵⁻²tɕʰio³¹⁻³⁵（单张的一角钱）

一张钞票iəʔ⁵⁻²tɕiã³³tsʰɔ⁴²⁻⁴³pʰiɔ⁵⁵

一个铜板iəʔ⁵⁻²kəʔ⁵⁻²tɦoŋ³¹⁻³³pɛ⁴²⁻⁵¹

税屋ʃʮ⁵⁵⁻³³uoʔ⁵（租房）

屋税uoʔ⁵⁻²ʃʮ⁵⁵（房租）

布店pu⁵⁵⁻³⁵tie⁵⁵

洋货店（旧）jiã³¹⁻³³hu⁵⁵⁻³⁵tie⁵⁵

京货店（旧）tɕiəŋ³³hu⁵⁵⁻³⁵tie⁵⁵

丝绵杂货店sʮ³³⁻³³mɦie³¹⁻⁵¹sɦAʔ²hu⁵⁵⁻³⁵tie⁵⁵

文具店fɦiəŋ³¹⁻³³ky⁵⁵⁻³⁵tie⁵⁵

书店ʃʮ³³⁻³⁵tie⁵⁵

煤块mɦie³¹⁻³⁵kʰue⁵⁵

煤球mɦie³¹⁻³⁵tɕʰiəu³¹⁻⁵¹

当铺tõ⁵⁵⁻³⁵pʰu⁵⁵

银行ȵɦiəŋ³¹⁻³⁵ɦõ³¹⁻⁵¹

金店tɕiəŋ³³⁻³⁵tie⁵⁵

饭店fɦie²²⁻²⁵tie⁵⁵

茶馆儿tsɦio³¹⁻³³kue⁴²⁻⁵¹

坐茶馆儿sɦio³¹⁻³²tsɦio³¹⁻³³kue⁴²⁻⁵¹

酒店tɕiəu⁴²⁻⁴³tie⁵⁵

盐店jie³¹⁻³⁵tie⁵⁵

粮店lɦiã³¹⁻³⁵tie⁵⁵

米店mi⁴²⁻⁴³tie⁵⁵

籴米（旧）tɦiəʔ²mi⁴²（买米）

粜米（旧）tʰiɔ⁵⁵⁻³³mi⁴²（卖米）

酱菜tɕiã⁵⁵⁻³⁵tsʰe⁵⁵

豆瓣酱tɦio²²pe⁴²⁻⁴³tɕiã⁵⁵

旅馆ly⁴²⁻⁴³kue⁴²⁻⁵¹

旅社ly⁴²⁻⁴³sɦio³¹⁻⁵¹

油店jiəu³¹⁻³⁵tie⁵⁵

木匠mɦioʔ²ɕɦiã²²

曲尺k'yoʔ⁵⁻²tɕ'iʔ⁵

墨斗mɦioʔ²tio⁴²⁻⁵¹

墨线mɦioʔ²ɕie⁵⁵

泥水匠nɦii³¹⁻³³ʃʮ⁴²⁻⁴³ɕɦiã²²

=瓦工 uA⁴²⁻⁴³koŋ³³⁻³⁵

灰刀hue³³⁻⁵⁵tɔ³³⁻³¹

蛎灰桶lɦii²²hue³³tɦioŋ³¹⁻⁵¹（盖房子时用于装水泥等的桶）

□□tɦiõ³¹⁻³²fõ⁵⁵（墙砌好之后涂沙灰）

盖白灰kie⁵⁵⁻³³pɦAʔ²hue³³⁻³⁵（在沙灰外层再涂上白灰）

打铁□tA⁴²⁻⁴³t'iəʔ⁵kəʔ⁵⁻²（打铁的人）

做衣裳□tsəu⁵⁵⁻³³i³³⁻³⁵sɦõ³¹⁻⁵¹kəʔ⁵⁻²（做衣服的人）

剃头人t'i³³tɦio³¹⁻³⁵ȵɦiəŋ³¹⁻⁵¹

理发店li⁴²⁻⁴³fAʔ⁵⁻²tie⁵⁵

剃头店（旧）t'i³³tɦio³¹⁻³⁵tie⁵⁵

剃刀儿t'i³³tɔ³³⁻³⁵

剃头t'i³³tɦio³¹

剃光头t'i³³kuõ³³⁻³⁵tɦio³¹⁻⁵¹

剃平头t'i³³pɦiəŋ³¹⁻³⁵tɦio³¹⁻⁵¹

洗头ɕi⁴²⁻⁵⁵tɦio³¹

敲背k'ɔ³³⁻³⁵pe⁵⁵

澡堂tsɔ⁴²⁻⁴³tɦõ³¹⁻³⁵

搓背ts'əu³³⁻³⁵pe⁵⁵

棺材店（旧）kue³³sɦie³¹⁻³⁵tie⁵⁵

棺材kue³³⁻³⁵sɦie³¹⁻⁵¹=材 sɦie³¹

寿材ɕɦiəu²²sɦie³¹（生前备着的）

杀猪人sAʔ⁵⁻²tsʮ³³⁻³⁵ȵɦiəŋ³¹⁻⁵¹（屠夫）

杀猪sAʔ⁵⁻²tsʮ³³

杀牛sAʔ⁵ȵɦio³¹⁻⁵¹

肉凳ȵɦyoʔ²təŋ⁵⁵（卖肉的桌子）

会fɦue²²（一种小规模的民间经济互助活动）

做会tsəu⁵⁵⁻³⁵fɦue²²⁻⁵⁵=拢会loŋ⁴²⁻⁴³fɦue²²

标会piɔ³³⁻³⁵fɦue²²⁻⁵⁵

二十　文化　教育

读书人tɦioʔ²ʃʮ³³⁻³⁵ȵɦiəŋ³¹⁻⁵¹

上学□sɦõ³¹fɦioʔ²kəʔ⁵⁻²

识字□ɕiəʔ⁵⁻²sɦŋ²²kəʔ⁵⁻²　　（识字的人）

弗识字□fAʔ⁵⁻²ɕiəʔ⁵⁻²sɦŋ²²kəʔ⁵⁻²（不识字的人）

学堂ɦoʔ²tɦɒ̃³¹⁻⁵¹　　（学校）

小学堂ɕiɔ⁴²⁻⁴³ɦoʔ²tɦɒ̃³¹⁻³⁵　　（小学）

中学堂tʃyoŋ³³ɦoʔ²tɦɒ̃³¹⁻⁵¹　　（中学）

上学堂sɦɒ̃³¹⁻³²ɦoʔ²tɦɒ̃³¹⁻⁵¹　　（上学）

招考tɕiɔ³³kʻɔ⁴²

招生tɕiɔ³³⁻⁵⁵sÃ³³⁻³¹

报考pɔ⁵⁵⁻³³kʻɔ⁴²

报名pɔ⁵⁵⁻³³mɦiəŋ³¹

考场kʻɔ⁴²⁻⁵⁵tɕɦiÃ³¹

进场tɕiəŋ⁵⁵⁻³³tɕɦiÃ³¹

试卷sɿ⁵⁵⁻³⁵kyø⁵⁵

=考试卷kʻɔ⁴²⁻⁴³sɿ⁵⁵⁻³⁵kyø⁵⁵

交卷kɔ³³⁻³⁵kyø⁵⁵

交白卷kɔ³³pɦAʔ²kyø⁵⁵

改卷kie⁴²⁻⁴³kyø⁵⁵

改试卷kie⁴²⁻⁴³sɿ⁵⁵⁻³⁵kyø⁵⁵

出榜（旧）tsʻuəʔ⁵⁻²pɒ̃⁴²

第一名tɦi²²iəʔ⁵mɦiəŋ³¹⁻⁵¹

=头名（旧）tɦio³¹⁻³⁵mɦiəŋ³¹⁻⁵¹

考牢kʻɔ⁴²⁻⁴³lɦiɔ³¹　　（考取了）

吭考牢ɦm²²kʻɔ⁴²⁻⁴³lɦiɔ³¹⁻⁵¹　　（没考上）

毕业piəʔ⁵⁻²ȵɦiəʔ²

文凭ɦfiəŋ³¹⁻³⁵pɦiəŋ³¹⁻⁵¹

证书tɕiəŋ⁵⁵⁻³³ʃʮ³³

上学sɦɒ̃³¹ɦoʔ²

放假fɒ̃⁵⁵⁻³⁵ko⁵⁵

放暑假fɒ̃⁵⁵⁻³³ʃʮ⁴²⁻⁴³ko⁵⁵

放寒假fɒ̃⁵⁵⁻³³jie³¹⁻³⁵ko⁵⁵

一季iəʔ⁵⁻²ky⁵⁵　　（一学期）

启蒙tɕʻi⁴²⁻⁵⁵mɦiəŋ³¹

百家姓pAʔ⁵⁻²tɕiA³³⁻³⁵ɕiəŋ⁵⁵

千字文tɕʻie³³sɦŋ²²ɦfiəŋ³¹

三字经sɛ³³sɦŋ²²tɕiəŋ³³

念书ȵɦiie²²ʃʮ³³

读书tɦioʔ²ʃʮ³³

背书pɦie²²ʃʮ³³

□大字mɦiA²²tɦiA²²⁻²⁵sɦŋ²²⁻⁵⁵　　（写大字）

描红mɦiio³¹⁻³⁵ɦoŋ³¹⁻⁵¹

作文tsoʔ⁵ɦfiəŋ³¹⁻⁵¹

做文章tsəu⁵⁵⁻³³ɦfiəŋ³¹⁻³⁵tsɒ̃³³⁻³¹

稿kɔ⁴²⁻⁵¹

打草稿tÃ⁴²⁻⁴³tsʻɔ⁴²⁻⁴³kɔ⁴²⁻⁵¹

打底稿tÃ⁴²⁻⁴³ti⁴²⁻⁴³kɔ⁴²⁻⁵¹

□爻tʻəʔ⁵ɦo³¹　　（涂了）

改文章kie⁴²⁻⁴³ɦfiəŋ³¹⁻³⁵tsɒ̃³³⁻³¹

写白字ɕiA⁴²⁻⁴³pɦAʔ²sɦŋ²²

写别字ɕiA⁴²⁻⁴³pɦiəʔ²sɦŋ²²

漏字lɦio²²⁻²⁵sɦŋ²²⁻⁵⁵

满分mø⁴²⁻⁴³fəŋ³³

一百分iəʔ⁵⁻²pɦAʔ⁵fəŋ³³

零分lɦiəŋ³¹fəŋ³³

鸭蛋Aʔ⁵⁻²tɦiɛ²²　　　　（零分）

水笔ʃʮ⁴²⁻⁴³piAʔ⁵

钢笔kɒ̃³³piAʔ⁵

毛笔mɦɔ³¹⁻³³piAʔ⁵

自动笔sɦŋ²²tɦoŋ³¹⁻³²piAʔ⁵

铅笔kʻiɛ³³⁻³²piAʔ⁵

水彩笔ʃʮ⁴²⁻⁴³tsʻe⁴²⁻⁴³piAʔ⁵

原珠笔ȵɦyø³¹⁻³³tʃʮ³³piAʔ⁵（圆珠笔）

大字笔tɦiA²²sɦŋ²²piAʔ⁵

小字笔ɕiɔ⁴²⁻⁴³sɦŋ²²piAʔ⁵

笔杆piAʔ⁵⁻²kiɛ⁴²

笔头piAʔ⁵⁻²tɦio³¹⁻³⁵

笔尖piAʔ⁵⁻²tɕie³³⁻³⁵

笔锋piAʔ⁵⁻²foŋ³³

笔套piAʔ⁵⁻²tʻɔ⁵⁵

笔筒piAʔ⁵⁻²tɦoŋ³¹⁻⁵¹

墨槽mɦioʔ²sɦŋ³¹⁻³⁵

磨墨mɦiu³¹⁻³³mɦioʔ²

墨汁mɦioʔ²tɕiəʔ⁵

拣笔tʻie⁵⁵⁻³³piAʔ⁵　　（毛笔蘸墨汁后刷一下）

墨水 mɦioʔ²ʃʮ⁴²

灌墨水 kue⁵⁵⁻³³mɦioʔ²ʃʮ⁴²⁻⁵¹

课堂 k'u⁵⁵⁻³³tɦɒ̃³¹

教室 kɔ³³ɕiəʔ⁵

讲台 kɒ̃⁴²⁻⁵⁵tɦie³¹

前排 ɕɦie³¹⁻³³pɦA³¹⁻³⁵

后排 io⁴²⁻⁴³pɦA³¹⁻³⁵

第一排 tɦi²²iəʔ⁵⁻²pɦA³¹⁻³⁵

头一排 tɦio³¹⁻³³iəʔ⁵pɦA³¹⁻⁵¹

末脚排 mɦiəʔ²tɕiəʔ⁵⁻²pɦA³¹⁻³⁵

=落脚排 lɦioʔ²tɕiəʔ⁵⁻²pɦA³¹⁻³⁵

=最后一排 tse⁵⁵io⁴²⁻⁴³iəʔ⁵⁻²pɦA³¹

组桌 tsəu⁴²⁻⁴³tʃyoʔ⁵→tʃyɒ̃⁵¹　　　（同桌）

教棒 kɔ⁵⁵⁻³³pɦɒ̃³¹⁻⁵¹

黑板 hAʔ⁵⁻²pɛ⁴²⁻⁵¹

粉笔 fəŋ⁴²⁻⁴³piAʔ⁵

粉笔楷 fəŋ⁴²⁻⁴³piAʔ⁵⁻²k'A³³⁻³⁵

=黑板揩 hAʔ⁵⁻²pɛ⁴²⁻⁴³k'A³³⁻³⁵

板书 pɛ⁴²⁻⁴³ʃʮ³³

讲义 kɒ̃⁴²⁻⁴³nɦi²²

课本 k'u⁵⁵⁻³³pəŋ⁴²

簿 pɦu³¹⁻⁵¹　　　（本子）

笔记 piAʔ⁵⁻²tɕi⁵⁵

笔记本 piAʔ⁵⁻²tɕi⁵⁵⁻³³pəŋ⁴²⁻⁵¹

点名册 tie⁴²⁻⁴³mɦiəŋ³¹⁻³³tsʰəʔ⁵

点名 tie⁴²⁻⁵⁵mɦiəŋ³¹

到 tɔ⁵⁵　　　（点名时应答）

起立 tɕ'i⁴²⁻⁴³lɦiəʔ²

立正 lɦiəʔ²tɕiəŋ⁵⁵

上课 sɦɒ̃³¹⁻³²k'u⁵⁵

下课 ɕiA⁵⁵⁻³⁵k'u⁵⁵

下班 ɕiA⁵⁵⁻³³pe³³（老师到教室管理学生自修）

自修 sɦʮ²²ɕiəu³³⁻³⁵

考试 k'ɔ⁴²⁻⁴³sʮ⁵⁵⁻³⁵

期中考 tɕɦi³¹⁻³³tʃyoŋ³³k'ɔ⁴²⁻⁵¹

期末考 tɕɦi³¹⁻³³mɦioʔ²k'ɔ⁴²⁻⁵¹

小考 ɕiɔ⁴²⁻⁴³k'ɔ⁴²⁻⁵¹

月考 ɲɦyəʔ²²k'ɔ⁴²⁻⁵¹

大考 tɦA²²k'ɔ⁴²

一点 iəʔ⁵⁻²tie⁴²⁻⁵¹

点一点儿 tie⁴²⁻⁴³iəʔ⁵⁻²tie⁴²⁻⁵¹

一横 iəʔ⁵⁻²ɦuã³¹⁻⁵¹

一竖 iəʔ⁵⁻²ʃɦʮ³¹⁻⁵¹

一撇 iəʔ⁵⁻²p'i⁴²⁻³⁵

一捺 iəʔ⁵⁻²nɦiɛ²→nɦiɛ⁵¹

一钩 iəʔ⁵⁻²tɕio³³⁻³⁵

一提 iəʔ⁵⁻²tɦi³¹⁻⁵¹

一划 iəʔ⁵⁻²ɦuoʔ²

一笔 iəʔ⁵⁻² piAʔ⁵

偏旁 p'ie³³⁻³⁵pɦɒ̃³¹⁻⁵¹

单倚人 tɛ³³tɕɦi³¹⁻³²ɲɦiəŋ³¹⁻³⁵　　　（单人旁）

双倚人 ʃyɒ̃³³tɕɦi³¹⁻³²ɲɦiəŋ³¹⁻³⁵　　　（双人旁）

大口框 tɦA²²tɕ'io⁴²⁻⁴³tʃ'yɒ̃³³⁻³⁵

宝盖头 pɔ⁴²⁻⁴³kie⁵⁵⁻³³tɦio³¹⁻³⁵

秃宝盖 t'oʔ⁵⁻²pɔ⁴²⁻⁴³kie⁵⁵

竖心旁 ʃɦʮ³¹⁻³²ɕiəŋ³³⁻³⁵pɦɒ̃³¹⁻⁵¹

反犬旁 fɛ⁴²⁻⁴³k'yø⁴²⁻⁵⁵pɦɒ̃³¹

左耳旁 tsəu⁴²⁻⁴³sɦʮ³¹⁻³²pɦɒ̃³¹

右耳旁 iəu⁴²⁻⁴³sɦʮ³¹⁻³²pɦɒ̃³¹

反文旁 fɛ⁴²⁻⁴³fɦiəŋ³¹⁻³⁵pɦɒ̃³¹

王字旁 ɦuɒ̃³¹⁻³²sɦʮ²²pɦɒ̃³¹

提土旁 tɦi³¹⁻³³t'əu⁴²⁻⁵⁵pɦɒ̃³¹

竹字头儿 tʃyoʔ⁵⁻²sɦʮ²²tɦio³¹⁻³⁵

火字旁 hu⁴²⁻⁴³sɦʮ²²pɦɒ̃³¹

四点底 sʮ⁵⁵⁻³³tie⁴²⁻⁴³ti⁴²⁻⁵¹

三点水 sɛ³³tie⁴²⁻⁴³ʃʮ⁴²⁻⁵¹

两点水 liã⁴²⁻⁴³tie⁴²⁻⁴³ʃʮ⁴²⁻⁵¹

病壳旁 pɦiəŋ²²k'oʔ²→k'ɒ̃⁵¹pɦɒ̃³¹（病字头）

广壳旁 kuɒ̃⁴²⁻⁴³k'oʔ²→k'ɒ̃⁵¹pɦɒ̃³¹（广字头）

连迁旁（旧）lɦie³¹⁻³³tɕ'ie³³⁻³⁵pɦɒ̃³¹

=走之底 tɕio⁴²⁻⁴³tsʮ³³ti⁴²⁻⁵¹

口丝旁 kɦʮ³¹⁻³²sʮ³³⁻³⁵pɦɒ̃³¹　　　（绞丝旁）

挑手旁（旧）t'io³³ɕiəu⁴²⁻⁵¹pɦɒ̃³¹

=提手旁 tɦi³¹⁻³³ɕiəu⁴²⁻⁵⁵pɦɒ̃³¹

草字头 tsʻɔ⁴²⁻⁴³ɕɦi²²tɕɦio³¹⁻³⁵

戒尺 kʌ⁵⁵⁻³³tɕʻiə?⁵

罚站 fɦʌ?²tsɦie²²

逃学 tɦɔ³¹⁻³³ɦo?²

逃课 tɦɔ³¹⁻³⁵kʻu⁵⁵

迟到 tsɦi³¹⁻³²tɔ⁵⁵

早退 tsɔ⁴²⁻⁴³tʻe⁵⁵

旷课 kʻuõ⁵⁵⁻³⁵kʻu⁵⁵

请假 tɕʻiəŋ⁴²⁻⁴³ko⁵⁵

二十一　游戏

纸鹞 tsɿ⁴²⁻⁴³jiɔ²²　　　　　　（风筝）

打囗囗 tʌ̃⁴²⁻⁴³pʻʌ³³⁻⁵⁵sɿ³³⁻³¹　　（打扑克）

拔河 pɦʌ?²ɦo³¹⁻⁵¹

踢毽子 tʻiə?⁵⁻²tɕie⁵⁵tsɿ⁴²⁻⁴³

跳橡皮筋 tʻiɔ⁵⁵⁻³³ɕɦiʌ̃³¹⁻³³pɦi³¹⁻³³tɕiəŋ³³⁻³⁵

荡秋千 tɦɔ̃²²tɕʻiəu³³⁻⁵⁵tɕʻie³³⁻³¹

捉子儿 tʃyo?⁵⁻²tsɿ⁴²⁻⁵¹

打弹珠 tʌ̃⁴²⁻⁴³tɦɛ²²tʃʅ³³⁻³⁵

捉梭儿 tʃyo?⁵⁻²səu³³⁻³⁵　　　（一种手上玩
    的橡皮筋游戏）

照拼 tɕiɔ⁵⁵⁻³⁵pʻiəŋ⁵⁵　（多人同时将手掌朝上
    或朝下拿出以分组）

小人书 ɕiɔ⁴²⁻⁴³ȵɦiəŋ³¹⁻³³ʃʅ³³⁻³⁵　（连环画）

着棋 tɕiə?⁵⁻²tɕɦi³¹⁻³⁵ =走棋 tɕiɔ⁴²⁻⁴³tɕɦi³¹⁻³⁵

象棋 ɕɦiʌ̃³¹⁻³⁵tɕɦi³¹

棋盘 tɕɦi³¹⁻³⁵pɦø³¹⁻⁵¹

棋子 tɕɦi³¹⁻³³tsɿ⁴²

河界 ɦo³¹⁻³⁵kʌ⁵⁵

将 tɕiʌ̃⁵⁵

帅 se⁵⁵

士 sɦɿ³¹⁻⁵¹

象 ɕɦiʌ̃³¹⁻⁵¹

相 ɕiʌ̃⁵⁵

兵 piəŋ³³⁻³⁵

卒 tsuə?⁵

围棋 jy³¹⁻³⁵tɕɦi³¹⁻⁵¹

白子 pɦʌ?²tsɿ⁴²

黑子 hʌ?⁵⁻²tsɿ⁴²

和爻 ɦiu³¹⁻³²ɦɔ³¹

和棋 ɦiu³¹⁻³⁵tɕɦi³¹⁻⁵¹

滚狮子 koŋ⁴²⁻⁴³sɿ³³⁻³⁵tsɿ⁴²⁻⁵⁵

滚龙 koŋ⁴²⁻⁵⁵lɦioŋ³¹

打花鼓 tʌ̃⁴²⁻⁴³huʌ³³ku⁴²⁻⁵¹

掣木头 tɕʻiə?⁵⁻²mɦo?²tɦio³¹⁻³⁵

=掣木头人 tɕʻiə?⁵⁻²mɦo?²tɦio³¹⁻³³ȵɦiəŋ³¹⁻³⁵
    （木偶戏）

京剧 tɕiəŋ³³tɕɦiə?²

越剧 jyo?²tɕɦiə?²

戏棚 ɕi⁵⁵⁻³³pɦʌ̃³¹

前台 ɕɦie³¹⁻³⁵tɦie³¹⁻⁵¹

后台 ɦio⁴²⁻⁴³tɦie³¹⁻³⁵

戏箱 ɕi⁵⁵⁻³³ɕiʌ̃³³⁻³⁵

做戏人 tsəu⁵⁵⁻³³ɕi⁵⁵⁻³³ȵɦiəŋ³¹⁻³⁵

=演员 ie⁴²⁻⁵⁵jyø³¹

大花脸 tɦʌ²²huʌ³³lie⁴²

小花脸 ɕiɔ⁴²⁻⁴³huʌ³³lie⁴²⁻⁵¹

老生 lɔ⁴²⁻⁴³sʌ̃³³

小生 ɕiɔ⁴²⁻⁴³sʌ̃³³

小旦 ɕiɔ⁴²⁻⁴³tɛ⁵⁵

花旦 huʌ³³⁻³⁵tɛ⁵⁵

打囗头 tʌ̃⁴²⁻⁴³ti³³⁻³⁵tɦio³¹⁻⁵¹　　（翻跟斗）

变戏法 pie⁵⁵⁻³³ɕi⁵⁵⁻³³fʌ?⁵→fe⁵¹

猢狲戏 u³³suəŋ³³⁻³⁵ɕi⁵⁵　　（耍猴）

望戏 mɦõ²²⁻²⁵ɕi⁵⁵　　　　（看戏）

焰火 ie⁵⁵⁻³³hu⁴²

放焰火 fõ⁵⁵⁻³³ie⁵⁵⁻³³hu⁴²

起火 tɕʻi⁴²⁻⁴³hu⁴²

炮仗 pʻɔ⁵⁵⁻³⁵tɕɦiʌ̃²²⁻⁵⁵　　（鞭炮）

打炮仗 tʌ̃⁴²⁻⁴³pʻɔ⁵⁵⁻³⁵tɕɦiʌ̃²²⁻⁵⁵　（放鞭炮）

双响 ʃyõ³³ɕiʌ̃⁴²⁻⁵¹　　（二踢腿）

十六响 ɕɦiə?²lɦio?²ɕiʌ̃⁴²⁻⁵¹

小炮仗 ɕiɔ⁴²⁻⁴³pʻɔ⁵⁵⁻³³tɕɦiʌ̃²²⁻⁵¹　（成串的小
    鞭炮）

戏迷 ɕi⁵⁵⁻³³mɦi³¹

棋迷 tɕɦi³¹⁻³⁵mɦi³¹⁻⁵¹

骨牌 kuoʔ⁵⁻²pɦA³¹⁻³⁵

麻将 mɦio³¹⁻³³tɕiÃ⁵⁵⁻⁵¹

搓麻将 ts'o³³mɦio³¹⁻³³tɕiÃ⁵⁵⁻⁵¹

□□ p'A³³⁻⁵⁵sʅ³³⁻³¹　（扑克牌）

接龙 tɕiəʔ⁵⁻²lɦoŋ³¹⁻³⁵　（扑克的一种玩法）

红星 ɦŋ³¹⁻³³ɕiəŋ³³⁻³⁵　（扑克的一种玩法）

掷□tɕɦiəʔ²[suəŋ⁵¹]　（掷色子）

□猫□ iəu³³mɔ³³ɦiu³⁵　（捉迷藏）

捺宝 nɦAʔ²pɔ⁴²　（押宝）

猜疑 ts'e⁴²⁻⁴³n̠ɦi²²　（猜谜语）

二十二　动作

摇头 jio³¹⁻³⁵tɦio³¹⁻⁵¹

点头 tie⁴²⁻⁵⁵tɦio³¹

□ lɦɔ²²　（点（头））

抬头 tɦie³¹⁻³⁵tɦio³¹⁻⁵¹

头翘[起来]tɦio³¹tɕ'iɔ⁵⁵[tɕ'ie⁴²]　（抬头）

低头 ti³³⁻³⁵tɦio³¹⁻⁵¹

回头 ɦue³¹⁻³⁵tɦio³¹⁻⁵¹=头□转 tɦio³¹liəŋ⁵⁵tsue⁴²

头□过去 tɦio³¹liəŋ⁵⁵ku⁵⁵⁻³³k'əʔ⁵⁻²　（转过头去）

□头转 liəŋ⁵⁵⁻³³tɦio³¹⁻³tsue⁴²　（形容很短的时间）

嘴□牢 tʃʅ⁴²mi⁵⁵lɦɔ³¹　（嘴闭上）

嘴绷开 tʃʅ⁴²⁻⁴³pÃ³³k'əʔ⁵⁻²　（嘴张开）

张面红爻 tɕiÃ³³⁻³²mɦie²²ɦoŋ³¹ɦɔ³¹　（脸红）

眼□开 n̠iɛ⁴²⁻⁴³ts'Ã⁵⁵k'əʔ⁵⁻²　（眼睁开）

眼□来 n̠iɛ⁴²⁻⁴³mi⁵⁵lɦe³¹　（闭上眼睛）

眼眉毛搅来
n̠iɛ⁴²⁻⁴³mɦii³¹⁻³⁵mɦɔ³¹⁻⁵¹kɔ⁴²⁻⁴³lɦe³¹　（皱眉）

流眼泪 lɦiəu³¹⁻³²n̠iɛ⁴²⁻⁴³lɦi²²

□（旧）tɦA³¹ =哭 k'uoʔ⁵

=□巴 tɦA³¹⁻³²pA³³⁻³⁵ =哭巴 k'uoʔ⁵⁻²pA³³⁻³⁵

耳朵竖起来听
ŋ⁴²⁻⁴³təu⁴²⁻⁴³ʃɦʅ³¹tɕ'ie⁴²t'iəŋ³³

举手 ky⁴²⁻⁴³ɕiəu⁴²

掂手 tie⁵⁵⁻³³ɕiəu⁴²⁻⁵¹　（招手）

放手 fɔ̃⁵⁵⁻³³ɕiəu⁴²

□ n̠ɦiÃ³¹　（伸（手））

动手 tɦoŋ³¹⁻³²ɕiəu⁴²

拍手 p'Aʔ⁵⁻²ɕiəu⁴² =鼓掌 ku⁴²⁻⁴³tsɔ̃⁴²

把尿 po⁴²⁻⁴³ʃʅ³³

把□ po⁴²⁻⁴³e⁵⁵　（把屎）

搀牢 tɕ'ie³³lɦɔ³¹　（搀扶着）

挽牢 ue⁴²⁻⁴³lɦɔ³¹　（挽着）

扳指头 pɛ³³tsʅ⁴²⁻⁴³tɦio³¹⁻³⁵

捏拳头 n̠iəʔ⁵⁻²kɦyø³¹⁻³⁵tɦio³¹⁻⁵¹

脚踮[起来]tɕiəʔ⁵tie⁵⁵[tɕ'ie⁴²]　（踮脚）

脚跷来 tɕiəʔ⁵kɦyo³¹lɦie³¹

踢腿 t'iəʔ⁵⁻²t'e⁴²

插腰 ts'əʔ⁵⁻²io³³⁻³⁵　（叉腰）

弯腰 uɛ³³⁻⁵⁵io³³⁻³¹

躬腰 ho³³io³³⁻³⁵　（弓着腰）

伸懒腰 ɕiəŋ³³lɛ⁴²⁻⁴³io³³⁻³⁵

□腰 mɦie³¹⁻³²io³³⁻³⁵　（下腰）

挺胸 t'iəŋ⁴²⁻⁴³ʃyoŋ³³

敲背 k'ɔ³³⁻³⁵pe⁵⁵　（捶背）

擤鼻头涕 həŋ⁴²⁻⁴³pɦiAʔ²tɦio³¹⁻³⁵t'i⁵⁵　（醒鼻涕）

打涕 tÃ⁴²⁻⁴³t'i⁵⁵　（打喷嚏）

吃□响 tʃ'yoʔ⁵⁻²kɦo²²⁻²⁵ɕiÃ⁴²⁻⁵¹（打饱嗝）

打□ tÃ⁴²⁻⁴³toŋ⁵⁵⁻⁵¹　（打冷嗝）

□ kɦiu⁴²　（蹲）

跌倒 lɦie²²⁻²⁵tɔ⁴²⁻⁵¹　（摔倒）

爬[起来]pɦio³¹[tɕ'ie⁴²⁻⁴³]

徛□ tɕɦii³¹tɦəʔ²　（站着）

□ e⁵⁵　（拄）

讲白搭 kɔ̃⁴²⁻⁴³pɦAʔ²təʔ⁵→te⁵¹

=卖白搭 mɦA²²pɦAʔ²təʔ⁵→te⁵¹（聊天）

弗做声响 fAʔ⁵⁻²tsəu⁵⁵⁻³³ɕiəŋ³³ɕiÃ⁴²⁻⁵¹

□ tsɦø²²　（骗）

学（对他~一遍）ɦoʔ²

搭……讲 tAʔ²……kɔ̃⁴²　（跟……说，告诉）

讲偷半话 kɒ̃⁴²⁻⁴³tʻio³³pø⁵⁵⁻³³ɦuA²²⁻⁵¹（说悄悄话）

顶嘴 tiəŋ⁴²⁻⁴³tʃʮ⁴²⁻⁵¹

□嘴 u³³tʃʮ⁴²⁻⁵¹　　　　　　　（亲嘴）

争 tsã³³　　　（吵架 v.）

争相□ tsã³³ɕiã³³⁻³⁵mɔ²²⁻⁵⁵　　（吵架 n.）

□ toʔ⁵　　　　（破口骂）

□ iA³³　　　　（批评）

□ɔ³³　　　　　（喊、叫）

□jio²²　　　　（放任）

惯 kuɛ⁵⁵　　　（娇惯）

园 kʻɒ̃⁵⁵　　　（放，收起来）

齿tsŋ⁵⁵　　　（盛，装）

楳 tɕiəŋ³³　　　（小木橛子，用小木橛子或塞子塞住）

兑（酒里~水）tɦio²²

整理 tɕiəŋ⁴²⁻⁴³li⁴²

拣 kiɛ⁴²　　　　　（挑选）

挈[起来]tɕʻiə²⁵[tɕʻie⁴²⁻⁴³]　　（拎起）

捉[起来]tʃyoʔ⁵[tɕʻie⁴²⁻⁴³]　　（拣起来）

擦爻 tsʻAʔ⁵ɦɔ³¹⁻⁵¹　　　（擦掉）

□爻 pɦA²²⁻²⁵ɦɔ³¹⁻⁵¹　　　（弄丢了）

[落爻][lɦɔ³⁵]　　　（弄丢了，掉下去了）

寻[着爻]ɕɦiəŋ³¹[tɕɦiɔ³¹]　　（找到了）

堆[起来]te³³[tɕʻie⁴²⁻⁴³]

剩落来 tɕɦiəŋ²²lɦoʔⁿ²lɦie³¹

晓得ɕiɔ⁴²⁻⁴³təʔ⁵⁻²　　（知道）

[弗晓]得[fiɔ⁴²⁻⁴³]təʔ⁵　（不知道）

有数 ieu⁴²⁻⁴³səu⁵⁵　　（明白）

呒数 mɦ³¹⁻³⁵səu⁵⁵　　（不明白）

识得ɕiɔʔ⁵tɦɔʔ²　　　（懂）

弗识 fAʔ⁵⁻²ɕiəʔ⁵　　（不懂）

认得得 nɦiəŋ²²tɦɔʔ²təʔ⁵⁻²　　（认识）

认弗得 nɦiəŋ²²fAʔ⁵⁻²təʔ⁵　　（不认识）

忖 tsʻuəŋ⁴²　　（想念；思考；以为）

想ɕiã42　　　（~要，~做，~办法）

动脑筋 tɦoŋ³¹⁻³²nɔ⁴²⁻⁴³tɕiəŋ³³

出主意 tsʻuəʔ⁵⁻²tʃʮ⁴²⁻⁴³i⁵⁵

偷眼张望 tʻio³³ɲiɛ⁴²⁻⁴³tɕiã³³⁻³⁵mɦɒ̃²²⁻⁵⁵ （偷偷看）

望准 mɦɒ̃²²tsuəŋ⁴²　　（看准）

相信ɕiã³³⁻³⁵ɕiəŋ⁵⁵

怀疑ɦuA³¹⁻³⁵ŋɦi³¹⁻⁵¹

迟疑 tsɦŋ³¹⁻³⁵ŋɦi³¹⁻⁵¹

小心ɕiɔ⁴²⁻⁴³ɕiəŋ³³

=当心 tɒ̃³³⁻⁵⁵ɕiəŋ³³⁻³¹

提心吊胆 tɦi³¹⁻³³ɕiəŋ³³tiɔ⁵⁵⁻³³tɛ⁴²

□ huoʔ⁵　　　（害怕）

怕 pʻo⁵⁵　　　（东西吃伤了）

手忙脚乱ɕiɔu⁴²⁻⁴³mɦɒ̃³¹⁻³²tɕiɔʔ⁵⁻²lɦø²²

慌 huɒ̃³³　　（着急）

忖牢 tsʻuəŋ⁴²⁻⁴³lɦɔ³¹　　（想着，挂念）

放心 fɒ̃⁵⁵⁻³³ɕiəŋ³³

放心弗落 fɒ̃³³ɕiəŋ³³fAʔ⁵⁻²lɦio²²　（不放心）

盼 pʻɛ⁵⁵

巴弗得 po³³fAʔ⁵⁻²təʔ⁵　　　（巴不得）

记牢 tɕi⁵⁵lɦɔ³¹　　　（记住，不要忘）

还记得ɦuA³¹⁻³³tɕi⁵⁵tɦɔʔ²

忘记爻 mɦɒ̃²²⁻²⁵tɕi⁵⁵ɦɔ³¹

忖[起来]tsʻuəŋ⁴²⁻⁴³[tɕʻie⁴²⁻⁴³]

眼红 ɲiɛ⁴²ɦoŋ³¹⁻³²

讨厌 tʻɔ⁴²⁻⁴³iɛ⁵⁵

弗喜欢 fAʔ⁵ɕi⁴²⁻⁴³hue³³

气[起来]tɕʻi⁵⁵[tɕʻie⁴²⁻⁴³]　（生气）

发脾气 fAʔ⁵⁻²pɦi³¹⁻³⁵tɕʻi⁵⁵

宠 tʃʻyoŋ⁴²

□jy²²　　　（宠小孩）

□iəu⁵⁵　　　（哄小孩子睡觉）

宝贝 po⁴²⁻⁴³pe⁵⁵

=值钿 tɕɦiɔʔ²tɦie³¹⁻⁵¹　（v. 疼爱孩子）

□tɕie³³　　（待。~……好：待……好）

喜欢ɕi⁴²⁻⁴³hue³³

中意 tʃyoŋ³³⁻³⁵i⁵⁵　　（喜欢，合心意）

高兴 kɔ³³⁻³⁵ɕiəŋ⁵⁵

饱胀 pɔ⁴²⁻⁴³tɕiã⁵⁵　　（心里有气，不高兴）

感谢 kiɛ⁴²⁻⁴³ɕɦiA²²

感激 kiɛ⁴²⁻⁴³tɕiə?⁵

埋怨 mɦiA³¹⁻³⁵yø⁵⁵ =怨yø⁵⁵

心事 ɕiəŋ³³⁻³⁵sɿ²²⁻⁵⁵　（v. 担心）

浪□ lɦõ²²⁻²⁵lɦi²²⁻⁵⁵=浪费 lɦõ²²⁻²⁵fi⁵⁵

贪 t'ɛ³³　　（喜欢（吃））

吃 tʃ'yo?⁵

□ kɦiã³¹　　（吃，不怎么正式或用于骂人或用于动物）

咬 ŋ⁴²

啃 kəŋ⁴²

吞 t'uəŋ³³

咽 ie⁵⁵

喷 p'əŋ³³

吹 tʃ'ʮ³³

吐 t'əu⁴²　　（呕吐）

尝 sɦõ³¹

□ sɦuəŋ³¹　　（吮吸）

舔 t'ie⁴²

□ tsɦiã²²　　（用力挤；勉强吃）

□ kɦie³¹　　（衔）

□ həŋ⁵⁵　　（嗅）

问 mɦəŋ²²

讲 kõ⁴²

听讲 tiəŋ³³kõ⁴²⁻³³　（听说）

笑 ɕiɔ⁵⁵

□ tsõ³³　　（做，干）

扴 kiɛ³³　　（大便后擦屁股）

抔 hu³³　　（双手泼水或洒水）

掺 ts'ɛ³³　　（兑（水））

趵 pɔ⁵⁵（（油等）溅起来，或物体急速弹起）

□ tse⁵⁵　　（溅，液体受冲击向四面飞）

□ ȵie³³　（（小孩子）呻吟以引起别人注意）

□ pɔ⁵⁵　　（小孩子胡闹）

□ k'u³³　　（搂）

揿 kɦiə?²　　（抱）

掼 kɦuɛ²²　　（大力扔）

掇 to?⁵　　（端取（凳子等））

□ pɦiã³¹　　（扔）

□ lø³³　　（扔掉）

递 tɦi²²　　（传递）

扐 te⁴²　　（拉）

□ fɛ⁴²　　（推）

□ ho⁴²　　（摘下，解下（首饰）等）

刨 pɦɔ²²

扭 ȵiəu³³　　（拧（皮肉））

捭 lɦiə?²　　（拧（毛巾等）、挤（牙膏等））

旋 sɦø²²　　（拧（瓶盖等））

迫 pɦiA?⁵　　（粘贴，靠近）

掸 tɛ⁴²　　（抚摸）

扻 lɦiɔ²²　　（用手等伸向不易达到的地方去接触或拿来）

撩 lɦiɔ³¹　　（捞取）

擦 ts'A?⁵

扛 kõ³³　　（抬）

捺 nɦA?²　　（按、压）

摆 kɦuɛ³¹　　（背）

搭 k'o⁵⁵　　（拿）

拔 pɦA?²

脱 t'o?⁵　　（掉）

□ mɦiA?²　　（用棍棒打）

戳 ts'uo?⁵

剥 po?⁵

□ tuəŋ⁴²　　（挡住）

撑 ts'ã³³

关 kuɛ³³

开 k'ie³³

拖 t'əu³³

剐 kuA⁴²　　（削，刮）

剃 p'i³³　（用刀削去或用牙咬着撕去一薄层，如：~糖梗）

□ kɦA³³　　（切、割）

斫 tso?⁵　　（砍，如斫树；切，如斫猪肉，即割猪肉、卖猪肉）

枵 ɕiɔ³³　　　（掀开）

□ tsɦiɔ²²　　（调换）

挢 tɕɦiɔ³¹　　（撬开）

卷 kyø⁴²

系 tɕi⁵⁵=□ ɕiɔ⁵⁵　（绑）

解 kʌ⁴²　　　　（解开；支付）

敲 t'iɔ⁴²　　　（展开）

折（衣裳）tɕiəʔ⁵

抖被 tiɔ⁴²⁻⁴³pɦi³¹　（叠被子）

揩 k'ʌ³³　　　（轻碰）

敲 k'ɔ³³

跳 t'iɔ⁵⁵

踏 tɦʌʔ²　　（踩）

爬 pɦiɔ³¹

逃 tɦiɔ³¹　　（逃跑）

跷 tɕ'iɔ⁵⁵

踢 t'iəʔ⁵

跫 pɦie³¹　　（迈）

跪 kɦy³¹

徛 tɕɦii³¹　　（站立）

□ kɦiie²²　　（倚靠）

□ fɦiɔ̃³¹　　（扶着使不倒）

坐 sɦo³¹

趚 tɦiɔ³¹

=走 tɕio⁴²

避 pɦiiʌʔ²　　（跑）

□fɦuʌ̃²²　　（在附近特地过去）

步 pɦiu²²　　（涉（水））

打划泅 tʌ̃⁴²⁻⁴³fɦuʌ³¹⁻³⁵tɕɦiɤu³¹⁻⁵¹　（游泳）

<u>钻水钻 tsɤ³³ʃʮ⁴²⁻⁴³tsɤ³³⁻³⁵</u>　（潜水）

□ kɦiie²²　　（挤 adj./v.）

晒 sɔ⁵⁵

晾 lɦiɔ̃³¹　　（晾晒衣物等）

烫 t'ɔ̃⁵⁵

切 tɕ'iəʔ⁵

扫地 sɔ⁴²⁻⁴³tɦi²²

拖地 t'əu³³⁻³⁵tɦi²²⁻⁵⁵

点火 tie⁴²⁻⁴³hu⁴²

起火 tɕ'i⁴²⁻⁴³hu⁴²

挨 ʌ³³　　　（轮流）

掗 o⁵⁵　　　（强予人物）

□ tɕɦiʌ²²　　（诱惑但不给）

设 ɕiɔʔ⁵　　（放置）

摆 pʌ⁴²

排 pɦʌ³¹

舀 iɔ⁴²

拣 kiɛ⁴²

□ ȵiɤu³³　　（掐，拧（皮肉））

□ nfɦʌ̃³¹　　（伸（手等））

□ u⁵⁵　　　（埋）

捉牢 tʃyoʔ⁵lɦi³¹⁻⁵¹　（逮住）

□ mʌʔ⁵　　（躲藏）

寻 ɕɦiən³¹　　（寻找）

<u>拦牢 lɦiɛ³¹⁻³²lɦiɔ³¹</u>　（截住）

渧 ti⁵⁵　　　（水往下滴）

□ kuoʔ⁵　　（裂开）

漏 lɦiio²²

沉 tɕɦiən³¹

浮 fɦiu³¹

□ tiən⁵⁵　　（沉淀）

礌 lɦie²²　　（滚动）

□ fɛ⁵⁵　　　（（水等）滚）

赧 ie⁵⁵　　　（比量（长短））

□意 jio³¹⁻³⁵i⁵⁵　（合意）

可怜 k'o⁵⁵lɦie³¹　（怜悯）

勘 ji²²　　　（器物磨损）

□ huʌ⁴²　　（敞开上衣或踢掉被子）

□ŋɦʌ²²　　（拖（时间））

□ tɦiɛ³¹　　（短时间内用火直接烧）

渌 lɛ⁴²　（用热水或石灰水泡（柿子等）以 除掉涩味；放了盐或洗衣粉后搁置一下）

□ nfɦiɔ²²　　（坐在软物上身体上下抖动）

□ lɦiiɔ²²　　（照看）

绷 pʌ̃³³　　（用两手撑开（毛线等））

□tɤ̃⁵⁵　　　（双手用力托起）

□kɦiõ^{22}　　　　　（架起来）

□kɦiõ^{22}　　　　　（旷（工、课））

脈p'ʌʔ^{5}　　　　　（扯，掰，分开）

□ã^{33}　　　　　（小幅度地转、移）

□kɦiã^{33}　　　　　（妨碍）

装扮tsõ$^{33\text{-}35}$pɛ^{55}　　（捉弄）

打后手 tã$^{42\text{-}43}$io$^{42\text{-}43}$ɕiəu^{42}（暗中扣留（钱物））

正是 tɕiəŋ^{55}sɿ^{31}　　　（是）

勿是 ɦʌʔ^{2}sɿ$^{31\text{-}35}$　　　（不是）

勿用 ɦʌʔ^{2}（ɦioʔ^{2}）jyoŋ^{22}　　（不用，不必）

打低头 tã$^{42\text{-}43}$ti$^{33\text{-}35}$tɦio$^{31\text{-}51}$　（翻跟斗）

□□ tɕ'iəʔ$^{5\text{-}2}$tɦəʔ^{2}　　（好像）

屋里去 uoʔ^{5}li$^{42\text{-}51}$k'ie$^{55\text{-}33}$　（回家，回家去）

二十三　位置

上头 sɦõ^{22}tɦio^{31}=上面 sɦõ$^{22\text{-}25}$mɦie$^{22\text{-}55}$

=上向 sɦõ$^{22\text{-}25}$ɕiã^{55}

下头 o$^{42\text{-}43}$tɦio$^{31\text{-}35}$=下面 o$^{42\text{-}43}$mɦie^{22}

=下底 o$^{42\text{-}43}$ti$^{42\text{-}51}$

左边 tsəu$^{42\text{-}43}$pie^{33} =左面 tsəu$^{42\text{-}43}$mɦie^{22}

=左手面 tsəu$^{42\text{-}43}$ɕiəu$^{42\text{-}43}$mɦie^{22}

=□手面 tɕi^{33}ɕiəu$^{42\text{-}43}$mɦie^{22}

右边 iəu$^{42\text{-}43}$pie^{33} =右面 iəu$^{42\text{-}43}$mɦie^{22}

=右手面 iəu$^{42\text{-}43}$ɕiəu$^{42\text{-}43}$mɦie^{22}

=顺手面 sɦuəŋ^{22}ɕiəu$^{42\text{-}43}$mɦie^{22}

当中 tõ^{33}tʃyoŋ$^{33\text{-}35}$ =中央 tʃyoŋ^{33}n̩iã$^{33\text{-}35}$

=当中央 tõ^{33}tʃyoŋ^{33}n̩iã$^{33\text{-}35}$

里面 li$^{42\text{-}43}$mɦie^{22} =里厢 li$^{42\text{-}43}$ɕiã^{55}

=里边 li$^{42\text{-}43}$pie$^{33\text{-}35}$

外面 ŋɦʌ$^{22\text{-}25}$mɦie$^{22\text{-}55}$=外头 ŋɦʌ^{22}tɦio^{31}

=外厢 ŋɦʌ$^{22\text{-}25}$ɕiã^{55} =外边 ŋɦʌ^{22}pie$^{33\text{-}35}$

前面 ɕie$^{31\text{-}35}$mɦie$^{22\text{-}55}$

后面 io$^{42\text{-}43}$mɦie^{22}

对头 te$^{55\text{-}33}$tɦio$^{31\text{-}35}$　　　（对面）

头先 tɦio$^{31\text{-}35}$ɕie$^{33\text{-}31}$　　　（前面）

后□ io$^{42\text{-}43}$k'oŋ^{35}　　　（后面）

尽头先 ɕɦiəŋ$^{31\text{-}32}$tɦio$^{31\text{-}35}$ɕie$^{33\text{-}31}$　（最前面）

尽后□ɕɦiəŋ$^{31\text{-}32}$io$^{42\text{-}43}$k'oŋ^{3}　（最后面）

落脚 lɦioʔ^{2}tɕiaʔ^{5}→tɕiã^{51}　　（最后）

边□ pie$^{33\text{-}35}$tɦəʔ^{2}

=横边 ɦuã$^{31\text{-}33}$pie$^{33\text{-}35}$　　（旁边）

近□ tɕɦiəŋ$^{31\text{-}32}$tɦõ$^{31\text{-}51}$　　（附近）

脚□ tɕiaʔ^{5}→tɕiã^{51}tɦəʔ^{2}　　（边上，附近）

头圈 tɦio$^{31\text{-}35}$k'yø$^{33\text{-}31}$

=□圈 ko$^{42\text{-}43}$k'yø^{33}　　（周围）

□□圈圈

ko^{42}ko$^{42\text{-}43}$k'yø$^{33\text{-}55}$k'yø$^{33\text{-}31}$（周围）

眼前 ŋie$^{42\text{-}43}$ɕɦie$^{31\text{-}35}$

□□ io$^{42\text{-}43}$tɦʌ^{22}　　　（哪里）

地□ tɦi^{22}tɦəʔ^{2}　　　（地上）

脱地[□爻]t'uəʔ$^{5\text{-}2}$tɦi^{22}[tɦoʔ^{31}]　（掉地上了）

天上 t'ie$^{33\text{-}35}$sɦõ$^{22\text{-}55}$

山上 sɛ$^{33\text{-}35}$sɦõ$^{22\text{-}55}$

路□ lɦəu^{22}tɦəʔ^{2}　　　（路上）

街□ kʌ$^{33\text{-}35}$tɦəʔ^{2}　　　（街上）

墙壁□ɕɦiã$^{31\text{-}33}$piʌʔ^{5}tɦəʔ^{2}（墙壁上）

门□ mɦəŋ^{31}tɦəʔ^{2}　　　（门上）

门口头mɦəŋ$^{31\text{-}33}$tɕ'io$^{42\text{-}43}$tɦio$^{31\text{-}35}$

桌上tʃyoʔ$^{5\text{-}2}$sɦõ^{22}

椅上y$^{42\text{-}43}$sɦõ^{22}

手□ɕiəu$^{42\text{-}43}$tɦəʔ^{2}　　　（手里）

嘴□tʃʮ$^{42\text{-}43}$tɦəʔ^{2}　　　（嘴里）

肚里tɦəu$^{31\text{-}33}$li^{42}

=心里ɕiəŋ^{33}li^{42}

屋里uoʔ^{5}li$^{42\text{-}51}$　　　（家里）

间里kie^{33}li^{42}　　（房间里，屋子里）

□tɕiã^{33}　　（在。如：~间里，~屋里）

水下ʃʮ$^{42\text{-}43}$o^{42}

井里tɕiəŋ$^{42\text{-}43}$li^{42}

沟□tɕio$^{33\text{-}35}$tɦəʔ^{2}（沟里）

乡下ɕiã^{33}o$^{42\text{-}51}$

城里ɕɦiəŋ$^{31\text{-}33}$li^{42}

镇□tɕiəŋ^{33}tɦəʔ^{2}

野外 iʌ⁴²⁻⁴³ŋɦʌ²²

门外 mɦiəŋ³¹⁻³⁵ŋɦʌ²²⁻⁵⁵

墙外 ɕiʌ̃³¹⁻³³ŋɦʌ²²⁻⁵⁵

窗外 tʃ'yɐ̃³³⁻³⁵ŋɦʌ²²⁻⁵⁵

东边 toŋ³³⁻⁵⁵pie³³⁻³¹＝东面 toŋ³³⁻³⁵mɦie²²⁻⁵⁵

西边 ɕi³³⁻⁵⁵pie³³⁻³¹＝西面 ɕi³³⁻³⁵mɦie²²⁻⁵⁵

南边 nɦiɛ³¹⁻³⁵pie³³⁻³¹＝南面 nɦiɛ³¹⁻³⁵mɦie²²⁻⁵⁵

北边 poʔ⁵⁻²pie³³＝北面 poʔ⁵⁻²mɦie²²

向里趯 ɕiʌ̃⁵⁵⁻³³li⁴²⁻⁴³tɦiɔ⁴²⁻⁴³（向里走）

向外趯 ɕiʌ̃⁵⁵⁻³⁵ŋɦʌ²²⁻⁵⁵tɦiɔ⁴²⁻⁴³（向外走）

向东趯 ɕiʌ̃⁵⁵⁻³³toŋ³³tɦiɔ³¹（向东走）

向西趯 ɕiʌ̃⁵⁵⁻³³ɕi³³tɦiɔ³¹（向西走）

向南趯 ɕiʌ̃⁵⁵⁻³³nɦiɛ³¹tɦiɔ³¹（向南走）

向北趯 ɕiʌ̃⁵⁵⁻³³poʔ⁵tɦiɔ³¹（向北走）

路边儿 lɦiəu²²pie³³⁻³⁵

山前 sɛ³³ɕɦie³¹⁻³⁵

山后 sɛ³³io⁴²⁻⁵¹

城东 ɕɦiəŋ³¹⁻³⁵toŋ³³⁻³¹

城西 ɕɦiəŋ³¹⁻³⁵ɕi³³⁻³¹

城南 ɕɦiəŋ³¹⁻³⁵nɦiɛ³¹⁻⁵¹

城北 ɕɦiəŋ³¹⁻³³poʔ⁵

车上 ts'o³³⁻³⁵sɦɐ̃²²⁻⁵⁵

车口 ts'o³³tɦəʔ²

车里 ts'o³³li⁴²

车外 ts'o³³⁻³⁵ŋɦʌ²²⁻⁵⁵

门扇后 mɦiəŋ³¹⁻³³ɕie⁵⁵⁻³³io⁴²⁻⁵¹（门后）

脑后 nɔ⁴²⁻⁴³io⁴²

背后 pe⁵⁵⁻³³io⁴²⁻⁵¹

屁股后 p'i⁵⁵⁻³³ku⁴²⁻⁴³io⁴²⁻⁵¹

口床下 mɦiəŋ³¹⁻³³sɦɐ̃²²o⁴²⁻⁵¹（床下）

脚底 tɕiəʔ⁵⁻²ti⁴²

碗底 ue⁴²⁻⁴³ti⁴²

缸底 kɐ̃³³ti⁴²

鞋底 ɦʌ³¹⁻³³ti⁴²

袜底 mɦʌʔ²ti⁴²

以上 i⁴²⁻⁴³sɦɐ̃²²

以下 i⁴²⁻⁴³o⁴²⁻⁵¹

各口地 koʔ⁵⁻²tɦɐ̃³¹⁻³²tɦi²²　（别处）

二十四　代词等

我 ŋo⁴²

尔 n⁴²　（你）

渠 kɦie³¹　（他/她）

我口 ŋo⁴²⁻³⁵ɦie²²⁻⁵⁵　　（我们）

自口 sɦŋ²²⁻²⁵ɦie²²⁻⁵⁵　　（咱们）

尔口 n⁴²⁻³⁵ɦie²²⁻⁵⁵　　（你们）

渠口 kɦie³¹⁻³⁵he⁵⁵＝kɦie³⁵（合音，他们）

口口 kie⁴²⁻⁴³ɦin³¹　　（谁）

口口口 kie⁴²⁻⁴³ɦin³¹⁻³²he³³　（谁们）

口口 kʌ⁴²⁻⁴³ɦim³¹　　（什么）

先生 ɕie³³⁻⁵⁵sʌ̃³³⁻³¹　　（称私塾老师）

娘里 nɦiʌ̃³¹⁻³²lɦi³¹⁻³²　　（娘家）

外婆里 ŋɦʌ²²pu³¹⁻³⁵lɦi³¹⁻⁵¹　（外婆家）

我里（屋里）ŋo⁴²⁻³⁵lɦi³¹⁻⁵¹(uoʔ⁵li⁴²⁻⁵¹)（我家）

尔里（屋里）n⁴²⁻³⁵lɦi³¹⁻⁵¹(uoʔ⁵li⁴²⁻⁵¹)（你家）

渠里（屋里）kɦie³¹⁻³⁵lɦi³¹⁻⁵¹(uoʔ⁵li⁴²⁻⁵¹)（他家）

口口里 kie⁴²⁻⁴³n³¹⁻³³lɦi³¹

＝口口屋里 kie⁴²⁻⁴³n³¹⁻³³uoʔ⁵lɦi³¹⁻⁵¹　（谁家）

两个 liʌ̃⁴²⁻⁵¹kie⁵⁵⁻³³　　（俩）

我搭尔两个 ŋo⁴²tʌʔ⁵⁻²n⁴²/təŋ⁵⁵liʌ̃⁴²⁻⁴³kie⁵⁵⁻³³（我和你两个，我们两个）

我口两个 ŋo⁴²⁻³⁵ɦie²²⁻⁵⁵liʌ̃⁴²⁻⁴³kie⁵⁵⁻³³（我们俩）

咱口两个 sɦi²²⁻²⁵ɦie²²⁻⁵⁵liʌ̃⁴²⁻⁴³kie⁵⁵⁻³³（咱们俩）

把 po⁴²

个把两个 kie⁵⁵⁻³³po⁴²⁻⁵¹liʌ̃⁴²⁻⁴³kie⁵⁵⁻⁵¹

百把个（表多）pʌʔ⁵⁻²po⁴²⁻⁴³kie⁵⁵

百把个（表少）pʌʔ⁵⁻²po⁴²⁻⁴³kie⁵⁵⁻⁵¹

千把人（表多）tɕ'ie³³po⁴²nɦiəŋ³¹

千把人（表少）tɕ'ie³³po⁴²⁻⁴³nɦiəŋ³¹⁻³⁵

万把块钞票 ɦiɛ²²po⁴²k'ue⁵⁵ts'ɔ⁴²⁻⁴³p'iɔ⁵⁵

里把路（表多）li$^{42-43}$po^{42}lɦəu^{22}

里把路（表少）li$^{42-43}$po$^{42-43}$lɦəu$^{22-51}$

功 koŋ^{33}（加在动词后变名词）：

吃功 tʃ'yoʔ$^{5-2}$koŋ^{33}（个菜呒告吃功）

望功 mɦɒ̃^{22}koŋ^{33}

做功 tsəu$^{55-33}$koŋ^{33}

各个 koʔ$^{5-2}$kie^{55}　（别人）

各省人 koʔ$^{5-2}$sÃ^{42}ȵɦiəŋ^{31}（其他省的人）

口个 kəʔ$^{5-2}$kie^{55}　（这个）

口个 kᴀ$^{42-43}$kie^{55}　（那个）

二十五　形容词

好 hɔ^{42}

口 t'eŋ^{33}　（不好）

差不多 ts'o$^{55-33}$fᴀʔ$^{5-2}$təu$^{33-35}$

弗错 fᴀʔ$^{5-2}$ts'o^{55}　（不错）

弗口口口 fᴀʔ^{5}tsɛ$^{33-35}$ɦn$^{22-55}$kie^{33}（不怎么样）

呒告用场ɦm^{31}kɔ^{55}jioŋ^{22}tɕɦiÃ^{31}（没用）

弗好 fᴀʔ^{5}hɔ^{42}　（不好）

口好 fe^{55}hɔ^{42}　（不会好）

好 hɔ^{42}

嬻tsɛ^{42}　（好，奇妙）

弗管口口 fᴀʔ$^{5-2}$kue$^{42-35}$tsɛ$^{42-43}$ɦn$^{22-55}$（随便）

好看 hɔ$^{42-43}$tɕ'ie^{55}

[弗好]看[fɔ^{55}]tɕ'ie$^{55-33}$　（不好看）

样 jiÃ^{22}　（一样）

样口 jiÃ^{22}kəʔ$^{5-2}$　（一样的）

共样 tʃɦyoŋ$^{22-25}$jiÃ$^{22-55}$　（同样的）

弗样 fᴀʔ^{5}jiÃ^{22}　（不一样）

各窍 koʔ$^{5-2}$tɕ'iɔ^{55}　（不同，异样，蹊跷）

各样 koʔ$^{5-2}$jiÃ^{22}　（其他的）

要紧 iɔ^{33}tɕiəŋ^{42}

闹暖 nɦɔ^{22}nuəŋ^{42}　（热闹）

冷清清 lÃ$^{42-43}$tɕ'iəŋ$^{33-55}$tɕ'iəŋ$^{33-31}$（人少，清冷）

牢 lɦɔ^{31}

清爽 tɕ'iəŋ^{33}sɒ̃^{42}　（干净，清楚）

清确 tɕ'iəŋ^{33}k'oʔ^{5} =干净 tɕ'ie^{33}ɕɦiəŋ$^{22-55}$

龌龊 uoʔ$^{5-2}$tʃ'yoʔ^{5} =口口 lɦəʔ^{2}təʔ^{5}

=口口 kiəʔ$^{5-2}$təʔ^{5}　（肮脏）

㦬㦬lɦe$^{22-35}$ɦu$^{31-51}$　（脏，不修边幅）

口里口口 lɦəʔ^{2}li$^{42-43}$lɦəʔ^{2}təʔ^{5}　（邋遢）

口 kɦuᴀ^{31}　（（衣服）不合身）

咸ɦɛ^{31}

淡 tɦɛ^{31}

薄（粥太~了）pɦoʔ^{2}

饘（粥太~了）tɕie^{33}

薄 pɦoʔ^{2}

薄口口 pɦoʔ^{2}ɕiᴀ^{33}ɕiᴀ$^{33-35}$　（很薄的样子）

厚 tɕɦio^{42}

燥 sɔ^{55}　（干）

口燥 soŋ$^{33-35}$sɔ^{55}　（很干）

滥 lɦɛ^{22}　（湿）

朗 lɒ̃^{42}　（稀少、稀疏）

密 mɦiəʔ^{2}

旺ɦuɒ̃^{22}　（多，如街上的人、头发等）

多 təu^{33}

少ɕiɔ^{42}

快k'uᴀ^{55}

慢mɦɛ^{22}

狭ɦᴀʔ^{5} =狭窄ɦᴀʔ$^{5-2}$tsəʔ^{5}

阔 k'uoʔ^{5} =长阔tɕɦiÃ$^{31-33}$k'uoʔ^{5}（宽阔）

横ɦuÃ^{31}　（与“直”相对；蛮横）

直tɕɦiəʔ^{2}

生sÃ^{33}

熟ʃɦyoʔ^{2}

匀 jyŋ^{31}　（均匀）

粗 ts'əu^{33}

细ɕi^{55}

短tø^{42}

长tɕɦiÃ^{31}　（东西长，人高）

长人tɕɦiÃ$^{31-35}$ȵɦiəŋ$^{31-51}$　（高个子）

矮ᴀ^{42}　（人矮）

<u>眼眼长</u> $ȵiɛ^{42-33}ȵiɛ^{42-33}tɕɦiã^{31-35}$ （一点点长，不长）

高 $kɔ^{33}$

□ $tɕie^{22}$ （低）

□$mʌ^{33}$ （歪斜）

斜 $ɕɦiʌ^{31}$

笪 $tɕʻiʌ^{55}$ （倾斜）

□ $ȵie^{33}$ （小幅度倾斜）

赚 $tsɦie^{31-22}$ （错）

腥臭 $ɕiəŋ^{33-35}tɕʻiəu^{55}$

壮 $tʃyɵ̃^{55}$ （人或动物肥胖）

滚壮 $koŋ^{42-43}tʃyɵ̃^{55}$ （人或动物非常肥胖）

礌礌动 $lɕie^{22}lɕie^{22}tɦioŋ^{31}$ （形容人或动物肥胖的样子）

瘦 $sɦiʌ^{22}$ （瘦）

□瘦 $pã^{33-35}sɦiʌ^{22-55}$ （形容很瘦的样子）

生轻 $sã^{33-55}tɕʻiəŋ^{33-31}$ （看起来很多，但分量轻）

生重 $sã^{33}tʃɦyoŋ^{31}$ （看起来很少，但分量重）

长大 $tɕɦiã^{31-35}tɦiəu^{22-55}$ （指人的体格、衣服）

小细 $ɕiɔ^{42-43}ɕi^{55}$ （指人的体格）

<u>□猪肉</u> $tɕʻiə?^{5-2}tsʅ^{33-35}ȵɦyo?^2→ȵɦyoŋ^{51}$ （瘦猪肉）

□猪肉 $pɦii^{31-33}tsʅ^{33}ȵɦyo?^2$ （肥猪肉）

舒服$ʃʅ^{33}fɦo?^2$＝调泰 $tɦiɔ^{31-32}tʻʌ^{55}$＝豪□ $fɦɔ^{31-35}sɔ^{55}$

<u>[弗好]</u>过[$fɔ^{55}$]ku^{33}＝难过$nɦiɛ^{31-35}ku^{55}$

啰嗦 $ləu^{33-55}səu^{33-31}$

听讲$tʻiəŋ^{55-33}kɵ̃^{42}$＝听话$tʻiəŋ^{55-35}fɦuʌ^{22-55}$

调皮$tɦiɔ^{22}pɦi^{31}$ （用于形容小孩子凶）

造孽$sɦɔ^{31-32}ȵɦiə?^2$ （程度比普通话轻，形容小孩子顽皮）

韧怵 $ȵɦiəŋ^{22-25}tɕʻiəu^{55}$＝韧怵皮 $ȵɦiəŋ^{22}tɕʻiəu^{55-33}pɦi^{31}$ （形容小孩子任性不听话）

呒道德$fɦim^{31-33}tɦiɔ^{31-32}tə?^5$

糊涂$fɦiu^{31-35}tɦiəu^{31-51}$

小气$ɕiɔ^{42-43}tɕʻi^{55}$

大方$tɦiʌ^{22}fɵ̃^{33}$

大大方方 $tɦiʌ^{22}tɦiʌ^{22}fɵ̃^{33}fɵ̃^{33-35}$ （不拘束）

整个人$tɕiəŋ^{42-43}kə?^5ȵɦiəŋ^{31-51}$ （浑身）

凉爽$lɕɦiã^{31-33}sɵ̃^{42}$

正宗$tɕiəŋ^{55-33}tʃyoŋ^{33}$

满意$mø^{42-43};i^{55}$

□□ $sə?^{5-2}kiə?^5$ （厉害）

迟$tsɦʅ^{31}$

晏 $ɛ^{55}$ （晚）

懒$lɛ^{42}$

□$fɦue^{22}$ （勤快）

儇hue^{33} （乖）

<u>寿头</u>$ɕɦiəu^{22}tɦio^{31-35}$

寿头寿脑$ɕɦiəu^{22}tɦio^{31-33}ɕɦiəu^{22}nɔ^{42}$

光□$kuɵ̃^{33-35}tʻɵ̃^{55}$ （光滑）

<u>□光</u> $iəŋ^{33}kuɵ̃^{33-35}$ （精光，光滑）

<u>□打光</u> $iəŋ^{33}tã^{31}kuɵ̃^{33-35}$ （精光）

高兴$kɔ^{33-35}ɕiəŋ^{55}$

快活$kʻuʌ^{55-33}fɦuə?^2$

顺当 $sɦuəŋ^{22-25}tɵ̃^{55}$ （顺利）

忙 $mɦɵ̃^{31}$

闲$fɦiɛ^{31}$ （空闲）

有闲 $iəu^{42-55}fɦiɛ^{31}$ （有空）

呒闲$fɦim^{31-35}fɦiɛ^{31-51}$ （没空）

老实 $lɔ^{42-43}ɕɦiə?^2$

老老实实 $lɔ^{42-43}lɔ^{42-43}ɕɦiə?^2ɕɦiə?^2→ɕɦiəŋ^{51}$

笨 $pɦiəŋ^{22}$

聪明 $tsʻoŋ^{33-35}mɦiiŋ^{31-51}$

呆 $ȵɦiie^{31}$

呆大大 $ȵɦiie^{42-33}tɦiəu^{22-25}tɦiəu^{22-55}$ （神情麻木状）

倒运 $tɔ^{42-43}jyŋ^{22}$ （倒霉）

倒霉 $tɔ^{42-55}mɦie^{31}$ （做错了事不好意思）

死板 $sʅ^{42-43}pɛ^{42}$

古□ $ku^{42-43}tʃʅ^{55}$ （古板）

相像$ɕiã^{33}ɕɦiã^{31}$

好用 $hɔ^{42-43}jyoŋ^{22}$ （可以）

无用 ɦu³¹⁻³⁵jyoŋ²²⁻⁵⁵　（不可以）

条直 tɦio³¹⁻³³tɕɦiə?²　（直爽）

条条直直 tɦio³¹⁻³³tɦio³¹⁻³³tɕɦiə?²tɕɦiə?²→
　tɕɦiəŋ⁵¹

直爽爽 tɕɦiə?²sɒ̃⁴²⁻⁴³sɒ̃⁴²⁻⁵¹

豪悚ɦɔ³¹⁻³⁵sɔ⁵⁵（（身体）舒服；（性格）豪爽）

爽快 sɒ̃⁴²⁻⁴³kʻuA⁵⁵

□泼 lA⁴²⁻⁴³pA?⁵　（泼辣）

有趣相 iəu⁴²⁻⁴³tʃʻ
ʮ⁵⁵⁻³³ɕiã⁵⁵⁻⁵¹　（有趣的样子）

□□ pe⁴²⁻⁴³tsə?⁵　（强壮）

后生 io⁴²⁻⁴³sÃ³³⁻³⁵　（n.小伙子；adj.年轻）

钝 tɦuəŋ²²

快 kʻuA⁵⁵　（刀子锋利）

硬 ŋɦiã²²

绷硬 pã³³⁻³⁵ŋɦiã²²⁻⁵⁵

硬绷绷 ŋɦiã²²pã³³⁻⁵⁵pã³³⁻³¹　（很硬的样子）

嫩 nɦuəŋ²²

□嫩 tʻo?⁵⁻²nɦuəŋ²²

嫩□□ nɦuəŋ²²tʻo?⁵⁻²tʻo?⁵　（很软的样子）

韧 nɦiəŋ²²

□韧 tɕiəu³¹⁻³²nɦiəŋ²²

韧□□ nɦiəŋ²²tɕiəu³¹⁻³²tɕiəu³¹（很韧的样子）

圆 jyø³¹

圆周周 jyø³¹⁻³³tɕiəu³³tɕiəu³³⁻³⁵　（圆溜溜）

扁 pie⁴²

扁□□ pie⁴²⁻⁴³tA?⁵⁻²tA?⁵　（很扁的样子）

老 lɔ⁴²

甜 tɦie³¹

鲜 ɕie³³

辣 lɦA?²

咸 ɦiɛ³¹

苦 kʻu⁴²

淡 tɦiɛ³¹

□淡 tɕʻiə?⁵⁻²tɦiɛ³¹⁻⁵¹　（很淡的样子）

□淡呒味 tɕʻiə?⁵⁻²tɦiɛ³¹⁻³²ɦim³¹⁻³⁵mɦi²²⁻⁵⁵

□□ po³³tɕʻio⁴²　（（笋等）涩）

安静 ɛ³³ɕɦiəŋ³¹

门市 mɦiəŋ³¹⁻³³sɦŋ³¹　（牢固）

好□ hɔ⁴²⁻⁴³tsʻÃ⁵⁵　（富有）

[弗好]□[fɔ⁵⁵]tsʻÃ⁵⁵⁻³³　（不富有）

□kʻiɛ⁴²　（穷困）

绐 tɦie²²　（中部下垂）

□ pʻɔ⁵⁵　（（路）颠簸不平）

□ tʃʻyɒ̃⁵⁵　（（颜色）艳丽）

壅 yoŋ³³　（灰尘多）

新时 ɕiəŋ³³⁻³⁵sɦŋ³¹⁻⁵¹　（时兴，时髦）

过时 ku⁵⁵sɦŋ³¹

雕琢 tio³³to?⁵　（形容人会打扮）

鬼㤘 ky⁴²⁻⁴³te⁴²　（形容很糟糕，犹说见鬼）

鬼望着 ky⁴²⁻⁴³mɦɒ̃²²tɕɦiə?²　（见鬼）

呒□ ɦim³¹⁻³⁵tʃɦyɒ̃³¹⁻⁵¹　（办事不牢靠）

泡汤 pʻɔ⁵⁵⁻³³tʻɒ̃³³

安生 ie³³⁻⁵⁵sÃ³³⁻³¹　（安分守己）

尴尬 kiɛ³³⁻³⁵kA⁵⁵　（形容人很麻烦）

抖乱 tio⁴²⁻⁴³lɦø²²　（做事/举止草率）

□□点点 ɒ̃³³ɒ̃³³tie⁴²⁻⁴³tie⁴²⁻⁵¹　（有条不紊）

白卵头念 pɦA?²lø⁴²⁻⁴³tɦio³¹⁻³⁵n̩ɦie²²⁻⁵⁵　（讲
　空话）

赖皮疲脸 lɦA²²pɦii³¹⁻³³tsʻ
ʮ³³li⁴²　（不顾羞耻）

胡里夹杂 ɦiu³¹⁻³³li⁴²⁻³³kiA?⁵⁻²sɦA?²（模糊不
　清）

路数 lɦiəu²²⁻²⁵səu⁵⁵　（来头）

本事 pəŋ⁴²⁻⁴³sɦŋ²²　（本领）

熏红 hyŋ³³⁻³⁵ɦŋ³¹⁻⁵¹

红□□ɦoŋ³¹⁻³³toŋ³³⁻⁵⁵toŋ³³⁻³¹　（红彤彤）

红□□ɦoŋ³¹⁻³³lɦii²²⁻²⁵lɦii²²⁻⁵⁵（红得有些过分）

□绿ã³³lho?²　（形容很绿的样子）

绿□□lɦo?²i³³ii³³⁻³⁵　（绿油油）

拉黄 lA³³⁻³⁵ɦuɒ̃³¹⁻⁵¹　（形容很黄的样子）

黄拉拉ɦuɒ̃³¹⁻³³la³³⁻⁵⁵la³³⁻³¹

雪白 suə?⁵⁻²pɦA³¹

白雪雪 pɦA?²suə?⁵⁻²suə?⁵（形容很白的样子）

青□□tɕʻiəŋ³³tɕi⁴²⁻⁴³tɕi⁴²　（青色，又喻眼
　神急切盼望之状）

墨黑mɦioʔ²hʌʔ⁵

墨黑□□mɦioʔ²hʌʔ⁵tɔʔ⁴²⁻⁴³tɦioŋ³¹⁻³³　（很黑的样子）

壮鼓鼓tʃyɐ̃⁵⁵⁻³³ku⁴²⁻⁴³ku⁴²⁻⁵¹　（用于指人肥胖或口袋充实）

实笃笃ɕɦiəʔ²toʔ⁵⁻²toʔ⁵　（坚实的样子）

实□□ɕɦiəʔ²kʻiəʔ⁵⁻²kʻiəʔ⁵　（过于坚实）

亮lɦiã²²

□亮uã³³⁻³⁵lɦiã²²⁻⁵⁵

亮□□lɦiã²²uã³³⁻⁵⁵uã³³⁻³¹　（很亮的样子）

二十六　副词

□tɕʻio⁵⁵　（刚）我~来，没赶上送他。

□好tɕʻio⁵⁵⁻³³hɔ⁴²⁻⁵¹（刚好）~~十块，弗多也弗少。

单清te³³tɕʻiŋ³³⁻³⁵（只，光）~~吃菜，弗吃饭。

蛮me³³（挺）这人~懒kəʔ。

□…吭数　mɦiɛ²²…ɦim³¹⁻³²səu⁵⁵⁻³¹（恐怕）渠ɦimɛ吭在屋里吭数。（他恐怕不在家吧）

吭数ɦim³¹⁻³⁵səu⁵⁵　（大概）要落雨~~。

差眼凑/差点凑（差点儿）

tsʻo⁵⁵⁻³³n̠iɛ⁴²⁻³⁵tɕʻio³³/tsʻo⁵⁵⁻³³tiəŋ⁴²⁻⁵¹tɕʻio³³

~~踌倒。（差点儿摔倒。）

□pɦie³⁵　（非要）

马上mʌ⁴²⁻⁴³sɦɐ̃²²

弗管几时fʌʔ⁵⁻²kue⁴²⁻³⁵tɕi⁴²⁻⁴³sɦŋ³¹

还好ɦiuʌ²²⁻²⁵hɔ⁴²⁻⁵¹

当面tɐ̃³³⁻³⁵mɦie²²⁻⁵⁵

背后pe⁵⁵⁻³³io⁴²⁻⁵¹

组队tsəu⁴²⁻⁴³tɦie²²

=聚队ʃɦŋ³¹⁻³²tɦie²²（一起）我搭你~~去。

独个儿tɦioʔ²kie⁵⁵⁻⁵¹　（独自，一个人）

顺便sɦuəŋ²²⁻²⁵pɦie²²⁻⁵⁵=带便tʌ⁵⁵⁻³⁵pɦie²²⁻⁵⁵

□□tɦi³¹⁻³²tɦi³¹⁻⁵¹=特地tɦiəʔ²tɦi²²　（特意）

到底tɔ³³⁻⁵⁵ti⁴²⁻⁴³

根本kəŋ³³pəŋ⁴²

横直ɦiuã³¹⁻³³tɕɦiəʔ²=反正 fɛ⁴²⁻⁴³tɕiəŋ⁵⁵

实在ɕɦiəʔ²sɦie³¹⁻⁵¹

老lɔ⁴²⁻³⁵（实在）个人~好。

□kʻɔ⁴²　（接近）

~十岁儿。　（快十岁）

毛（三十）mɦio³¹⁻²²　（接近）

□ɕio⁵⁵（不要）~乱趖。（不要乱走）

白（不要钱）pɦʌʔ²

□pɦie³¹⁻³⁵　（偏偏，就）

乱lɦiɵ²²　~讲、~来

起tɕʻi⁴²⁻⁵¹（先）你走~。

头起tɦio³¹⁻³³tɕʻi⁴²⁻⁵¹　（起先）

□□li⁴²⁻⁴³mɛ⁵¹　（后来）

另外lɦiəŋ²²⁻²⁵ŋɦʌ²²⁻⁵⁵

□ɦio²²　（很）

□ʌʔ⁵　也

亦ji³¹⁻³⁵　又

再tse⁵⁵

凑tɕʻio⁵⁵　（放在动词后：吃~）

要旧io³³⁻³⁵tɕɦiəu²²⁻⁵¹　（照样，依旧）

老世lɔ⁴²⁻⁴³ɕi⁵⁵⁻⁵¹　（老是，总是）

实在ɕɦiəʔ²sɦie³¹⁻⁵¹

都在搭təu³³⁻⁵¹sɦie³¹⁻³²təʔ⁵⁻²

=笼共loŋ⁴²⁻⁴³tʃɦyoŋ²²　（总共）

料归堆lɦiɔ²²kue³³⁻⁵⁵te³³⁻³¹（做事不仔细）

二十七　介词与连词

□pʌʔ⁵　~渠□ɔ来。（把他叫来。）

对 te⁵⁵⁻³³ 尔~渠好，渠也会对尔好kəʔ。

对着te⁵⁵tɕɦiəʔ²　渠~我笑。

到tɔ⁵⁵⁻³³　~ io⁴²⁻⁴³tɦʌ²² 去？

到tɔ⁵⁵⁻³³　~几时为止？

到tɔ⁵⁵⁻³³/□tɦəʔ 走~屋里。　（到家）

□ɔ³³　（叫，让）~我讲，这件事吭告好讲。

用jioŋ²²　~钢笔写。

沿jie³¹　~个支路走。

帮 pɔ̃^{33}　～我饭买来。

□ pAʔ$^{5\text{-}2}$ ～我书驮过来。（给我把书拿过来。）

□我 pAʔ$^{5\text{-}2}$ŋo^{42}　（给我：虚用，加重语气。）

尔～～越去。　　（你给我走）

搭 tAʔ^{5}

个个～解个弗样 kəʔ。（这个和那个不一样。）

问 mɦəŋ^{22}　～渠书借本来。

讲 kɒ̃^{42}　　个物事台州讲 XX。

从小 sɦoŋ^{22}ɕiɔ$^{42\text{-}51}$/ɕɦyoŋ^{22}ɕiɔ$^{42\text{-}51}$

　渠～□（pɦie$^{31\text{-}35}$）能吃苦。

在的 sɦie31tɦəʔ2

正在：我～吃饭。

有：个物事斤一两～。

二十八　小称变调

牌儿 pɦA$^{31\text{-}35}$

盘儿 pɦø$^{31\text{-}35}$

戏法儿ɕi$^{55\text{-}33}$fAʔ^{5}→fe^{51}

小摊儿ɕiɔ$^{42\text{-}43}$t'ɛ$^{33\text{-}35}$

壶□儿ɦiu$^{31\text{-}33}$ɕie$^{42\text{-}51}$

小人儿ɕiɔ$^{42\text{-}43}$ȵɦiəŋ$^{31\text{-}35}$

靠边儿k'ɔ$^{55\text{-}33}$pie$^{33\text{-}35}$

小辫儿ɕiɔ$^{42\text{-}43}$pɦie$^{31\text{-}51}$

豆芽儿tɦio^{22}ŋɦio$^{31\text{-}35}$

小官儿ɕiɔ$^{42\text{-}43}$kue$^{33\text{-}35}$

老倌儿lɔ$^{42\text{-}43}$kue$^{33\text{-}35}$　　　（老头）

小罐儿ɕiɔ$^{42\text{-}43}$kue$^{55\text{-}51}$

花儿 huA$^{33\text{-}35}$

圈儿 k'yø$^{33\text{-}35}$

汤圆儿t'ɒ̃^{33}jyø$^{31\text{-}35}$

后门儿io$^{42\text{-}43}$mɦəŋ$^{31\text{-}35}$

树枝儿ʃɦɿ^{22}tsɿ$^{33\text{-}35}$

肉丝儿ȵɦyoʔ^{2}sɿ$^{33\text{-}35}$

菜心儿ts'e$^{55\text{-}33}$ɕiəŋ$^{33\text{-}35}$

菜梗儿ts'e$^{55\text{-}33}$kuA$^{31\text{-}51}$

唱歌儿ts'ɒ̃$^{55\text{-}33}$ko$^{33\text{-}35}$

鸡子壳儿tɕi^{33}tsɿ$^{42\text{-}43}$k'oʔ^{5}→k'ɒ̃^{51}

小车儿ɕiɔ$^{42\text{-}43}$ts'o$^{33\text{-}35}$

小口舌儿ɕiɔ$^{42\text{-}43}$tɕ'io$^{42\text{-}43}$ɕɦieʔ^{2}→ɕɦie^{51}

小镬儿ɕiɔ$^{42\text{-}43}$ɦuoʔ^{2}→ɦuɒ̃^{51}

小白兔儿ɕiɔ$^{42\text{-}43}$pɦAʔ^{2}t'əu$^{55\text{-}51}$

猫儿mɔ$^{33\text{-}35}$

桃儿tɦɔ$^{31\text{-}35}$

红枣儿ɦŋ$^{31\text{-}33}$tsɔ$^{42\text{-}51}$

水饺儿ʃy$^{42\text{-}43}$tɕiɔ$^{42\text{-}51}$

兜儿tio$^{33\text{-}35}$

小偷儿ɕiɔ$^{42\text{-}43}$t'io$^{33\text{-}35}$

烟灰缸儿ie^{33}hue^{33}kɒ̃$^{33\text{-}35}$

娘儿ȵɦiA$^{31\text{-}35}$　　（姑姑）

蛋黄儿tɦie^{22}ɦuŋ$^{31\text{-}35}$

蛋白儿tɦie^{22}pɦAʔ^{2}→pɦÃ^{51}

小名儿ɕiɔ$^{42\text{-}43}$mɦiəŋ$^{31\text{-}35}$

二十九　量词

一把：po^{42}　　～阳伞　～小刀　～扫帚

一口：kue^{42}　～划匙（钥匙）　～虾

一口：tsɔ^{42}　～虾

一张：tɕiÃ^{33}　～凳头　～椅　～纸　～嘴

一笔：piəʔ^{5}　～帐　～钞票

一帖：t'iəʔ^{5}　～药

一道：tɦiɔ^{22}　～题目

一条：tɦiɔ^{31}　～沟　～路　～牛　～狗　～被　～毯　～命

一床：sɦɒ̃^{31}　～被

一支：tsɿ^{33}　～路　～笔　～香

一顶：tiəŋ^{42}　～帽　～轿

一件：tɕɦie^{31}　～事件　～衣裳

一口/条：io^{42}/tɦiɔ^{42} ～裤　～裙

一厨：tʃɦɿ^{31}　～饭

一梗：kuÃ^{33}　～鱼　~绳　~线　~头发　~手巾　～面巾（毛巾）

一口（一小　～带鱼

段）：$\varsigma\hbar i^{31}$

一部：$p\hbar iu^{31}$　　　~车　　~机器

一只：$t\varsigma i\vartheta ?^5$　　　~手 ~脚 ~眼 ~耳朵 ~鸡　　~鞋 ~洋袜 ~箸 ~飞机

一只：$ts\vartheta ?^5$　　　~馒头

一口：ko^{42}　　　~西瓜

一荚：$ki\vartheta ?^5$　　　~橘　~文旦

一盏：$ts\varepsilon^{42}$　　　~灯

一口（一小片）：lie^{42}　　　~饼干 ~布　~糕（年糕）　~麻口 $s\hbar\eta$

一场：$t\varsigma\hbar i\tilde{A}^{31}$　　　~雨

一株：$t\int y^{33}$　　　~树　~菜

一粒：$nu\vartheta ?^5$　　　~米　~饭　~珠

一块：$k\hbar ue^{55}$　　　~砖　~石头　~豆腐

一坐：$p\hbar i^{31}$　　　~砖头

一丘：$t\varsigma\hbar i\vartheta u^{33}$　　　~田

一口：$t\varsigma\hbar io^{42}$　　　~碗 ~镬 ~气 ~饭 ~茶

一眼：ηie^{42}　　　~井　~镬灶

一间：$ki\varepsilon^{33}$　　　~屋

一退：$t\hbar e^{55}$　　　~屋

一排：$p\hbar A^{31}$　　　~字　~树

一篇：$p\hbar ie^{33}$　　　~文章

一片：$p\hbar ie^{55}$　　　~好心　~心意　~肉

一层：$s\hbar\vartheta\eta^{31}$　　　~布　~纱

一股：ku^{42}　　　~线　~糖梗

一座：$s\hbar o^{31}$　　　~桥　~山

一堵：$t\vartheta u^{42}$　　　~桥　~山　~墙

一盘：$p\hbar i\emptyset^{31}$　　　~棋

一刀：$t\mathfrak{o}^{33}$　　　~纸

一缸：$k\tilde{\mathfrak{o}}^{33}$　　　~水

一彫：tio^{33}　　　~米

一碗：ue^{42}　　　~饭　~茶　~汤　~菜

一杯：pe^{33}　　　~茶　~酒

一把：po^{42}　　　~米　~芹菜

一担：te^{55}　　　~米　~谷

一句：ky^{55}　　　~话

一位：$\hbar iue^{22}$　　　~同志

一双：$\int y\tilde{\mho}^{33}$　　　~鞋　~洋袜　~箸

一副：fu^{55}　　　~眼镜　~手套

一套：$t\hbar\mathfrak{o}^{55}$　　　~衣裳

一口：$t\int\hbar yo\eta^{55}$　　　~炮仗（鞭炮）

个种（这种）：　　~人　~事件　~物事　$k\vartheta ?^{5-2}t\int yo\eta^{42-51}$

一身：$\varsigma i\vartheta\eta^{33}$　　　~汗

一埭：$t\hbar A^{22}$　　　走~

一记：$t\varsigma i^{55}$　　　打~　　敲~

一眼：ηie^{42}　　　望~

一口：$t\varsigma\hbar io^{42}$　　　吃~

一面：$m\hbar iie^{22}$　　　见~

三十　　数字等

一号 $i\vartheta ?^{5-2}\hbar\mathfrak{o}^{22}$

二号 $\hbar in^{22-25}\hbar\mathfrak{o}^{22-55}$

三号 $s\varepsilon^{33-35}\hbar\mathfrak{o}^{22-55}$

四号 $s\eta^{55-35}\hbar\mathfrak{o}^{22-55}$

五号 $\eta^{42-43}\hbar\mathfrak{o}^{22}$

六号 $l\hbar io ?^2\hbar\mathfrak{o}^{22}$

七号 $t\varsigma\hbar i\vartheta ?^{5-2}\hbar\mathfrak{o}^{22}$

八号 $pA?^{5-2}\hbar\mathfrak{o}^{22}$

九号 $t\varsigma i\vartheta u^{42-43}\hbar\mathfrak{o}^{22}$

十号 $\varsigma\hbar i\vartheta ?^2\hbar\mathfrak{o}^{22}$

初一 $ts\hbar\vartheta u^{33}i\vartheta ?^5$

初二 $ts\hbar\vartheta u^{33-35}\hbar in^{22-55}$

初三 $ts\hbar\vartheta u^{33-55}s\varepsilon^{33-31}$

初四 $ts\hbar\vartheta u^{33-35}s\eta^{55}$

初五 $ts\hbar\vartheta u^{33}\eta^{42}$

初六 $ts\hbar\vartheta u^{33}l\hbar io ?^2$

初七 $ts\hbar\vartheta u^{33}t\varsigma\hbar i\vartheta ?^5$

初八 $ts\hbar\vartheta u^{33}pA?^5$

初九 $ts\hbar\vartheta u^{33}t\varsigma i\vartheta u^{42}$

初十 $ts\hbar\vartheta u^{33}\varsigma\hbar i\vartheta ?^2$

老大 $l\mathfrak{o}^{42-43}t\hbar A^{22}/l\mathfrak{o}^{42-35}t\hbar A^{22-55}$

老二 $l\mathfrak{o}^{42-35}\hbar in^{22-55}$

老三 lɔ⁴²⁻³³sɛ³³⁻³⁵
老四 lɔ⁴²⁻³⁵sʅ⁵⁵
老五 lɔ⁴²⁻⁴³ŋ⁴²⁻⁵¹
老六 lɔ⁴²⁻⁴³lɦioʔ²→lɦioŋ⁵¹
老七 lɔ⁴²⁻⁴³tɕʻiəʔ⁵→tɕʻiəŋ⁵¹
老八 lɔ⁴²⁻⁴³pAʔ⁵→pɛ⁵¹
老九 lɔ⁴²⁻⁴³tɕiəu⁴²
老十 lɔ⁴²⁻⁴³ɕɦiəʔ²
一个 iəʔ⁵⁻²kie⁵⁵⁻⁵¹
两个 liã⁴²⁻⁵¹kie⁵⁵⁻³³
三个 sɛ³³kie⁵⁵⁻³³
四个 sʅ⁵⁵kie⁵⁵⁻³³
五个 ŋ⁴²⁻⁵¹kie⁵⁵⁻³³
六个 lɦioʔ²kie⁵⁵⁻³³
七个 tɕʻiəʔ⁵kie⁵⁵⁻³³
八个 pAʔ⁵kie⁵⁵⁻³³
九个 tɕiəu⁴²⁻⁵¹kie⁵⁵⁻³³
十个 ɕɦiəʔ²kie⁵⁵⁻³³
第一 tɦi²²iəʔ⁵
第二 tɦi²²⁻²⁵ɦin²²⁻⁵⁵
第三 tɦi²²sɛ³³
第四 tɦi²²⁻²⁵sʅ⁵⁵
第五 tɦi²²ŋ⁴²
第六 tɦi²²lɦioʔ²
第七 tɦi²²tɕʻiəʔ⁵
第八 tɦi²²pAʔ⁵
第九 tɦi²²tɕiəu⁴²
第十 tɦi²²ɕɦiəʔ²
头一个 tɦio³¹⁻³³iəʔ⁵⁻²kie⁵⁵
=第一个 tɦi²²iəʔ⁵⁻²kie⁵⁵
第二个 tɦi²²ɦin²²⁻²⁵kie⁵⁵
第三个 tɦi²²sɛ³³⁻³⁵kie⁵⁵
第四个 tɦi²²sʅ⁵⁵⁻³⁵kie⁵⁵
第五个 tɦi²²ŋ⁴²⁻⁴³kie⁵⁵
第六个 tɦi²²lɦioʔ²kie⁵⁵
第七个 tɦi²²tɕʻiəʔ⁵⁻²kie⁵⁵
第八个 tɦi²²pAʔ⁵⁻²kie⁵⁵

第九个 tɦi²²tɕiəu⁴²⁻⁴³kie⁵⁵
第十个 tɦi²²ɕɦiəʔ²kie⁵⁵
一 iəʔ⁵
二 ɦin²²
三 sɛ³³
四 sʅ⁵⁵
五 ŋ⁴²⁻⁵¹
六 lɦioʔ²
七 tɕʻiəʔ⁵
八 pAʔ⁵
九 tɕiəu⁴²⁻⁵¹
十 ɕɦiəʔ²
十一 ɕɦiəʔ²iəʔ⁵
十二 ɕɦiəʔ²ɦin²²
十三 ɕɦiəʔ²sɛ³³
十四 ɕɦiəʔ²sʅ⁵⁵
十五 ɕɦiəʔ²ŋ⁴²
十六 ɕɦiəʔ²lɦioʔ²
十七 ɕɦiəʔ²tɕʻiəʔ⁵
十八 ɕɦiəʔ²pAʔ⁵
十九 ɕɦiəʔ²tɕiəu⁴²
一廿 iəʔ⁵⁻²n̪ɦie²²
廿一 n̪ɦie²²iəʔ⁵
廿二 n̪ɦie²²⁻²⁵ɦin²²⁻⁵⁵
廿三 n̪ɦie²²sɛ³³
廿四 n̪ɦie²²⁻²⁵sʅ⁵⁵
廿五 n̪ɦie²²ŋ⁴²
廿六 n̪ɦie²²lɦioʔ²
廿七 n̪ɦie²²tɕʻiəʔ⁵
廿八 n̪ɦie²²pAʔ⁵
廿九 n̪ɦie²²tɕiəu⁴²
三十 sɛ³³ɕɦiəʔ²
三十一 sɛ³³ɕɦiəʔ²iəʔ⁵
三十二 sɛ³³ɕɦiəʔ²ɦin²²
三十三 sɛ³³ɕɦiəʔ²sɛ³³
三十四 sɛ³³ɕɦiəʔ²sʅ⁵⁵
三十五 sɛ³³ɕɦiəʔ²ŋ⁴²

三十六 $sɛ^{33}ɕɦiəʔ^2lɦioʔ^2$

三十七 $sɛ^{33}ɕɦiəʔ^2tɕʻiəʔ^5$

三十八 $sɛ^{33}ɕɦiəʔ^2pʌʔ^5$

三十九 $sɛ^{33}ɕɦiəʔ^2tɕiəu^{42}$

四十 $sʅ^{55}ɕɦiəʔ^2$

四十一 $sʅ^{55\text{-}33}ɕɦiəʔ^2iəʔ^5$

四十二 $sʅ^{55\text{-}33}ɕɦiəʔ^2fin^{22}$

四十三 $sʅ^{55\text{-}33}ɕɦiəʔ^2sɛ^{33}$

四十四 $sʅ^{55\text{-}33}ɕɦiəʔ^2sʅ^{55}$

四十五 $sʅ^{55\text{-}33}ɕɦiəʔ^2ŋ^{42}$

四十六 $sʅ^{55\text{-}33}ɕɦiəʔ^2lɦioʔ^2$

四十七 $sʅ^{55\text{-}33}ɕɦiəʔ^2tɕʻiəʔ^5$

四十八 $sʅ^{55\text{-}33}ɕɦiəʔ^2pʌʔ^5$

四十九 $sʅ^{55\text{-}33}ɕɦiəʔ^2tɕiəu^{42}$

五十 $ŋ^{42\text{-}51}ɕɦiəʔ^2$

五十一 $ŋ^{42\text{-}43}ɕɦiəʔ^2iəʔ^5$

五十二 $ŋ^{42\text{-}43}ɕɦiəʔ^2fin^{22}$

五十三 $ŋ^{42\text{-}43}ɕɦiəʔ^2sɛ^{33}$

五十四 $ŋ^{42\text{-}43}ɕɦiəʔ^2sʅ^{55}$

五十五 $ŋ^{42\text{-}43}ɕɦiəʔ^2ŋ^{42}$

五十六 $ŋ^{42\text{-}43}ɕɦiəʔ^2lɦioʔ^2$

五十七 $ŋ^{42\text{-}43}ɕɦiəʔ^2tɕʻiəʔ^5$

五十八 $ŋ^{42\text{-}43}ɕɦiəʔ^2pʌʔ^5$

五十九 $ŋ^{42\text{-}43}ɕɦiəʔ^2tɕiəu^{42}$

六十 $lɦioʔ^2ɕɦiəʔ^2$

六十一 $lɦioʔ^2ɕɦiəʔ^2iəʔ^5$

六十二 $lɦioʔ^2ɕɦiəʔ^2fin^{22}$

六十三 $lɦioʔ^2ɕɦiəʔ^2sɛ^{33}$

六十四 $lɦioʔ^2ɕɦiəʔ^2sʅ^{55}$

六十五 $lɦioʔ^2ɕɦiəʔ^2ŋ^{42}$

六十六 $lɦioʔ^2ɕɦiəʔ^2\ lɦioʔ^2$

六十七 $lɦioʔ^2ɕɦiəʔ^2tɕʻiəʔ^5$

六十八 $lɦioʔ^2ɕɦiəʔ^2pʌʔ^5$

六十九 $lɦioʔ^2ɕɦiəʔ^2tɕiəu^{42}$

七十 $tɕʻiəʔ^5ɕɦiəʔ^2$

七十一 $tɕʻiəʔ^{5\text{-}2}ɕɦiəʔ^2iəʔ^5$

七十二 $tɕʻiəʔ^{5\text{-}2}ɕɦiəʔ^2fin^{22}$

七十三 $tɕʻiəʔ^{5\text{-}2}ɕɦiəʔ^2sɛ^{33}$

七十四 $tɕʻiəʔ^{5\text{-}2}ɕɦiəʔ^2sʅ^{55}$

七十五 $tɕʻiəʔ^{5\text{-}2}ɕɦiəʔ^2ŋ^{42}$

七十六 $tɕʻiəʔ^{5\text{-}2}ɕɦiəʔ^2lɦioʔ^2$

七十七 $tɕʻiəʔ^{5\text{-}2}ɕɦiəʔ^2tɕʻiəʔ^5$

七十八 $tɕʻiəʔ^{5\text{-}2}ɕɦiəʔ^2pʌʔ^5$

七十九 $tɕʻiəʔ^{5\text{-}2}ɕɦiəʔ^2tɕiəu^{42}$

八十 $pʌʔ^5ɕɦiəʔ^2$

八十一 $pʌʔ^{5\text{-}2}ɕɦiəʔ^2iəʔ^5$

八十二 $pʌʔ^{5\text{-}2}ɕɦiəʔ^2fin^{22}$

八十三 $pʌʔ^{5\text{-}2}ɕɦiəʔ^2sɛ^{33}$

八十四 $pʌʔ^{5\text{-}2}ɕɦiəʔ^2sʅ^{55}$

八十五 $pʌʔ^{5\text{-}2}ɕɦiəʔ^2ŋ^{42}$

八十六 $pʌʔ^{5\text{-}2}ɕɦiəʔ^2lɦioʔ^2$

八十七 $pʌʔ^{5\text{-}2}ɕɦiəʔ^2tɕʻiəʔ^5$

八十八 $pʌʔ^{5\text{-}2}ɕɦiəʔ^2pʌʔ^5$

八十九 $pʌʔ^{5\text{-}2}ɕɦiəʔ^2tɕiəu^{42}$

九十 $tɕiəu^{42\text{-}51}ɕɦiəʔ^2$

九十一 $tɕiəu^{42\text{-}43}ɕɦiəʔ^2iəʔ^5$

九十二 $tɕiəu^{42\text{-}43}ɕɦiəʔ^2fin^{22}$

九十三 $tɕiəu^{42\text{-}43}ɕɦiəʔ^2sɛ^{33}$

九十四 $tɕiəu^{42\text{-}43}ɕɦiəʔ^2sʅ^{55}$

九十五 $tɕiəu^{42\text{-}43}ɕɦiəʔ^2ŋ^{42}$

九十六 $tɕiəu^{42\text{-}43}ɕɦiəʔ^2lɦioʔ^2$

九十七 $tɕiəu^{42\text{-}43}ɕɦiəʔ^2tɕʻiəʔ^5$

九十八 $tɕiəu^{42\text{-}43}ɕɦiəʔ^2pʌʔ^5$

九十九 $tɕiəu^{42\text{-}43}ɕɦiəʔ^2tɕiəu^{42}$

一百 $iəʔ^{5\text{-}2}pʌʔ^5$

两百 $liã^{42\text{-}51}pʌʔ^{5\text{-}2}$

三百 $sɛ^{33}pʌʔ^{5\text{-}2}$

四百 $sʅ^{55}pʌʔ^{5\text{-}2}$

五百 $ŋ^{42\text{-}51}pʌʔ^{5\text{-}2}$

六百 $lɦioʔ^2pʌʔ^{5\text{-}2}$

七百 $tɕʻiəʔ^5pʌʔ^{5\text{-}2}$

八百 $pʌʔ^5pʌʔ^{5\text{-}2}$

九百 $tɕiəu^{42\text{-}51}pʌʔ^{5\text{-}2}$

一千 $iəʔ^{5\text{-}2}tɕʻie^{33}$

百一 pAʔ⁵⁻²iəʔ⁵（110）
百一十个 pAʔ⁵⁻²iəʔ⁵ɕɦiəʔ²kie⁵⁵⁻³³
一百一十一 iəʔ⁵⁻²pAʔ⁵iəʔ⁵⁻²ɕɦiəʔ²iəʔ⁵（111）
一百一十二 iəʔ⁵⁻²pAʔ⁵iəʔ⁵⁻²ɕɦiəʔ²fin²²（112）
百廿 pAʔ⁵⁻²n̠ɦie²²（120）
百三 pAʔ⁵⁻²sɛ³³（130）
百五 pAʔ⁵⁻²ŋ⁴²（150）
百六 pAʔ⁵⁻²lɦoʔ²（160）
百六十个 pAʔ⁵⁻²lɦoʔ²ɕɦiəʔ²kie⁵⁵⁻³³
两百廿 liã⁴²⁻⁴³pAʔ⁵⁻²n̠ɦie²²（220）
两百六 liã⁴²⁻⁴³pAʔ⁵⁻²lɦoʔ²（260）
三百八 sɛ³³pAʔ⁵⁻²pAʔ⁵（380）
千一 tɕʻie³³iəʔ⁵（1100）
千一个 tɕʻie³³iəʔ⁵kie⁵⁵⁻³³
千九 tɕʻie³³tɕiəu⁴²（1900）
三千 sɛ³³tɕʻie³³
五千 ŋ⁴²⁻⁵¹tɕʻie³³
一万 iəʔ⁵⁻²fɦɛ²²
万三 fɦɛ²²sɛ³³
三万五 sɛ³³fɦɛ²²ŋ⁴²
零 lɦiəŋ³¹
一百零一 iəʔ⁵⁻²pAʔ⁵lɦiəŋ³¹⁻³³iəʔ⁵
一万零三十 iəʔ⁵⁻²fɦɛ²²lɦiəŋ³¹sɛ³³ɕɦiəʔ²
两斤 liã⁴²⁻⁵¹tɕiəŋ³³
两斤半 liã⁴²⁻⁴³tɕiəŋ³³⁻³⁵pø⁵⁵
二两 fin²²⁻²⁵liã⁴²⁻⁵¹
两钿 liã⁴²⁻⁵¹tɦie³¹（两钱）
两分 liã⁴²⁻⁵¹fəŋ³³
两厘 liA⁴²⁻⁵¹lɦi³¹
两尺 liã⁴²⁻⁵¹tɕʻiəʔ⁵⁻²
两寸 liã⁴²⁻⁵¹tsʻuəŋ⁵⁵⁻³³
两尺二 liã⁴²⁻⁴³tɕʻiəʔ⁵⁻²fin²²
两亩 liã⁴²⁻⁵¹m⁴²
两百 liã⁴²⁻⁵¹pAʔ⁵⁻²
两百廿 liã⁴²⁻⁴³pAʔ⁵⁻²n̠ɦie²²
两千 liã⁴²⁻⁵¹tɕʻie³³
两千二 liã⁴²⁻⁴³tɕʻie³³⁻³⁵fin²²⁻⁵⁵

两万 liã⁴²⁻⁵¹fɦɛ²²
两万二 liã⁴²⁻⁴³fɦɛ²²⁻²⁵fin²²⁻⁵⁵
两万两千二 liã⁴²⁻⁴³fɦɛ²²liã⁴²⁻⁴³tɕʻie³³⁻³⁵fin²²⁻⁵⁵
几个？ tɕi⁴²kie⁵⁵⁻³³
几个 tɕi⁴²⁻⁴³kie⁵⁵⁻⁵¹　　　（没几个）
十把个（十几个）
ɕɦiəʔ²po⁴²⁻⁴³kie⁵⁵⁻⁵¹（少）
/ɕɦiəʔ²po⁴²⁻⁵⁵kie⁵⁵⁻³³（多）
廿把个（二十几个）
n̠ɦie²²po⁴²⁻⁴³kie⁵⁵⁻⁵¹（少）
/n̠ɦie²²⁻²⁵po⁴²⁻⁵⁵kie⁵⁵⁻³³（多）
三十几个
sɛ³³ɕɦiəʔ²tɕi⁴²⁻⁵¹kie⁵⁵⁻³³（少）
/sɛ³³ɕɦiəʔ²tɕi⁴²kie⁵⁵⁻³³（多）
五十几个
ŋ⁴²⁻⁴³ɕɦiəʔ²tɕi⁴²⁻⁵¹kie⁵⁵⁻³³（少）
/ŋ⁴²⁻⁴³ɕɦiəʔ²tɕi⁴²kie⁵⁵⁻³³（多）
九十几个
tɕiəu⁴²⁻⁴³ɕɦiəʔ²tɕi⁴²⁻⁵¹kie⁵⁵⁻³³（少）
/tɕiəu⁴²⁻⁴³ɕɦiəʔ²tɕi⁴²kie⁵⁵⁻³³（多）
几十个
tɕi⁴²⁻⁴³ɕɦiəʔ²kie⁵⁵⁻⁵¹（少）
/tɕi⁴²⁻⁴³ɕɦiəʔ²kie⁵⁵（多）
几百个
tɕi⁴²⁻⁴³pAʔ⁵⁻²kie⁵⁵⁻⁵¹（少）
/tɕi⁴²⁻⁴³pAʔ⁵⁻²kie⁵⁵（多）
几万个
tɕi⁴²⁻⁴³fɦɛ²²kie⁵⁵⁻⁵¹（少）
/tɕi⁴²⁻⁴³fɦɛ²²⁻²⁵kie⁵⁵（多）
几十万个
tɕi⁴²⁻⁴³ɕɦiəʔ²fɦɛ²²kie⁵⁵⁻⁵¹（少）
/tɕi⁴²⁻⁴³ɕɦiəʔ²fɦɛ²²⁻²⁵kie⁵⁵（多）
好 hɔ⁴²
好几个 hɔ⁴²⁻⁴³tɕi⁴²⁻⁴³kie⁵⁵
好几十个 hɔ⁴²⁻⁴³tɕi⁴²⁻⁴³ɕɦiəʔ²kie⁵⁵
好几百 hɔ⁴²⁻⁴³tɕi⁴²⁻⁴³pAʔ⁵
好几千 hɔ⁴²⁻⁴³tɕi⁴²⁻⁴³tɕʻie³³

好几万 hɔ⁴²⁻⁴³tɕi⁴²⁻⁴³ɦiɛ²²

口 k'ɔ⁴² （接近。数字一定要单音节才可以）

~个料 k'ɔ⁴²⁻⁴³kie⁵⁵⁻³⁵lɦiɔ²²⁻⁵⁵

~十个 k'ɔ⁴²⁻⁴³ɕɦiəʔ²kie⁵⁵

~廿个 k'ɔ⁴²⁻⁴³n̩ɦiie²²⁻²⁵kie⁵⁵

~百料 k'ɔ⁴²⁻⁴³pɐʔ⁵⁻²lɦiɔ²²

把 po⁴²

十把个

ɕɦiəʔ²po⁴²⁻⁴³kie⁵⁵⁻⁵¹ （少）

/ɕɦiəʔ²po⁴²⁻⁵⁵kie⁵⁵⁻³³ （多）

廿把个

n̩ɦiie²²po⁴²⁻⁴³kie⁵⁵⁻⁵¹ （少）

/n̩ɦiie²²⁻²⁵po⁴²⁻⁵⁵kie⁵⁵⁻³³ （多）

百把个

pɐʔ⁵⁻²po⁴²kie⁵⁵⁻⁵¹ （少）

/pɐʔ⁵⁻²po⁴²⁻⁴³kie⁵⁵ （多）

千把个

tɕ'ie³³po⁴²⁻⁴³kie⁵⁵⁻⁵¹ （少）

/ tɕ'ie³³po⁴²⁻⁴³kie⁵⁵ （多）

万把

ɦiɛ²²po⁴²⁻⁵¹ （少）

/ɦiɛ²²po⁴² （多）

十头廿个

ɕɦiəʔ²tɦio³¹⁻³³n̩ɦiie²²kie⁵⁵⁻⁵¹ （少）

ɕɦiəʔ²tɦio³¹⁻³³n̩ɦiie²²⁻²⁵kie⁵⁵ （多）

一两个

iəʔ⁵⁻²liã⁴²⁻⁴³kie⁵⁵⁻⁵¹ （少）

iəʔ⁵liã⁴²⁻⁵⁵kie⁵⁵⁻³³ （多）

两个（没几个）

liã⁴²⁻⁴³kie⁵⁵⁻⁵¹

两三个

liã⁴²⁻⁴³sɛ³³kie⁵⁵⁻⁵¹ （少）

liã⁴²⁻⁴³sɛ³³⁻³⁵kie⁵⁵ （多）

两三十个（二三十个）

liã⁴²⁻⁴³sɛ³³ɕɦiəʔ²kie⁵⁵⁻⁵¹ （少）

liã⁴²⁻⁴³sɛ³³ɕɦiəʔ²kie⁵⁵ （多）

两三百个

liã⁴²⁻⁴³sɛ³³pɐʔ⁵⁻²kie⁵⁵⁻⁵¹ （少）

liã4²⁻⁴³sɛ³³pɐʔ⁵⁻²kie⁵⁵ （多）

五六千个

ŋ⁴²⁻⁴³lɦioʔ²tɕ'ie³³kie⁵⁵⁻⁵ （少）

ŋ⁴²⁻⁴³lɦioʔ²tɕ'ie³³⁻³⁵kie⁵⁵ （多）

千七八

tɕ'ie³³tɕ'iəʔ⁵⁻²pɐʔ⁵→pɛ⁵¹ （少）

tɕ'ie³³tɕ'iəʔ⁵⁻²pɐʔ⁵ （多）

半 pø⁵⁵

半个 pø⁵⁵kie⁵⁵⁻³³

一半 iəʔ⁵⁻²pø⁵⁵⁻⁵¹

两个半 liã⁴²⁻⁴³kie⁵⁵⁻³⁵pø⁵⁵

半斤 pø⁵⁵tɕiəŋ³³

斤半 tɕiəŋ³³⁻³⁵pø⁵⁵

两斤半 liã⁴²⁻⁴³tɕiəŋ³³⁻³⁵pø⁵⁵

两亩半 liã⁴²⁻⁴³m⁴²⁻⁴³pø⁵⁵

两斗半 liã⁴²⁻⁴³tio⁴²⁻⁴³pø⁵⁵

上落 sɦiõ³¹⁻³²lɦioʔ²→lɦiõ⁵¹ （上下）

一万上落 iəʔ⁵⁻²ɦiɛ²²sɦiõ³¹⁻³²lɦioʔ²→lɦiõ⁵¹

光景 kuŋ³³tɕiəŋ⁴²⁻⁵¹ （左右）

一千光景 iəʔ⁵⁻²tɕ'ie³³kuõ³³tɕiəŋ⁴²⁻⁵¹

十岁光景ɕɦiəʔ²ʃʮ³³kuõ³³tɕiəŋ⁴²⁻⁵¹

二分之一fin²²⁻²⁵fəŋ³³⁻⁵¹tsʮ³³⁻³²iəʔ⁵

三分之二 sɛ³³fəŋ³³⁻³²tsʮ³³⁻³²fin²²

千分之一 tɕ'ie³³fəŋ³³⁻³²tsʮ³³⁻³²iəʔ⁵

成ɕɦiəŋ³¹

成百ɕɦiəŋ³¹⁻³²pɐʔ⁵

成千ɕɦiəŋ³¹⁻³²tɕ'ie³³

成千上万ɕɦiəŋ³¹⁻³⁵tɕ'ie³³⁻³²sɦiõ³¹⁻³²ɦiɛ²²

上 sɦiõ³¹

上百 sɦiõ³¹⁻³²pɐʔ⁵

上千 sɦiõ³¹⁻³²tɕ'ie³³

上万 sɦiõ³¹⁻³²ɦiɛ²²

双ʃyõ³³　　　　　（两个，一对）

三双 sɛ³³ʃyõ³³

十双ɕɦiəʔ²ʃyõ³³⁻⁵¹

零 lɦiəŋ³¹　　　　　（单个的，半双的，主要用在 5 到 21 之间的单数上）

两双零 liã⁴²⁻⁴³ʃyõ³³⁻³⁵lɦiəŋ³¹⁻⁵¹　（五个）

六双零 lɦio?²ʃyõ³³⁻³⁵lɦiəŋ³¹⁻⁵¹　（十三个）

十双零 ɕɦia?²ʃyõ³³⁻³⁵lɦiəŋ³¹⁻⁵¹　（二十一个）

一一得一 iə?⁵⁻²iə?⁵tə?⁵⁻²iə?⁵

二二得四 ɦn²²ɦn²²⁻⁵⁵tə?⁵⁻²sๅ⁵⁵

三七廿一（弗管三七廿一）
sɛ³³tɕ‘iə?⁵n̩ɦie²²iə?⁵

九九八十一 tɕiəu⁴²⁻⁴³tɕiəu⁴²⁻⁴³pʌ?⁵⁻²ɕɦiə?²
iə?⁵

一色一样 iə?⁵⁻²sə?⁵iə?⁵⁻²jiã²²　（一模一样）

一清二白 iə?⁵⁻²tɕ‘iəŋ³³ɦn²²pʌ?⁵

一清二楚 iə?⁵⁻²tɕ‘iəŋ³³ɦn²²ts‘əu⁴²

一干二净 iə?⁵⁻²kiɛ³³ɦn²²⁻²⁵ɕɦiəŋ²²⁻⁵⁵

一刀两断 iə?⁵⁻²tɔ³³liã⁴²⁻⁴³tɦø³¹

一举两得 iə?⁵⁻²ky⁴²liã⁴²⁻⁴³tə?⁵

三番两次 sɛ³³fɛ³³liã⁴²⁻⁴³tsๅ⁵⁵

三日两头 sɛ³³n̩ɦiə?²liã⁴²⁻⁵⁵tɦio³¹

三长两短 sɛ³³⁻³⁵tɕɦia³¹⁻⁵¹liã⁴²⁻⁴³tø⁴²

三言两语 sɛ³³⁻³⁵n̩ɦiɛ³¹⁻⁵¹liã⁴²⁻⁴³ny⁴²

三心两意 sɛ³³⁻⁵⁵ɕiəŋ³³⁻³²liã⁴²⁻⁴³i⁵⁵

三三两两 sɛ³³sɛ³³liã⁴²⁻⁴³liã⁴²

弗三弗四 fʌ?⁵⁻²sɛ³³fʌ?⁵⁻²sๅ⁵⁵　（不三不四）

颠三倒四 tie³³sɛ³³tɔ⁴²⁻⁴³sๅ⁵⁵

四平八稳 sๅ⁵⁵⁻³³p‘ɦiəŋ³¹pʌ?⁵⁻²uəŋ⁴²

四通八达 sๅ⁵⁵t‘oŋ³³⁻³²pʌ?⁵⁻²tɦʌ?²

四面八方 sๅ⁵⁵⁻³⁵mɦie²²⁻⁵⁵pʌ?⁵⁻²fõ³³

四口方口 sๅ⁵⁵⁻³⁵liəŋ³³fõ³³lõ³³⁻³⁵　（四四方方）

五湖四海 ŋ⁴²⁻⁵⁵fɦu³¹⁻³²sๅ⁵⁵⁻³³he⁴²

五花八门 ŋ⁴²⁻⁴³huʌ³³pʌ?⁵mɦəŋ³¹⁻⁵¹

七上八落 tɕ‘iə?⁵⁻²sɦõ³¹⁻³³pʌ?⁵⁻²lɦio?²　（七上
八下）

七零八落 tɕ‘iə?⁵⁻²lɦiəŋ³¹⁻³³pʌ?⁵⁻²lɦio?²

七老八十 tɕ‘iə?⁵⁻²lɔ⁴²⁻⁴³pʌ?⁵⁻²ɕɦiə?²　（老态
龙钟）

乱七八糟 lɦiø²²tɕ‘iə?⁵pʌ?⁵⁻²tsɔ³³

七拼八凑 tɕ‘iə?⁵⁻²p‘iəŋ⁵⁵⁻³³pʌ?⁵⁻²tɕ‘io⁵⁵

七手八脚 tɕ‘iə?⁵⁻²ɕiəu⁴²pʌ?⁵⁻²tɕiə?⁵

勖七勖八 te⁴²⁻⁴³tɕ‘iə?⁵te⁴²⁻⁴³pʌ?⁵（东拉西扯）

千辛万苦 tɕ‘ie³³⁻⁵⁵ɕiəŋ³³⁻³²fɦiɛ²²k‘u⁴²

千真万确 tɕ‘ie³³⁻⁵⁵tɕiəŋ³³⁻³²fɦiɛ²²k‘o?⁵

千军万马 tɕ‘ie³³⁻⁵⁵kyŋ³³⁻³²fɦiɛ²²mʌ⁴²

千变万化 tɕ‘ie³³⁻³⁵pie⁵⁵fɦiɛ²²⁻²⁵huʌ⁵⁵

千家万户
tɕ‘ie³³⁻⁵⁵ko³³⁻³²/tɕiʌ³³⁻³²fɦiɛ²²/mɦiɛ²²u⁴²

千言万语 tɕ‘ie³³⁻³⁵n̩ɦiie³¹⁻⁵¹fɦiɛ²²/mɦiɛ²²ny⁴²

参考文献

戴昭铭 2006 《天台方言研究》，北京：中华书局。

椒江市志编纂委员会编 1998 《椒江市志》，杭州：
　　浙江人民出版社。

椒江区志编纂委员会编 2001 《椒江续志》，北京：
　　中华书局。

林晓晓 2010　吴语路桥方言声母、声调的三套处
　　理方案，《台州学院学报》2: 27-30。

三门县志编纂委员会 1992　《三门县志》，杭
　　州：浙江人民出版社。

台州地区地方志编纂委员会编 1995　《台州地区
　　志》，杭州：浙江人民出版社。

仙居县志编纂委员会编 1987《仙居县志》，杭州：
　　浙江人民出版社。

郑张尚芳 2008 《温州方言志》，北京：中华书局。

中国社会科学院语言研究所编 2004　《方言调查
　　字表》，北京：商务印书馆。

中国社会科学院语言研究所方言组　1983　方言
　　调查词汇表，《方言》3: 161-205。

Richard VanNess Simmons、顾黔、石汝杰　2006
　　《汉语方言词汇调查手册》，北京：中华书局。

幕阜山方言浊音走廊概况

江西师范大学　　陈　凌

内容提要　幕阜山方言处湘鄂赣交接处，其地有一个分布较广的浊音带，姑且称之为"浊音走廊"。从语音现状看，该浊音走廊内部有相当大的一致性；从分布情况看，它又与吴语和湘语形成"一担挑两头"现象，很有研究的价值。

关键词　幕阜山方言　浊音走廊　带音不带音　送气不送气

　　汉语方言保存浊音，首先要提到的是吴语，其次是老湘语，再次就不能不提到赣方言浊音走廊。对于吴、湘语的浊音声母，大家都有相当程度的了解，研究也较为透彻；而赣方言浊音走廊，了解和研究的人都还不多。赵元任（1948）、杨时逢（1974）、郑张尚芳（1995）、李如龙（1992）、陈昌仪（1991）、鲍厚星（2006）、刘纶鑫（1999）、黄群建（2002）、陈立中（2004）、陈凌（2005，2007，2009）等对这一带个别方言点之浊音进行过报道，但是缺乏整体上的考察及全面而具体的描写和分析。从 2002 年起我们就关注这一带"浊音"的发展。2002-2005 年间，我们曾对江西湖口县、都昌县及彭泽县等地语音情况做过简单的调查，并报道过湖口话的语音状况（陈凌 2005），后来又调查了七十多个方言点，其中重点详细调查了十八个方言点。

1　地理分布

　　幕阜山地区浊音走廊纵横赣鄂湘三个省，袁家骅（1988）称之为湘鄂赣方言，詹伯慧（1981）认为可以称作"湘赣方言"，董为光（1987）称之为湘鄂赣三界方言。该浊音走廊主要集中在东经 113° 至 117°、北纬 29° 至 30° 之间；以三省交界的幕阜山为中心，东起鄱阳湖东岸，西临洞庭湖东岸，南濒九岭山北麓，北至长江南岸，呈现一个北线略向南移、西南角略往下扯的由东北倾向西南的斜四边形。依照其地理环境和行政区划，三界方言共分四区。

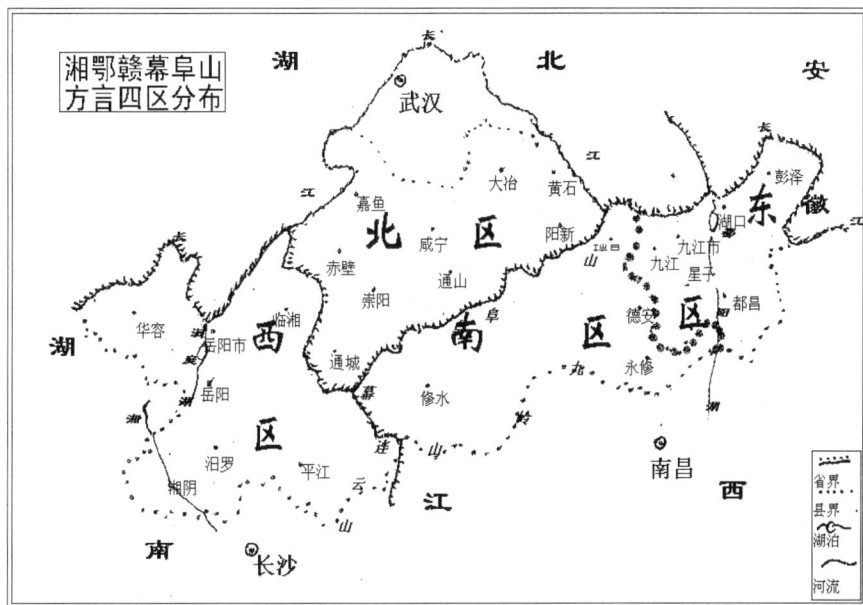

幕阜山方言四区分布图

　　东区处都昌至星子一线，集中在九江地区（为统一称呼，县级市才称市）东部，主要有都昌县、湖口县、彭泽县、九江市、九江县和星子县等六个县市；南区处德安至修水一线，集中在江西省九江地区的西部，主要有瑞昌市、永修县、德安县、武宁县和修水县等五个县市；西区处临湘至平江一线，集中在湖南省岳阳地区东部，主要有临湘市、岳阳县、平江县、汨罗市和岳阳市等五个县市。北区处阳新至通城一线，集中在湖北省咸宁地区及黄石地区的一部分，主要有阳新县、通山县、咸宁市、赤壁市、崇阳县和通城县等六个县市。

　　在四区之中，江西十一个县市、湖北六个县市、湖南五个县市；其中主要县市十二个，次要县市十个，总共二十二个县市。二十二个县市，2002年至2008年，我们调查了七十多个方言点，其中重点调查了十八个方言点，简要调查了五十多个方言点。

　　"浊音走廊"以赣方言为主；但周围有徽语、西南官话和新湘语，江淮官话穿插其中。调查结果显示，一县之内多数乡镇广泛保存带音声母的县市分别是：江西都昌县、湖口县、星子县和修水县，湖北赤壁市、崇阳县和通城县以及湖南临湘市。其余各县市保存情况是：

　　（1）武宁县、德安县、岳阳县和平江县很多乡镇为不带音声母，或带音与否可以自由变读（汪平1988），只有部分乡镇才较好保存带音声母；

　　（2）九江市和九江县靠近星子的乡镇才有带音声母；

　　（3）瑞昌市南部和平江县绝大部分乡镇，只有[dʻ]存于语流，且可以和[tʻ]自由变读；

　　（4）彭泽县、永修县、阳新县、通山县、咸宁县、岳阳市和汨罗市没有带音声母。

赣方言"浊音走廊"，向东与徽语相邻，与吴语带音声母遥遥相望；向西与新湘语穿插，和老湘语带音声母似断犹连；向南和赣方言交错一处；向北与江淮官话和西南官话唇齿相依。就带音声母而言，幕阜山方言沿长江与吴语和湘语形成"一担挑两头"之态。

2 今读概况

根据浊音走廊的浊音现状，我们将其分成三种类型：湖口型、武宁型和德安型。

2.1 现状

表 1. 幕阜山方言带音声母现状

	湖	都	星	修	赤	崇	通	临	岳	武	德	平
b‘	+	+	+	+	+	+	+	+	(+)	(+)	(+)	(+)
d‘	+	+	+	+	+	+	+	+	(+)	(+)	(+)	(+)
dz‘	+	+	+	+	+	+	+	+	(+)	(+)	(+)	(+)
dʐ‘	+	+	+	+	+	—	—	—	—	—	—	(+)
dʑ‘	+	+	+	+	+	+	+	+	(+)	(+)	(+)	(+)
g‘	+	+	+	+	+	+	—	+	(+)	(+)	—	—
z	(+)	(+)	(+)	(+)	(+)	(+)	(+)	(+)	(+)	(+)	(+)	(+)
ʐ	(+)	(+)	—	—	+	—	—	—	(+)	—	—	—
ʑ	(+)	(+)	(+)	(+)	(+)	(+)	(+)	(+)	(+)	—	—	—
ɣ	(+)	(+)	(+)	(+)	(+)	(+)	(+)	(+)	(+)	—	—	—
β	—	+	+	—	—	—	—	+	—	—	—	—
v	(+)	(+)	(+)	+	(+)	+	(+)	(+)	+	+	+	+

几点说明：

（1）"+"表示今读带音声母，"—"表示今读不带音声母，"(+)"表示带音色彩不明显或可以自由变读为不带音声母，下同。

（2）各县市带音声母都带有送气特征，因此一律记作送气带音声母。

（3）各县市都有[z/ʐ/ɣ]，与[dz‘/dʐ‘/g‘]自由变读，但一般念[dz‘/dʑ‘/g‘]。

（4）各县市大多有齿唇音[v]，只是强弱不同，大多不列入音系。

（5）这一带方言非组或晓组字，其声母近乎齿唇音的记作[f]，近乎喉擦音的记作[h]，近乎双唇擦音的记作[ɸ]；相应的带音声母分别记作[v]/[ɦ]/[β]。

2.2　来源

表 2. 赣方言带音声母与古声母关系

	湖	都	星	修	赤	崇	通	临	岳	武	德
全清	－	－	－	－	－	－	－	－	－	－	－
次清	＋	＋	＋	＋	＋	＋	＋	＋	(＋)	－	－
全浊	＋	＋	＋	＋	＋	＋	＋	＋	(＋)	(＋)	(＋)

该地区念带音声母的古声母是：滂並清从彻澄初崇昌溪群。

来母大多是细音为塞音[d‘]，洪音念边音[l]，如通城县。船母，有的念塞擦音[dʐ‘]，如赤壁市；有的念擦音[ɕ]，如湖口县。邪母和禅母今读大多数已不带音，但有少量字带音，如都昌县"席词像（[dz‘]）"、"臣城仇（[dʐ‘]）"。

当然各地情况非常复杂，就是一县之内城乡之间或乡与乡之间表现也不同。如湖口县（陈凌 2005），"邪谢徐巳售"等字，乡下念带音塞擦音[dz‘]/ [dʐ‘]而城关念不带音擦音[ɕ]/ [s]/[ʂ]；船母字在湖口县城关和流芳片念带音塞擦音[dʐ‘]而其他各片念不带音擦音[ɕ]。

2.3　比较

我们对该地带音声母调查结果与各位研究者基本相同，但是也有些不大相同。

（1）带音声母送气和不送气不同处理，如黄群建（2002）和刘纶鑫（1999）记作不送气音。

（2）带音不带音的不同处理，如吴宗济认为崇阳县带音声母"浊度不强"，记作不带音声母。

（3）塞音和塞擦音的不同处理，如吴宗济认为崇阳[z]、[ʐ]分别是[z]和[dz‘]、[ʐ]和[dʐ‘]的变值音位，但是处理方法与蒲圻和通城不同，都记作擦音（参看赵元任、丁声树等 1948）。其实，其他研究者的记录也不一致，如岳阳县次清，董同龢（杨时逢 1974）认为带点"浊音色彩"，但记作送气不带音声母；而鲍厚星（2006）记作送气带音声母。这些不一致并不是他们所听到的方言事实的不一致，而是将两可状态的方言现象作了不同的处理，或者调查的方言点不同，如吴宗济（赵元任、丁声树等 1948）调查的崇阳县白霓镇，我们调查的天城镇。

3　语音范例

在本文重点讨论的十二个方言中，全浊声母念不带音声母的只有四县市，它们分别是江西省武宁县和德安县以及湖南省岳阳县和平江县，文中统称四个不带音声母方言点；其他八县市，如湖口县、都昌县、星子县、修水县、通城县、崇阳县、赤壁市和临湘市是真正的带音声母，文中统称八个带音声母方言点。次清声母今读，在八个带音声母方言点中都念带音声母；而在四个不带音声母方言中，只有岳阳县可念带音声母，其他三县都念不带音声母。

表3. 古全浊声母的今读表

	爬並	屠定	材从	锄崇	除澄	裙群	辞邪	城禅	划匣
湖	bʻa²¹¹	dʻu²¹¹	dzʻai²¹¹	dzʻu²¹¹	dʐʑʻy²¹¹	dʐʑʻyn²¹¹	dzʻɿ²¹¹	dʑʻən²¹¹	gʻua²³
都	bʻa³⁵	lu³⁵	dzʻai³⁵	dzʻu³⁵	dʐʑʻu³⁵	dʐʑʻin³⁵	dzʻɿ³⁵	dʐʑʻəŋ³⁵	gʻua³³
星	bʻa²²³	dʻu²²³	dzʻai²²³	dzʻu²²³	dʻu²²³	gʻuin²²³	dzʻɿ²²³	dʻəŋ²²³	ɸa³¹
修	bʻa²¹³	dʻu²¹³	dzʻei²¹³	dzʻɿ²¹³	dʻu²¹³	gʻuiɛn²¹³	dzʻɿ²¹³	dʻəŋ²¹³	fa²³
武	pa²¹¹	tu²¹¹	tsœi²¹¹	tsu²¹¹	tɕy²¹¹	tɕyn²¹¹	tsɿ²¹¹	tɕin²¹¹	fa²³
德	pʻa¹³	tʻu¹³	tsʻai¹³	tsʻɿ¹³	tsʻu¹³	kʻuin¹³	tsʻɿ¹³	tsʻən¹³	fa¹²
通	bʻa²²	dʻɛu²²	dzʻai²²	dzʻɿ²²	dʐʑʻy²²	dzʻən²²	dzʻɿ²²	dzʻən²²	fa³⁵
崇	bʻa²¹³	dʻɛu²¹³	dzʻæ²¹³	dzʻɿ²¹³	dʻu²¹³	vin²¹³	dzʻɿ²¹³	dʻən²¹³	fɑ⁴⁵
赤	bʻa¹³	dʻɛu¹³	dzʻai¹³	dzʻɛu¹³	dʐʑʻʅ¹³	dʐʑʻʮn¹³	dzʻɿ¹³	dʻən¹³	fɑ²²
临	bʻa²¹²	dʻɛu²¹²	dzʻæ²¹²	dzʻɛu²¹²	dʐʑʻy²¹²	dʐʑʻyn²¹²	dzʻɿ²¹²	dzʻən²¹²	fa⁴⁵
岳	pa²¹³	tɛu²¹³	tsæ²¹³	tsɛu²¹³	ky²¹³	kun²¹³	tsɿ²¹³	tsən²¹³	va⁴⁵
平	pʻɑ³²⁴	tʻəu³²⁴	tsʻai³²⁴	tsʻɿ³²⁴	tɕʻy³²⁴	tɕʻyn³²⁴	tsʻɿ³²⁴	tʂʻən³²⁴	fɑ⁴³

四个读不带音声母的方言的情形是：武宁县和岳阳县声母不送气不带音，德安县和平江县声母送气不带音。

表4. 古次清声母的今读表

	铺滂	偷透	粗清	初初	抽彻	车昌	枯溪	轻溪
湖	bʻu⁴²	dʻɛu⁴²	dzʻu⁴²	dzʻu⁴²	dʐʑʻɛu⁴²	dʐʑʻa⁴²	gʻu⁴²	dʐʑʻiaŋ⁴²
都	bʻu⁴⁴	lɛu⁴⁴	dzʻu⁴⁴	dzʻu⁴⁴	dʐʑʻəu⁴⁴	dʐʑʻa⁴⁴	gʻu⁴⁴	dʐʑʻiaŋ⁴⁴
星	bʻu³³	dʻɛu³³	dzʻu³³	dzʻu³³	dʐʑʻɛu³³	kui³³	gʻu³³	dʐʑʻiaŋ³³
修	bʻu²²	dʻɛi²²	dzʻɿ²²	dzʻɿ²²	dʻu²²	dʻa²²	gʻu²²	dʐʑʻiaŋ²²
武	pʻu²⁴	tʻiau²⁴	tsʻu²⁴	tsʻu²⁴	tɕʻiɛu²⁴	tɕʻia²⁴	kʻu²⁴	tɕʻiaŋ²⁴
德	pʻu²¹²	tʻɛu²¹²	tsʻu²¹²	tsʻu²¹²	tsʻɛu²¹²	tsʻa²¹²	kʻu²¹²	tɕʻiaŋ²¹²
通	bʻu²¹²	dʻiau²¹²	dzʻɿ²¹²	dzʻɿ²¹²	dzʻɛu²¹²	dzʻa²¹²	u²¹²	dʐʑʻiaŋ²¹²
崇	bʻu²²	dʻio²²	dzʻɛu²²	dzʻɿ²²	dʻɛu²²	dʻa²²	u²²	dʐʑʻiaŋ²²
赤	bʻu³³	dʻiau³³	dzʻɛu³³	dzʻɛu³³	dʻɛu³³	dʻa³³	gʻu³³	dʐʑʻiã̃³³
临	bʻu²⁴	dʻɛu²⁴	dzʻɛu²⁴	dzʻɛu²⁴	dzʻɛu²⁴	dzʻa²⁴	gʻu²⁴	dʐʑʻiaŋ²⁴
岳	pʻu³³	tʻau³³	tsʻɛu³³	tsʻɛu³³	tsʻɛu³³	tsʻa³³	kʻʊ³³	tɕʻiaŋ³³
平	pʻu⁴⁴	tʻœ⁴⁴	tsʻɿ⁴⁴	tsʻɿ⁴⁴	tʂʻəu⁴⁴	tʂʻa⁴⁴	kʻu⁴⁴	tɕʻiaŋ⁴⁴

四个读不带音声母的方言点都是送气不带音声母。

4　语音性质

幕阜山地区八个带音声母方言点，其声母带音与否或是否送气，各家认识不一。为此，下文以湖口方言为例，从实验语音学的角度做些探讨。

4.1　带音与否

幕阜山八个带音声母方言点及四个不带音声母方言点部分方言，次清和全浊声母都是带音声母。下面试以湖口方言三组语图（次清和全浊声母字）为例加以说明。

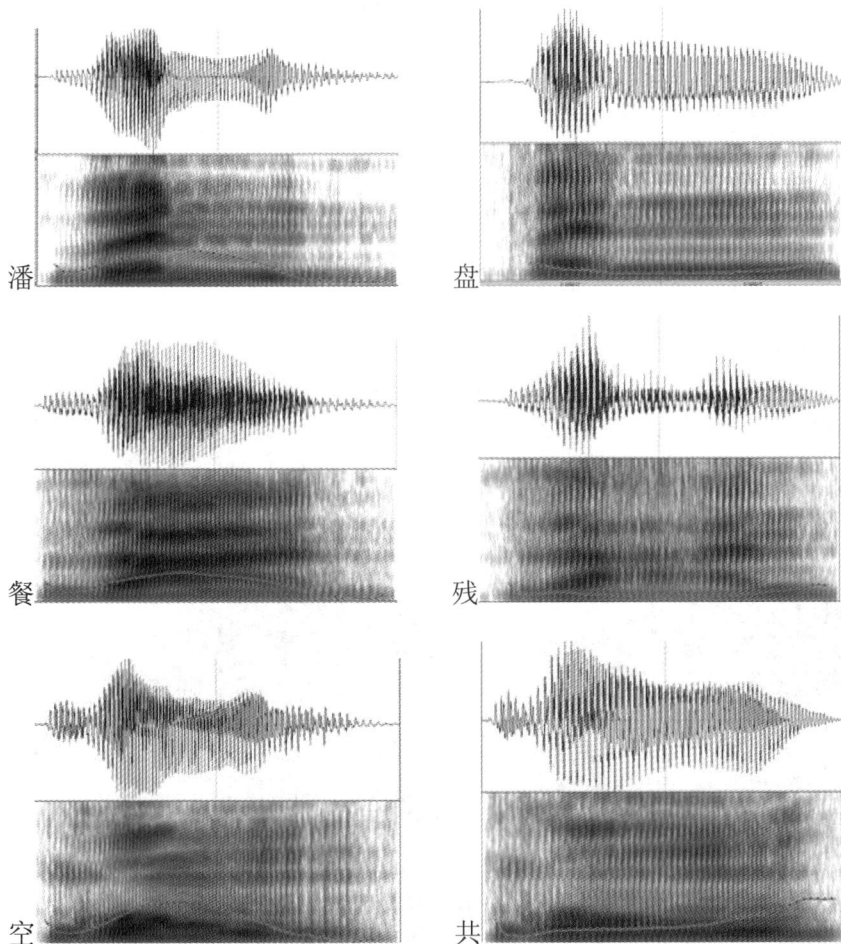

例字记音：潘[bʻən⁴²]/盘[bʻən²¹¹]/餐[ʣʻan⁴²]/残[ʣʻan²¹¹]/空[gʻuŋ⁴²]/共[gʻuŋ¹³]。

无论全浊还是次清，无论塞音还是塞擦音，无论是双唇音还是舌根音，都可以很清楚地看到声母低频部分有清晰的黑色的带音横杠，即这些音都是地道的带音声母。

"盘"的横杠较短，很像不带音声母，试比较一组全清声母：搬$[pən^{42}]$/巴$[pa^{42}]$。

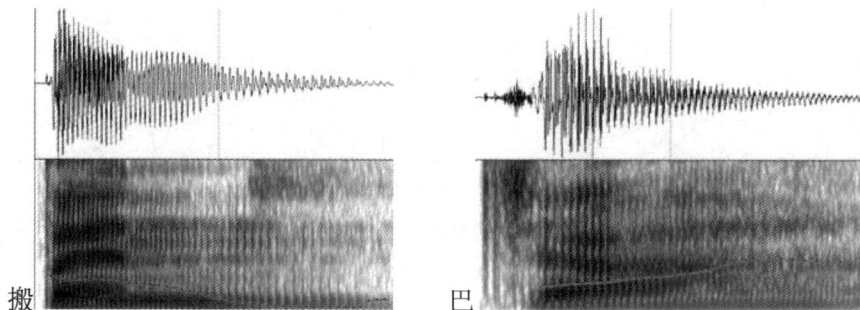

搬　　　　　　　　　巴

全清声母字没有任何带音横杠，是地道的不带音声母。

4.2　送气特征

幕阜山方言带音声母送气与否，仁者见仁智者见智。该问题较为复杂，即使从实验语音学的角度也难以把握，其复杂性具体体现在多方面。

（1）调查者之间认识不同

如赤壁市和通城县带音声母，吴宗济（赵元任 1948）记为送气音（"蒲，通城次清全浊平仄皆读浊送气，这些都是江西派"）而黄群建记作不送气音；湖口县带音声母，魏钢强（1986）、陈昌仪（1991）和陈凌（2009）记作送气音而刘纶鑫（1999）和孙宜志（2008）记成不送气音。

（2）科学实验和土人感的不同

下文以湖口方言为例，我们尝试着从实验语音学的角度进行讨论。

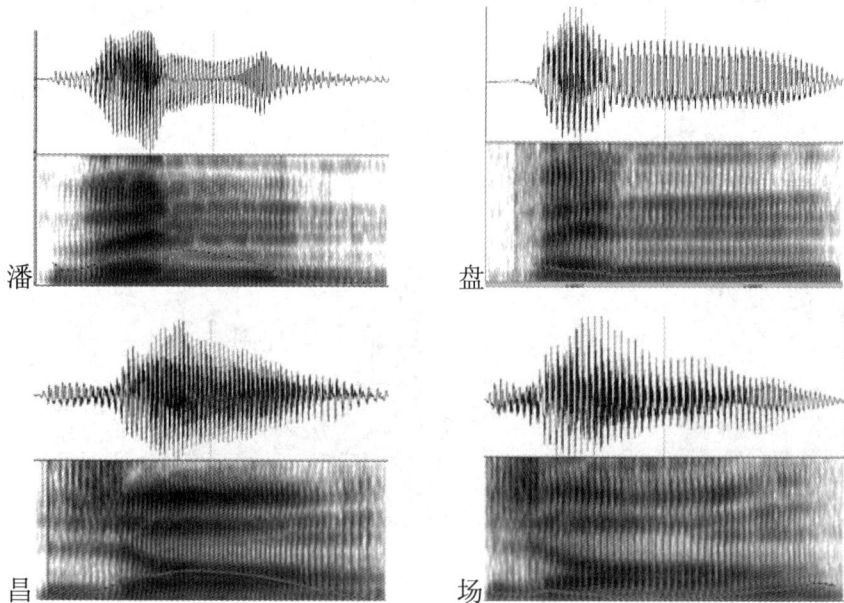

潘　　　　　　　　　盘

昌　　　　　　　　　场

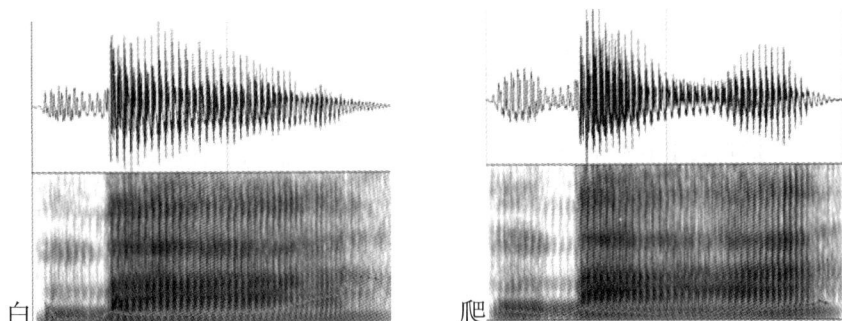

例字记音：潘[bʻən⁴²]/盘[bʻən²¹¹]/昌[dzʻɔŋ⁴²]/场[dzʻɔŋ²¹¹]/白[bʻaʔ²³]/爬[bʻa²¹¹]。

无论全浊还是次清，无论塞音还是塞擦音，无论入声还是舒声，从语图和波形上都看不出有明显的送气特征。这与本地人语感相差甚远，他们没有带音不带音之分，但认为都是送气音。如"就怕吃道亏就担心吃了亏"，他们认为勉强可以念成[tsʻieu²⁴ pʻa²¹³ tɕʻia²¹³ tʻau⁰kʻui⁴²]而绝不可念成[tsieu²⁴ pa²¹³ tɕia²¹³ tau⁰kui⁴²]。

如何解释这一现象，1）带音与不带音声母送气，在语图上可能呈现不同的形式；2）幕阜山方言带音声母可能是类似送气的特殊声母。

朱晓农（2006，2009）认为这些声母并非送气带音声母，而是"内爆音"；而根据我们的语料，朱晓农初步判断是"弛声浊爆音"，即所谓"清音浊流"，但也有部分字是"送气浊音"。这些声母虽然有多种变体，但从语图上看多带有较明显的带音横杠，因此我们拟为"送气带音声母"。

（3）语音价值与音系价值的不同

朱晓农（2006，2009）认为幕阜山方言"内爆音"是"常态浊爆音"的变体，一些地方"疑似弛声清爆音"，一些地方"浊爆音已经清化，塞擦音还保留浊声"。从实验语音学的角度，同为湖口县武山镇，根据朱晓农分析，其带音声母是"内爆音"；而根据我们的语料，朱晓农又认为是"弛声浊爆音"或"送气浊音"：这显然是不同发音人或同一发音人形成的多种变体。

通过语图分析，凌锋博士也认为湖口方言次清和全浊声母有许多不同的变体，有的是典型的带音声母，有的是带鼻冠音的带音声母，有的是典型的不带音声母，有的塞音看起来像带音的擦音（如"潘"）。

其规律是全浊声母字不带音的时候多，次清声母字带音的时候多，与岳阳方言情形有些相仿，其实幕阜山方言多如此，只是程度不同而已。

然而，无论是送气带音声母还是"内爆音"或"弛声浊爆音"，甚至于变为送气不带音声母，它们都是语音演变过程中的多种变体，彼此之间不构成对立（朱晓农2009）。即它们在语音学上很有价值，在音系学上却没有意义，仅仅只是一个相对不送气不带音声母才有意义的音位。我们认为，本地带音声母性质还有待于更深层的探讨。

既然本地带音声母会出现各种变体，彼此之间又没有音位价值，本文为了照顾土人感暂统一拟作送气带音声母。

5 结语

　　幕阜山方言，全浊声母和次清声母合流念带音声母。

　　从实验语音学角度看，八个带音声母方言点带音声母基本属于内爆音，但会出现各种变体，或送气带音、或送气不带音、或弛声爆发音即所谓"清音浊流"。笔者是江西省湖口县人，根据本人的听感和当地土人感，将带音声母全部记成送气带音声母。

　　汉语方言"浊音清化"早已发生，幕阜山方言也不能幸免。

　　从地理分布来看，大多数"浊音清化"的方言，要么处于幕阜山外缘，如彭泽县；要么地处平原地带，属于北民南下的主要通道，如德安县；要么处于多方言的交锋口，如武宁县。总而言之，它们在很大程度上都接受了外界方言的影响。

　　彭泽县，南接江西省湖口县，东北西三面都是安徽省属地；是江西省深入安徽省境内的一个"半岛"型的县市。该县有许多外来移民，在各乡镇随时随处可见外乡人或已入籍的"客人"，其中大多数是北来的桐城市和西来的宿松县人。虽音调不一，他们却都能容忍对方的"奚声气（外地音）"，甚至本地人都浑然不觉交际的"别扭"。

　　德安县是北民南下的必经之路。该县情形与彭泽县颇为相似，但是真正"土著"很少，当年的大户（据义门陈家谱记载，唐宋时曾御封"义门世家"）今日却成了不景气的"小户"。来此定居的客户大多江北省市，全国曾经赫赫有名的共青城（胡耀邦墓地所在），居住的大多数是"外乡佬"，说的是所谓的"普通话"。

　　永修县多数也是外乡人，说的是"普通话"，用他们自己的话说，"我们这里没有方言"。武宁县本是个较为封闭的地方，然而，绵延的幕阜山并没有阻隔两省人民的交往。各县市方言的频繁接触，使得武宁话既像通山话阳新话，又与瑞昌市的南义话相似。幕阜山方言"浊音"概况今天如此，明天将会随着汉语"浊音清化"大势而彻底清化。

参考文献

鲍厚星 2006　《湘方言概要》，长沙：湖南师范大学出版社。

曹志耘 2002　《南部吴语语音研究》，北京：商务印书馆。

陈昌仪 1991　《赣方言概要》，南昌：江西教育出版社。

陈立中 2004　论湘鄂赣边界地区赣语中的浊音走廊，《汉语学报》2：82-89。

陈　凌 2005　《湖口方言语音研究》，武汉：华中科技大学硕士论文。

—— 2007　湖口方言音系及语法变调，《南昌工程学院学报》2：33-38。

—— 2009　论幕阜山方言塞音三分现象，《南昌大学学报》3：121-125。

董为光 1987　湘鄂赣三界方言的"l"韵尾，《语言研究》1：49-59。

黄群建 2002　《鄂东南方言音汇》，武汉：华中师范大学出版社。

李如龙、张双庆[主编] 1992　《客赣方言调查报告》，厦门：厦门大学出版社。

刘纶鑫[主编] 1999　《客赣方言比较研究》，北京：中国社会科学出版社。

潘悟云　2004　汉语南方方言的特征及其人文背景，《语言研究》4：89-95。

魏钢强　1986　《湖口县县志·方言》，湖口内部资料，未刊。

杨时逢　1974　《湖南方言调查报告》，台北：中研院历史语言研究所专刊。

袁家骅　1988　《汉语方言概要》，北京：文字改革出版社。

詹伯慧　1981　《现代汉语方言》，武汉：湖北教育出版社。

赵元任等　1948　《湖北方言调查报告》，北京：商务印书馆。

郑张尚芳　1995　赣、闽、粤语里古全浊声母今读浊音的方言，《吴语和闽语的比较研究》，13-17页，上海：上海教育出版社。

朱晓农　2003　从群母论浊声和摩擦，《语言研究》2：5-18。

——　2006　内爆音，《方言》1：16-21。

朱晓农、刘泽民、徐馥琼　2009　自发新生的内爆音，《方言》1：10-17。

民族迁徙和语言接触在汉藏语系发展过程中的作用[*]

澳大利亚拉筹伯大学　罗仁地 撰　　香港科技大学　沈瑞清 译

内容提要 汉藏语系人群在历史上经常有迁徙以及跟其他语言文化相互之间的接触，这些接触是汉藏语族形成的主要影响因素之一。为了了解这个语系的发展，以及为什么谱系树模型很难适用，语言接触不仅应该纳入考虑范围，而且必须视为语言形成的基本要素。

关键词 汉藏语系　语言接触　类型同化　藏缅语族　移民

1　引言

根据几百个属于基本词汇的明显同源词（见 Benedict 1972，Matisoff 1978，Baxter 1995；LaPolla 1994a 列出了两百个最无争议的例子）和一些可以重构到原始汉藏语阶段的派生形态[①]，汉语族（汉语"方言"）和藏缅语族的发生学联系已经可以充分肯定下来了。在藏缅语族中我们又发现几百个属于基本词汇的同源词，并且有一些建立在共同创新基础上的无争议的语支，比如彝缅语支、藏语支、羌语支、克伦语支。但藏缅语内部（以及某种程度上在汉语族内部）的分类还有很多问题。Benedict（1972；见图 1）把藏-克伦语支作为汉藏语的两个分支之一（另一个是汉语支），又把藏缅语和克伦语作为藏-克伦语支的两个最高分支。克伦语安排在这个位置，是因为它的动词位于句子中间的语序结构和藏缅语动词一般位于句末的语序不同。但是，现在大多数藏缅语语言学家都把克伦语看作藏缅语的一个分支，因为他们认为克伦语的语序是因为和孟语、壮侗语的接触而改变的，所以不应该在发生学分类中作为一个重要的因素[②]。从图上可以看出，白保罗描述藏缅语关系的模型并不是一个谱系树，它代表的是一个"边界模糊的由各种语言凝结而成的连锁网状结构，并从

---

　* 译者按：本文译自 LaPolla, Randy J（罗仁地）. 2001. 'The Role of Migration and Language Contact in the Development of the Sino-Tibetan Language Family', *Areal Diffusion and Genetic Inheritance: Case Studies in Language Change,* ed. by R. M. W. Dixon & A. Y. Aikhenvald, 225-254. Oxford: Oxford University Press. 罗仁地先生仔细批改了译文初稿，指出了很多错误。林祥祺先生也提了很多中肯的意见，并告知一些中文参考文献的还原。在此谨向两位先生致谢。

　① 现在能构拟的是致使化和名转动（denominative）前缀*s-（梅祖麟 1989），也许还有浊音和/或送气声母的交替表示致使义，及物化后缀*-t（Benedict 1972：98-102，Michailovsky 1985，van Driem 1988）和名物化的后缀（参看 LaPolla 1994a，金理新 1998）。没有证据显示在原始汉藏语和原始藏缅语层级有构型（relational）形态（相关讨论见 LaPolla 1992a，1992b，1994b，1995）。

　② Forrest（1973）认为克伦语和孟语太相似了，甚至可以把克伦语看作一个受藏缅语影响的孟语。Luce（1976：33）指出克伦语既不是藏缅语也不是孟高棉语，尽管它受到藏缅语和孟高棉语两方面的巨大影响。他认为克伦语是"比藏缅语更早"的语言。现在大概没有多少研究克伦语的学者会同意这个判断。

它们的核心中枢发射出相互影响的波浪"（Matisoff 1978：2）。Matisoff（1978）指出藏缅语的证据并不支持简单的树型，恰恰相反，藏缅语之间有许多互相影响的波浪，尤其在词族的扩散方面[①]。汉语族方面，Pulleyblank（1991）认为传统的谱系树模型也不适合汉语方言，他认为更像是"类似网状的模型，受到来自省级和地区中心的影响以及来自以国家首都的标准语为基础的国家中央的持续不断的影响"（Pulleyblank 1991：442）。

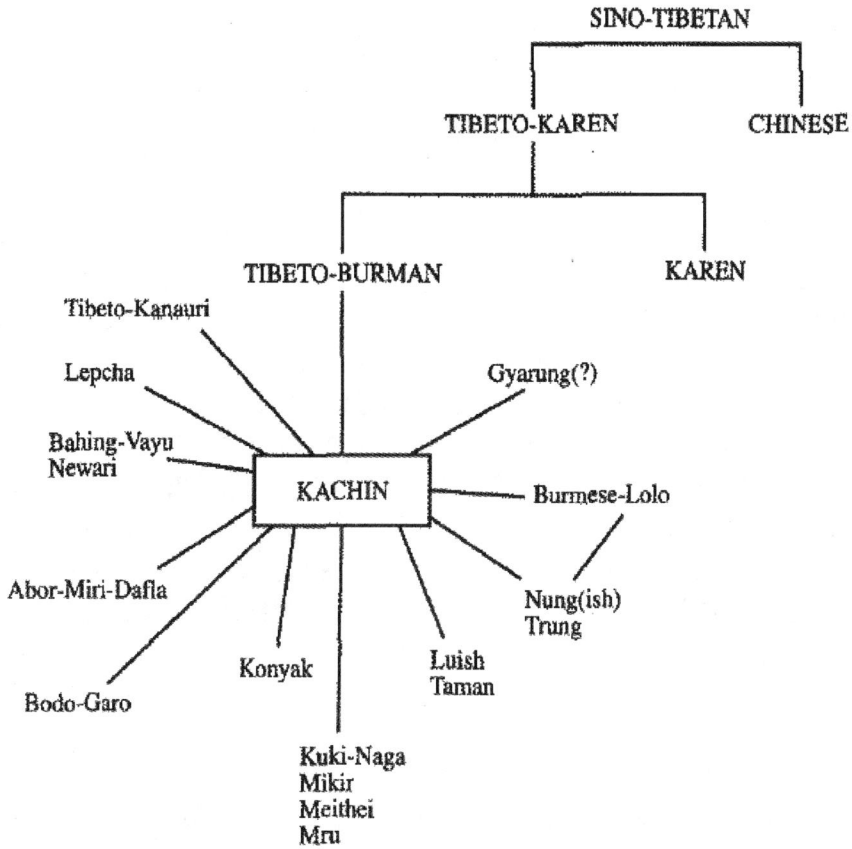

图 1. 汉藏语族关系图（引自 Benedict 1972: 6）

　　一个重要的问题是壮侗语、苗瑶语和汉语或者整个汉藏语的关系，即到底应该把汉语、壮侗语和苗瑶语的相似性看作接触引发的现象还是发生学的遗存。许多中国学者认为这些语言是同系的，但大多数中国以外的语言学家认为这些共同的词汇是非常古老的借词，而像声调系统的相似性、把量词作为已知标记之类的其他特征则是地域性扩散造成的。相似

[①] 其他对汉藏语和/或藏缅语分类的提议有：Bradley（1997），Burling（1983），戴庆厦（1987，1991），Grierson（1909），李方桂（1939），Shafer（1955，1966）和孙宏开（1988）。

的例子还有越南语。越南语有许多和汉语相似的特征和词汇，因此也一度被认为和汉语有关系，但现在知道它是一种深受汉语影响的孟高棉语。

今天的汉藏语族在形成过程中受到三个主要因素的作用：共同的发生学来源、分离性的人口迁移（也就是这些分离之后发生的创新）和语言接触。人口的迁徙和语言接触实际上通常是一种现象的两个方面。Dixon（1997）所说的非语言学原因造成的剧变和 Heath（1997，1998）所说的强烈的语言接触造成的剧变以及 Watkins（2001）所讨论的，都反映了这一联系。本章将从人口迁徙和语言接触的角度观察汉藏语族的发展历史，由此说明语言接触在我们今天认识的汉藏语族形成过程中所起的作用。

2　迁徙及其影响

结合考古和语言学的证据来看（参看 Chang 1986，Treistman1972，Pulleyblank 1983，Fairbank 等 1989，邢公畹 1996，冉光荣、周锡银 1983 等等），说汉藏语的人群（如果把新石器时代的仰韶文化和汉藏民族联系起来的话）起源于现在中国北部黄河流域的中央平原。至少在 6500 年以前，原始族群中的一些成员开始往南面和东面大幅度迁移，而另一些成员则先往西面大幅度迁移，然后往南面或西南面迁移。民族差别，也许还有语言的差别，在3000 年前在中国最早的文字中已经得到证实，两个相关的族群和其他在早期阶段围绕在它们周围的族群仍然持续接触着（参看王会银 1989 等），而且经常有民族融合（比如，有些学者认为中国早期的统治者有一些来自西部族群——冉光荣、周锡银 1983，冉光荣，李绍明，周锡银 1984，FitzGerald 1961）。那些留在中央平原的族群，包括那些留在中央平原和附近地区的西部族群，以及那些往东南迁徙的族群，最终都成为了今天的汉民族，而那些往西南方向迁徙的族群则成为了今天的藏缅民族。

2.1　汉语族

双向的迁移不只是单向的移动，而是由大大小小的、经常向着同一区域的迁徙浪潮共同组成的。政府鼓励的移民可以上溯到殷代（约公元前 1600-1027 年），并且一直被历代的中国政府实行至今。另外，由自然灾害、战争和新经济机遇的吸引力所引起的国家首都或地区首府之间的大量民间移民和转移一直屡见不鲜（葛剑雄等 1997）。

中国的移民几乎从不到没有人烟的地方。移民导致的语言分离几乎总是和语言接触有关，或者是和非汉语的语言，或者是和其他的汉语方言，而且由政府发起的移民经常就是为了人口的混合。我们今天所谓的汉人从很早开始就一直把其他民族同化到自己的种族中来（Wang Ming-ke 1992，Wiens 1967，徐杰舜 1989）。当汉人进入新的地区时，他们经常把这些地区的其他民族同化为汉族，或者在某些情况下，他们被当地的民族同化了（见戴庆厦、刘菊黄、傅爱兰 1987 以及和即仁 1989、1998 讨论的元朝（1234-1368）时被派到西南的蒙古士兵和移民被彝族文化同化并发展出一种新语言的例子等）。

表 1 总结了主要的移民浪潮，给出了时段、从哪里迁移到哪里、迁入地区的原住民，以及如果有政府记录的话也给出迁徙的人数（材料主要来自 Lee 1978、1982，Lee 和 Wong 1991，周振鹤 1991，葛剑雄、吴松弟、曹树基 1997）。

从表 1 可以看出大多数移民都是连锁移民。例如，公元二、三世纪从北方西伯利亚草原进入中原的超过两百万的非汉族人导致了至少三百万汉族人逃向南方。举一个能说明这次移民如何彻底改变人口的例子，根据 Lee（1978：29），在一个县（山西的并州），三分之二的人口是 289 年到 312 年之间移居南方的。这次移民不仅影响了北方的人口，也影响了南方，在这次移民后南方人口每六个人中就有一个是从北方来的。南京成为了东晋（317-420）和南朝（420-589）的首都，它吸引了超过 20 万的移民，这个数字超过了当地原来的人口数。于是，这一地区的语言形式从吴语变成了北方方言。另一个吴语区——杭州的语言形式则由于宋朝于 1127 年迁都杭州导致的大量北方人的涌入而变成了周振鹤和游汝杰（1986：19）所谓的"半官话"区。杭州话的音系基本上仍是吴方言的，但它在词汇和语法上更像北方方言，而且没有其他吴语常见的文白异读。

表 1. 中国几次主要的人口迁移

世纪	迁出地	人口	迁入地	原住民
前 7 世纪	渭河流域（陕西）	—	长江下游	百越
前 6 世纪	中原（黄河和长江之间）	—	汉水和长江中游（湖北）	百越
前 3 世纪	汉水/长江中游	—	湘江（湖南）	百越
前 3-2 世纪	中原	190 万	湖南/江西/广东/广西/越南北部	百越
前 2 世纪	河南/河北/山东	15.5 万	江苏/浙江	吴人/百越
前 2 世纪	河南/河北/山东	58 万	甘肃/宁夏/蒙古	通古斯人/蒙古人
前 213	福建（闽越人）	—	长江/淮河	汉人
公元 1-2 世纪	江苏/浙江（本来说吴语）	—	福建	越/闽越
3-4 世纪	江苏/浙江（后来说吴语）	—	福建	早期吴人/闽越人
2-3 世纪	北部西伯利亚平原（通古斯人）	200 万	中原	汉人
2-4 世纪	中原	300 万	江西/浙江/江苏	吴人/楚人
3 世纪	山西	—	河北	
3 世纪	河北	20 万	中国东北部	阿尔泰人
4 世纪	陕西（氐人和汉人）	几十万	四川/云南	
4 世纪	四川	几万	湖南/湖北	
8 世纪	中原	十万	湖南/湖北/江苏/江西	
9 世纪	江西中部	—	福建/广东/江西东部	

11-13 世纪	中原	百万	南部所有地区	
13 世纪	福建/广东/江西东部	—	广东东北部	
13 世纪	中国全境	5 万士兵和家庭	云南	壮侗人/藏缅人
14-17 世纪	中国全境	100 万	云南/四川	壮侗人/藏缅人
17-18 世纪	福建（闽人和客家人）	—	台湾	南岛人
17-18 世纪	广东东北部	—	四川/广西	壮侗人/藏缅人/汉人
17 世纪	湖南/湖北	—	四川	
18-19 世纪	四川/江西/湖南	2500 万	云南/贵州	
18-20 世纪	河北/山东	千万	中国东北部	阿尔泰人
20 世纪	中国全境	百万	内蒙古	阿尔泰人
20 世纪	长江下游/山东	1400 万	台湾	闽南人/客家人

　　这些移民经常在数量上如此巨大，以至于引起了人口统计上和整个国家语言分布的重大改变。

　　除了汉族人对中原以外其他地区的移民，非汉族人迁入中原地区也产生了相当的影响，尤其是在过去一千年中一半以上时间处于操阿尔泰语的人控制之下的中国北部地区。例如，北京（见 Lin Tao 1991）曾经是辽代（契丹人；907-1125）的陪都，从 1153-1234 是金代（女真人 1115-1234）的首都。后来，北京又相继成为元代（蒙古人；1234-1368）、明代（汉人；1368-1644）、清代（满族人；1644-1911）的首都。除了明代的三百年，北京在过去的数百年里一直是非汉族统治者的政治中心。人口改变了，金朝政府在 1123 年几乎撤空了整座城市，把人口迁向东北。1368 年，明朝政府主要从山西和山东把大量人口迁入北京。1644 年，满族统治者把大多数原来的居民迁出内城并把八旗子弟和他们的家族成员迁入内城。许多统治者的语言被同化的同时，他们也对北方方言产生了影响。Hashimoto（1976，1980，1986 等）把它称作"北方汉语的阿尔泰化"，他还讨论了北方到南方的连续特征：比如北方方言声调更少，量词系统更简化以及第一人称代词有包括式和排除式的区别，而南方方言声调更多，量词系统更复杂以及其他一些和壮侗语、苗瑶语相似的特征（游汝杰 1982，1995，周振鹤和游汝杰 1986，Wang Jun 1991），这都是由于分别受到北方阿尔泰语和南方壮侗语、苗瑶语的影响。他还认为（Hashimoto 1976，1992:18）官话方言保留-n 和-ŋ 尾而塞音韵尾和-m 韵尾都失落可能也是由于在满语里能找到这两个韵尾。Li Wen-Chao（1995）认为汉语的音节结构和元音数量在唐代以后发生变化是由于语言的阿尔泰化，就是说，说阿尔泰语的人接受了汉语的词汇和语法，但仍用阿尔泰语的音系。

这些移民和迁入地区的原住民的混合形成了今天的方言（参周振鹤和游汝杰 1986，Wang Jun 1991）。例如，早期吴方言是在一次向南亚语地区[①]的东南向移民之后形成的，而楚方言（湘方言的先驱）是在一次很早的向壮侗语/苗瑶语地区[②]南向移民形成的，而赣方言形成的地区是江西中北部，是由于汉代（公元前 206 年—公元 220 年）一次移民导致吴语和楚语在此互相接触从而形成的。后来的移民带来了持续不断的从北方来的移民浪潮，然后这一方言分化为赣方言和客家方言，向东南的移民变成了今天的客家方言，然后向西。在客家人迁入的每个地区都会和当地语言接触从而带上当地语言的特征（见 Hashimoto 1992）。在福建（Bielenstein 1959，Norman 1991），汉人进入这一地区之前的语言是闽越语（百越人的一支），在东汉（25-220）汉族第一批移民带来了吴语地区最早的方言，因为他们来自北面的浙江。浙江原来的吴方言在此之后由于公元 4 世纪西晋灭亡后北方大量移民的涌入而改变了许多。然后许多说后期吴方言的人又一次往南进入福建，因此有许多证据显示今天的闽方言至少受到来自以下语言的影响：闽越语、汉代的汉语、后期移民带来的汉代以后的层次、唐代共同语（8 世纪以后）的文读音形式和现代普通话（Norman 1988，1991）。Lien（1987；在 Wang 1991b 第四章中讨论）讨论了这些不同层次的复杂的交互作用，并指出这些交互作用导致了不同层次声调和音节特征之间逐渐双向扩散，进而产生了与任何来源语的原始形式都不同的新形式。比如潮州方言表示"谢"的词，它的声母和韵母是从唐代文读层来的[sia]，但它的声调却属于白读层。还有许多像白读声母和文读韵母及声调或者文读声母和白读韵母及声调之类不同层次组合的例子（参看 Lien 1993，1997；Wang 和 Lien 1993）。这一现象的发现促成了词汇扩散理论的发展（比如 Chen 和 Wang 1975），连金发的工作就是一个扩展。值得注意的一点是，尽管层次的起源是语言接触的结果（文读或者底层、表层影响），特征的逐渐双向扩散却是长时期的语言内部现象（尽管肯定会受其他因素的影响，比如表层影响）。

潮州的情况是先验现象的混合而产生新的语素音位形式，同时还有其他由于语言接触而导致新音位或音素产生的例子，比如属于四川省湘方言的永兴土话在一个特定调类产生了浊送气声母。何大安（1988；在 Wang 1991b 中也有讨论）认为这些浊送气音的产生是由于这个方言和周围的官话方言接触的结果。在这些官话方言中，原来的浊声母在平声演变为送气清音，而在湘方言它们一般仍然保持浊音。在永兴方言中，由于官话送气特征和湘方言的浊音特征的竞争影响，这一调类的声母中大约 80%的词素变成了该语言的一种新型声母——浊送气音。

试把这一现象同 Dixon（1997）在语言区域中语言特征逐渐扩散的讨论比较，双语人口的不同语言之间（而非同一语言的不同层次之间）的同类型的双向扩散会导致和语言区域有关的区域相似性。陈保亚（1996）细致地研究了中国云南省德宏地区汉语和傣语特征的双向扩散。他指出在一些例子中土语的音韵系统由于受接触语言的影响而变得简单化，

---

① Zhao 和 Lee（1989：101）提供了基因证据，证明"现代汉族人来自新石器时代（距今 3000-7000 年）两个不同的人口，一个来自黄河流域，另一个来自长江流域"。Mountain 等（1992），Du 等（1992）提供了中国地区相应的姓氏分布、基因差异和语言差异。

② 关于楚地原来是壮侗语/苗瑶语地区的语言学证据，参看李敬忠（1994）。关于楚地的民族差异和不同人群的联系，参看田继周（1989）。

例如汉族人说的汉语中/l/和/n/以及/ts/和/tʂ/的区别消失了，因为它们在傣语里没有区别，而傣族人说的傣语中某些元音的区别（例如/ɯ/和/ɤ/）消失了，因为它们在汉语没有区别。在其他例子中也有受语言中借词的影响而增加音位的情况，例如在路西县的傣语中/kh,tsh,tɕh/的发展。陈保亚认为大部分的影响都是通过一个他称作"傣式汉语"的中介语，因而在某种意义上说这是一个三向扩散的情况。

　　表1显示许多早期迁移都是进入原来是百越人居住的地区。从语言学证据来看，百越至少有两个分支——一个说和南亚语有关的语言（大多数分布可能北至山东的沿海地区），另一个说和壮侗语、苗瑶语有关的语言（长江以南，西至今天四川省的内陆地区）（Pulley-blank 1983，李敬忠 1994，Bellwood 1992，童恩正 1998）。Norman 和 Mei （1976；参看 Norman1988）给出了像"死""狗""孩子"等一些看起来和南亚语而非汉藏语同源的词。Yue-Hashimoto（1967，1991）和其他人（如 Baron 1973，游汝杰 1982，1995，周振鹤和游汝杰 1986，黄元煐 1990，曹广衢 1997 以及蒙斯牧 1998）给出了粤语和壮侗语、苗瑶语互相影响的证据，不仅有词汇证据，还包括结构上的证据，比如语序、声调系统的细节、特殊语音现象以及量词的特殊使用等等。在史前时代，百越人说的话也许包括南亚语、壮侗语、苗瑶语以及南岛语的先驱（参看 Blust 1984-5，1994）。

　　国家和省级的权威方言对其他方言的影响贯穿整个中国历史。随着人口集中地的发展，这些中心的语言变得互相不同，而每一个都在自己的区域拥有权威性，于是这些语言就从这些中心扩散开来。因此，语言形成了类似范例范畴（prototype categories）而不是有明显界限的区域（参看 Iwata 1995）。例如，把广州的粤语和厦门的闽南语比较（每一种是其范畴的范例，即范畴的最典型的话种），它们的区别很清楚，语言也很容易区别。但在这两种语言在广东相互接触的地方，各个方言的许多土话在不同程度上跟它的范例范畴不同，同时有另一范畴的一些特征。在某些例子中，要判断某一种土话究竟是粤语还是闽南语非常困难，因为两者相互渗透从而形成了不可能毫无争议地归纳到某一个范畴。这些主要的中心也以各种方式互相影响。参看 Yue-Hashimoto（1993）对某些疑问句型和其他结构的模式在粤语、闽语和北京方言中扩散的讨论，可参看 Chappell（2001）对"混合句法结构"在南方方言中受官话影响的产生和张光宇（1994）对吴方言特征扩散的讨论。

　　在现代时期，普通话[①]对方言有较大影响。普通话的教学被努力推行并在某些地区取得成功，结果往往对当地方言产生影响。比如，上海的小孩相互之间经常说普通话，因为这是他们在学校说的话，尽管他们和自己的父母还说上海话。这导致了上海话的一些变化，比如词汇和音韵越来越像普通话（可参看 Qian 1991，钱乃荣 1997）。在台湾，许多当地的年轻人（本省人）学不好（甚至不学）闽南语。即使说，他们也经常会用多少受普通话影响的形式，比如用普通话复合词的闽南语发音而非传统的闽南语形式（例如，对于"身体"这个词，你经常会听到对应普通话的"身体"的[sin³³ tɛ⁵³]而非传统的"身躯"[sin³³ ku⁵⁵]）。一些语义上的区别也消失了，比如不同动物发声的不同动词形式。

---

　　① 普通话（原名"国语"）是 20 世纪初期由一个以语言学家组成的委员会创造的成为中国国家语言的方言。它以北京方言的音系为基础，但词汇和语法上代表北方方言的一般标准。

在一些普通话已确立为第二语言的区域，地区变体渐渐形成，比如中国西北部由于受不同阿尔泰语、土耳其语或者藏缅语语言的影响而形成的各种普通话变体（可参看 Dwyer 1992，陈乃雄 1982）。另一个有意思的例子是台湾地区所使用的普通话，某种程度上可以说是克里奥耳化为一种中间语言。1949 年以后，一大批人从大陆迁到台湾。这些人大多来自吴语区，他们的第二语言才是不标准的普通话。台湾人往往很难有机会接触到以普通话为第一语言的人，于是他们能做的只是尽全力去做，从他们的母语、日语、英语加入成分，从而形成一种深受本地闽南话影响的中间语言（参看 Kubler 1985，Hansell 1989）。对台湾人来说，这仍是第二语言，但对大陆移民者的儿女来说，他们一般既不学父母方言也不学闽南话，因而这个中间语言就成了他们的第一语言。这群人就成了第一代台湾土生土长的说台湾普通话的人。最终闽南话化了的普通话和普通话化了的闽南话说不定会出现合并。

2.2　藏缅民族

对藏缅民族来说，主要的移民是往西至西藏和往西南至缅甸，不过也有往泰国、老挝和越南北部的小规模迁移。藏缅语可以根据地域接触分为两大语群："中国文化圈"和"印度文化圈"（这些术语来自 Matisoff 1990 等）。区别这两个圈的一个理由是汉语和印度语对藏缅语言不同子群的客观影响，另一个理由是中国培养的语言学家和印度培养的语言学家对工作范围中的语言的主观分析。有一些我们经常在"印化圈"发现的特征在"汉化圈"却找不到：音韵方面，如卷舌塞音声母；语法方面，如名词位于（中心词）后的关系从句（关系从句在汉藏语言中一般是位于中心词前并且不用关系代词）。比如，印度 Uttar Pradesh 的 Pithoragarh 区的 Chaudangsi 语（ShreeKrishan 2003a），关系从句由用两个借来的（来自印度-雅利安语）关系代词/jo/（用于主语是人）或者/jəi/（用于主语不是人）的形式构成：

（1）a. hidi　əti　siri　hlε　jo　nyarə　ra-s
　　　　这　　那　男孩　是　谁　昨天　来-（过去时标记）
　　　　"他就是昨天来的男孩。"
　　　b. hidi　əti　hrəng　hlε　jəi　be　ər　gun-cə
　　　　这　　那　马　　是　哪个　山　从　掉下来-（过去时标记）
　　　　"这就是那匹从山上掉下来的马。"

Saxena（1988a，b）讨论的另一个"印化圈"特征是在印度语和达罗毗荼语的区域影响下，表示"说"的动词虚化为引语、因果、目的、条件的标记、补语标记或者示证标记，而"汉化圈"的语言则很少有这种现象[①]。例（2）是尼泊尔语（一种印欧语）和内瓦里语（尼泊尔的一种藏缅语）把动词"说"作为因果连词的用法。

[①] 汉语的闽南方言（现在也出现在台湾省的普通话中）也用从动词"说"发展而来的补语标记，因而有些学者认为是东南亚的地域特征（Matisoff 1991，Chappell 2001），但在汉化圈一般只作补语标记，很少像例（2）那样发展为原因或目的的连词。

（2）a. 尼泊尔语（Saxena 1988a: 376）：

timiharu　　madh-e　　　ek　jana　murkh　ho　kinabhane　　　yo
你们　　　　中间-（位置格）　一　量词　傻瓜　　是　为什么+说+分词　这个

dhorohoro　hoina
塔　　　　　是+否定词

"你们中的一个是傻瓜，因为这不是塔。"

b. 内瓦里语（Saxena 1988a: 379）：

chi-pi　　cho-mho　murkho　kho　chae-dha-e-sa　　　tho　dhorohora
你-复数　一-量词　傻瓜　　是　为什么-说-不定式-如果　这个　　塔

mo-khu
不-是

"你们中的一个是傻瓜，因为这不是塔。"

　　在"汉化圈"语言中我们经常会发现声调的发展。比如在四川西北部的羌语方言，自西北向东南声调有在音系中越来越稳定而且更重要的渐变趋势，即越是靠近汉语区，声调系统就越稳定并有充分发展（孙宏开 1981，刘光坤 1998，Evans 1999）[1][2]。和汉语的接触也会导致单音节化和孤立结构，最极端的例子就是越南语。另一个可能的例子是"汉化圈"的语言有更简单的语法系统，但这就把我们带入了关于圈的问题的第二个部分：记录语言的语言学家的主观分析。在印度，语言学家受到的是梵文语法的训练，因而对形态变化表和分词十分熟悉。他们在其记录的藏缅族语言中也寻找这些内容，并且经常能够找到。他们并不熟悉声调，因而容易忽视它的重要性，即使所研究的语言里有声调，他们在描述中经常也会忽略。另一方面，中国的语言学家受的是汉语语言学的训练，因而不太熟悉形态变化表和分词，而对声调十分熟悉。他们一般不会把语言描述成有严密的形态变化表等等，但经常会发现并描述类似汉语的声调系统，甚至在那些可以认为只有不同发音类型或音高调系统的语言（如缅甸语、嘉戎语中也是如此）。

　　如上所述，藏缅语民族有两条移民的主线：向西进入西藏再向下进入尼泊尔、不丹和印度北部；向西南沿着河谷经过西藏高原东缘所谓"民族走廊"（费孝通 1980，孙宏开 1983，Hoffman 1990）往下。这一次移民的分裂造成了藏语支（Bodish）和其他藏缅语的分离。对于藏缅语民族究竟是如何进入青藏高原的问题，我们只知道他们是从西藏东北部（参看 Stein 1961，Snellgrove 和 Richardson 1986，冉光荣、周锡银 1983，Hoffman 1990）进入的，除此之外我们所知甚少。但从今天藏语方言在地域上的广泛分布和方言的相近程度和共有的非典型藏缅语特征（比如"马"和"七"是非藏缅语词）来看，在藏语分化之前曾经和

---

　　[2] 亚洲语言声调系统的发展其实有两种不同的情况。一种是简单的接触型，比如羌语，声调并不是从音段特征发展或影响而来的；另一种情况也是和声调语言接触的语言（比如和汉语接触的越南语），但是声调的发展却基于浊声母清化、韵尾的失落等等。一些藏语方言声调的发展属于后一种情况（参看 LaPolla 1989 等）。

　　[3] 羌语也受到了来自西北方向的藏语的影响（参看刘光坤 1981，林向荣 1990 等），一定程度上操西北方言的人开始把自己看作藏族而非羌族（尽管说羌语时仍用同样的自称）。

非藏缅语接触过①，然后较迅速地分化到原本没有（或者很少）有人居住的地区。藏语方言分化后仍和北部、中部的亚洲语言有不少接触（参看 Laufer 1916 等）。

对缅甸的早期历史我们同样所知甚少②。有人认为缅甸的原住民是小黑人（Negritos）。藏缅人向南进入缅甸的移民至少在公元 1 世纪已经开始了。公元 4 世纪的中国史料记载了可能和今天的景颇人有关系的缅甸最北部的一个蛮族以及一个控制着缅甸中部和北部的被称作"骠"的文明古国。骠国是沿伊洛瓦底河谷进入缅甸的藏缅人，他们接受了控制着缅甸南部和 Chao Phraya 河流域（今天属于泰国）的孟语民族（孟高棉语系）的小乘佛教信仰及其书写系统（公元 7 世纪）。在公元 9 世纪前，另一个藏缅语民族钦人也进入了缅甸并在 Chindwin 山谷建立了一个王国。

在公元 8、9 世纪，在今天中国西南部、云南省西部地区，一个叫做"南诏"的王国逐渐控制了缅甸的北部和大部分南部地区。南诏受彝族（说藏缅语中的傈僳语）的统治，但人口中包括白族（说藏缅语）、说其他彝缅语的以及说壮侗语的民族（Shiratori 1950，Backus 1981，林宗成 1986）。公元 8 世纪前，另一个藏缅语民族克伦人也向缅甸移民，这导致了骠国的衰弱。最终，在 832 年，南诏国灭了骠国。在 862 年之后，史料中很少再提到骠国，骠人和他们的语言于是被随后的政治实体吸收了，它对那些实体文化上的影响是显而易见的。

我们今天认为的缅甸人原本在南诏国控制下的云南，9 世纪中叶才开始进入缅甸。他们从（今天缅甸）北部的掸族省进入曼德勒南部的 Kyankse 地区，把孟人分成南北两部分，并且逼迫克伦人到伊洛瓦底江东边。在大约公元 1000 年，缅甸人征服了南面的孟人，第一个缅甸王国——蒲甘王国于公元 1044 年建立了。宫廷接受了许多孟族文化（演变成官方宫廷文化，孟语（或者巴利语）被用来铭刻，孟文也成了缅甸文书写系统的基础）。这是孟语对缅甸语的主要接触和影响的早期阶段，后来一直持续到了 12 世纪末。印度对缅甸的影响主要是间接地通过孟人或者锡兰人。

在公元 9 世纪南诏国被汉人征服以后，和今天的白族有关的藏缅民族统治的大理国在同一地区建立了。后来，在公元 13 世纪大理国又被蒙古人接管了。在 1283 年蒙古人征服了缅甸北部，但没有继续占领。掸族原来在萨尔温江和伊洛瓦底江之间的地区，后来蒙古人征服了缅甸北部以后，掸族就有机会占领缅甸北部和中部。他们控制了伊洛瓦底江两岸，逼迫钦人从亲墩河谷潜入西部山区。大约十年之内，掸族人控制了缅甸的整个北部和中部。掸族统治者接受了缅甸的语言和文化并自称是蒲甘王的后裔。除了这个掸国，在北面还有一些其他的掸国，它们之间有着持续的争斗。这些争斗导致许多缅甸人往南到 Toungoo 和蒲甘，而这又导致 Toungoo 国变成了强国。最终，Toungoo 国征服了在蒙古人入侵后重新独立的孟人以及 Arakanese（1784）和其他缅甸地区。于是孟人更加成了缅甸的一部分，而这开始了孟人对缅甸的新一轮影响。今天我们所说的缅甸，比如伊洛瓦底江三角洲和仰光，历史上的大部分时期都是孟国的一部分。

---

① 关于来自"草原人"（北方非汉藏语系人群）对今天的藏语民族的史前接触影响，参见 Hoffman（1990：第四章）。

② 这一节是对 Luce（1937，1976），Luce 和 Pe Maung Tin（1939），Leach（1954），Hall（1981），FitzGerald（1972），陈序经（1991）和陈孺性（1995）的综合。

因为这些历史原因，孟语对缅甸语有很深的影响（Bradley 1980）。除了文字和大量的借词，缅甸语还受到孟语超音段特征的影响，表现在它的"声调"不像一般汉藏语声调的类型而更像孟语和其他孟高棉语那样的不同发音类型的对立（缅语的 Arakanese 方言的不同调还有元音不同发音类型的区别）。孟语和缅甸语的元音系统都同化了，辅音系统一定程度上也同化了，比如齿龈擦音、塞擦音与舌面擦音、塞擦音的对立和孟语一样消失了。在缅文中有藏缅语里很少见的腭化韵尾（在口语中韵尾基本上消失了），腭化韵尾在孟高棉语里出现。在词的结构方面，缅甸语典型的孟高棉语的一个半音节结构，前"半个音节"或"次要音节"没有重音，而第二个音节有重音（比如 Burma 这个词的缅甸语发音是[bəˈma]）。这是这一地区的许多语言都具有的特征，恰恰相反，还在中国的藏缅语却很少出现这类模式。Bradley（1980）把这些影响归结为那么多说缅甸语的人本来都是说孟语的这一情况。而他们中的大多数现在只会说缅语。事实上，很多不同的民族都说缅甸语，因而在这一地区形成了受当地语言影响的不同变体（Bradley 1996 画了一幅不同民族使用缅甸语的地图（另有讨论））。

另一个对缅甸语产生重要影响的语言是巴利文。许多缅甸文文献都是"Nissaya Burmese"，即努力使缅甸语的语序和语法与巴利文文献相适应的逐词翻译，在这一过程中，巴利文对纯缅甸文文献也产生了影响。"巴利文被看作正确语言的样本，谁的缅甸文越接近巴利文，谁就最纯粹"（Okell 1965：188）。这一书写形式最终通过阅读、教育和宗教影响了口语形式（Okell 1965）。

掸族人和藏缅语民族（主要是景颇人）不断涌入缅甸北部，因而文化和语言的相互影响，甚至出现景颇人在语言和文化上都变成了掸族人或者相反的情况（Leach 1954：293）。在 18、19 世纪，这两个民族（景颇族和掸族）扩张到了阿萨姆，后来景颇人带了数千个阿萨姆的奴隶回到了缅甸。这些本来说印欧语的奴隶最终被景颇人的文化和语言所同化了（Leach 1954：294）。

在缅甸北部，我们还可以看到另一种类型的接触情况，那就是有两种或者更多的语言亲密接触，但没有一种语言居支配地位，像景颇人的情况就是如此（戴庆厦 1987），这和 Dimmendaal（2001）所描述的 Surmic 语族中的 Suri 群的情况很相似。在景颇族中有四个群体，每个群体有他们自己的语言。这四个群体经常一起住在同一个村庄、相互通婚，并且有相似的文化。但他们在异族婚，即同说另一种语言的人结婚的情况下，仍能保持语言的区别，即使孩子对父亲、母亲、祖母分别说三种不同的语言，他仍会被认为是说父亲的语言。在这种环境下生活的人会渐渐用类似的思维方式并且有相似的文化，这就导致这些语言在词汇和使用方面出现类似聚合的类型。这就是很清楚的接加层（adstratum）影响。对其他藏缅语语言来说，接触的发生并不是因为他们住在同一个村庄，而是因为相对来说住得很近，所以出现双语现象，从而影响语言。比如，一般的傈僳语方言都用句末助词标记疑问，而彝语方言则用动词的重叠来标记疑问。但在接近彝语区的傈僳方言 Luquan 方言中，疑问可以甚至经常用动词的重叠来标记（中国科学院少数民族语言所 1959：3）。

藏缅语族向尼泊尔、不丹和印度的锡金的移民几乎都是来自北方，也就是西藏（Poffenberger 1980），因此早期的语言一般和藏语很接近。在尼泊尔（见 Kansakar 1996）现在有超过 70 种、甚至 100 种（Grimes 1991）不同的语言。根据 Kansakar（1996：17），

其中有大约 56 种藏缅语、14 种雅利安语、1 种南亚语、1 种达罗毗荼语和 1 种孤立语（Kus-
unda）。在这些藏缅语中，Kiranti 语支和 Bradley（1997）所谓的中部喜马拉雅语支（Magar、
Kham、Chepang、Newari）很早就进入了尼泊尔。 而且，内瓦里人（现在占总人口的 3.7%）
至少从 11 世纪开始就在加德满都（今尼泊尔首都）山谷建立了王国，直到 18 世纪被说尼
泊尔语的 Gurkhas 征服为止。在 7 世纪及其后西藏领袖松赞干布统治时期，直到孟加拉湾
的整个这一带地区都是西藏的一部分，大批藏族人于此时进入尼泊尔。Tamang 族人被认为
是这些人的后裔。有不少 Tamang-Gurung 族人在过去一二百年中移民印度东北部或其他地
区（比如尼泊尔东部），现在只会说尼泊尔语了。Gurung 族人更像是一个介于和印度教徒
接触而形成的北部佛教徒和南部印度教徒之间的一个文化连续体（Poffenberger 1980）。那
些仍然住在尼泊尔的 Gurung 族人中有 49.2%（221271）不再说 Gurung 语（Kansakar 1996：
23）。从 16 世纪开始，夏尔巴人逐步从西藏康巴地区（西藏东部）进入尼泊尔东部
（Solu-Khumbu）（Oppitz 1974，转引自 Nishi 1986）[①]。在 18 世纪 90 年代，又有相当数量
的藏族人从 Krong 移民到 Langtang。这些藏缅语族人大多数生活在尼泊尔的山区，而低地
则住着多数在 11 至 13 世纪移民那里的印度教印度雅利安族人。

　　尼泊尔语属于印度-雅利安语言，是尼泊尔的官方语言，因而在政府行为、教育、法律、
传媒都用尼泊尔语。50%的尼泊尔人以尼泊尔语为母语（Kansakar 1996）。尽管 1990 年的
宪法把所有的本土语言都看作国家语言，除尼泊尔语外只有两种语言（Maithili 语，印度-
雅利安语言；内瓦里语 Newari，藏缅语）在学校里有初级水平以上的授课（选修课）。尼
泊尔语无疑是占支配地位的语言，那些不会说尼泊尔语的人在教育、职业和其他社会福利
方面都处于不利的地位（Kansakar 1996：18）。由此形成的学习尼泊尔语的巨大压力造成双
语和语言转换的情况越来越多。这个国家的大部分人现在说包括尼泊尔语在内的双语，而
且很多语言都受到了尼泊尔语的影响，尤其是与格/受动格标记[lai]的发展（LaPolla 1992b
称为"非施事者标记"）以及一些语法范畴和使用的同化，比如时态和作格标记在尼泊尔语
和内瓦里语的同化（见 Bendix 1974）。其中的一些同化某种程度上可以用 Jakobson（1938）
所谓的"语言相似性"来帮助理解，例如，藏语方言过去就有一个可以用来标记与格和受
动格的方位标记[la]。一部分语言，实际上几乎所有的 Kiranti 语言都濒临消失。在不丹，
过去只有说南部藏语（西部）和说门巴语（东部）的人，现在也有大量说尼泊尔语的人。

　　在印度西北部和东北部以及孟加拉国有很多藏缅族语言，大多数来自东面的缅甸，但
也有一些来自北面的西藏。他们受到所接触的文化的巨大影响。举几个例子，在克什米尔
地区发展出两种藏语：巴尔提语 Balti 和拉达克语 Ladakhi。巴尔提人居住在北部克什米尔
（巴基斯坦控制）的穆斯林巴尔提斯坦 Baltistan 地区，因而说巴尔提语的人现在也都是穆
斯林了，并且用阿拉伯文字书写他们属于藏语西部方言的语言。拉达克人居住在印度控制
的克什米尔地区，因而说拉达克语的人在文化上仍然比较接近西藏。在 Himachal Pradesh
和 Uttar Pradesh 北部，说藏缅语言的人都皈依了印度教（Singh 1986，Tiwari 1986），他们

---

　　① Nishi（1986）也引了另一种不同的观点：瞿霭堂（1985）认为夏尔巴人从 13 世纪中叶就移民了。瞿
霭堂（1985）还认为尼泊尔的夏尔巴人大约三百年前又回到了西藏（中部西藏的 Shigats），这些移民的
语言由于受中部方言的影响而现在被归入中部方言（而非东部方言），但仍然保持了东部方言的声调系统。

的语言也受到周围雅利安语言的重大影响，比如有非本土来源的卷舌辅音和印度型的后置关系从句（参见上面的例 1）。反身代词、体标记、后置词、连词和其他一些语法结构的借用也很常见。像 Uttar Pradesh 东北部的 Raji（Jangali）语（ShreeKrishan 2003b）这类的语言因为有太多的特征混合在一起，以致我们无法决定它究竟是一种深受印度-雅利安语和 Munda 语影响的藏缅语，还是一种深受藏缅语和印度-雅利安语影响的 Munda 语。这导致 Grierson（1909，特别是第 3 册第 1 部分，177 页）把它归入藏缅语，而 Sharma（1989）则把它归入 Munda 语。和尼泊尔的情况类似，在藏缅语区域也有不说藏缅语言的人的迁入。例如，在孟加拉西部 Darjeeling 区的山区，在 20 世纪以前住的都是说藏缅语言的人（列普查语和与藏语有关系的语言），但现在，由于大批移民的涌入，80%的人口都是尼泊尔人（Chaudhuri 1986）。

在（印度的）曼尼普尔马，从缅甸去的说 Meithei 语的人至少已经有一千年历史（Grierson 1909，特别是第 3 册第 3 部分，第 2 页）。Meithei 语用孟加拉为基础的印度字体书写，而且深受接触的印度-雅利安语影响（见 Chelliah 1997）。除了大约一百万 Meithei 族人说，Meithei 语在曼尼普尔马还是很多民族共同使用的共同语，并且影响了这一地区的各种语言，就像汉语官话和缅甸语那样。

这些在一个地区流通的共同语或官话（比如 Meithei 语、缅甸语、藏语、Mizo 语、拉祜语、景颇语、汉语官话）都表现出双向的影响：如上所述，它们受到当地说的土语的影响，但同时它们也影响了当地说的土语。比如，作为缅甸的统治语言，缅甸语对许多少数民族语言有很大影响（Bernot 1975）；Stern（1962）讨论了 Arakanese 缅甸语对平地钦语词汇和语音的影响。有许多例子出现了在语言和文化上大规模向缅甸语的转换（见 Stern 1962）。

在泰国北部有一些藏缅语族人，比如阿卡族、拉祜族、Gong 族、Mpi 族和克伦族。除了克伦族，其他都是最近几百年从中国南下的。例如，拉祜族是在 18、19 世纪从云南进入缅甸的，只是在最近才进入泰国和老挝（Matisoff 1986）。泰国北部本来都是说泰语的人群，最近的移民（藏缅语族人）现在大多数都是说泰语和他们自己语言的双语者，而他们自己的语言受了不少泰语的影响甚至出现语言转换（可参看 Matisoff（1989）拉祜语词典里的许多泰语借词和 Matisoff（1986）关于泰国北部不同语言共有的区域特征的讨论，以及 Bradley（1998a）对 Gong 语的变化和转换的讨论；关于泰国少数民族语言的固守和非固守的因素可看 Bradley1986，1988b）。

3　类型同化

我们曾经提出语言与文化、认知密不可分的观点（LaPolla 1998）。我们如何表示某种状况表现了我们如何看待这种状况，而我们如何看待这种状况则跟文化习惯和经历有关。当人们学到另一个语言的某些方面，如果和那个语言相关的文化方面的影响并不大，借用者就会把借来的形式用他们的思维方式进行吸收。一个可能的例子是 Chaudangsi 语关系代词中有生命和无生命的区别，尽管这种区别并不是借来的结构的一部分。如果文化接触的程度足够深，接触会慢慢改变借用者对某些事项的概念，从而发展出 Bhattacharya（1974）所说的"他们对生活看法的新一致性"，并因此创造了"共同的文化核心"；Ross（2001）指出了类型同化的理由：一组语言使用者与另一组"越来越倾向用同样的方式分析周围的世界"。这样有了同样的文化核心或者说世界观就会导致某些结构或语言模式的传播。例如，青海的一种藏语化的汉语五屯语（陈乃雄 1982）不像一般的汉语那样用两个词表示"寡妇"和"鳏夫"，而是和藏族人一样在语言上不区别寡妇和鳏夫，因而都用汉语"寡妇"表示。另一个例子是汉语北部官话在阿尔泰语的影响下发展出第一人称复数包含式和排除式的区别，因为标记出这一区别意味着对使用的区别形式有清楚的范畴认识。另一个例子是 Ross（2001）举出的原始大洋语（Proto-Oceanic）由于和巴布亚语（Papuan）接触而产生的可分离和不可分离的拥有关系的区别。

　　当人们习惯于他们经常用的语言范畴时，他们会试着把这个范畴用到任何他们所说的语言中。也就是说，如果他们用惯的一些范畴或词汇在他们正在使用的语言中不存在，对他们来说就存在着一个隔阂。许多说广东话的香港人说英语时经常会在语段的开头用 then（一般用上声说）。这是因为在广东话中有一个这样用的助词[kəm³⁵]，而他们认为有必要在说英语时找出可以有这个功能的词来。底层影响就是这样，比如台湾国语中时态和补语的模式会按照闽南话的样式发展（Chappell 2001）。Heine（1994，1997a，1997b，Heine 和 Kuteva 2001）讨论了认知框架模式对语言中语法化类型的重要性。这些认知框架模式就是人们看待、理解某种事情或状况的模式。Heine 讨论的一个例子是比较结构。语言使用者如何看待比较状况都会决定他们的表达方式，不管是"处所模式"、"行为模式"或者"超越模式"。思维方式能通过和其他文化的接触而改变，从而造成通常称作仿造词的发展，但看作类型同化的例子也许更恰当。Matisoff（1991）讨论了东南亚语言常见的基于同样的认知框架模式的语法化的几种类型，比如方位动词变成进行体，义为"得到"的动词变成义为"必须"的助动词（又见 Enfield 2001）和义为"给"的动词变成表致使或受益的助动词。从一个深受 Hindi 语和 Garhwali 语（印度-雅利安语）影响的语言 Rongpo（印度 Uttar Pradesh 的 Chamoli 区）的描述中，我们可以发现思维方式和结构能变得多么类似。在讨论某种分词形式时，Sharma（2001，第 38 页）首先在（3a）中给出了英文翻译，并说："实际上这些翻译不是很接近它的原意。Hindi 语的句子更切合。"，然后给出了（3b）句子。

　　（3）a. di　　　phəl　　gyi-tə　　jəping　　yã
　　　　　　　这　　　水果　　我-与格　　被吃了　　是
　　　　　　"这水果是我吃的。"

　　　　　b. yəh　　phəl　　mera:　　kha:ya:　　hua:　　hai
　　　　　　　这　　　水果　　我+所有格　被吃了　是+（过去）　是
　　　　　　"我过去经历了吃这个水果。"

　　藏缅语的一个我认为是由接触引起的类型同化的例子是许多藏缅语言人称标记的平行发展。有人称标记的语言几乎都处于从中国西北部到青藏高原南部的高原边缘地带，在这一地区中有大规模的语言接触、多语制和互相影响。我在另文（LaPolla 1992a，1994b）讨论了为什么人称标记不应该看成藏缅语的古老特征。这里我只举几个一些语言中人称标记的例子来说明语法化的同一模式如何在不同的语言中共现（和在澳大利亚发生的情况很相似，见 Dixon 1980：363，2001）。

我们知道的最早的藏缅语的人称标记的例子是文献可以上溯到公元 11 世纪的死语言——西夏语。在西夏语中，可选动词后缀和单用代词有相同的语音形式，包括声调在内（根据 Kepping 1975，1979，1981，1982，克平 1989 改编；另外还有第一、第二人称复数标记 ni^2；第三人称没有标记），见表 2：

表 2. 西夏语人称标记和人称代词

	人称代词	动词词缀
第一人称单数	ηa^2	ηa^2
第二人称单数	na^2	na^2

表 3. Angami Naga 语的人称标记和人称代词

	人称代词	动词前缀	名词前缀
第一人称单数	$\bar{a}$	$\bar{a}$	$\hat{a}$-
第二人称单数	$\bar{no}$	$\hat{n}$-	$\hat{n}$-
第三人称单数	$pu\hat{o}$	$pu\hat{o}$-	$pu\hat{o}$-

藏缅语的 Kuki-Chin 语支的人称标记系统和西夏语很相似。在这一系统中原始 Kuki-Chin 语的代词*kai "第一人称单数"、*naŋ "第二人称"和*a-ma "第三人称"分别虚化为人称标记前缀*ka-、*na-和*a-（Thurgood 1985）。从这一系统来自与西夏语不同的代词系统、是加前缀以及并没有亲密关系的事实来看，我们可以肯定这一系统是独立于西夏语系统发展出来的。

一个介于两者之间的例子是 Kanauri-Almora 语支，它的人称标记是像西夏语系统一样加后缀的，但有从和 Kuki-Chin 语支相似的创新代词发展而来的第一人称后缀。形式是*-ga（<*gai）和*-na（<*naŋ）（没有第三人称的一致后缀）（Thurgood 1985）。尽管它和 Kuki-Chin 系统都有类似的形式，不过跟 Kuki-Chin 语支不一样，它是一个加后缀系统，我们仍相信这一系统是独立产生的，因为第一人称词缀来源于不同于西夏语的形式。

第四个明显是独立发展的例子是 Angami Naga 语的人称标记系统（Giridhar 1980），很清楚是从独立的代词发展出来的前缀。动词前缀和动词属格前缀（除了第一人称前缀的声调）也是同形的（参看 Giridhar 1980 第 22 页以下的讨论），见表 3。同样，它不仅是和西夏语系统不同的前缀系统，而且是从 Angami 特有的一组单用代词发展而来的。

第五个例子是 Mikir（Hills Karbi；Jeyapaul 1987）的人称标记前缀。这又是一个前缀系统，但和上面讨论的例子很不相同，见表 4。这一系统是最近的发展，根据是单用代词和前缀在形式上很相似，进一步的根据是这些动词前缀保留了单用代词的包括式和排处式的区别。

表 4. Mikir (Hills Karbi) 语的人称标记和人称代词

	人称代词	动词词缀
第一人称单数	ne	ne-
第一人称复数（排除式）	netum	ne-
第一人称复数（包括式）	itum~etum	i-~e-
第二人称单数	naŋ	naŋ -
第三人称单数	ɑlɑŋ	ɑ-

表 5. Sgaw 克伦语的人称标记和人称代词

	人称代词	动词前缀
第一人称单数	ja^{33}	$jǎ^{33}$-
第一人称复数	pu^{33} $wɛ^{55}$ $θe^{31}$	$pǔ^{33}$ $kǎ^{31}$-
第二人称单数	na^{33}	$nǎ^{31}$-
第二人称复数	$θu^{55}$ $wɛ^{55}$ $θe^{31}$	$θǔ^{55}$ $kǎ^{31}$-

最后的一个例子是 Sgaw 克伦语（戴庆厦等 1991：400）的 Delugong 方言，第三人称是无标记的，见表 5。这个动词前缀系统很清楚是最近才形成的，只是简单地非重音重复单用代词，而且在克伦语方言中很特殊。

这么多语言以同样的方式发展出人称标记很难说是一种巧合，尽管大多数的例子在类型学上很相似。一定有其他因素在起作用，而我认为这一因素就是语言接触，就像越南语至少部分因为和汉语接触而和汉语一样平行发展出声调。

4　总结

以上笔者试图说明汉藏语系人群在历史上经常有迁徙以及跟其他语言文化和相互之间的接触，这些接触是汉藏语族形成的主要影响因素之一。为了了解这个语系的发展，以及为什么谱系树模型很难适用，语言接触不仅应该纳入考虑范围，而且必须视为语言形成的基本要素。

但由此引出另一个问题。给语言分类的人很少给出它们分类的理由。在一些例子中有很清楚的同言线，但更多的时候分类受到的是作者对语言的主观"感觉"、共有的特征或者共有的词汇等因素的影响，而这些因素经常受到地理位置的影响。Bradley（1997）在这点上是最直接的，因为他的分类用的大多数名称是地理上的（比如"中部喜马拉雅语支"）。尽管有些人认为争论的问题是发生学关系，而非位置，但从地理上给语言分类仍是有价值的，因为接触在语言的发展中起了极重要的作用。这就把我们导入了戴庆厦（1997）提出的问题。戴庆厦认为单单谱系树模型不足以反映汉藏语言的现状；我们需要把引发他称作

"语言融合"的语言接触考虑在内。他问道："本来没有系属关系的两个语言是否会由于剧烈接触而变得有系属关系？"例如，我们能否用下面的说法解决侗台、苗瑶和汉语的关系问题——它们本来没有系属关系但现在有了？如果我们接受更像是区域接触结果的地理分类，那么"有系属关系"这一概念究竟意味着什么？

参考文献[①]

曹广衢 1997 壮侗语和汉语闽越方言的共同点，《民族语文》2: 54-60。

陈保亚 1996 《语言接触与语言联盟》，北京：语文出版社。

陈乃雄 1982 五屯话初探，《民族语文》1: 10-18。

陈孺性 1995 论缅族的先民自滇西迁入缅甸的大约路线及年代，《大陆杂志》90: 54-68。

陈序经 1992 《陈序经东南亚古史研究合集》，香港：商务印书馆。

戴庆厦 1987 论景颇族支系语言，《民族语文》3: 69-77。

——　 1997 关于汉藏语分类的思考，《语言教学与研究》4: 4-10。

戴庆厦、黄布凡、傅爱兰、任增旺母、刘菊黄 1991 《藏缅语十五种》，北京：燕山出版社。

戴庆厦、刘菊黄、傅爱兰 1987 云南蒙古族嘎卓语研究，《语言研究》1: 151-175。

——　 1989 关于我国藏缅语族系属分类问题，《云南民族学院学报》3: 82-92。

费孝通 1980 关于我国的民族识别问题，《中国社会科学》1: 158-74。

葛剑雄、吴松弟、曹树基 1997 《中国移民史》，福州：福建人民出版社。

何大安 1988 《规律与方向：变迁中的音韵结构》，台北：中研院史语所。

和即仁 1989 云南蒙古族语言及其系属问题，《民族语文》5: 25-36。

——　 1998 关于云南蒙古族卡卓语的形成，《民族语文》4: 51-54。

黄元煜 1990 壮语与粤语、武鸣官话的相互影响，《汉语与少数民族语关系研究》，第173-178页，中央民族学院学报编辑部编，北京：中央民族学院。

金理新 1998 汉藏语的名词后缀*-n，《民族语文》1: 43-48。

克　平 1989 西夏语的结构，《中国民族史研究》（第二辑），第312-326页，白滨等编，北京：中央民族学院出版社。

李敬忠 1994 《语言演变论》，广州：广州出版社。

林向荣 1990 四川省阿坝藏族自治州双语调查报告，《中国少数民族双语教学研究论集》，中国少数民族双语教学研究会编，北京：民族出版社。

林宗成 1986 试论唐代西南地区乌蛮、白蛮若干文化特质，《中央民族学院学报》2: 41-46。

刘光坤 1981 羌语中的藏语借词，《民族语文》3: 19-28。

——　 1998 论羌语声调的产生和发展，《民族语文》2: 1-8。

蒙斯牧 1998 汉语和壮侗语的密切关系及历史文化背景，《民族语文》4: 43-50。

---

① 译者按：此处把原文统一按照作者字母顺序排列的参考文献分为汉语、非汉语文献两种，汉语文献作了还原并按照作者拼音首字母顺序单独排列。原来未发表的文献已按后来的发表情况作了修改，特此说明。

钱乃荣 1997 《上海话语法》，上海：上海人民出版社。

瞿霭堂 1985 汉藏语言调值研究的价值和方法，《民族语文》6: 1-14。

冉光荣、周锡银 1983 论甘青古文化与羌族的关系，《西南民族研究》，第 215-234 页，中国西南民族研究学会编，成都：四川民族出版社。

冉光荣、李绍明、周锡银 1984 《羌族史》，成都：四川民族出版社。

孙宏开 1981 《羌语简志》，北京：民族出版社。

—— 1983 川西"民族走廊"地区的语言，《西南民族研究》1: 429-454。

—— 1988 试论中国境内藏缅语的谱系分类，*Languages and history in East Asia: a festschrift for Tatsuo Nishida on the occasion of his 60th birthday*, Vol I, ed by P K Eguchi, et al, pp61-73, Kyoto: Shokado

田继周 1989 楚国及其民族，《中国民族史研究》2: 1-17。

童恩正 1998 《古代的巴蜀》，重庆：重庆出版社。

王会银 1989 春秋战国时期的民族语言概况和语言关系说略，《中央民族学院学报》6: 72-75, 79。

邢公畹 1996 汉藏语研究和中国考古学，《民族语文》4: 18-28。

徐杰舜 1989 中国古代南北民族关系史比较研究断想，《思想战线》1: 55-61。

游汝杰 1982 论台语量词在汉语南方方言中的底层的遗存，《民族语文》2: 33-45, 48。

—— 1995 中国南方语言里的鸟虫类名词词头及相关问题，in Wang (1995: 253-68)。

张光宇 1994 吴语在历史上的扩散运动，in *Current Issues in Sino-Tibetan Linguistics*, edited by HKitamura, T Nishida, and Y Nagano, 281-300. Osaka: National Museum of Ethnology

中国科学院少数民族语言所（CASIML） 1959 《傈僳语语法纲要》，北京：科学出版社。

周振鹤、游汝杰 1986 《方言与中国文化》，上海：上海人民出版社。

Backus, C. 1981. *The Nan-chao Kingdom and T'ang China's Southwestern Frontier*. Cambridge: Cambridge University Press.

Baron, S.P. 1973. The classifier-alone=plus-noun constriction: a study in areal diffusion. Paper presented at the 6th International Conference on Sino-Tibetan Languages and Linguistics, San Diego.

Baxter, W. H.（白一平）1995. A stronger affinity . . . than could have been produced by accident: a probabilistic comparison of Old Chinese and Tibeto-Burman, in Wang (1995: 1-39).

Bellwood, P. 1992. Southeast Asia before history, in *The Cambridge History of Southeast Asia*, edited by N. Tarling. 55-136, Cambridge: Cambridge University Press.

Bendix, E.H. 1974. Indo-Aryan and Tibeto-Burman contact as seen through Nepali and Newari verb tenses, *International Journal of Dravidian Linguistics* 3.42-59.

Benedict, P.K.（白保罗）1972. *Sino-Tibetan: A Conspectus*. Cambridge: Cambridge University Press.

Bernot, D. 1975. Influence of Burmese language on some other languages of Burma, *Journal of the Siam Society* 63: 96-109.

Bhattacharya, S. 1974. Linguistic convergence in the Dravido-Munda culture area, *International Journal of Dravidian Linguistics* 4.199-213.

Bielenstein, H. 1959. The Chinese colonization of Fukien until the end of T'ang, in *Studia Serica Bernhard Karlgren Dedicata: Sinological Studies Dedicated to Bernhard Karlgren on his Seventieth Birthday*, edited by Søren Egerod. 98-122, Copenhagen: Ejnar Munksgaard.

Blust, R. A.（白乐思）1984-5. The Austronesian homeland: a linguistic perspective, *Asian Perspectives* 26: 45-67.

—— 1994. Beyond the Austronesian homeland: the Austric hypothesis and its implications for archeaology. Paper presented at the Institute of History and Philology, Academia Sinica, 28 Feb.1994.

Bradley, D. 1980. Phonological convergence between languages in contact: Mon-Khmer stuctural borroowing in Burmese, *Proceedings of the Sixth Annual Meeting of the Berkeley Linguistics Society* 259-267.

—— 1986. Identity: the persistence of minority groups, in *Highlanders of Thailand,* edited by J.Mckinnon and W.Bhruksasri. 46-55, Singapore: Oxford University Press.

—— 1996. Burmese as a lingua franca (and associated map, no.87), pp. 745-7 of *Atlas of Languages Used for Intercultural Communication in the Pacific, Asia, and the Americas,* edited by S. A. Wurm, P. Mühlhäusler, and D.T. Tryon, vol.2: 1. Berlin: Mouton de Gruyter.

—— 1997. Tibeto-Burman languages and classification, pp. 1-71 of *Tibeto-Burman Languages of the Himalayas* (Papers in Southeast Asian Linguistics 14, Pacific Linguistics Series A-86), edited by D. Bradley.Canberra: Australian National University.

—— 1998a. Endangered languages and language change: Gong. Paper presented to the 31st International Conference on Sino-Tibetan Languages and Linguistics, Lund, Oct.1998

—— 1998b. Standardization of transnational minority languages in Asia: Lisu and Lahu. Paper presented at the conference on Minority Languages in Context: Diversity and Standardization, Chur, Sept.1998.

Burling, R. 1983. The sal languages, *LTBA* 7: 1-32.

Chang K.C.（张光直）. 1986. *The Archeology of Ancient China.* 4th edition. New Haven: Yale University Press.

Chappell, Hilary.（曹茜蕾）2001. Language contact and areal diffusion in Sinitic languages. In *Areal Diffusion and Genetic Inheritance: Case Studies in Language Change,* ed. by R. M. W. Dixon & A. Y. Aikhenvald, 328-357. Oxford: Oxford University Press.

Chaudhuri, B.1986. Economy, migration and development in the eastern Himalayas: a study with special reference to the hill areas of Darjeeling W.B., *Ecology, Economy and Religion of Himalays*, edited by L.P.Vidyarthi and Makhan Jha. 72-85. New Delhi: Orient Publications.

Chelliah, S.L. 1997. *A grammar of Meithei.* Berlin and Vew York: Mouton de Gruyter.

Chen, M.Y., and Wang, W. S.-Y. 1975. Sound change: actuation and implementation, Language 51: 255-81.

DeLancey, S. 1987. The Sino-Tibetan languages, in *The Worlds Major Languages*, ed. by Bernard Comrie. 799-810. New York: Oxford University Press.

—— 1991. The Sino-Tibetan languages, *The International Encyclopedia of Linguistics,* vol.4, edited by William Bright. 445-449. New York: Oxford University Press.

Dimmendaal, Gerrit. 2001. Areal diffusion versus genetic inheritance: An African perspective. In *Areal Diffusion and Genetic Inheritance: Case Studies in Language Change,* ed. by R. M. W. Dixon & A. Y. Aikhenvald, 358-392. Oxford: Oxford University Press.

Dixon, R. M. W. 1980. *The Languages of Australia.* Cambridge, London, and New York: Cambridge University Press.

—— 1997. *The Rise and Fall of Languages.* Cambridge: Cambridge University Press.

Driem, G.Van.（无我）1988. Reflexes of the Tibeto-burman *-t directive suffix in Dumi Rai, *Prosodic Analysisi and Asian Linguistics: To Honour R.K. Sprigg* (Pacific Linguistics C-104), edited by D. Bradley, E.J.A. Henderson, and M. Mazaudon. 157-167. Canberra: Australian National University.

Du Ruofu, Yuan Yida, Huang, J., Mountain, J., and Cavalli-Sforza, L.L. 1991. *Chinese Surnames and the Genetic Differences between North and South China. JCL* Monograph Series No.5 Berkeley: Project on Linguistic Ananlysis.

Dwyer, A.M. 1992. Altaic elements in the Linxia dialect: contact-induced change on the Yellow River Plateau, *JCL* 20: 160-78.

Evans, J.P.（余文生）1999. Contact-induced tonogenesis in Southern Qiang. Paper presented at the Workshop on Qiangic Languages and LInguistics, Taipei, Nov. 1999.

Fairbank, J.K., Reischauer, E.O., and Craig, A.M. 1989. East Asia: Tradition and Transformation. Revised edition. Boston: Houghton Mifflin Co.

FitzGerald, C.P. 1961. *China: A Short Cultural History*. London: The Cresset Press.

—— 1972. *The Southern Expansion of the Chinese People: Southern Fields and Southern Ocean*. London: Barrie and Jenkins.

Forrest, R.A.D.（富励士）1973. *The Chinese Language*. London: Faber and Faber.

Giridhar, P.P. 1980. *Angami Grammar*. CIIL Grammar Series-6. Mysore: Central Institute of Indian Languages.

Grierson, G.1909. Editor of *Linguistic Survey of India*, vol.3, parts 1-3: *Tibeto-Burman Family*. Calcutta: Superintendent of Government Printing.

Grimes, B.F. 1991. Editor of *Ethnologue: The Languages of the World*. 12th edition. Dallas: Summer Institute of Linguistics.

Hall, D.G.E. 1981. *A History of South-East Asia*. London: Macmillan.

Hansell, M.D. 1989. Lexical borrowing in Taiwan. Ph.D. dissertation, UC Berkeley.

Hashimoto, M.J.（桥本万太郎）1976. Language diffusion on the Asian continent: Problems of typological diversity in Sino-Tibetan, *CAAAL* 3.49-63.

—— 1980. Typography of phonotactics and suprasegmentals in languages of the East Asian continent, *CAAAL* 13: 153-64.

—— 1986. The Altaicization of Northern Chinese. *Contributions to Sino-Tibetan Studies*, edited by J. McCoy and T.Light. 76-97. Leiden: E.J.Brill.

—— 1992. Hakka in *Wellentheorie* perspective, *JCL* 20.1-48.

Heath, J. 1997. Lost wax: abrupt replacement of key morphemes in Australian agreement complexes, *Diachronica* 14: 197-232.

—— 1998. Hermit crabs: formal renewal of morphology by phonologically mediated affix substitution, *Language* 74: 728-59.

Heine, B. 1994. Areal influence on grammaticalization, *Language contact Language Conflict*, edited by Martin Putz. 55-68. Amsterdam and Philadelphia: Benjamins.

—— 1997a. *Cognitive Foundations of Grammar*. New York and Oxford: Oxford University Press.

—— 1997b. *Possession: Cognitive Sources, Forces, and Grammaticalization*. Cambridge: Cambridge University Press.

Heine, B. & Tania Kuteva. 2001. Convergence and divergence in the development of African languages. in *Areal Diffusion and Genetic Inheritance: Case Studies in Language Change,* ed. by R. M. W. Dixon & A. Y. Aikhenvald, 393-411. Oxford: Oxford University Press.

Hoffman, H. 1990. Early and medieval Tibet, *The Cambridge History of Early Inner Asia*, edited by D. Sinor. 371-399. Cambridge: Cambridge University Press.

Iwata, R.（岩田礼）1995. Linguistic geography of Chinese dialects—Project on Han Dialects (PHD), Cahiers de Linguistique Asie Orientale 24.195-227.

Jakobson, R. 1938. Sur la théorie des affinites phonologiques entre les langues, pp. 45-59 of *Proceedings of the 4th International Congress of Linguists*, Copenhagen.

Jeyapaul, V.Y. 1987. *Karbi Grammar*. Mysore: Central Institute of Indian Linguistics.

Kansakar, T.R. 1996. Multilingualism and the language situation in Nepal, *LTBA* 19.2: 17-30.

Kepping, K.B.（克平）1975. Subject and object agreement in the Tangut verb, *LTBA* 2.2: 219-232.

—— 1979. Elements of ergativity and nominativity in Tangut, in *Ergativity: Towards a Theory of Grammatical Relations*, edited by Frans Plank. 263-277. London: Acaedmic Press.

—— 1981. Agreement of the verb in Tangut, *LTBA* 6: 39-48.

—— 1982. Once again on the agreement of the Tangut verb, *LTBA* 7.1: 39-54.

Kubler, C.C. 1985. *The Development of Mandarin in Taiwan: A Case Study of Language Contact*. Taipei: Student Book Co.

LaPolla, R.J.（罗仁地）1989. The phonetic development of Tibetan: a problem set, *LTBA* 11.2: 91-95.

—— 1992a. On the Dating and Nature of Verb Agreement in Tibeto-Burman, *Bulletin of the School of Oriental and African Studies* 55.2: 298-315.

—— 1992b. Anti-ergative Marking in Tibeto-Burman, *LTBA* 15.1:1-9.

—— 1994a. Variable Finals in Proto-Sino-Tibetan, *Bulletin of the Institute of History and Philology* 65.1: 131-173.

—— 1994b. Parallel Grammaticalizations in Tibeto-Burman: Evidence of Sapirs "Drift", *LTBA* 17.1: 61-80.

—— 1995. Ergative Marking in Tibeto-Burman, in *New Horizons in Tibeto-Burman Morpho-syntax* (Senri Ethnological Studies 41), ed. by Yoshio Nishi, James A. Matisoff, & Yasuhiko Nagano. 189-228. Osaka: National Museum of Ethnology.

—— 1998. Why languages differ: Variation in the conventionalization of constraints on inference. Paper presented to the Linguistics Department (Arts), Australian National University, 23 July 1998.

—— 2001. ed. *New Research on Zhangzhung and Related Himalayan Languages*, vol.2: *The Tibeto-Burman Languages of Uttar Pradesh*. Osaka: National Museum of Ethnology.

Laufer, B. 1916 [1987]. Loan words in Tibetan, *T'oung Pao* 17: 404-552. Reprinted in *Sino-Tibetan Studies* II, edited by Hartmut Walravens and Lokesh Chandra. 483-632. New Delhi: Rakesh Boel.

Leach, E.R. 1954 [1964]. *Political Systems of Highland Burma*. London and Atlantic Highlands, NJ: The Athlone Press.

Lee, J.（李中清）1978. Migration and expansion in Chinese history, in *Human Migration: Patterns and Policies*, edited by William H. McNeill and Ruth S. Adams. 20-47. Bloomington and London: Indiana University Press.

—— 1982. The legacy of immigration in Southwest China, 1250-1850, *Annales de démographie Historique* 1982: 279-304.

—— and Wong Bin. 1991. Population movements in Qing China and their linguistic legacy, in Wang (1991a: 52-77).

Li Fang-Kuei.（李方桂）1939. Languages and dialects, in *Chinese Yearbook*. 44-46. Shanghai. also republished in *JCL* 1: 1-13(1973).

Li Wen-Chao.（李文肇）1994. The four grades: an interpretation from the perspective of Sino-Altaic language contact. Paper presented at the 28th International Conference on Sino-Tibetan Languages and Linguistics, Charlottsville, VA, Oct.1995.

Lien, C.（连金发）1987. Coexistent tone systems in Chinese dialects. PhD dissertation, UC Berkeley.

—— 1993. Bidirectional diffusion in sound change revisited, *JCL* 21: 255-276.

—— 1997. The lexicon in copn.etin changes, *In Memory of Mantaro Hashimoto*, edited by A.O.Yue and Endo Mitsuaki. 117-125. Tokyo: Uchiyama Shoten.

Lin Tao.（林焘）1991. The scope of Pekinese, in Wang (1991a: 363-376).

Luce, G.H. 1937. The ancient Pyu, *Journal of the Burma Research Society* 27: 239-53.

—— 1976. Sources of early Burma history, in *Southeast Asian History and Historiography: Essays presented to D. G. E. Hall*, edited by C. D. Cowan & O. W. Wolters. 31-42. Ithaca and London: Cornell Press.

—— and Pe Maung Tin. 1939. Burma down to the fall of Pagan: an outline, part I, *Journal of the Burma Research Society* 29: 264-73.

Matisoff, J.A.（马蒂索夫）1978. *Variational semantics in Tibeto-Burman: the organic approach to linguistic comparison*. Philadelphia: Institute for the Study of Human Issues.

—— 1983. Linguistic diversity and language contact, in *Highlanders of Thailand*, edited by J. McKinnon and W. Bhruksasri. 56-86. Singapore: Oxford University Press.

—— 1988. *The Dictionary of Lahu*. University of California Publications in Linguistics 111. Berkeley and Los Angeles: University of California Press.

—— 1990. On megalocomparison, *Language* 66.106-120.

—— 1991. Areal and universal dimensions of grammatization in Lahu. in *Approaches to Grammaticalization*, vol.2, edited by E.C. Traugott and B. Heine. 383-453. Amsterdam and Philadelphia: John Benjamins.

—— 2001. Genetic vs. contact relationship: prosodic diffusibility in South-East Asian languages. In *Areal Diffusion and Genetic Inheritance: Case Studies in Language Change*, ed. by R. M. W. Dixon & A. Y. Aikhenvald. 291-327. Oxford University Press.

Mei Tsu-Lin.（梅祖麟）1989. The causative and denominative functions of the *s- prefix in Old Chinese, *Proceedings of the Second International Conference on Sinology*. 23-32. Taipei: Academia Sinica.

Michailovsky, B. 1985. Tibeto-Burman dental suffixes: evidence from Limbu (Nepal), *Linguistics of the Sino-Tibetan area: The state of the art. Papers presented to Paul K. Benedict for his 71st birthday* (Pacific Linguistics C-87), ed. by G. Thurgood, J.A. Matisoff and D. Bradley. 334-343. Canberra: Australian National University.

Mountain, J.L., Wang, W.S.-Y., Du Ruofu, Yan Yida, and Cavalli-Sforza, L.L. 1992. Congruence of genetic and linguistic evolution in China, *JCL* 20: 315-30.

Nishi.（西義郎）1986. 現代チベット語方言の分類, *Bulletin of the National Museum of Ethnology* 11: 837-900.

Norman, J.（罗杰瑞）1988. *Chinese*. Cambridge: Cambridge University Press.

—— 1991. The Min dialects in historical perspective, in Wang (1991a: 325-260).

—— and Mei Tsu-Lin. 1976. The Austrasiatics in ancient South China: some lexical evidence, *Monumenta Serica* 32: 274-301.

Okell, L. 1965. Nissaya Burmese, a case of systematic adaptation to a foreign grammar and syntax, *Lingua* 15: 186-227.

Oppitz, M. 1974. Myths and facts: reconsidering some data concerning the clan history of the Sherpas, *Kailash* 2: 120-131.

Poffenberger, M. 1980. *Patterns of change in the Nepal Himalaya.* Delhi: The Macmillan Co. of India.

Pulleyblank, E.G.（蒲立本）1983. The Chinese and their neighbors in prehistoric and early historic times, in *The origins of Chinese civilization*, edited by David N. Keightley. 411-466. Berkeley: University of California Press.

—— 1991. Chinese dialect studies, in Wang (1991a: 431-455).

Qian Nairong.（钱乃荣）1991. The changs in the Shanghai dialect, in Wang (1991a: 377-428).

Ross, Malcolm. 2001. Contact-induced change in Oceanic languages in North-West Melanesia. In *Areal Diffusion and Genetic Inheritance: Case Studies in Language Change,* ed. by R. M. W. Dixon & A. Y. Aikhenvald. 134-166. Oxford: Oxford University Press.

Saxena, A. 1988a. On syntactic convergence: The case of the verb say in Tibeto-Burman, *Proceedings of the 15th Meeting of the Berkeley Linguistic Society.* 375-388.

—— 1988b. On the grammaticalization of the verb "say": A typological and diachronic study, in *Papers from the 3rd Pacific Linguistics Conference*, edited by S. DeLancey & R. Tomlin, Eugene: University of Oregon.

Shafer, R. 1955. Classification of the Sino-Tibetan languages, *Word* 11: 94-111.

—— 1966. *Introduction to Sino-Tibetan*, part I. Wiesbaden: Otto Harrassowitz.

Sharma, D.D. 1989. *Tibeto-Himalayan languages of Uttarakhand*, part I: Studies in Tibeto-Himalayan languages 3. Delhi: Mittal Publications.

Sharma, S.R. 2001. A study on the Tibeto-Burman languages of Uttar Pradesh. Lapolla (2001: 187-194).

Shiratori, Yoshiro.（白鳥芳郎）1950. 南詔及び大理の民族とその遺民, 民家の言語系統について(On the tribes of Nan-chao and Ta-li and the descent of the languages of their descendents, the Min-chia), *Japanese Journal of Ethnology* 15.52-63.

ShreeKrishan. 2001a. A sketch of Chaudangsi grammar, in Lapolla (2001: 401-448).

—— 2001b. A sketch of Raji grammar, in Lapolla (2001: 449-501).

Singh, A.P. 1986. Beliefs and rituals among the Bhotias of Uttarakhand Himalaya—a study of persistence and change, in *Ecology, Economy and Religion of Himalays*, edited by L.P. Vidyarthi and Makhan Jha. 168-171. New Delhi: Orient Publications.

Snellgrove, D., and Richardson, H. 1986. *A Cultual history of Tibet*. Boston and London: Shambhala.

Stein, R.A.(石泰安)1961. *Les tribus anciennnes des marches sino-tibetaines; legendes, classifications et histoire*. Melanges publies par l'lnstitut des Hautes Etudes chinoises. Paris: Presses universitaires de France.

Stern, T. 1962. Language contact between related languages: Burmese influences upon Plains Chin, *Anthropological Linguistics* 4: 1-28.

Thurgood, G. 1985. Pronouns, verb agreement systems, and the subgrouping of Tibeto-Burman, in *Linguistics of the Sino-Tibetan area: The state of the art. Papers presented to Paul K. Benedict for his 71st birthday*, edited by Graham Thurgood, James A. Matisoff and David Bradley. 376-400. Canberra: Pacific Linguistics.

Tiwari, S.C. 1986. Some aspects of religious practices among the Rajis of Kumaon Himalaya, in *Ecology, Economy and Religion of Himalays*, edited by L.P. Vidyarthi and Makhan Jha. 180-192. New Delhi: Orient Publications.

Treistman, J.M. 1972. *The Prehistory of China*. Garden City, NY: Natural History Press.

Wang Jun.（王均） 1991. Language interaction in China, in Wang (1991a: 161-186).

Wang Ming-ke.（王明珂） 1992. The Chiang of Ancient China through the Han Dynasty: Ecological Frontiers and Ethnic Boundaries". Ph.D. dissertation, Harvard University.

Wang, W. S-Y.(王士元) 1991a. Editor of *Languages and Dialects of China. JCL* Monograph Series 3. Berkeley: Project on Linguistic Ananlysis.

—— 1991b. *Explorations in Language*. Taipei: Pyramid Press.

—— 1995. Editor of *The Ancestry of the Chinese Language. JCL* Monograph Series 8. Berkely: Project on Linguistic Analysis.

—— and Lien Chinfa. 1993. Bidirectional diffusion in sound change, in *Historical Linguistics: Problems and Prospectives*, edited by C.Jones. 345-400. London: Longman Group.

Watkins, Calvert. 2001. An Indo-European linguistic area and its characteristics: Ancient Anatolia, areal diffusion as a challenge to the comparative method? In *Areal Diffusion and Genetic Inheritance: Case Studies in Language Change,* ed. by R. M. W. Dixon & A. Y. Aikhenvald. 44-63. Oxford: Oxford University Press.

Wiens, H.J. 1967. *Han Chinese Expansion in South China*. Hamden, CT: Shoe String Press.

Yue-Hashimoto, A.O.-K. （余霭芹） 1967. Southern Chinese dialects: the Tai connection, *CAAAL* 6: 1-9.

—— 1991. The Yue dialect, in Wang (1991a: 294-324).

—— 1993. The lexicon in syntactic change: lexical diffusion in Chinese syntax, *JCL* 21: 213-53.

Zhao Tongmao and Lee Tsung Dao.1989. Gm and Km allotypes in 74 Chinese populations: a hypothesis of the origin of the Chinese nation, *Human Genetics* 83: 101-110.

Zhou Zhenhe. （周振鹤） 1991. Migrations in Chinese history and their legacy on Chinese dialects, in Wang (1991a: 29-51).

西双版纳老傣文五十六字母考(下)

云南民族大学　　王敬骝　陈相木

（续前）

四、字母 13、18、28、33；54、52、50、51：

这八个字母中，前四个为巴利文有品字母中的鼻音，在老傣文字母中属低音组；后四个是与它们相配的高音组字母，是老傣文根据自己语言的特点加上去的。

先看低音组，它们与泰文，佤语的对应关系如下：

23. η^L

T	XD	DD	W	词义
ŋ	ŋ	ŋ	ŋ	
无调号	无调号			
ηa_2	ηa_2	ηa_2	$\eta \varepsilon ʔ$、	苏子、芝麻
–	$\eta a_2 lo_5$	$\eta a_2 lo_5$	$\eta \varepsilon ʔ\ sɔk$	芝麻
ηa_2	ηa_2	ηa_2	ηa	獠牙
$\eta a_2 tsa\eta_4$	$\eta a_2 tsa\eta_4$	$\eta a_2 tsa\eta_4$	$\eta a\ sa\eta$	象牙
$\eta ɔ_2$	$\eta ɔ_2$	–	$\eta ɔk\ cɔ$	弯曲
–	ηai_2	ηai_2	–	相貌、形象
–	–	–	$\eta \underline{ai}$	脸面、相貌
$tsm'\eta ai_2$			$s'\eta ai$	远
(ฉำงาย)				
$tsm'\eta ai_2$	ηai_2	–	$pon\ \eta aiʔ$	中午、白天
ηua_2、vua_2	ηo_2、ho_2	ηo_2、vo_2	$mɔi$	黄牛
ηai_2	–	ηai_2	$prɛʔ\ \eta aiʔ$	早餐、正餐
$\eta ua\eta_2$	$\eta o\eta_2$	$\eta o\eta_2$	$\eta o\eta$	象鼻
$\eta ɯan_2$	$\eta ɯn_2$	$\eta ɤn_2$	–	银子、钱
–	$\eta ɔ\eta_2$	–	–	薅、锄
–	–	–	$s'\eta ua\eta$	芟刀

T	XD	DD	W	词义
—	—	ŋɔi$_2$	ŋɔi	小壶、小罐
—	ŋăm$_2$	ŋăm$_2$	num	孵伏
ji$_6$	ji$_2$	ŋi$_2$	ŋi	寅，地支
—	mɤŋ$_2$ŋim$_2$	mɤŋ$_2$ŋim$_2$	kɯɯŋ ŋim	澜沧上下游地方
˘	ı̆			
ŋau$_4$	ŋau$_4$	—	ŋau	关刀
ŋɔn$_2$	ŋɔn$_2$thăi$_1$	—	ŋɔn thai	辕、犁曲柄
ŋɔn$_2$	ŋɔn$_4$	—	—	翘起的、弯曲的
ph'ŋɔn$_2$	—	—	—	翘起的、弯曲的
(ຜงร、ຜงอน)				
ŋɔ$_2$ŋɔn$_6$	—	—	—	后仰、仰曲
—	ŋɔm$_4$ŋɔm$_4$	—	ŋu ŋam	小孩吃食乱啃
—	ŋam$_3$ŋam$_3$、	—	—	乱咬的样子
	ŋɛp$_{7s}$ŋɛp$_{7s}$			
ŋua$_2$、ŋua$_6$	—	ŋo$_4$	ŋoʔ	男子排行第五
ŋɔm$_4$	—	—	—	佝偻的
ı		ı		
ŋam$_6$	ŋam$_6$	ŋam$_6$	ŋam	丫杈
—	—	ŋe$_6$	ŋe	乖、温驯
—	ŋăi$_6$	ŋăɯ$_6$	ŋaɯ	淤泥、油泥、垢
—	ŋăi$_6$lo$_3$	—	glauʔ	稀泥
无调号				
—	ŋɛk$_8$、ŋɤŋ$_4$	—	ŋik	闪开、让开些
—	ŋɛk$_{7s}$	ŋik$_{7s}$	—	闪开、让开些
ŋɔk$_{8L}$	ŋɔk$_8$、ŋɔʔ$_8$	ŋɔk$_8$	—	芽
ŋɔk$_{8L}$	ŋɔk$_8$	ŋɔk$_8$	—	发芽
ŋăp$_{8s}$	—	—	ŋɯp	关、掩门

24. j^L

T	XD	DD	W	词义
j	j	j	ȵ	
无调号	无调号			
ʔat$_{7L}$ja$_2$	ʔat$_{7s}$ja$_2$	—	—	权威、传令
—	—	—	ʔan ȵa	傣族土司
—	—	—	ʔan ȵa tham	佛教最高级僧侶

T	XD	DD	W	词义
jaŋ₂	jăŋ₂	jăŋ₂	ȵaŋ	尚、还、尚未
jăi₂	jăi₂	jăɯ₂	ȵai	丝丝（如藕丝）
ji₆	ji₂	ŋi₂	ŋi、ȵi	寅，地支之三
jia₆	je₂	je₂	–	谷仓
–	–	–	ȵɛʔ	房子、家
jɔm₂	jɔm₂	–	–	甘愿
–	–	–	ŋɔm	甘、甜、舒服的
jɔŋ₂	–	–	ȵɔŋ	条、缕
jiŋ₁	jiŋ₂	jiŋ₁	–	妇人
jɤi₄(เย็ย)	–	–	ȵiah	笑、嘲笑
jua₄jia₄	–	–	ȵu ȵa	连绵的
jua₆	jiʔ₈	jo₂、jo₄	ȵɔ	引诱、哄
juan₂	–	–	–	勾引、撩
ji₆	ji₆	ji₆	ȵi	男子排行第二
–	jɯ₆	jɯ₆	ȵɯ	瞄、对准
–	jɯ₂	jɯ₂	–	射击
无调号				
jɔt₈ₗ	jɔt₈	jɔt₈	ȵɔt、ȵoik	尖、顶、最好的、绝伦的
–	jat₈	kɤn₅	kraik	抓、搔、挠痒

25. nᴸ

T	XD	DD	W	词义
n	n	l	n	
无调号	无调号			
na₂	na₂	la₂	toŋ na	田
naŋ₂	naŋ₂	laŋ₂	naŋ	有地位的妇女、对妇女的敬称
–	–	le₂	ne	指责、批评
–	–	lun₂	nun	沉，感到重、累
n'pha₂(นภา)	–	–	ma	天
na₂ǐi₂ka₁(นาฬิกา)	–	–	na ri	时计、小时

nɯa₄	nɤ₄	lɤ₄	neʔ	肉
—	neʔɛ₃₇ₛ	—	—	净肉
nɔi₄	nɔi₄	lɔi₄	—	小
—	—	mɤŋ₂lɔi₄	mɤŋ nɔi	沧源勐来，意为小地方
nɔi₅	nɔi₁、nɔi₃、nɔi₅	—	—	少
năm₄	năm₄	lăm₄	rɔm nɛm	水
năm₄mɤk₇ₗ	năm₄mɤk₇ₗ	lăm₄mɯk₈	nam mɤk	墨汁、墨水
năm₄măn₂	năm₄măn₂	lăm₄măn₂	nam man	油
năm₄ʔɔi₃	năm₄ʔɔi₃	lăm₄ʔɔi₃	nam ʔɔi	糖
ǀ	ǀ			
—	—	lu₆lai₆	nu nai	欺负、凌辱
无调号				
n'rŏk₈ₛ（นรก）	—	—	ŋu na rok	地狱
sĭ₁、nat₈ₗ(สินาด)	—	—	—	弓弩、铳
—	nat₈	—	nat	枪
—	nat₈tsak₈	—	nat tsak	机枪
—	nat₈mot₈	—	—	一种火枪
—	năp₈	lăp₅	nɛp	随便、任意
năp₈ₛthɯ₁	năp₈thɯ₁	—	nap	尊重
nɛp₈ₗ	nɛp₈	lɛp₈	niap	掩塞
—	—	lɛt₈	niat	催促
nŏp₈ₛ、mɔp₈ₗ	nɔp₈	—	nɔm	交代、嘱咐
ph'năk₈ₛ（พะนัก、พนัก）	—	—	—	靠背
—	—	—	theṇ ŋak	太师椅
—	—	—	taŋ kak	有靠背的椅子

26. mᴸ

T	XD	DD	W	词义
无调号	无调号			
m	m	m	m	
mi₂	mi₂	mi₂	mi	有、富有
mi₂mak₈ₗ	mi₂mak₈	mi₂mak₈	mi mhạk	富裕
mɯaŋ₂	mɤŋ₂	mɤŋ₂	mɤŋ	勐、地方

–	$m\gamma\eta_2 ka_3$	$m\gamma\eta_2 ka_6$	$m\gamma\eta\ ka$	勐嘎、景谷、神护关
–	$m\gamma\eta_2 m\varepsilon n_2$	$m\gamma\eta_2 m\varepsilon n_2$	$m\gamma\eta\ mian$	勐缅、临沧、普洱、腾冲
–	$m\varepsilon n_2$	$m\varepsilon n_2$	$mian$	"闽"族，通常指拉祜族
–	$m\gamma\eta_2 mau_2$	$m\gamma\eta_2 mau_2$	$m\gamma\eta\ mau$	勐卯（瑞丽）
–	$m\gamma\eta_2 l\varepsilon m_2$	$m\gamma\eta_2 l\varepsilon m_2$	$m\gamma\eta\ l\varepsilon m$	孟连
$m\gamma\eta_2$	–	$m\gamma\eta_2$	$m\gamma\eta$	丁，天干之四
–	$m\check{a}u_2$	$m\check{a}u_2$	–	昏、晕、醉
–	$m\mu_2$	$m\mu_2$	–	手
–	$m\mathfrak{o}_2$	$m\mathfrak{o}_2$	$s'm\mathfrak{o}$	喧闹
$m\check{a}n_2$	$n\check{a}m_4 m\check{a}n_2$	$m\check{a}n_2$	$nam\ man$	油
–	–	$m\check{a}\mu_2$	$mai?$	你
$m\check{o}n_2$	$m\check{u}n_2$	mon_2	–	
–	–	$to\eta_6 mon_2$	$to\eta\ mun$	沧源东勐，意为圆形小坝
$m\mathfrak{o}_2$	–	–	$m\mathfrak{o}$	山阜
$m\mathfrak{o}_2$	–	–	–	雄黄牛
–	–	–	$m\mathfrak{o}i$	黄牛
$mlan_2$	–	lan_6	lan	软的、扒的
–	$n\check{a}m_4 lai_2$	$n\check{a}m_4 lai_2$	$r\mathfrak{o}m\ mia$	口水、唾沫
$l\check{e}n_2$、lon_2	min_2	min_2	$brui\eta$	虱子
–	–	ma_2	$br\varepsilon$	顿、餐
–	–	ma_2	$br\varepsilon$	既然、竟然
–	$m\varepsilon_2$、$l\check{a}i_6$	me_2、$mon_4 me_2$	bre	修理、好好整整
lep_{8L}	–	$m\varepsilon p_8$	$bl\varepsilon?$	伸出、吐舌
–	$m\varepsilon n_2$	$m\varepsilon n_2$	–	伸出、吐舌
–	$m\mu n_2$	mun_2	$blian$、$blin$	睁开、瞪
$muan_2$、$muan_4$	–	–	pua	卷
$muan_4$	–	–	bua	卷儿
ma_4	ma_4	ma_4	–	马
–	–	–	$br\varepsilon$、bra	牲口
mam_4	–	–	mam	脾
–	min_4	–	–	一种野蜂
–	–	$m\varepsilon\eta_2 hin_4$	$mai\eta$	墨蚊
–	$m\varepsilon_4$	–	me	竹虫

–	mim_4	–	mip	闭嘴
–	$măi_4pɔ̆ʔ_8$	–	$ʔɔʔ$ mai pok	大龙竹
–	$măi_4saŋ_2$	–	$ʔɔʔ$ mai saŋ	黄竹、眉山竹
–	$măi_4tɔŋ_2$	–	khau̯ʔ blak tɔŋ	刺桐
–	mon_4	vot_8、vit_8	phuat	卷、挽
–	mon_4	–	–	收边（如编箩）
man_6	man_6	man_6	man	缅族
$mɛ_6$	$mɛ_6$	me_6	$mɛʔ$	母亲
$mɛ_6$	$mɛ_6$	me_6	$mɛʔ$	雌的、母的
$mɛ_6mai_3$、$mɛ_6mai_6$	$mɛ_6mai_3$	me_6mai_3	$mɛʔ$ mai	寡妇
$mɛ_6sɯp_{7L}$	$mɛ_6sɯp_{7L}$	$me_6sɯp_8$	$mɛʔ$ sɯp	继母
$m'mau_6$(มะม่าว)	–	–	mau	困倦、疲乏
$mak_{7L}muaŋ_6$	$mak_{7L}moŋ_6$	$mak_{7L}moŋ_6$	mak moŋ	芒果
–	–	$măŋ_6$	s'maŋ	捆、打
–	–	$maŋ_6$	plah	张
$măŋ_6$、$laŋ_2$	$laŋ_2$	$maŋ_6$	–	有些
$baŋ_3$	–	–	blah	有些
–	–	$măm_6$	mam	嚼、喂

无调号

$măt_{8s}$	$măt_8$	$măt_8$	mat	束、捆、扎；一束、一捆、一扎
–	mat_8	–	mat	硫磺
–	–	$mɤ_3$	mɤ	火药
–	$mɔk_8$	$mɔk_8$	mɔk	炮、大炮
met_{8s} met_{8L}	met_8	mot_8	mot	未，地支
set_{7L}	set_{7L}	met_8	met（s'met）	戌，地支
$mɔt_{8L}$	$mɔt_8$	$mɔt_8$	mɔt	蛀虫
$bɔn_6$	$mɔt_8$	$mɔt_8$	mɔt	蛀、被蛀食的
$fɔn_2$	$mɔt_8$	$mɔt_8$	mɔt	内蛀、内蚀
$fɔt_{8L}$	–	–	lhɔn	里内腐烂、朽的
mek_{8L}	mek_{8L}	–	–	乌云
mit_{8L}	mit_8	mit_8	vaik	刀

muk_{8L}	muk₈	muɯk₈	mɯih	鼻涕
ts'mŏk_{8s}、tsr'muk_{8L}	–	–	mɯih	鼻子
(จมก、จระมูก)				
kh(m)an	–	–	mɯih	鼻子
(ฆาน)				
măk_{8s}、mlăk_{8s}	măk₈	măk₈	miak	嗜好、喜爱
măk_{8s}、răk_{8s}	măk₈、hăk₈	hăk₈	muih	爱
mak_{8L}、mănŋ₆	mak₈	mak₈	mi mhak	丰富
–	mɔp₈	–	mɔp	闭拢、合拢
–	–	–	mɔk mɔm	抱头蒙面、蜷伏
–	mot₈、mŭt₈	mɤ₆	mɯt	熏
mŏt_{8s}	mot₈	mot₈	mɯik	蚂蚁
mŏt_{8s}	–	mot₈	moik	社神
–	met₈	met₈	met、mɛt	碎银、银毫
m'mɤ₂	ni₄met₈	–	tɕ'mauʔ	呓语、做梦

可以看到，傣语中低音组的 ŋ、j、n、m，在泰语中，读如傣语；在佤语中，相应地读为 ŋ、n̪、n、m。傣语和泰语中为偶数调，佤语中为松音。这种对应规律比较整齐，也比较明显，它和按巴利文字母排列次序，各个字母所应读的音，也是一致的。

这些音，除了以后由于语音变化，字母 18 与 34，即 *n̆ 与 *j 有所混淆外，一般是以字母 13、18、28、33 表示，因此，我们认为，李方桂教授构拟同样是合适的，它们应为 ŋ、n̆、n、m。

关于 *n̆ 与 *j 的问题，将在后面详论。

下面，再看高音组。

它们与泰语、佤语的对应如下：

27. ŋ^H

T	X	DD	W	词义
ŋ	ŋ	ŋ	ŋh	
无调号	无调号			
–	ŋan₁	ŋan₁	ŋha	公的、雄的
–	năm₄ŋan₁	năm₄ŋan₁	rɔm ŋaŋ	精液
nɯŋ₆	nɯŋ₃	lɯŋ₃	ŋhauŋ	蒸
hŭŋ₁	–	huŋ₁	hauŋ	蒸
–	–	ŋin₂	ŋhiat	听
jĭn₂	jin₂	jin₂	ŋhiat	听
–	ŋɔm₁	ŋɔm₁、ŋum₁	ŋɔm	蹲
–	ŋom₄năŋ₆		ŋɔm	坐

–	ŋam$_1$	ŋam$_1$	gɛʔ	握、把持
kăm$_1$	kăm$_1$	kăm$_6$	–	握、把持
kăm$_1$	kăm$_1$	kăm$_6$	–	一把、一束
–	–	ŋam$_4$	gɛʔ	握、抓住
ŋɛn$_1$	–	hɛn$_1$、ŋɛk$_8$	ŋɛt	仰、抬头
ŋɔ$_1$	–	–	sʼŋua、sʼkua	畏悚、恐惧
ŋɔn$_1$	hɔn$_1$	hɔn$_1$	sʼgoi	鸡冠
–	hɔn$_1$	–	goih	豪猪
–	han$_1$	–	gan	苘麻
thʼŋăi$_1$(ไถง 读为 ถะไหง)	–	–	sʼŋaiʔ	太阳
ŋɔi$_1$	–	–	sʼgɔi	无力的、颓然的
ˇ	ˊ			
–	ŋam$_3$ŋam$_3$	–	ŋu ŋam	乱啃乱咬的样子
–	ŋɛp$_{7s}$ŋɛp$_{7s}$	–	–	乱啃乱咬的样子
–	kwɛn$_3$	ŋɛn$_3$		蒂、把儿
–	–	–	sʼŋian	葫芦
–	–	–	gian	手指
–	ŋɛn$_3$	–	kraiŋ	啃
–	–	kăt$_{7s}$	kiat	啃
–	ŋɛn$_3$ŋŭt$_{7s}$	–		乱啃乱咬的样子
	ŋɛn$_3$ŋăt$_{7s}$			
'	'			
han$_5$	han$_5$	han$_5$	han	鹅
kʼŋan$_2$（กงาน）	–	–	–	鹅
ŋɯa$_5$、hɯa$_5$	hɤ$_5$	hɤ$_5$		汗水
ŋɔi$_5$	–	–		迟钝的、缓慢的
–	kɔi$_6$	lɔi$_2$	kɔi	慢
trʼŋɔŋ$_5$（ตระหง่อง）无调号	tɔŋ$_5$	tɔŋ$_5$	tɔŋ	注视、看
ŋɔk$_{7L}$	hɔk$_{7L}$	hɔk$_{7L}$	–	皓、苍白
ŋɯak$_{7L}$	hɤk$_{7L}$	hɤk$_{7L}$	ŋi	龈、牙床
ŋăp$_{7s}$	–	–	ŋhap	打哈欠
ŋăp$_{7s}$、ŋap$_{8L}$	–	ŋăp$_8$	–	徐开徐闭、一张一合
–	ŋap$_{7L}$	kɛm	–	鱼鳃、一张一合之处
ŋŭt$_{7s}$ŋĭt$_{7s}$	–	–	–	无精打采

T	XD	DD	W	词义
			ŋut	沉默、生气
–	ŋɛk$_{7s}$	ŋik$_{7s}$	ŋik	闪开、让开
–	–	–	grɯʔ、kru kriʔ	展、挪动
–	ŋok$_{7s}$	–	gok	钩
–	ŋɔ$_1$、ŋɔ$_2$	–	–	弯钩
–	ŋɔ̌ʔ$_{7s}$	ŋɔk$_{7s}$	ŋɔk	弄弯
–	–	ŋɔk$_{7s}$	gɔk	弯儿
–	–	–	kɔk	弯曲
ŋɔn$_6$ŋɛn$_6$ (ง่อนแง่น)	–	ŋɔk$_{7s}$ŋɛk$_{7s}$	gu gɔk gu gɛk	弯弯曲曲、弯来弯去
kʼŋɔn$_4$kʼŋɛn$_4$ (กะง่อนกะแง่น)	–	–	–	弯弯曲曲、弯来弯去
krʼŋɔn$_6$krʼŋɛn$_6$ (กระง่อนกระแง่น)	–	–	–	弯弯曲曲、弯来弯去
phʼŋan$_5$、phʼŋat$_{7L}$	mot$_{7s}$、met$_{7s}$	–	sʼŋaʔ	洁净、清秀
–	ŋɛp$_{7s}$	–	dɛp	帽沿、屋檐
lʼŋat$_{8L}$ (ล่างาด)	kăt$_{7s}$	kăt$_{7s}$	kuat	冷

28. jʰ

T	XD	DD	W	词义
j	j	j	n̥h	
无调号	无调号			
phĭt$_{8s}$thja$_2$(พิทยา 读为 พิคทะยา)	phja$_1$	–	phi n̥a	智慧
–	păn$_1$ja$_2$ pnʼja$_2$	–	–	
phĭt$_8$(พิชญ์)	–	–	–	哲人、博学之士

*j→tsh 读为 t, *n̥ 不发音

T	XD	DD	W	词义
jăn$_1$(หยัน)			n̥iah(khraih)	笑、讥笑
		jɔi$_6$		开玩笑
˘	´			
–	jɤ$_3$	–	n̥hɯ	粪草、垃圾
–	–	jɤ$_3$	–	草、饲料
–	jɤ$_3$jak$_{7L}$	–	n̥hɯ n̥hɔk	粪草、垃圾
ja$_3$	ja$_3$	ja$_3$	–	草

T	XD	DD	W	
–	–	–	ŋa pa lɔk	灵芝草
–	–	–	ŋa sai	水草
–	–	–	ŋa pai	火草、艾绒
ˈ	ˈ			
jăi$_5$	jăi$_5$	jăɯ$_5$	–	大
–	–	–	tɕˈnhaɯ	自大、蛮横无理
jɔm$_5$	jɔm$_5$	jɔm$_5$、jɔp$_{7s}$	ŋhɔm	簇、丛、小片
–	jum$_5$	jum、jup$_{7s}$	ŋhum	小撮、小堆
无调号				
năp$_{7s}$、jap$_{7L}$	jap$_{7L}$	jap$_{7L}$	ŋhap	韧的、艰难的
–	jap$_{7L}$tsăi$_1$	jap$_{7L}$tsăɯ$_6$	ŋhap rhɔm	麻烦、劳驾
jăt$_{7s}$、jiat$_{7L}$	jet$_{7L}$	jet$_{7L}$	ŋat	伸直
jak$_{7L}$	jak$_{7L}$	–	–	废物、糟粕
–	–	–	ŋhak	黏性分泌物

29. nᴴ

T	XD	DD	W	
n	n	l	nh	
无调号	无调号			
nɔŋ$_1$	nɔŋ$_1$	lɔŋ$_1$	nhɔŋ	池塘、湖泊
–	nɛ$_1$	lɛ$_1$	nhɛ	指示、指使
niau$_1$	neu$_1$	leu$_1$	nhiou	稠、稠黏
nɯa$_1$	nɤ$_1$	lɤ$_1$	–	上、上方、上面
–	ŋim$_2$nɔ$_1$	ŋim$_2$nɤ$_1$	ŋim nhɤ	澜沧上游地方
–	nim$_1$	lim$_1$	–	平静、安定
–	–	–	nhim	迟钝、缓慢
–	–	lai$_6$	–	白费、白白的
–	–	–	nai	浪费
ˇ	ˇ			
nɛn$_5$	nɛn$_3$	lɛn$_3$	nhian	坚实
–	nɛn$_3$	–	nhian	迟钝、敦厚
–	–	hăŋ$_4$、haŋ$_4$	nhaŋ	系、挂
na$_3$	na$_3$	la$_3$	–	脸、面
–	na$_3$ʔok$_{7L}$	la$_3$ʔok$_{7L}$	nauk、naɯk	胸、胸脯
–	ʔok$_{7L}$	ʔok$_{7L}$	–	胸、胸前
–	–	–	ʔɯk	牛胡
–	–	–	sˀʔaŋ ʔɯk	胸岔骨、胸骨

nǎu₃	–	–	s'nɔ	青春的、年青的
sau₁ ᵎ	sau₁ ᵎ	sau₁	–	少女
nɔ₅	nɔ₅	lo₅	–	笋
–	paŋ₅nɔ₅	paŋ₅lo₅	paṇ nhɔ	沧源班糯，意为采笋之地
num₅	nŭm₅	lŭm₅	ṇom	嫩的、年青的
无调号				
s'nǎp₇ₛ	–	–	niap	折叠
nɛp₇ₗ	nɛp₇ₗ	lɛp₇ₗ	Km: kr'niap	夹子、镊子
nip₇ₗ	nip₇ₗ	–	夹住	
nuat₇ₗ	not₇ₗ	lot₇ₗ	–	胡子
–	–	–	dọt	嘴

30. mᴴ

T	XD	DD	W	词义
m	m	m	mh	
mɔ₁	mɔ₁	mo₁	mhọ	师、能手
mai₁	mai₁	mai₁	mhai	记号、标志
mai₁	mai₁	mai₁	mhai	作记号
mɔn₁	mɔn₁	mɔn₁	mhọn	垫子
mɔn₁	mɔn₁、mŭn₁	mɔn₁	mhọn	垫
–	man₁	man₁	mhan	走运、财禧
mǎi₁	mǎi	mǎɯ₁	–	罚
–	mǎi₁	mǎɯ₁	–	罚款
–	–	–	maɯ	钱
s'mɔ₁(สมอ)	–	–	s'me	橄榄
th'mɔ₁(ถมอ)	–	–	s'mau	石头
sa₁r'mjǎi₂、ma₁ (สารไมย、หมา)	ma₁	ma₁	sọʔ	狗
mi₁ ᵛ	mi₁ ᵛ	mi₁	krịh	熊
mǎi₃	mǎi₃	mǎi₃	mai	热
mai₃、mai₆	mai₃	mai₃	mai	鳏、寡
mǎu₁、mǎu₄	mǎu₃	mǎu₃	mau	卯，地支之四
mɔ₃	mɔ₃	mɔ₃	ʔọ	锅
–	mɔ₃xaŋ₁	mɔ₃xaŋ₁	ʔọ khaŋ	铁锅

suua₃	sɤ₃	sɤ₃	s'beʔ	衣服
—	mɛ₃	—	—	衣襟
phăt₈ₛ(พัตร)	—	măn₃	man	布
man₆	—	—	—	幔、幕、布帘
—	moi₃	—	moi	一种树
măi₅	măi₅	măɯ₅	—	新
—	—	mɤŋ₂măɯ₅	mɤŋ mhaɯ	佤邦新地方
—	ma₅	ma₅	maʔ	损坏、裂、有
—	mi₅	mi₅	mhi	拌、凉拌
mu₅	mu₅	mu₅	—	群
—	—	—	mu	形体、整体
—	—	—	mu	个
—	—	—	khɔm　mu	全部，意为连形
			khɔm miaŋ	体、包括灵魂在内
—	mu₅tsum₂	—	tɕup	群体、组
—	mɛ₅	me₅	blaih	扩大、扩张
muɯn₅	muɯn₅	mun₅	mhuɯn	万
răi₂	răi₂	hăi₂	mhaiʔ	鸡虱

注：　水语：băi₁、bjăi₁、mjăi₂

　　　莫语、毛难语：bjăi₁

　　　侗语：mei₂

　　　壮语：　rei₂、ðăi₂、ɣăi₂、hzai₂

phrɛ₆	phɛ₆	me₅	pre	繁衍
		muₙ₂me₅		繁衍
phrɛ₂(แพร)	phɛ₂、hɛ₂	phe₂	pre	绸缎
—	mɔ₅	mo₅	mɔ	磨子
—	mɔ₅	mo₅	mɔ	磨
măn₆ măn₃	man₅	man₅	man	肯定、确实
无调号				
muak₇L	mok₇L	mo₃ho₁、mo₅ho₁	mhɔk	帽
mɔk₇L	mɔk₇L	—	s'mɔk、	雾
			sɔm mɔk	
—	—	mok₇L	—	云彩
muuk₇ₛ	năm₄mɤk₇L	mɤk₈、mɤ₃	nam mɤk	墨、墨汁
mŏk₇ₛ	mok₇ₛ	mok₇L	s'baɯŋ	埋葬、葬

—	$fǎŋ_1$	$fǎŋ_1$	sʼbauŋ	埋葬、葬
$mǔt_{8s}$	$luɯt_{7L}$	mut_8	muɯt	熟悉、习惯
—	lut_{7s}	$lǎn_1$	man	失手、放塌、大小便失禁
—	$mǔt_8$、mot_8	$mɤ_6$	muɯt	烟熏、熏
—	lun_2	—	—	烟熏、熏
—	—	—	muɯt	暴躁、发火
—	—	$lɤt_{7L}$	lut	暴躁、发火
mak_{7L}	mak_{7L}	mak_{7L}		果子
—	—	$mak_{7L}van_1$	vhak vhan	广柑、"甘果"
—	—	$mak_{7L}keŋ_6$	mak tɕen	菠萝
—	$mak_{7L}kɔŋ_4keŋ_2$	$mak_{7L}tsǎŋ_6$	mak tɕaŋ	石榴
—	$mak_{7L}man_2lo_2$	$mak_{7L} man_2$	mak man	核桃、油果
—	$mʼheu_3$	$mak_{7L}heu_3$	mak heu	荸荠
—	—	$mak_{7L}tsɔk_{7s}$	mak tɕɔk	橘子
—	—	$mak_{7L}kan_3$	mak klan	茨菇
—	—	$mak_{7L}puŋ_2$	—	炸药包、地雷
—	—	—	mak puŋ	雷管、爆竹
$mʼkɔk_{7L}$	$mak_{7L}kɔk_{7L}mɛn_2$	$mak_{7L}kɔk_{7L}$	mak kɔk	馀甘子、酸多衣
$mʼka_1$	—	$mak_{7L}ka_5$	mak ka	缅桃、番石榴
$mʼkhɯa_1$	$mʼxɤ_1$	$mak_{7L}xɤ_1$	mak khɤ	茄子
$mʼmuaŋ_6$	$mʼmoŋ_6$	$mak_{7L}moŋ_6$	mak moŋ	芒果
—	$mʼkɔ_3$	$mak_{7L}ko_3$	—	梨子
—	—	$mak_{7L}ko_3kǎi_5$	mak kɔ	棠梨
$laŋ_2$	—	$mak_{7L}laŋ_2$	mak laŋ	菠萝蜜、凤梨
—	—	$mak_{7L}lɔt_{7L}$	mak lɔt	羊奶果
—	$mʼvau_2$	$mak_{7L}vau_2$、$mak_{7L}mau_2$	mak vau	酸木瓜
—	—	$mak_{7L}kɔŋ_3$	maŋ nat	子弹
—	$mak_{7L}nat_8$	$mak_{7L}kɔŋ_3$	sʼgau nat	子弹
—	—	—	maŋ kram	辣椒
$mʼkhwit_{7L}$	—	—	sʼvit	香橼
$mʼdɯa_5$	—	$mak_{7L}lɔt_8$	ruih	鸡嗉子果、须生果(无花果属)
$mʼphrau_4$	$mʼpau_4$			椰子
—	—	$mak_{7L}kum_6$	kɔm	野板栗

	mak$_{7L}$kɔn$_6$	ku̠	樱桃
mɔk$_{7L}$ʔit$_{7L}$	mak$_{7L}$ʔit$_{7s}$	pli̠ʔ siat	葡萄
		m'hiat	沧源海别，地名，意为野葡萄沟
	mit$_{7s}$	s'vẹt	掰成两半
		tɛ s'vẹt	离核桃(能一掰成两半，核不沾肉的桃子)

可以见到，现在傣语中高音组的 ŋ、j、n、m，在泰语中一般读如傣语，在佤语中大多读为 ŋh、n̠h、nh、mh，也有读为 pre'ŋ、pre'n̠、 pre'n、 pre'm，乃至 ŋ、n̠、n、m 的。傣语、泰语中为奇数调，佤语的吐气声母无松紧对立，一般归入紧音；读为 ŋ、n̠、n、m 的也大多读为紧音，少数读为松音——傣音和泰语中也有少数是此为奇数调，彼为偶数调，乃至有奇数调、偶数调两读的。这种对应规律一般说来还是比较整齐而明显的。

这些音跟其相对的低音组字母一样，除了字母 52 与 44，即 *n̠^{H} 与 j^H，由于音变而有混淆外，一般是以字母 54、52、50、51 表示的。如前所述，这几个字母属于字母表的最后一行，它们在字形上有个明显的特点，是上部都有个 h。跟老傣文很接近的，泰文和老挝文与这几个字母相当的字母，也有类似的情况：

	XD	T	L
ŋ^H	ꪙ	หง	ຫງ
j^H、n̠^{H}	ꪚ	หญ	ຫຍ
n^H	ꪛ	หน	ຫນ
m^H	ꪜ	หม	ຫມ

字母左边的 ห 和 ຫ 也就是 h。但是，对这几个字母的安排却有些不同：在泰文中，左边的 ห 称为前引字，它们并不跟其后边的 ง、ญ、น、ม 一起，被认为是一个字母列入字母表，即是说，在泰文的字母中，只有低音组字母 ง、ญ、น、ม，而无相对的高音组字母。在老挝文中，则像老傣文一样，这些字母也是列入字母表的，并且把它们称为联合辅音。

这种情况，结合以下几种情况来看，即：

1. 傣语中的 ŋ^H 等，在佤语以及泰语中有念为 pre'ŋ 等的。

2. 在泰文中，前引字是一个独立的字母，它是高音组，加在上述 ŋ^L 等字母的前边，有使它们成为高音组的作用；但是如果有前缀，前缀是高音组字母，则是后面的 ŋ^L 等字母，无须再加 ห，亦成为高音组。

3. 在崩龙语中的一些方言中，有些不同的前缀，常常简化为一个前缀 h。

因此，我们认为老傣文字母 54、52、50、51，以及上述与它们相当的老傣文、老挝文字母，均应是 hŋ、hn̠、hn、hm，它们之间的差别，最初应是：泰文字母中的 h，可能是前缀，即它们应标为 h'ŋ、h'n̥、h'n、h'm，而在老傣文和老挝文中，则应是 ŋ、n̥、n、m 的吐气音或清化音。

　　之所以说它们是吐气音或清化音，乃是由于在上述例字中，还有像"鸡虱"这样的 h～mh 之类对应关系，它反映了台语中除了 *hŋ（h'ŋ）、*hn̥（h'n̥）、*hn（h'n）、*hm（h'm）、之外，还有一套鼻音，即 *ŋh（ŋ'h）、*n̥h（n̥'h）、*nh（n'h）、*mh（m'h）。但是，正如现在佤语中，它们或为 ŋh、n̥h、nh、mh（布方言）或为 hŋ（ŋ̊）、hn̥（n̥̊）、hn（n̥）、hm（m̥）（如阿佤方言及阿佤来方言），ŋh 等与 hŋ（ŋ̊）等并不同时存在于同一方言之中一样，台语中的 *h'ŋ 、*ŋ'h 等也都类化成为 *ŋh 等或为 *hŋ 等。

　　李方桂教授把这些音构拟为 *hŋ、*hn̥ 、*hn、*hm，跟我们的上述考释应该说是一致的。

五、字母 34、44：

　　即 j^L、j^H。前者是巴利文字母非品字母中的 y，后者是老傣文字母根据本民族语言的特点加上去的。

　　先说 j^L ，与泰语、佤语的对应关系如下：

31. j^L

T	XD	DD	W	词义
j	j	j	j	
	jum₂	jum₂	jɯm	灌木丛
phŭm₆(พุ่ม)	–	–	brum	灌木丛
phŭm₆	–	–	–	奉僧的蜡烛丛
–	–	–	blṳm	酸蜂蜡
–	–	jum₂	ku kram	凌乱、垃圾遍地
jăn₂	–	–	krị̆n	涩味
kr'jaŋ₂ (กระยาง)	–	ka₆jaŋ₂	–	鹭
nŏk₈ₛjaŋ₂	nok₈jaŋ₂	–	nok jaŋ	鹭
–	jɔi₂	–	jɔi	天平、平
jam₂	jam₂	jam₂	jam	时间、时候、时期
–	jam₂kăt₇ₛ	jam₂kăt₇ₛ	jam kṳat	冷天
–	jam₂măi₃	jam₂măi₃	jam mai	热天
–	–	–	jam raɯʔ	雨季
–	–	–	jam roŋ	旱季
附：ruaŋ₄	–	–	–	凋谢
jăm₂jăm₅	–	–	–	敬畏、尊重

–	–	–	jam	尊重、宠爱、珍惜
jŏm₂	–	–	jum	死
–	–	jom₂	–	蔫、萎缩
jŏm₂	–	–	jiam	哭
jɔ₂	jɔ₂	jɔ₂	jɔ	称赞、抬举、奉承
jɔp₈ₗ	jɔm₂	jɔm₂	jɔm	差歉、少、不足
–	–	juɯt₇ₛhɔm₁ jɔm₂tɯ₂	–	省吃俭用。二、三两字押韵
–	–	–	laɯʔ kạh pauʔ grɔm, jɔm kạh pauʔ mɯt	朋友面前吃点亏，憨人面前少要价。四、五两字押韵

ˇ	ˊ			
jɛk₈ₗ	ja₄	ja₄	jɛh	拆、拆散
–	ja₄	ja₄、jăn₄	jɛh	攻打、捣毁
jɛŋ₄、thiaŋ₁	theŋ₁	theŋ₁	thiaŋ	反驳、辩

ˈ	ˈ			
jɛŋ₆	–	–	ghraŋ	抢、夺
ja₆	ja₆	ja₆	jɛʔ	祖母
jai₂	–	–	jɛʔ	外祖母
–	–	jam₆	jam	灵验
jɛŋ₆	–	–	ʥiaŋ	窥视、刺条

无调号

jăk₈ₛ、jŏk₈ₛ	jok₈	jok₈	jauk	抬举、提拔
jăk₈ₛ	jăk₈	–	phĕt jak	夜叉、恶魔
juɯt₈ₗ	jɤk₈	jit₈	–	延伸、拉长

从上可见，傣语中低音组的 j，在泰语和佤语中也都读 j，傣语和泰语为低音组，佤语为松音。这种对应规律，十分整齐而且明显，它和按巴利文字母该读的音也是一致的。这些字，一般都是用字母 34 拼写。所以李方桂教授构拟为 *j，我们认为是对的。

说到这里，我们需要补充说明一点，就是：前面，我们说字母 18，应为 **ň，这里我们说字母 34，应为 *j，这在现在的傣语方言里，也还可以找到实证。如在金平傣文里，也有跟西双版纳老傣文里这两个字母相当的两个字母，即：字母 18 - ၢ，字母 34 - √，前者念ņ，后者念 j，在金平傣语里，ņ与 j 至今还是两个对立的音位。

再说 jᴴ，与泰语、佤语的对应关系如下：

32. jᴴ

T	XD	DD	W	词义

phj / khj	j	j	jh	
无调号	无调号			
phɔm₁	phɔm₁	phɔm₁	–	衰落、衰弱、瘦
–	jɔm₁	jɔm₁	jhɔm	衰落、衰弱、瘦
jaŋ₂jɯt₈ₗ	jaŋ₁jɯt₇ₗ	–	jaŋ jiit	橡胶
–	jan₁	jan₁	s'jeh	距离、有距离
–	jan₁、phat₇ₗ	jan₁、phat₇ₗ	s'jeh	分别、离开
–	jan₁、haŋ₅	–	s'jeh s'jaŋ	隔开、稀疏
–	–	–	s'jeh gɔŋ taŋ, s'jaŋ jauŋ ʔot	家山两隔开，村寨不相邻
–	–	jɔi₆	phrɔi	碎
khjăn₁	–	–	rian	勤勉
khjai₁	–	–	blaih	放大、扩充
–	jɔ₁	–	krɔʔ	瘦
–	joŋ₁joŋ₁	–	khion	轻
jaŋ₆	jaŋ₃	jaŋ₃	jaŋ	炙、熏
khjăn₃	jan₃, phan₆	–	–	害怕、畏惧
khjat₇ₗ	–	–	lhat	害怕、畏惧
–	–	–	ghlat	使害怕、吓唬
jău₃(เหฺยา)	jau₃	–	–	家
–	–	–	krau	仓库
kr'jăŋ₁(กระหฺยั่ง)	jăŋ₅	–	jaŋ	簸、提箩
–	–	jɔn₅	hɔik	停止、结束
–	–	jan₅	–	计谋、谋略、办法
–	jan₅	phan₅	phan	创造、生产、谋划
phŭn₆	–	phu₅	phruih	喷洒、如口喷洒水
–	–	phɯn₆	–	液体受热膨胀喷出
jɔŋ₅	–	jɔŋ₅	dɔŋ	架在地上的水槽
jɔŋ₁	jɔŋ₅	jɔŋ₅、sɔŋ₅	grauŋ	惧怕、疯
–	–	ko₆jɔŋ₅sɔŋ₅phan₆	–	惧怕、疯
无调号				
–	–	jɯt₇ₛ	–	减少
–	–	–	jɯt	熄灭

–	–	–	pruɯt	弄熄、吹灭
jăt$_{7s}$、jat$_{7L}$	jɔt$_{7L}$	jɔt$_{7L}$、jat$_{7L}$	ʥaɯh	滴下
–	–	jat$_{7L}$	s'git	滴水、酹酒
jat$_{7L}$	jɔt$_{7L}$	jat$_{7L}$	ʥaɯh	滴、点
khjăk$_{7s}$	–	–	jiak	保留少许、使少些
–	–	–	ʔiak	小、少
khiăp$_{7s}$	–	phɛp$_8$	khiap	眨眼
khĭip$_{7s}$	–	–	–	眨眼
jăp$_{8s}$、r'jăp$_{8s}$	jap$_{8s}$ jap$_{7L}$	–	–	闪烁的
phrak$_{8L}$	ka$_2$phak$_8$	phak$_8$	–	离别
	ka$_2$tsak$_{7L}$		–	离别

可以见到，傣语中高音组的 j，在泰语中有读 j、pre'j 的，也有读 phr、khr 的，在佤语中则有读 jh 的，也有读 j、pre'j、phr、khr 等的。泰语傣语中为奇数调，佤语 jh 等吐气声母、无松紧对立，一般归入紧音；读为 j 的，一般为紧音。

李方桂教授在其《台语比较手册》中，为这类音构拟了一个 *ʔj，他说在泰文中有少数词保存了在 ย 之前加 อ，即 อย- 的拼法 —— ย 为 j，อ 为 ʔ，อย 为 ʔj，这表明在泰文字母产生的时期，还保存有 ʔj 这样的读法的，但在一般情况下，大都是以 ย 即 j 或 หย 即 hj 来拼写了。

为了便于讨论，下面我们将跟老傣文属于一个系统的金平傣文、泰文、老挝文中与这个字母有关的字母列出如下：

XD		JD		T		L	
ຍ	j^L	ຎ	n^L	ญ	j^L	ຍ	n^L
ຏ	j^H	ຎຽ	n^H	หญ	j^H	ຎ	n^H
ຓ	j^L	ຉ	j^L	ย	j^L	ຍ	j^L
–		ຉ	j^H	หย	j^H		
ຘ	j^H	ຉ	j^H	อย	j^M	ຘ	j^M

西双版纳老傣文的 ຫ，金平傣文的 ຉ，泰文的 ห，老挝文的 ຫ 都表示 h。

这样，从这些字母的字形上，就可以看到，李方桂教授的上述论述是不够全面的，因为，实际上它不只是一个 ʔj，除了 ʔj，还应有一个 hj。

从老傣文字母 44 的字形上看，它的下部是一个高音组的 ph，上面是一个尾巴，根据前面我们对这一行字母的总的分析，它应该是 phr/l 类的复辅音，这一点我们可以从上述的一系列泰语读为 phr 而傣语则 ph-、j- 两读的同源异形（或异义）词中得到印证。因为，无论是在侗台语中，或是孟高棉语中 phr- 常可演变为 phj- 或 phy- 等。但是，这样的词，在佤语中又读为 jh，而老挝语中，又读为 pj（老挝文的 ຘ 属中辅音，据张均如同志等的分析，它们都应是带有先喉塞音的），这又应该怎样解析呢？

　　从前列例子来看，泰语中与傣语 j^H 对应的，除了 phj，还有 pre 'j、khj、j，佤语中也有类似情况。因此我们认为：实际上老傣文这个字母所表示的音，除了与 phr 有关的外，也还应与 pre 'j 、khj 有关的，这样，上述的变化可表示为：

$$\text{phre / khr} \rightarrow \text{phj / khj} \rightarrow \text{hj（jh）}$$
$$\longrightarrow \text{ʔj}$$

$$\text{pre'j} \rightarrow \text{h'j} \rightarrow \text{hj（jh）}$$
$$\longrightarrow \text{ʔj}$$

　　但是老傣文中，则 hj 与 ʔj 又合而为一，成为了一个 j^H。

六、字母 36、56、37、55：

　　字母 36、37 为巴利文字母中的非品字母，字母 56、55 则是老傣文根据本民族语言的特点设计的。前两个为低音组字母，后两个为相对的高音组字母。

　　先看低音组，它们与泰语、佤语的对应关系如下：

33. l^L

T	XD	DD	W	词义
l	l	l	l	
无调号	无调号			
lai₂	lai₂	lai₂	lai	花纹
lai₂	lai₂	lai₂	lai	文字、书、信
lăi₆、la₆	lɤi₂	loi₂	lɤi	撵、追山
lɔi₂	lɔi₂	lɔi₂	loi	凫水、浮水
—	—	—	s'bloi	漂浮
la₂	la₂	—	la	驴
laŋ₂	—	m'laŋ₂	mak laŋ	菠萝蜜、凤梨
lău₂	lău₂	lău₂	—	芦苇花
—	ban₃lău₂	man₃lău₂	man lau	沧源曼老寨，地名，意为长芦苇花之地
—	loi₁	—	loi	递、传
—	lun₂	lun₂	lun	最小的子女
lɛ₂	—	—	lia	看、打量
—	lɛ₂	—	le	鹦鹉
—	—	le₂	—	号筒、喇叭
—	—	—	ʔak leh、lɔk leh	箫、笛

liam$_2$	lɛm$_2$	lɛm$_2$	liam	廉访、寻找
–	–	–	kliam	用心寻找
–	mɤŋ$_2$lɛm$_2$	mɤŋ$_2$lɛm$_2$	mɤŋ liam	孟连，意为跟着水牛找到之地
km'lăi$_2$(กำไล)	–	–	ble	手镯、脚镯
–	–	laŋ$_2$	laŋ、liaŋ	炼新锅
–	–	lu$_2$	–	盐卤
–	–	lu̯ʔ	–	有盐味、盐已够
klɯn$_1$	lɯn$_2$	–	blɯt	吞、噬
–	–	lu$_2$tsit$_{7s}$	lɔk tɕit、lɔk tɕhit	唧筒、喷雾器
lan$_2$	–	–	glaɯh	打谷场
–	–	–	laɯh	用棍子打
luaŋ$_2$	–	hoŋ$_4$	roŋ	辛，天干之八
–	–	len$_2$	prɯih	花斑
–	–	lai$_2$lai$_2$len$_2$len$_2$	–	花花斑斑、五颜六色
lăi$_2$(ล้ย)	lu$_4$	lu$_4$	laɯʔ	坏、被弄坏的
			plaɯʔ	使坏、破坏、杀
lan$_2$(ลาญ)	–	–	–	破坏
laŋ$_4$	laŋ$_4$、laŋ$_2$	laŋ$_4$	laŋ	洗、涮、漂
–	–	–	lu laŋ	随便洗洗
liaŋ$_4$	leŋ$_4$	leŋ$_4$	liaŋ	牧、养
lan$_4$	lan$_4$	lan$_4$	lan	百万
–	nam$_4$la$_4$	–	nam la	茶水，佤语仅用于地名，沧源南腊意为卖茶水之地
–	la$_4$	–	tɕha̯ʔ la	茶叶
luan$_4$	–	lɔn$_4$	lɔn	纯的、清一色的
–	–	lun$_4$	lun	轮、周期
lŏn$_4$	lŭn$_4$	lon$_4$	luan	漫、溢、过、逾
lɔ$_4$	–	–	lɔk lɔ	戏闹、开玩笑
–	na$_2$lŭŋ$_4$、na$_2$lɔŋ$_4$	–	–	洼地田

–	–	–	luŋ	峇、平掌
hɔm₄	lɔm₄	lɔm₄	lai lɔm	围、包围
lɔm₃	–	lɔm₃	lai lɔm	围、包围
–	lɔm₄、lɔm₁	lɔm₆	lɔm le、lɔm le̠	圆的
–	lăi₄	–	laɯh	打
–	lău₄	–	lauh	好
–	–	–	lauh lɛ	太好了(表感激)
–	–	–	lauh le̠ te̠ lhuŋ	恩情甜凉、沁人肺腑
–	liu₄	liu₁、liu₂	klia̠	绞扭、拧成一股
–	–	–	ku̠ klia̠	纠缠、勾结
–	liu₄	liu₂	klia̠	一绺、一股
tshĭm₂、lĭm₄	tsim₂	tsim₂	tɕim	尝
lăi₄	lai₄	lai₄	krai?	涂、抹
lŏm₄	lŭm₄	lom₄	ghrŭp	跌倒、放倒
–	lau₄	–	krau̠	仓库
jău₃、jau₃	jau₃	–	–	家
–	lim₄	–	krɯp	箱、篾柜
׀	׀			
lău₆	lău₆	lău₆	lau	禀告、陈述
–	–	lan₆	–	炖
lan₆	lan₆	lan₆	lan	扒、柔软、糜烂
mlan₂	lan₆tă?₁lan₆te₁	–	lu lan	稀巴烂
–	te₁	–	teh	扒、熟透
lɔŋ₆	lɔŋ₆	lɔŋ₆	lɔŋ	顺着、沿着
lɛ₆、lɛ̆?₈ₛ	lɛ₆	–	lɛh	剖、破开
–	len₆	–	–	平、平均、平衡
–	–	–	len	鸡心秤上的鸡心，以指针对准鸡心为平衡
–	–	lɔŋ₆	lɔŋ	腹泻
lam₆	lam₆	lam₆	–	通译
–	lam₆	lam₆	lam	管所属部落或小寨的人，通称

				郎家
$lɔ_6$	–	–	glɔ	诱引、诱惑
$lɔ_6$	$lɔ_3$	$ma_4lɔ_3$	lɔ	骡子
$lĭm_6$	lim_3	lim_3	dʑim	木楔、钉子
$tsim_3$	$tsim_1$	$tsim_6$	tɕim	楔入、钉入
$tsŏm_1$、$lŏm_6$	$tsŭm_1$	$tsɤm_6$、lom_3	tɕom	沉
–	$lăi_6$	–	bre	修整

无调号

$lŏk_{8s}$	–	lok_8	lok	男子排行第六
–	$lɔt_8$	$lɔt_8$	lɔt	逃脱
$mlak_{8L}$、lak_{8L}	lak_8	lak_8	–	拖
$lʔiat_{7L}$(ละเอียด)	–	–	liat	微细的
rk'rɛ$_4$(รักแร้)	$xɛ_1lɛ_4$	–	klaik(kl'ʔɛk)	胳肢窝、腋下
–	$lŏʔ_8$、lo_4	–	glauʔ	泥巴、烂泥
$luak_{8L}$	$lɤk_8$	$lɤk_8$	lauk	挑选
$lɛk_{8L}$	$lɛk_8$	$lɛk_8$	–	交换
–	–	–	liak	买
lia_2	le_2	le_2	lɛt	舔
l 'liap、l'liap$_{8L}$ (ลำเลียบละลียบ)	–	lep_8	thiap	沿着边沿走
liap$_{8L}$、liam$_2$ (เลียบ、เลียม)				
–	–	$thɛp_{7L}$	liap	边沿
–	$lŭt_{7s}$	lut_8	lut	误
–	$lŭt_{7s}$	lut_8	luan	逾、过时
$mlăk_{8s}$、$lăk_{8s}$	$lăk_6$	$lăk_8$	brɛʔ lak	偷
$mlăk_{8s}$	–	–	blɛʔ	看、觊觎
$lăk_{7s}$	–	lak_8	lak	千万
–	lik_8	lik_8	lik	书、文章
–	lik_8lai_2	lik_8lai_2	lik lai	书、文章、文化
–	–	$lăp_8$	klɛp、tɛp	盖
–	–	$lăp_8$	tɛ	遮、挡
–	–	–	dɛp	盖子
–	–	–	dɛ	用以遮挡之物

–	$kăm_2$、$săm_6$	lup_8	$klɛm$	摸
–	$săm_6pŏʔ_8săm_6păʔ_8$	–	$ku\ klɛm$	摸索、摸来摸去
–	–	lot_8	$klɯik$、$tɯik$	研、碾
$lɔk_{8L}$	$lɔk_8$	$lɔk_8$	$klɔ̱h$	剥、使剥落
–	–	–	$tɔ̱h$	剥、使剥落
–	–	$lɔk_8$	$glɔ̱h$	自行剥落
–	$lɔn_3$	lut_{7s}	$dɔ̱h$	自行剥落
–	–	kon_6	$glauh$	树木连根拔起
–	–	$lɔk_8$	$gruʔ$	下跪
–	$lɤk_8$	$lɤk_8$	$ra̱ɯʔ$	深
–	–	–	$graɯʔ$	这么深

34. w^L

T	XD	DD	W	词义
w	w	v	v	
无调号	无调号			
$wŏŋ_2$(วงศ์)	–	$vɔŋ_4$	$vɔŋ$	皇朝、国王
–	$wai_2ŋai_2$	–	$vai\ luan$	早饭后
$waŋ_2$	$waŋ_2$、$l'waŋ_2$	$vaŋ_2$	$va̱ŋ$	放置、留着
–	–	$vaŋ_4$	$kuaŋ$	遗漏、
–	–	$vɔn_2$	gun	忍耐、忍让
$wŏŋ_2$	$wăŋ_2$	–	$ku\ kaŋ$	围、拦
$woŋ_2wăŋ_2$	–	–	$vu\ viaŋ$	包围、周围
$krˀphɛŋ_2$、$kmˀphɛŋ_2$	$wɛŋ_2$	–	–	墙
$lmˀwiaŋ_2$	$wɛŋ_2$	$vɛŋ_2$	$vɛŋ$	城、城市
$wian_2$	$wɛn_2$	$vɛn_2$	$vɛn$	绕、缠
–	$wɛn_4$	$vɛn_6$	$vu\ vian$	绕线、纺线
–	–	$vɔn_2$	$vɔ$	疯癫
$wŏŋ_2$(วงก์)	–	–	$vɔ̱k$	弯曲的、不诚实
$wŏŋ_2$(วงก์)	–	–	$gɔ̱k$	弯钩
wai_2	wai_2	vai_2	vai	停、歇、终止
$wĭŋ_2$	$wɤŋ_5$		$kli̱ŋ$	晕眩、旋转
$wɔn_2$、$wĭŋ_2$	$bɔn_3$	$mɔn_3$	$mhaiŋ$	恳求、乞、要
$wăi_2$	$wăi_2$	$văi_2$	$pha̱i$	快、迅速

thr'wan₂、th'wan₂ (ทรวาร、ทวาร)	tu₁	tu₆	s've?(r've?)	门
thr'wan₂、th'wan₂ ˇ	hu₂（ru₂） ˊ	hu₂	daɯ?(n̥'tu?、ntu?)	孔、洞、穴
—	wa₄	va₄	s've?	佤族
wɛ₄	wɛ₆	ve₄	veh	拐、顺便过去一下
ˈ		ˈ		
—	—	voŋ₆	voŋ	时期
—	—	vun₆	s'vun	扔、掷
—	—	vut₈、vɯt₈	vut	扔、掷
—	—	vaŋ₆xa₁	s'viaŋ ba	胯
wen₄	wɛ₆	ve₆	via	绕道、避过
—	waŋ₆	—	—	头昏
—	mău₂waŋ₆	—	—	头昏
无调号				
wăt₈ₛ	wăt₈	vot₈	ɳɛ? vat	佛寺
—	—	—	vat	僧人
—	—	vɔt₈	vɔt	无声无息、沉默
—	—	vɔk₈	s'vuk	绕于两点之间
—	—	vit₈	phuat	卷袖管、裤脚
—	—	vit₈	bhɔik	削
—	—	vot₈	vaik	板弓似待射
—	wɛp₈	vɛp₈	viap	瘪、消退
—	wɔp₈	vɔp₈	vɔp	瘪下
—	—	vak₈	paik	抓、扒
—	—	văk₈	kraik	抓、挠
w'hă?₇ₛ（ວหຍ）	—	—	vɛ?	携、提、带、领
vǐt₈ₛ	—	vit₈	—	戽、泼

可以看到，傣语低音组的 l、w 在泰语和佤语中相应地读为 l、w（v）。傣语和泰语中为偶数调，佤语为松音。这种对应关系，十分明显，也十分整齐。关于 w 与 v，就读音来说，自然应该是有区别的，但就现在傣语和佤语的实际来看，却不过是不同学者所作的不同处理罢了。如西傣语的 w 单独作声母时，一般是有摩擦，应标作 v 的，作复辅音声母的第二个成分时，一般是没有摩擦，应标作 w 的，因此，傅懋勣教授就把它一律标作 v，我们这里之标作 w，是从李方桂教授所标。佤语的情况也是如此。单独作声母时，一般是

有摩擦应标作 v 的，但当它与前缀合并之后，就跟 u 没有什么区别了，因此，罗季光教授就把后一种情况作 u 处理，归入韵母部分了。在老傣文中，这两音照例是用字母 36、37 表示的，这与巴利文字母的读法也是一致的。据李方桂教授的构拟，它们应为 *l、*w。

再看高音组：

它们与泰语、佤语的关系如下：

35. l^H

T	XD	DD	W	词义
l	l	l	lh	
无调号	无调号			
thl$\mathscr{a}$ i$_1$(ไถล)	–	–	lhai	歪斜、不平衡
–	l$\mathscr{r}_1$	l$\mathscr{r}_1$lш$\mathfrak{ш}_5$	l$\underline{e}$h	违抗、忤逆
–	l$\mathscr{a}$ i$_1$	l$\breve{a}$i$_1$	l$\underline{a}$、lai	流、淌
–	lai$_1$	lai$_6$	lai	表示相互动作
lшaŋ$_1$	l$\mathscr{r}$ŋ$_1$	l$\mathscr{r}$ŋ$_1$	lh$\underline{\mathscr{r}}$ŋ	黄
–	–	le$_1$	l$\underline{e}$	闹鱼藤
–	–	len$_1$	lh$\underline{e}$n	骗
–	l$\breve{a}$ŋ$_1$	l$\breve{a}$ŋ$_1$	lhaŋ	驮子
–	l$\breve{a}$ŋ$_1$	l$\breve{a}$ŋ$_1$	lh$\underline{a}$ŋ	驮（量词）
l$\breve{a}$ŋ$_1$	l$\breve{a}$ŋ$_1$	l$\breve{a}$ŋ$_1$	lhaŋ	幢、栋、座
–	–	lɛŋ$_1$	–	车
–	–	–	liŋ	单车、自行车
lшaŋ$_1$	loŋ$_1$	loŋ$_1$	–lhoŋ	大
–	lɔŋ$_1$	lɔŋ$_1$	lh$\underline{ɔ}$ŋ	垫、衬
–	hɔŋ$_2$	hɔŋ$_2$	–	垫、衬
lɔŋ$_2$	hɔŋ$_2$	hɔŋ$_2$	–	内垫物、衬物
khlam$_6$(คล่ำ)	lam$_1$	l$\breve{a}$m$_1$	–	多
–	lo$_1$	–	–	柴火
–	–	–	lhɔʔ	树皮、植物皮壳
–	lɛu$_1$	–	lhi$\underline{a}$u	熟练
–	lɛu$_1$	–	lhi$\underline{a}$u	灵敏
lшa$_1$	l$\mathscr{r}_1$	l$\mathscr{r}_1$	lhш	多余
fшa$_2$、lшa$_1$fшa$_2$	–	–	–	富余
l'lwai$_2$、lai$_1$ (ละลวย、หลาย)	lai$_1$	lai$_1$		多
l'l$\breve{u}$ŋ$_2$、l$\breve{o}$ŋ$_1$	l$\breve{u}$ŋ$_1$	loŋ$_1$	lh$\underline{ɔ}$ŋ	紊乱、错、迷失

(ละลุง、หลง)

l'lɤŋ$_2$(ละเลิง)	–	–	–	迷惑、狂乱
kluɯn$_1$	luɯn$_2$	–	bluɯt	吞、咽
–	–	lăn$_1$	man	失禁、走火
–	–	lăn$_1$	luan	过、逾
–	–	lai$_1$	khlai	祭、超度亡灵
lăŋ$_1$	lăŋ$_1$	lăŋ$_1$	–	背、脊膂
kh'nɔŋ$_1$(ขนอง)	–	–	krɔŋ(kn'drɔŋ)	背、脊膂
nu$_1$phŭk$_{8s}$(หนูพุก)	–	lu$_1$puk$_8$	l'puk	大山鼠
nu$_1$(หนู)	nu$_1$	lu$_1$	–	老鼠
–	tɤm$_4$、lum$_3$	luɯm$_1$	gruɯm	下面
–	–	lun$_1$、luɯn$_1$	ghuɯn	擦破、塌皮
ˇ	´			
la$_4$、la$_2$	–	–	–	迟缓、落后的
l'la$_4$(ละล้า)	la$_3$	la$_3$	lha	迟、晚
–	–	lɤ$_3$、lap$_8$	laɯʔ	歇息
lɔ$_6$	lɔ$_3$	ma$_4$lɔ$_3$	lɔ	骡子
–	lɛm$_3$	lim$_3$	lhiam	谷把
ken$_1$(เกล读为เกน)	lɛ$_5$	len$_3$、le$_5$	klɛh	玩、游戏
ˈ	ˈ			
lɔ$_5$	lɔ$_5$	lɔ$_5$	–	灌注、倾倒
lɔ$_5$	lɔ$_5$	lɔ$_5$	lhɔ	铸
–	–	lo$_5$kui$_6$	lhɔ kuɯi	做成筒状可供纺织的棉花
–	–	lu$_5$	lu	布施
–	lɛn$_5$	lɛn$_5$	lɛn	练勇、兵
–	la$_5$、lŭn$_5$	lon$_5$	lai?	褪、消、减弱
lău$_5$	lău$_5$	lău$_5$	lau	丢荒地
–	lɛu$_5$	lɛu$_5$	lhiau	饲料
khlŭi$_5$	–	–	ʔak leh	箫
–	–	lan$_5$	gla	耽误
–	lɛn$_5$	len$_5$	juɯn、n̩huɯn	压、按、摁

无调号

lĕk$_{7s}$	lek$_{7L}$	lek$_{7L}$	–	铁

lĕk₇ₛkla₁	lek₇ₛka₃	lăm₄lek₇ₗ	l'lhẹk	钢
tshaŋ₆ti₁lĕk₇ₛ	tsaŋ₆lek₇ₛ	tsaŋ₆lek₇ₗ	tsaŋ lhẹk	铁匠
lĕk₇ₛfăi₂	–	lek₇ₗpai₅	lhẹk pai	火镰、打火铁片
–	–	–	glauh	自拔
–	lok₇ₛ	–	lauh	拔
–	lɔʔ₇ₛlăʔ₇ₛ	–	–	滑稽、诙谐
–	–	–	lɔk lɔ	开玩笑
–	–	mak₇ₗlɔt₇ₗ	mak lɔt	羊奶果
–	lăk₇ₛ	lăk₇ₛ	lhạk	聪明
klŏp₇ₛ(กลบ)	lop₇ₛ	lop₇ₗ	lhọp	盖、铺在上面
khjŏm₅、khlŭm₂ (ขย่ม、คลุม)	–	lăp₈hom₅	–	掩盖
–	hŭm₅	hom₅	lhọp	盖，如盖被子
–	hŭm₃	hom₃	lhọp	蒙盖、如蒙鼓
lăk₇ₛ	lăk₇ₛ	lăk₇ₛ	lhạk	木桩
–	–	lăk₇ₛli₃	lhạk nhị、nhạk nhị	年历
–	lɔk₇ₛ	lɔk₇ₗ	klɔk	凹下如眼窝
–	lɔk₇ₛ	lɔk₇ₛ	lɔk	田丘
–	lɔk₇ₛ	lɔk₇	lɔk	一丘
–	lɔk₇ₛʔɔk₇ₛlɛk₇ₛʔɛk₇ₛ	–	ku klɔk ku klɛk	坑坑洼洼
–	–	–	ghlɔk	开田，使地洼下可蓄水
kr'ʔak₇ₗ、kak₇ₗ	–	–	lạk(k'ʔak)	乌鸦
sm'lăk₇ₛ (สำลัก)〉	–	–	ghlɔk	呛住
–	lŭn₂	lut₇ₛ	khlụt	滑脱，如扁担从箩耳滑脱
–	lan₂、lit₈	lit₈	khlɛh	修、削
–	–	tup₇ₛ	khlụp	收拢、闭拢、如猪耳朵贴拢头
–	–	xɔk₇ₗ	s'grɔk	壳壳
–	–	lɔk₈	s'grɔk	蜕、如蝉蜕
lip₇ₗ	–	–	ghrịp	瘪的，不实的

36. w^H

T	XD	DD	W	词义
w	w	v	vh	
无调号	无调号			
wan_1	wan_1	van_1	—	甜、甘
—	$mak_{7L}wan_1$	$mak_{7L}van_1$	vhak vhan	广柑、黄果
—	$wăŋ_1$	$văŋ_1$	vhaŋ	稗子
$s'wĭŋ_1$(ສວິງ)	$hiŋ_1$		vhaiŋ	捞网、捞斗
—	—	—	vhaiŋ	捞
$s'wa_1$(ສວา)	—	vu_1va_1	vhaʔ	大猴子
$wɛn_6$	$wɛn_1$	$vɛn_1$	—	手镯、草垫圈
$s'wian_1$(ເສວียน)	—	—	—	草环
—	$wɛ_1$	—	s'bai	垫圈
—	$wăn_1$	—	vu vhian	缠绕
—	—	—	vhua、khua	缠绕
—	—	—	ghua	一圈、一转
$wɛn_6$	—	$vɛn_1$	—	跳跃
—	$wɤŋ_1waŋ_1$	$vaŋ_1$	ku kuaŋ	闲逛、游荡
—	—	$vaŋ_1vut_{7L}$	vu vɛt vu viaŋ	漂游浪荡
$s'waŋ_1$(ສวาง)	—	—	miaŋ	鬼、幽灵
$saŋ_1$(ສາง)	—	—	—	鬼、尸
—	$xwai_1$	—	khɔi	嫉妒
khwăn	$xwɔn_1$	$xɔn_1$	khuan	魂
—	$xwɔn_1$	$xɔn_1$	khɔn	只
—	$xwăn_1$	$xɔn_1$	ʔuʔ	啼
˘	ꞁ			
$w'hăʔ_{7s}$(ວหะ)	—	van_3	vɛʔ	带、领、率、携
wat_{7s}	wai_3	vai_3、vai_2	vai	划船
—	fai_2	—	—	桨
ı	ı			
wan_5	—	van_5	van	撒秧
—	—	—	rhuat	
—	$wɛŋ_5$	$vɛŋ_5$	vɛŋ	缺口
$wăt_{8s}sa_1$	$wăt_{8s}sa_1$	va_5	va	夏安居，佛教徒从

				六月中至九月中的戒斋期
–	wai$_5$	vin$_5$	vɯih	转向，转过脸来
s'wan$_5$(ส่วน)	–	–	p̱an	钻头、螺旋钻
–	–	vǎn$_5$	–	镟、钻
–	–	pǎn$_3$、vǎn$_5$	plɛ̱	转动
注：	–	–	Bo：k'phǎr	转动
–	–	pǎn$_5$	blɛ	一转
–	xwɔi$_5$	–	khrɔ̱i	棕榈
无调号				
–	kwat$_{7L}$	hɛt$_8$	kḻat	堵、拦截
huat$_{7L}$(หวด)	kwǎt$_{7s}$kwɛt$_{7L}$	–	vu vɛt	摆动、摆手
	fat$_8$	–		摆动、摆手
s'wat$_{8L}$(สวาท)	–	–	s'v̱at	干净、利落、漂亮、可爱
huak$_{7L}$(หวด)、fat$_{8L}$	fat$_8$、fǎt$_8$	fat$_8$	s'vɛt	答、鞭打
fat$_{8L}$、fǎt$_{8s}$	fɛt$_8$、l'fɛt$_8$	–	vḥat	摔、甩、丢
–	–	–	khu̱at	摔、甩、丢
–	vat$_{7L}$	–	riah	扒
–	vak$_{7L}$	–	riah	撕、扯
–	vak$_{7L}$	vaŋ$_5$	griah	被撕破
–	–	kɛk$_{7L}$kɛk$_{7L}$vaŋ$_5$vaŋ$_5$		
–	kwat$_{7L}$	pǎt$_{7s}$	–	扫

可以见到，傣语高音组的 l、w，在泰语中一般为 pre'l 、pre'w 或 l、w，也有读为 l'h、w'h 的，佤语则读为 lh、vh。傣语、泰语为奇数调，佤语一般为紧音。这种对应规律跟上述高音组的 ŋ、j（*ň）、n、m 和 j 等的情况是一致的。因此，我们认为这两个字母也和上面那些字母一样，应为 *hl、(lh)、*hw（wh）。

七、字母 43、46：

即 f^H 和 f^L 。这两个字母都是老傣文根据本民族语言的特点而设计的。它们同居于字母表的第九行。从字形上看，f^H 像字母 30，即 ph^H 带尾巴。f^L 则像字母 31，即 p^L（*b）带尾巴，当然，也可以说是像字母 9，即 k^H 带尾巴——因为如前所述，这两个字母在字形上是很相似的。如果尾巴也像这一行的其他字母一样，表示复辅音的第二个成分，则 f^H 应与 phr / l 之类复辅音有关，f^L 应与 p（*b）或 kr / l 之类复辅音有关。

在泰文中，与它们相当的字母是：f^H—ฝ、f^L—ฟ。从字形上看，前者是 ฝ，即 ph^H 带尾巴，这和老傣文字母是一致的。后者是 ฟ，即 ph^L（*b）带尾巴，这样，如果把老傣文字母 46 的下部释为 p^L（*b），则也可以说是一致的；释为 k^H，则稍有不同。

下面，让我们看看这两个字母与泰语、佤语的对应情况：

37. f^H

T	XD	DD	W	词义
f	f	f	phr/l	
无调号	无调号			
fai_1	fai_1	fai_1	phai	堤堰、拦水坝
$fuŋ_1$	$fuŋ_1$	$fuŋ_1$	phuŋ	群、伙、队
$fɔi_1$	–	$fɔi_1$	phɔi	切块
–	–	$faŋ_1$	phaŋ	番、旗人、懒汉
–	–	$făŋ_6$	praŋ	棵、栋梁
$făŋ_1$	$făŋ_1$	$făŋ_1$	s'bauŋ	埋葬
–	$fɔi_1$	–	s'bɔik	笋壳毛、毛刺
$r'khai_2$(ระคาย)	–	kai_2	–	笋壳毛、毛刺
fan_1	fan_1	fan_1	bhɔik	削
–	fun_1	fun_1	kluik	研磨、碾、踩
–	–	$faŋ_1$	s'grak	绛紫、紫红
–	–	$fɨŋ_1$	–	烤火、晒太阳
$pɨ˙ŋ_3$	$piŋ_3$	$piŋ_3$	piŋ	烘、烤
$fuua_2$	–	$fɤ_1$	–	多余
$luua_1$	$lɤ_1$	$lɤ_1$	lhuɨ	多余
$fău_3$	$fău_3$	$pău_4$	pau	看守
–	–	$fɨŋ_3$	phiŋ	习俗、礼节
$fĭn_5$	–	–	phen	鸦片
$fŭn_5$	fun_5	fun_5	phɔn	粪尘、肥料
$făŋ_5$	–	$făŋ_5$	prauk	岸、河边
$făi_5$	–	$făi_3$	prai _ ?、phai	辣蓼
无调号				
$făk_{7s}$	$făk_{7s}$	$făk_{7s}$	phak	荚

făk$_{7s}$	făk$_{7s}$	făk$_{7s}$	phak	鞘壳
fak$_{7L}$	–	fak$_{7L}$	pha̠k	送、馈赠
–	–	fak$_{7L}$	pha̠k	礼物、馈赠品
fŭk$_{7s}$	fɤk$_{7s}$	fɤk$_{7L}$	phɤk	学习、训练、驯
–	–	fot$_{7L}$	phu̠at	卷、绕
fɛk$_{7L}$	fɛk$_{7L}$	fɛk$_{7L}$	s'braik	石菖蒲
–	fet$_{7L}$	–	prɛʔ	收拾
–	fet$_{7L}$faŋ$_1$	–	prɛʔ saɯ ʔ s'baɯŋ jum	养老送终
fɯan$_1$	fat$_{7L}$	fat$_{7L}$	kri̠n	涩味
khriat$_{8L}$	fuɯt$_{7L}$	–	–	紧
–	hɛt$_8$、sɛt$_8$	–	sɛt	紧
khrăt$_{8s}$	săt$_8$	săt$_8$	–	紧

38. f^L

T	XD	DD	W	词义
f	f	f	br/l	
无调号	无调号			
faŋ$_2$	fɤŋ$_2$	fɤŋ$_2$	breʔ	稻草
–	fɤi$_2$	fɤi$_2$	brɔ	枝叶
–	–	–	tɕ'proi	沧源井费寨，意为大树倒时枝叶所覆之处
făi$_2$	făi$_2$	făi$_2$	–	火
–	–	–	proi	火烧
faŋ$_2$、făn$_2$	făn$_2$	–	rha̠ŋ brai̠ŋ	牙齿，再生牙
–	fu$_2$	fu$_2$	s'bloi	漂浮
–	fai$_2$	fai$_2$	vai	划船
–	făn$_2$	făn$_2$	s'mɛ	籽种
făŋ$_2$	făŋ$_2$	făŋ$_2$	mho̠n	听、闻
–	făn$_2$	–	gu	砍
fɔn$_6$	fɔn$_2$	–	grɔt	捆
fa$_4$	fa$_4$	fa$_4$	praiʔ	天、天时
–	fɤŋ$_4$	–	grɤŋ	一半

–	fɔn₄	–	ghrauh	跳舞
–	fǎn₄	fǎn₄	tu taik	揉、搓
ǀ		ǀ		
fɔn₆	fɔn₆	–	grɔt	捆
faŋ₆	–	–	vha̱ ŋ	稷
无调号				
fǎk₈ₛ	–	–	pak	瓜
fǎk₈ₛ	–	–	gu a̱h、vah	孵化
fip₈ₗ、lip₈ₗ	–	–	ghri̱p	瘪
fũp₈ₛ	–	ŋup₇ₛ	gu̱p	俯伏
fěʔ₈ₛ、lěʔ₈ₛ	–	–	–	糜烂的
fet₈ₗ	–	–	vhi̱t	瘪的、萎缩的
–	–	–	vha̱t	甩丢
–	–	–	khu̱at	
fat₈ₗ	fat₈ 、fǎt₈	fat₈	s'vet	答挞
–	fat₈ 、	–	vu vɛt	摆动、挥手
	kwǎt₇ₛkwɛt₇ₗ			

从上可见，傣语、泰语高音组的 f，在佤语中有读为 p 类复辅音的，也有读为 k 类复辅音的，以读为 phr/l 的多些，傣语、泰语低音组的 f，在佤语中，和高音组的 f 一样，有读为 p 类复辅音的，也有读为 k 类复辅音的，以读为 br/l 的多些。傣语、泰语高音组的 f，为奇数调，佤语一般是紧音；傣语、泰语低音组 f，为偶数调，佤语一般是松音。

因此，认为 fᴴ 与 phr/l 之类的复辅音有关，fᴸ 与 br/l 之类的复辅音有关，应该是对的。但是，我们为什么又说 fᴸ 与 kr/l 之类的复辅音有关呢？这是因为，除了字形上的疑似之外，还有一个排次位置的问题，即：如果 fᴴ、fᴸ 都只是与 p 类复辅音有关，按理，它们应该排在一起，但是，现在的排列次序，却是 fᴴ 挨着 pᴴ（*pr/l）和 jᴴ（*phr/l），居于两者中间；fᴸ 挨着 xᴴ（*kr/l）和 xᴸ（*gr/l），居于两者中间。从上面的例子来看，它们也确有与 k 类复辅音对应的。在孟高棉语中，佤语的有些 kr，在克蔑语中，就是读为 f 的，如：

W	Kmi	词义
krɔŋ	fɔn₅₁	澜沧江
kra̱k	fak₃₃	水牛
ria̱k	fak₃₃	叫、喊
ghrɯ̱ ŋ	fɤŋ₃₁	筛
ghrɯ̱ ŋ	a'fɤŋ₃₁	筛子
kri̱h	a'feh₃₃	熊

prauk	fek$_{31}$	肋

这种情况，我们认为，也是应该与我们在前面所说的前缀之复杂变化有关的。

但是，不管怎样，按照老傣文字母不把复辅音声母列入字母表的通例，我们认为，字母 43、46 不是 phr/l、br/l 或 kr/l。字形上所反映出来的，以及从与佤语比较中所看到的这些情况，这不过说明它们与这些复辅音有关罢了。李方桂教授把它们构拟为*f 和*v，我们认为是合适的。

八、字母 35、39、53：

即 h^L、h^H、h^L。前两个是巴利文字母中的非品字母。后一个是老傣文根据本民族语言的特点加的。

从字形及字母的排列次序上看，字母 53 上面是个 h，下面是个 r，它应是 hr 或 rh 之类的音。它居于字母表的最后一行，这一行字母大都是高音组字母，这样，它应是与字母 35 相配对的高音组字母，可是，现在它是低音组字母，而且一般只用于拼写少数语助词。这应该怎么解释？

让我们先看看这几个字母读的音，与泰语、佤语的对应关系是怎样的？

39. h^L

T	XD	DD	W	词义
r	h	h	r	
无调号	无调号			
–	hɔn$_2$	hɔn$_2$	–	沉淀
–	–	–	rɔn	靛青
rɛŋ$_2$	hɛŋ$_2$	hɛŋ$_2$	riaŋ	力气
–	–	mɛŋ$_2$ɔi$_2$	–	孑孓
rŭi$_2$	–	–	rɔi	苍蝇
–	–	ham$_2$	rɛm	荒
rɯa$_2$	hɤ$_2$	hɤ$_2$	rɤ	船
rɔi$_2$	hɔi$_2$	hɔi$_2$	rɔi	痕迹
–	hăŋ$_2$	haŋ$_3$	raŋ	储备
rian$_2$	hen$_2$	hen$_2$	ren	学
–	hɛn$_2$	hɛn$_2$	rian	准备
rɯan$_2$	hɤn$_2$	hɤn$_2$	–	房子
r'wai$_2$	lai$_2$	hai$_2$	rai	丙，天干之三
–	lŭŋ$_2$	huŋ$_2$	ruŋ	榕树
rɔm$_2$	hɔm$_2$	hɔm$_2$	rɔm	集中、拼拢、掺和
hɔm$_1$	hɔm$_1$、k'hɔm$_1$	hɔm$_1$	khrɔm	使集中

–	k'sum$_2$	–	–	集拢
krăi$_1$(ไกร)	hăi$_2$	hăi$_2$	rai?	小青树
khrɯa$_2$(เคือรอ)	xɤ$_2$	hɤ$_2$	rɤ	一串，如芭蕉
–	–	–	rup	火焰
–	hum$_2$	hup$_8$	rup	燎、燻
km'răi$_2$(กำไร)	–	–	rau	赚头、盈利
rɔ$_2$	–	–	krọ?	等候
roi	–	–	rɔi、grɔi	撒
rim$_2$	him$_2$	him$_2$	grim	边缘、范围
–	hin$_2$	–	s'git	滗
–	huŋ$_2$	huŋ$_2$	s'jɔŋ	虹
–	hɤŋ$_2$	–	–	兴旺
–	–	–	mạn hɤŋ	澜沧淘金河，地名，意为兴旺寨
–	hɛ$_2$、phɛ$_2$	phɛ$_2$	pre	绸缎
–	hau$_2$	–	–	竿
răi$_2$	hăi$_2$	hăi$_2$	mhại?	鸡虱
–	hɔŋ$_2$、lɔŋ$_1$	hɔŋ$_2$、lɔŋ$_1$	lhɔŋ	垫衬
khrɯn$_4$	jum$_2$	jum$_2$	jɯm	灌木丛丛莽
–	–	–	brum	灌木丛
ˇ	ˊ			
rɔi$_4$	hɔi$_4$	–	rɔi	一百
–	–	–	maɯ rɔi mɔi mụ	钱一百，牛一头。佤族习惯送礼数
rai$_4$	hăi$_4$	hai$_4$	hại	狠、恶劣
–	–	hɤ$_4$	rau	力衰
rɔn$_4$	hɔn$_4$	hɔn$_4$	–	热
rau$_6$	–	hău$_4$	rau	热
–	hău$_4$	–	rau	火焰、熏着
–	he$_4$、heu$_2$	–	rau	末梢
ruaŋ$_2$、luaŋ$_2$	lɔŋ$_4$	hoŋ$_4$	roŋ	辛，天干之八
lău$_4$	lău$_4$	hău$_4$	rau	酉，地支之十
–	hăŋ$_4$	hăŋ$_4$、haŋ$_4$	nhạŋ	褂
–	heu$_4$	heu$_4$	rio、kro	扣子，捕机

$rɔŋ_4$、$phrɔŋ_4$	$hɔŋ_4$	$hɔŋ_4$	–	叫喊
$riak_{8L}$、$phriak_{8L}$	–	–	riak	叫喊
ran_4	han_4	han_4	ran	层、级、台
–	$tsɛn_2$	$tsan_4$	tɕat	层、级、台
$tshăn_4$、$tshan_2$	$tsan_2$	$tsan_2$	graih	晒台、木架
$rɔŋ_6$	$hɔŋ_6$	$hɔŋ_6$	rɔŋ	沟、槽槽
–	$hɔŋ_6$	$hɔŋ_6$	rɔŋ	一两
$ruam_6$	$hŭm_6$	hom_6	rom	共同的
$rɔi_6$	–	–	rɔi	愈、消失
$rɔŋ_6rɛŋ_6$	–	–	luŋ liaŋ	摇曳、晃荡
rua_6	ho_6	ho_6	–	漏
–	$lɔt_{7s}$	–	rɔik	漏
$răi_6$、$phrăi_6$	–	$hăi_2$	rai	领地、子民
–	–	–	kɔn rai tai siau	子民、百姓
–	–	–	kɔn prai?	子女、下辈
–	–	–	pu? prai	弟妹、小辈
$răi_6$	$hăi_6$	$hăi_6$	–	林地、山地
$phrăi_2$	–	–	ma̧ bre?	林地、山地
–	–	–	prai	外面
–	$hăŋ_6$	–		
–	$haŋ_6$	$haŋ_6$	graŋ	形态、外表、形状
–	–	$haŋ_6ka_5ja_4$	riaŋ	尸体
–	–	–	riaŋ	相片
–	–	–	graŋ	漂亮、好看
–	$haŋ_6di_1$	$haŋ_6li_6$	–	好看
–	–	–	raŋ di̧	有礼貌、体面
–	$haŋ_6hai_4$	$haŋ_6tsa_4$	–	难看、丑
–	–	–	raŋ tɕa	不礼貌、出丑
$thru_6$			s'rɤ	拖曳
$khrɯm_6$	$hŭm_6$	hom_6	jun	荫
–	–	–	grum	于……之下
$khrɯm_4$	$tsŭm_6$	$tsom_2$	–	愉快
–	$tsăn_2$、la_5	$tsăn_6$	rɛh	陡壁

–	$tsɛn_2$、la_5	–	rɛh	陡
$phɛ_5$ 、$phrɛ_6$	$phɛ_6$ $phɛ_5$	–	pre	繁殖、发展
无调号				
–	$mɔ_3na_2hok_8$	–	ŋu na rok	地狱
$răp_{8s}$	$hăp_8$	$hăp_8$	rɛp	迎接
$răp_{8s}$	$hăp_8$	$hăp_8$	rɛp	收到
$rɛt_{8L}$、$r'mat_{8L}$	$hɛt_8$	$hɛt_8$	riat	犀牛
$kr'rɔk_{8L}$	$hɔk_8$	$hɔk_8$	–	松鼠、貂鼠
rak_{8L}	hak_8	hak_8	riah	根
–	hak_8bo_1	hak_8mo_6	riah vo	藕
–	hok_8	–	rai roh	蝌蚪
$sm'rak_{8L}$	hak_8	hak_8	hau	呕吐
$hɔt_{8L}$(ฮอด)	$hɔt_8$	$hɔt_8$	hoik	到达
–	$thɔt_{7L}$、$thɔn_1$	$hɔt_8$	toik	抽拔
–	$thok_{7s}$	–	–	抽拔
–	$thok_{7s}$	$thɔt_{7L}$	doik	自抽、自拔、脱出
–	–	$ja_3ʔen_6thɔt_{7L}$	rip doik s'niak	车前,"抽筋草"
$lŭk_{8s}$	$lɤk_8$	$lɤk_8$	rau	深
	$hɛt_8$	$hăt_8$	grɔt	紧、紧绷
–	–	$tsăn_6$	sɛt	紧
–	–	$hăt_8$	s'niat	使紧、勒、绷
$lăi_4$	–	–	krai?	鬃、涂
$răk_{8s}$	$hăk_8$	hak_8	grai?	漆
$phrăt_{8s}$	–	–	pu phrah	流离、离散
–	–	–	pu phrat	流离、离散
$phrĭp_{8s}$、$phrăp_{8s}$	–	–	khiap	眨眼
$phrĭp_{8s}$	–	–	khiap	一霎那
$hrĭt_{8s}$(หรึด读为 หะรึด)	–	–	rip	草

40. h^H:

T	XD	DD	W	词义
h	h	h	h	
无调号	无调号			
$hɔ_1$	$hɔ_1$	ho_1	hɔ	殿堂、衙门

$hɔi_1$	$hɔi_1$	$hɔi_1$	hɔi	螺蛳
han_1(หาญ)	han_1	han_1	han	勇敢
—	—	ho_1	hɔ	吆赶
—	$hɛ_1$	he_1	he	野、不驯
hǎu	hǎu	hǎu	siʔ	头虱
hi_1	hi_1	hi_1	tseʔ	阴户
注：			Km：k'seʔ	阴户
—	hin_1	hen_1	sua	野猫
kr'hai₁(กระหาย)	$xǎi_6$	$xǎɯ_3$	—	想、渴望
khr'hai₁(คระหาย)	—	—	—	
$haŋ_1$	$haŋ_1$	$haŋ_1$	s'daʔ	尾巴
pre'r/h	h	h	rh	
—	hum_1	—	rhɔm	爱好、爱
—	hum_1	—	rhɔm	心情
—	—	—	rhɔm	心
$rɔ_1$(หรอ)	—	—	rhɔ	销蚀、生锈
$lɔ_1$	—	—	—	腐蚀
thr'hɯŋ₁(ทรหึง)	$hɯŋ_1$	$hɯŋ_1$	rhɯŋ	久
—	—	$heŋ_1$	rheŋ	一千
—	—	ha_1	rha	雪
—	han_1	han_1	rhan	洋漆
—	him_1	him_1	rhim	抢夺、抢掠
$rǐp_{8s}$	—	hup_8	—	抢掠，没收
—	$hǎi_1$	—	dʑ'rhai	瓢子
$s'wiŋ_1$	$hiŋ_1$	—	vhaiŋ	捞斗、捞网
—	$hiŋ_1$	$fiŋ_1$	—	烤火、晒太阳
$hɔm_1$	$hɔm_1$	$hɔm_1$	khrɔm	积聚、使集中
—	$hɔm_2$	$hɔm_2$	rɔm	集中
$hǎm_3$	$hɛm_1$	$hɛm_1$	ghriam	椎击、扑杀
ha_1	ha_1	xa_1	khrɛh	找、搜寻
—	—	$hɔŋ_1$	rɔŋ	回响、余音缭绕
$kɔŋ_3$	$kɔŋ_3$	$kɔŋ_3$	—	回响、余音缭绕
hai_1	hai_1、he_6	hai_1	grai	遗失
—	$haŋ_1$	—	s'grak	朱红

thr'huan(ทรหวล)	–	–	poi	吹拂
	–	–	phru	吹、吹拂
注:	–		Km：hual	吹、吹拂
–	hu₁	hu₁	jhauk	耳朵
˘	ˊ			
h	h	h	h	
hεu₃	m'hεu₃	m'hεu₃	mak heu	荸荠
huai₃	hoi₃	hoi₃	–	山涧、山谷
–	–	–	hoi po	沧源回波寨，地名，意为父涧
hɔŋ₃	hɔŋ₃	hɔŋ₃	hɔŋ	房间、隔儿
ha₃	ha₃	ha₃	ha	五
–	he₃	he₃	heh	倒掉、泼掉
hɔ₅(ฮอ)	hɔ₅	–	hɔʔ	汉族
prer/h	h	h	rh	
–	hun₃	hun₁、hu₅	rak run	收缩、皱缩
hŏt₇s	–	–	rhut、rut	收缩、缩水
–	hot₇s	hut₇s	sut、s'jut	缩回
–	–	hut₇s	s'lot	吸，如口气、鼻涕
–	hεm₃	xεp₈	khriam	枯焦
–	hεm₃	xεp₈	–	锅巴
hεŋ₃	hεŋ₃	hεŋ₃	khraiŋ	干涸、干燥
–	hεŋ₃	–	–	烤
hăi₃	hăi₃	hăi₃	grai	哭泣
hεn₃	–	hεn₃	kraiŋ	啃、咬
hiŋ₃(หิ้ง)	–	–	greŋ	放物或炕物的木架
–	hău₅	hău₃	dau	癣
–	–	hi₃	rhiʔ	葛麻
ˊ	ˊ			
h	h	h	h	
hɔ₅	hɔ₅	hɔ₅	kε	包
hɔ₅	hɔ₅	hɔ₅	gε	包裹、包儿
hău₅	hău₅	hău₅	rauh	吠、嗥
kr'diŋ₅	hiŋ₅	hiŋ₅	hiŋ	铃

pre'r/h	h	h	rh	
l'hŭŋ$_5$	huŋ$_5$	xoŋ$_6$	khroŋ	蓖麻
rɤm$_6$	–	–	–	开端、创始
–	–	–	rhɯɯm	胎包
–	–	haŋ$_5$	ru riaŋ	稀疏
–	heu$_5$	heu$_5$	krɔh	焉了、萎缩、干
khrăm$_6$(คร่ำ)	–	–	rhăm	古老、腐朽的
h	h	h	h	
–	hɔp$_{7L}$	hɔp$_{7L}$	khɔ p、kɔm	抱、搂
–	hɔp$_{7L}$	hɔp$_{7L}$	–	一抱，如柴火
–	ho$_6$、lɔt$_{7s}$	ho$_6$	rɔik	漏
pre'r/h	h	h	rh	
hŭp$_{7s}$	hup$_{7L}$	hup$_{7s}$	rhɔp	合拢
–	hŭm$_2$	hom$_3$	rop	合围、封口
–	hɯɯp$_{7L}$	–	rhɯɯp	喝、饮
–	dɯɯm$_5$	–	–	喝、饮
–	hit$_{7s}$	hit$_{7s}$	ru ri	癞子
rut$_{8L}$	–	hut$_8$、hɔt$_8$	rhat	捋、抹
–	hut$_{7L}$	hut$_{7s}$	rhɔt	瘊子
hŏk$_{7s}$	hok$_{7s}$	hok$_{7L}$	rhɔk	六
rm'hat$_{7s}$(รำหัด)	–	–	rhuat	撒
r'hɔp$_{7L}$(ระหอบ)	–	–	rhɔp	包围
rɔp$_{8L}$（รอบ）	–	–	rɔp	围、匝、周
–	hot$_{7s}$、hŏʔ$_{7s}$	hot$_{7L}$	lhauk	洒、泼
hɔk$_{7L}$	hɔk$_{7L}$	hɔk$_{7L}$	–	长矛
hăp$_{7s}$	hăp$_{7s}$	hap$_{7s}$	khlap、khrap	关闭
–	–	–	khrap	鼠夹子之类
hip$_{7L}$	hăp$_{7s}$	hap$_{7L}$	krɯp	篾编箱笼
hip$_{8L}$	–	hap$_{7L}$	ghrip	秕、瘪
trap$_{7L}$(ตราบ)	–	–	s'jiap	唇
hap$_{7L}$	hap$_{7L}$	hap$_{7L}$	klɔm	担、挑
hap$_{7L}$	hap$_{7L}$	hap$_{7L}$	glɔm	担子、挑子
–	hăŋ$_6$	mak$_8$	mhak	富裕

可以见到，傣语低音组的 h，在泰语和佤语中均为 r，傣语、泰语为偶数词，佤语为松音。傣语高音组的 h，在泰语和佤语中有两种对应情况，一种是傣语、佤语均为 h；一种是傣语为 pre'r/h，佤语为 rh 或吐气的复辅音。这两种情况都是：傣语、泰语为奇数调，佤语为紧音。这种对应规律十分明显，也十分整齐。

上述低音组的 h，一般是以字母 35 表示的，按照巴利文字母的读法应为 r，李方桂教授也构拟为*r，我们认为是合适的。

高音组的 h，无论是泰语、佤语都读 h 的，或是泰语读 pre'r/l，佤语读 rh 的，现在老傣文都用字母 39 来拼写。我们认为这是语音变化后产生的混淆现象。从字形和字母排列次序来看，表示前者的应是字母 39，表示后者的应是字母 53。即是说，字母 39 应为 *h，而字母 53 则应为 *hr（rh）。字母 53 从字形或字母排列次序来看，它应是与泰文字母 หร 相当的高音组字母。现在之所以读作低音组，我们以为可能与一部分前缀为 r 的字，前缀与其后一般音节的声母合并有关。如前面所列的例字，前缀为 r，一般音节的声母为 h，或前缀为 h，一般音节的声母为 r；都可类化为 hr 或 rh。从泰文来看，前缀为高音组的字母，常可使其后面的音节成为奇数调，前缀为低音组的字母，常可使后面的音节成为偶数调，r 为低音组字母，所以，由于 r 的关系，而使 rh 读作偶数词，而列为低音组。在泰文中，有个低音组的 h，即 ฮ，有几个字是与上列傣语中的 h^H，或 h^L 对应的。似乎也可以说明是这一点。但是，不管怎样，老傣文中应有 *h 和*hr（rh），这却是无疑的。

九、字母 41：

这个字母居于按巴利文字母设计的非品字母之末。无论就字形上看，或是就排列位置，它都相当于泰文字母或老挝文字母的 ?。但是，它们现在却念作 ?aŋ$_{41}$。一般认为它是为了表示它上面的小圆圈 ⟍ ⋅ 的用法的，因为这个小圈圈是读作 ăŋ 或 ăµ 的。我们认为，不是这个字母用来介绍小圆圈，而是小圆圈用来介绍这个字母。因为小圆圈是韵母，把它跟声母排在一起，显然是不妥的。

这个字母表示的音，与泰语、佤语的对关系如下：

41. ?：

T	XD	DD	W	词义
?	?	?	?	
无调号	无调号			
?ai$_1$	?ai$_1$	?ai$_6$	s'?oi	气味
?au$_1$	?au$_1$	?au$_6$	?au	叔叔
?an$_1$	?an$_1$	?an$_6$	?an	鞍
—	?ɔm$_1$	—	?ɔm	罐
—	—	?uŋ$_6$	?uŋ	泥淖
r'?a$_1$、?ai$_1$	?ai$_1$	?ai$_6$	—	
tsăi$_1$	—	—	kaik	害羞

ʔŏm₁	ʔŭm₁	ʔom₆	kum	衔、含
—	ʔɯn₁	ʔɯn₆	blɯt	咽
—	—	ʔiu₆、kiu₆	klia	股、绺、支
ʔă'ɗit₇ₛ(อฺด̄ึด读为อะฺด̄ึด)	—	—	diʔ	畴昔、从前
ʔɔi₃	năm₄ʔɔi₃	lăm₄ʔɔi₃	ŋɔm ʔɔi	糖
—	—	ʔɔi₃lu₁	ʔɔiŋ hu	芦苇类植物
ʔai₃	—	ʔai₃	ʔai	男子排行第一
—	ʔon₃	ʔon₃	ʔɔn	软
ʔa₃	ʔa₃	ʔa₃	ʔaŋ	张开
r'ʔŭ₁(ระฺอฺ)	ʔŭn₅	ʔun₅	s'ʔu	温暖
–	ʔɛŋ₅	ʔɛŋ₅	ʔeŋ	罐子
ʔan₅	ʔan₅	ʔan₅	ʔah	念、读
—	ʔau₅	—	ʔauh	热
ʔi₅	—	ʔi₅	ʔi	女子排行第二
ʔɔn₅	ʔɔn₅	ʔɔn₅	ʔɔn	嫩、幼
ʔaŋ₅	ʔaŋ₅	ʔaŋ₅	ʔaŋ	瓦缸、盆
无调号				
—	ʔɤk₇ₛ	ʔok₇ₗ	—	胸
ʔŏk₇ₛ	ʔok₇ₛ	na₃ʔok₇ₗ	nauk	胸
—	—	—	ʔɤk	牛胡、牛胸前
—	—	—	s'ʔaŋ ʔɤk	胸岔骨
ʔat₇ₗja(อาชญา)	ʔat₇ₗja₂	—	—	权力、法令
—	—	—	ʔan na	傣族土司
—	—	ʔɛt₇ₛ、ʔɛn₁	ʔiak	小
—	ʔok₇ₛlɔk₇ₛ	—	klɔk	坑坑
ʔăt₇ₛ	ʔit₇ₗ	ʔit₇ₛ	krit	榨
ʔap₇ₗ	ʔap₇ₗ	ʔap₇ₗ	hɯm	洗浴
ʔĕt₇ₛ	ʔet₅	ʔet₇ₗ	ʔet	一
–	ʔaŋ₃ʔak₇ₗ	—	ghak	痰
ʔ	—	ʔɛk₇ₗ	ʔiak	轭
—	ʔɯt₇ₛ	—	ʔɯt	闷、郁闷
ʔăp₇ₛ、ʔɛp₇ₗ	—	—	ʔiap	盒

以上高音组。

无调号	无调号			
–　ˇ	?am₂　ˇ	?am₂	?am	惊奇
–　ı	?ɤ₄　ı	–	krɤ?	打饱嗝
–	–	–	–	（无例字）

无调号				
–	–	?ɛt₈	?ɛ?	性交
r'?ŭk₇ₛ、s'?ŭk₇ₛ（ระอึก、สะอึก）	s'??₈	s'?ɤ₃	s'?ɤ	打呃、打嗝儿
rɤ₂（เรอ）	–	–	–	打呃

以上低音组。

从上可见，傣语的?，无论高音组或低音组（字母无区别，低音组加附加符号），在泰语和佤语中均作?，均为奇数调或紧音，所以，这个字母应为?。至于声调和松紧现象，从很多方面看来，它都应是后起的。

这样，全部五十六个字母，除了五个专门用来拼写巴利语的辅音字母，以及八个元音字母无需详考之外，我们已经把其余四十三个字母全部作了考释。从上面的考释中，我们可以看到：属于侗台语族的傣语和属于孟高棉语族的佤语是多么相似！

一、它们的语音结构是完全一样的；

二、它们的语音，以本文所考释的声母字母来说，也是完全一样的；

三、不但如此，连语音演变的内部规律，也是完全一致的。

当我们利用孟高棉语的材料来论证傣语以及其他台语的一些问题时，就像是利用同一语系的语言材料一样。这样，就不能不使我们对国内流行的有关侗台语和孟高棉语的系属问题——所谓侗台语是属于汉藏语系，而孟高棉语则是属于南亚语系的说法——产生怀疑。

从量词的历时发展看量词的泛化途径*

上海师范大学　　宗守云

内容提要　量词的泛化途径和量词的历时发展是一致的。量词泛化的途径既有绝对途径——从母体物名词到相近物名词、从实在物名词到印记物名词、从空间物名词到时间物名词、从具体物名词到抽象物名词，也有相对途径——固体物名词和流体物名词、无生物名词和有生物名词、离散物名词和整体物名词。量词的泛化途径都能得到历时的印证。

关键词　量词　泛化　历时

1　引言

量词对名词的选择往往存在着从特指到泛指的发展过程, 这就是量词语义泛化的过程。例如:

（1）一条线 < 一条狗 < 一条大汉 < 一条意见。
（2）一张弓 < 一张桌子 < 一张脸。
（3）一串珠子 < 一串气泡 < 一串足迹 < 一串阴谋。
（4）一堆土 < 一堆衣服 < 一堆人 < 一堆废话。

以上四例，量词对名词的选择在泛化程度上呈现出差异性，越向左，泛化程度越低；越向右，泛化程度越高。

从量词的历时发展来看，一个量词在刚刚产生的时候总是和某一个或某一类特定的名词形成选择关系的，这就是所谓的量词母体意义，这样的选择有着明显的理据性。随着时间的推移，该量词所选择的名词不断增加，其理据性也逐渐削弱，直到在表面上看不出理据，这是量词逐渐泛化的过程。

一般情况下，量词的泛化过程和量词的历时发展都是一致的。本文从历时的角度讨论量词语义泛化的途径，从而说明量词语义泛化都具有历时的真实性。量词语义泛化的途径有两种，绝对途径和相对途径，绝对途径是单向的，没有例外；相对途径是双向的，但有一定的倾向性。

---
* 本项研究得到了上海市重点学科（S30402）的资助。

2　量词语义泛化的绝对途径

2.1　从母体物名词到相近物名词

量词最初选择的名词是它所脱胎的母体名词。量词对名词的选择，首先是从母体物名词到相近物名词，这是人类认知的自然延伸所致。这样的泛化延伸是最自然的，在认知操作上也是最容易的。

不同的量词，其母体名词都是各不相同的，有鲜明的个性特征。但在"向相近物扩展"这一基本原则上都是一致的。比如，量词"槽"来源于名词"槽"，指放牲畜草料的器皿，因此其母体物名词就是"草料、料草"；由于草料是给牲畜吃的，因此量词"槽"的语义延伸到"牲口"这样的名词；子弹放进弹槽、牙齿长在嘴里和"槽"有相似性，因此"槽"语义又扩展到"子弹、牙齿"。从历时看，"槽"和母体物名词的选择是在元代出现的，和相近物名词选择是在现代出现的。例如：

(5) 恰拌上一槽料草，喂饲得十分来饱。（高文秀《刘玄德独赴襄阳会》）
(6) 那小子，把着一槽牲口，他不经心喂，还不让别人喂。（刘锦云《狗儿爷涅磐》）
(7) 你这是二把短八分，能打二槽子弹，零件顶好啦。（李英儒《野火春风斗古城》）
(8) 她双手乍杈开，抖动青紫的嘴唇，露出一槽整整齐齐的白牙。（冯志《敌后武工队》）

2.2　从实体物名词到印记物名词

母体物名词和相近物名词都是实在物名词，量词语义还可进一步泛化到印记物名词。印记物包括视觉符号、印子痕迹等等，这些并不是实实在在的事物，它们只是建立在实在物基础之上的标识性特征。

对量词来说，语义由实在物名词泛化到印记物名词，是极其常见的现象。我们随便可以举出好多例子：一颗豆<一颗痣；一条黑线<一条斜线；一块疤<一块疤痕；一双脚<一双脚印；一套工具<一套工具标记；一排牙齿<一排牙印；一堆痰<一堆痰渍。比如，"颗"本义是小头，"颗"作为量词是在魏晋出现的（刘世儒 1965：117），最早选择的名词是梨、桃等，因为这些果实更接近小头的形状，唐代出现和珠、米、芥子等的选择，这是从母体物名词到相近物名词的泛化；"颗"和印记物名词选择在清代才出现。例如：

(9) 以梨一颗，刺作五十孔。（葛洪《肘后备急方》）
(10) 师曰，欢喜则不无，如粪扫堆头，拾得一颗明珠。（《筠州洞山悟本禅师语录》）
(11) 我娘左耳朵上有一颗痣，是聪明人。（吴趼人《二十年目睹之怪现状》）

　　尽管印记物不是很实在，但还保留着一定的物质性。有些事物连物质性也不具有，其性质更加虚化。比如，"一排房子"是物质性的、实在的事物，"一排小孔"就不具有物质性了，语义泛化是从"一排房子"到"一排小孔"的。再比如，"一溜石块"是物质性的、实在的事物，"一溜裂缝"就不具有物质性了，语义泛化是从"一溜房屋（石块）"到"一溜裂缝"的。"排"和"溜"作为量词，都是明代才出现的。"排"只出现在《水浒传》中，有 3 例，选择的名词为"纱灯（2 例）、草房"；"溜"有 4 例，选择的名词为"枪刀剑戟、婴孩、鬃毛、金钮子"。它们和非物质性名词的选择是现代才出现的。

　　（12）只见一家门前挂个紫竹帘，风箦下一排碧纱灯。（施耐庵《水浒传》）
　　（13）只见一排草房，直拖到山坡下。（施耐庵《水浒传》）
　　（14）六发子弹打在后墙上，在白石灰墙上钉上一排六个泥孔。（知侠《铁道游击队》）
　　（15）一溜溜枪刀剑戟，一重重简斧链锤。（诸圣邻《大唐秦王词话》）
　　（16）一溜溜女婴孩，梦见里能宁耐！（汤显祖《牡丹亭》）
　　（17）后来就变做一个长嘴大耳朵的呆子，脑后又有一溜鬃毛。（吴承恩《西游记》）
　　（18）上面绿剪绒狮坐马，一溜五道金钮子。（兰陵笑笑生《金瓶梅词话》）
　　（19）蚯蚓拱出了一溜缝隙。（张凡修《缝隙》）

那么，有没有相反的情况，即语义从印记物名词发展到实在物名词呢？没有。从事物自身的情况看，印记物一定是在实在物的基础上产生的，没有鞋，就没有鞋印，没有事物，就没有事物的记号。事物发生的顺序性反映在语言中，就是从实在物名词发展到印记物名词，而不是相反。

2.3　从空间物名词到时间物名词

　　量词泛化到印记物这一步，还都是属于空间范畴的。量词继续泛化，就延伸到时间范畴了。认知语言学认为，语言中表示空间的词语是最基本的，其他词语都是从空间这个认知域引申来的。这和人的认知发展过程是一致的，人首先根据自己的身体经验建立了三维空间的概念，然后在此基础上把空间概念映射到时间、目的等认知域上面。因此，语义从空间物名词泛化延伸到时间物名词，不仅符合人的认知发展过程，也符合语言自身的规律。

　　具有空间性的名词是典型名词，它们所反映的事物是空间物。具有时间性的名词不是典型名词，它们所反映的事物是时间物。量词语义从空间物名词泛化延伸到时间物名词，也是从和典型名词的选择到和非典型名词选择的发展过程。最典型的时间物名词是表示声音和动作的名词，它们只能在时间的线条上展开，不具有三维空间性。比如，集合量词"套"存在着这样的泛化情形，"一套衣服"是和空间物名词的选择，"一套话语、一套动作"是和时间物名词的选择，后者是在前者的基础上泛化延伸出来的。再比如，"一堆石头"是和空间物名词的选择，"一堆废话"是和时间物名词的选择，后者也是在前者的基础上泛化延伸出来的。从历时看，"套"作为量词出现在宋代，有 3 例，两例出现在宋词中，所选择的名词为"衣服"；1 例出现在《武林旧事》，所选择的名词为器物"碾玉香脱儿"。明代以后，"套"可以和时间物名词进行选择。"堆"用作量词，是从唐五代开始的，在唐代以前，类似于"堆"的量词是"聚"和"积"（刘世儒1965:247）。在很长一段历史时期，"堆"所选择名词都是表示非离散的成堆的具体事物的名词，如明代以前，"堆"所选择的名词有"灰、金、火、泥"等。"堆"和时间物名词的选择出现在现代。

（20）向晚小梳妆，换一套新衣始了。（吕渭老《圣求词》）
（21）白玉双蓬杯盘、碾玉香脱儿一套，六个大金盆。（周密《武林旧事》）
（22）轩辕翁说了一套随俗的吉利话。（凌蒙初《二刻拍案惊奇》）
（23）好俊的一套罗汉拳！（张杰鑫《三侠剑》）
（24）祖道之祭，是作一堆土，置犬羊于其上。（《朱子语类》）
（25）他是跟我说过一堆亲热、肉麻的话，可对他并没有从此产生义务。（王朔《痴人》）

相反的情形目前还没有见到，有专用于时间物名词的个体量词"句"（一句话），但这个量词是专用量词，并没有扩展延伸到空间物名词。因此，量词语义从空间物名词延伸到时间物名词，应该说是一个单向过程。

2.4　从具体物名词到抽象物名词

对量词来说，不论具体的泛化过程如何，有一个现象是共同的：量词范畴都是从和具体物名词选择扩展延伸到和抽象物名词选择，而且抽象物名词总是处在泛化的最后、最边缘的位置。这一泛化过程是普遍的。

在量词系统中，专门用于和抽象物名词选择的量词是不存在的，对抽象物名词的刻画必然要借助用于具体物名词的量词，但究竟用哪个和具体物名词选择的量词，则要看抽象物名词的性质，看它更接近哪个具体物名词，可以和哪个具体物名词划归一类。比如，"系统"是有组织的、有序的，和"套"的性质比较接近，因此，"系统"和"沙发、衣服"划归一类，"一套系统"是在"一套沙发、一套衣服"的基础上通过泛化形成的。再比如，"想法"往往是凌乱的、无序的，和"堆"的性质比较接近，因此和"石头、废话"划归一类，"一堆想法"是在"一堆石头、一堆废话"的基础上通过泛化形成的。从历时看，"套、堆"和抽象物名词选择都出现在现代。

有些量词和抽象物名词的选择表面看来是无理据的、任意的，其实细究起来还是有联系的。比如，"条"在南北朝时期就有了和抽象物名词选择的用法，"条"可用于"衣服"，也可用于"事情"（吴福祥2006:257）。"衣服"可以识解为长条形物体，"事情"则是一个在时间上展开的长条，包含了开始、经过、结束等环节，因此这是由于隐喻的促动泛化到抽象物名词的。再比如，"把"可以和"米、草"这样的具体物名词形成选择，也可以和"年纪、力气"这样的抽象物名词形成选择。从历时看，"把"作为量词（最早是集合量词）在汉代就出现了，在明代以前一直都是和具体物名词形成选择关系，在明代以后出现了和抽象物名词选择的情形。例如：

（26）背上之毛，腹下之毳，益一把，飞不为加高。（韩婴《韩诗外传》）

（27）磨旗的有一把年纪，人儿又生得痴夯，驾得云慢。（罗懋登《三宝太监西洋记》）

（28）这一点点事情，做哥哥的还可以帮你一把力。（李宝嘉《官场现形记》）

3　量词语义泛化的相对途径

3.1　固体物名词和流体物名词

　　量词语义从固体物名词泛化到流体物名词，是一种带有倾向性规律，在个体量词和集合量词中都未见到反例，尤其是集合量词，只有反映固体的、离散的事物的名词，其集合状态才是最典型的。固体离散物不仅容易集合，也容易分离，因而在语言上最能映射到集合量词范畴中。在量词系统中，有专门用于流体物名词的个体量词，如"滴、汪"等，没有专门用于流体物名词的集合量词。但专门用于流体物名词的个体量词一直都是专用量词，没有向固体物名词泛化的情形。

　　量词语义从固体物名词泛化到流体物名词，是不胜枚举的。比如，"条"最早是和固体长条物名词形成选择关系的（南北朝），到南宋出现和流体长条物名词选择的情形。再比如，"把"最早和固体集合物名词形成选择关系（汉代），到南宋出现和流体物名词选择的情形。

（29）复为九万诸比丘众。作七条衣。人与一领。（《贤愚经》）

（30）前面一条黄河环绕，右畔是华山耸立，为虎。（《朱子语类》）

（31）使在地之火附一把矩，人从旁射之，虽中，安能灭之？（王充《论衡》）

（32）如今一把伤心泪，犹恨江南过此生。（《全宋词》）

　　"光线"可以看作是类流体物，量词语义也可以从和固体物名词选择泛化延伸到和光线类名词的选择。如从"一束草"到"一束光"，从"一道山"到"一道光"等。从历时看，"束"作为量词出现很早，在西周金文中就有用例，所选择的名词为"矢"，民国初出现了和"光"的选择；"道"作为量词，在战国时代也出现了，所选择名词为"陛"，唐五代出现了和"光"的选择。

（33）马四匹，矢五束。（鄂侯驭方鼎）

（34）他手拿火炬，走了几十丈远，忽然看见一束亮光。（曹绣君《古今情海》）

（35）城上五十步一道陛，高二尺五寸，长十步。（《墨子》）

（36）世尊以一道光，照其阿难。（《敦煌变文集新书》）

容器量词的语义泛化有从流体物名词到固体物名词的情形。例如"池",最早只和"水"选择,后来又可以和固体物名词选择。从历时看,"池"和"水"选择最早出现在南北朝,一直延续到唐五代,北宋才出现和固体物名词选择。

(37)极乐国土,有八池水。(《佛说观无量寿佛经》)
(38)晓来雨过,遗踪何在,一池萍碎。(苏轼《水龙吟》)

总的来看,量词语义从固体物名词泛化到流体物名词是常见的,相反的情况则很少见。

3.2 无生物名词和有生物名词

量词的语义泛化,从无生物名词到有生物名词是常见的,相反的情况是少见的。比如,"条"由和长条的无生物名词选择泛化到和"蛇、狗"这样的有生物名词的选择,"堆"由和成堆无生物名词选择泛化到和"人、苍蝇"这样的有生物名词的选择。从历时看,"条"和有生物名词选择最早出现在唐五代,"堆"和有生物名词选择最早出现在明代。

(39)何曾见有一条蛇,都是忘心生兼执。(《敦煌变文集新书》)
(40)但凡说是见过他家太老爷的,就是一条狗,也是敬重的。(吴敬梓《儒林外史》)
(41)地方人一时哄动,走上了一堆人,围住他。(凌蒙初《初刻拍案惊奇》)

对其他量词的考察,如"只、对、双、副、排、行、批、组、套"等,也说明了这种泛化趋势。

相反的情形也是存在的,但不多见。在个体量词中,最典型的是"口"。"'口'作为量词,最初是用于人,后来扩展到动物,再扩展到有口的器物,最后扩展到无口的器物。"(汪维辉2007:126)"口"作为量词最晚在汉代就出现了,用来和有生物名词选择,在南北朝出现了和无生物名词的选择。

(42)又一切调上公以下诸有奴婢者,率一口出钱三千六百。(班固《汉书》)
(43)特赐允蜀牛一头、四望蜀车一乘、素几杖各一、蜀刀一口。(《北史》)

在集合量词中,似乎只有"群、丛、簇"等少数几个是从有生物名词泛化到无生物名词的情形。比如,"一群羊"是有生物,"一群岛屿"是无生物;"一丛/簇鲜花"是有生物,"一丛/簇山石"是无生物。但这样的泛化给人的感觉是有很强的修辞性,说"一堆人、一批人",一般人感觉不到这是隐喻,只有研究者才能分析出隐喻;说"一群岛屿、一丛/簇山石",一般人也能感觉到这是比喻用法,是把岛屿比喻为动物,把山石比喻为植物。

因此,可以这样说,量词范畴的语义从无生物名词泛化延伸到有生物名词是常见的、无标记的现象,相反则是少见的、有标记的现象。

3.3 离散物名词和整体物名词

对个体量词来说，是无所谓离散物名词和整体物名词对立的。但对集合量词来说，离散物名词和整体物名词存在着对立性，有时还存在着演化关系。离散事物的集合是典型的集合，整体物，即使可以看成是集合，也一定是非典型的集合，而一般情况下更倾向于看成是个体。对一个特定集合量词来说，如果它既可以和离散物名词选择，又可以和整体物名词选择，那么后者一般都是在前者的基础上泛化来的。比如，"副"最早只和离散物名词选择（魏晋），后来又出现了和整体物名词的选择（唐五代）。再比如，"串"最早只和离散物名词选择（唐五代），后来又出现了和整体物名词的选择（明代）。

（44）情系帷幄，拜表奉贺，并献文履七量，袜若干副。（曹植《冬至献袜履表》）
（45）一叶虚舟一副竿，了然无事坐烟滩。（《船子和尚拨棹歌》）
（46）一串数珠长在手，声声相续念弥陀。（《敦煌变文集新书》）
（47）头挽着个小髻儿，身穿件百衲衣，项上挂一串缨络。（方汝浩《东度记》）

离散物的集合可以用集合量词表现，整体物多用个体量词表现。同一个量词，如果既有集合量词的用法，又有个体量词的用法，那么往往是先有集合量词的用法，后发展出个体量词的用法，这和从离散物名词到整体物名词的泛化过程是一致的。比如，"把、家、列"兼有集合量词和个体量词的用法，都是集合量词的用法先出现，个体量词的用法后出现。其中"把"作为集合量词出现于汉代，作为个体量词出现于北宋；"家"作为集合量词出现于北宋，作为个体量词出现于清代；"列"作为集合量词出现于唐代，作为个体量词出现于现代。

（48）昔有一猕猴持一把豆，误落一豆在地，便舍手中豆，欲觅其一。（《百喻经》）
（49）进酒三杯，应随驾官入内官，并赐两面翠叶滴金牡丹一支、翠叶牡丹沈香柄金彩御书扇各一把。（周密《武林旧事》）
（50）冯兖给事，亲仁坊有宅，南有山亭院，多养鹅鸭及杂禽之类极多，常遣一家人掌之，时人谓之鸟省。（李昉《太平广记》）
（51）只见一家酒铺门口一个粮道的书办，长山县人，往道里去上班，歇在绣江县城。（西周生《醒世姻缘传》）
（52）今见斋会于食堂内，丈夫一列，女人一列，或抱孩儿，儿亦得分。（[日]圆仁《入唐求法巡礼行记》）
（53）传来尖锐的汽笛声，随后，一列火车开进站来了。（萧乾《流民图》）

量词语义由离散物名词泛化延伸到整体物名词，这是一般规律，但也有少数相反的情形。比如"堆"，用于整体物名词在先（唐五代），用于离散物名词是后发展出来的（元代）。同一个量词兼有集合量词和个体量词的用法，也有个体量词先出现集合量词后出现的，比如"片"，作为个体量词最晚在东汉就出现了，作为集合量词出现在魏晋南北朝。不过这样的情形并不多见。

　　（54）舜子闻道修仓，便知是后阿娘设计，调和一堆泥水。（《敦煌变文集新书》）
　　（55）起来看时，床上不见了那娘子，只见明晃晃一堆银子。（冯梦龙《警世通言》）
　　（56）田家老母，到市买数片饵。（应劭《风俗通义》）
　　（57）涧底百重花，山根一片雨。（庾信《游山》）

总的来看，量词语义的泛化，从固体物名词到流体物名词，从无生物名词到有生物名词，从离散物名词到整体物名词，是常见的，相反的情况则是少见的。因此可以认为这是量词语义泛化倾向性的规律，不是绝对的、必然的规律。

4　结语

　　本文从历时的角度讨论了量词泛化的途径。吴福祥（2007:255）说："迄今为止我们对许多个体量词语义演变和语法化过程的细节还所知甚少。"其实就目前的研究看，不仅个体量词的泛化细节所知甚少，其他量词（如集合量词）的泛化细节也是所知甚少。这是量词研究中需要解决的问题。今后的研究目标是，一方面，应该加强对单个量词泛化的研究，一个一个地加以描写，看它们泛化的具体细节是怎样的；另一方面，也应该加强对整个量词范畴泛化的研究，看整个量词范畴在泛化中具有怎样的规律和性质。

参考文献

刘世儒　1965　《魏晋南北朝量词研究》，北京：中华书局。

汪维辉　2007　《<齐民要术>词汇语法研究》，上海：上海教育出版社。

吴福祥　2007　魏晋南北朝时期汉语名量词范畴的语法化程度，沈家煊、吴福祥、马贝加主编《语法化与语法研究》（三），246-268 页，北京：商务印书馆。

从类型学看汉语"动词+X+处所"结构中"X"的隐现[*]

德国康斯坦茨大学语言学系 华东师范大学对外汉语学院　　罗天华

内容提要　以往的研究多指出现代汉语"动词+X+处所"结构中"X"的隐现与谓语动词的性质相关。本文通过跨语言比较,认为"X"的隐现还与主语/宾语和谓语动词之间的关系、处所宾语的性质有关,具体与主语/宾语的自控度、处所宾语的复杂程度、处所宾语的定指度相关。文章也讨论了"X"的分化、读音及"动词+X+处所"结构的切分等相关问题。

关键词　"动词+X+处所"　"X"隐现　处所宾语　自控度　复杂度　定指度

1　引言

本文主要讨论现代汉语"动词+X+处所"结构中"X"的隐现问题。所指"X"与徐丹(1994)的"X"一致,指北京话里的"在/到/的"及其他汉语方言里担任相应功能的词,如"到/著/得"等。

"动词+X+处所"结构向来受到汉语语法研究的关注,以往一些研究提出与"X"(主要是"在")隐现相关的因素主要有:

(i)动词的音节数。范继淹(1986)指出,单音节动词大多能进入"动词+在+处所"格式,而双音节动词大多不能进入该格式。徐丹(1994)认为双音节动词后面的"在"不能省略(也不能弱读为"的"[tə];见第4节)。

(ii)动词的结构。王艾录(1982)提出4类动词不能进入"动词+在+方位"结构:动词后带后附成分(带"着/了/过"、带宾语/补语),动词本身是动宾型动词(如"*发言在会上"),动词本身是重叠式("*休息休息在这儿"),方位名词不能做动词的宾语("*咳嗽在里屋")。范继淹(1986)也认为动宾式、动补式动词不能进入"动词+在+处所"格式,但以"倒、翻"作为第二成分的动补式动词除外,如"摔倒在路边、推翻在河里"(参看崔希亮,1996)。

(iii)动词的语义。据朱德熙(1981),"唱、开(会)、吃、下(雨)、开、关"等不表示"附着"义的(单音节)动词后面往往不能用"在"字。据崔希亮(1996),不能进入"在"字结构(包括"在 NL-VP"、"V-在 NL")的动词都有静态动词的特征,能够进入"在"字结构的动词都有动态动词的特征(反过来不一定成立)。

---

* 本文曾得到陆丙甫、刘辉等先生指正多处,谨致谢意。本文初稿曾提交第十五次现代汉语语法学术讨论会(延边大学,2008 年 7 月),并在华东师范大学对外汉语学院"语法沙龙"交流(2008 年 10 月)。

对于（i），范、徐二文的观点显然对立，范文的概括作为一种倾向性是成立的；徐文的概括有不少反例，如*讨论在、*担任在、*咳嗽在、*知道在……，这些双音节动词后面都不能加"在"，无所谓"在"能不能省略。（ii）包括两种情况：a）"体"成分之后不能接介词（处所）宾语，b）不及物动词不带（处所）宾语。a）大体是对的，但也有一些方言的反例（见 3.2 节）；对于 b），不及物动词本来就不带宾语，处所宾语自然也不例外。另外，（i）中徐文的反例，即"讨论"、"担任"等动词有一个共同之处：它们都不表"附着"义；而静态、动态动词的区分对"在"的使用也确实作出说明；看来（iii）是管用的。

以上三条都与谓语动词的性质相关。本文通过跨语言比较，认为"X"的隐现至少还与 主语/宾语和谓语动词之间的关系、处所宾语的自身性质有关，具体涉及三个因素：主语/宾语的自控度、处所宾语的复杂程度、处所宾语的定指度。

2 制约"X"隐现的因素

2.1 主语/宾语的自控度

2.1.1 自控度（control）描述的是名词短语与其谓语动词之间的联系。主语的自控度即指主语名词短语在多大程度上保留对动作的控制能力。例如英语"I fell"（我跌倒）可以理解为"我"有意跌倒（有自控）、无意跌倒（未加自控）或被迫跌倒（没有自控）（Comrie 1989: 59）。

主语的自控度与"X"的隐现关系密切，比较下例：

（1）a. 张三骑马。
（1）b. 张三骑在马上。

二者的细微语义差别在于，（1a）更强调"骑"的对象，（1b）更强调"骑"的处所，（1a）"张三"的自控度比（1b）的"张三"大：（1a）的"张三"通常会骑马，（1b）的"张三"不一定会骑马。是否使用"在"，取决于"张三"对"骑"这个动作的控制能力。又如：

（2）a. 他住北京。
（2）b. 他住在北京。

例（2）与例（1）有类似的自控度差别："住北京"的"他"更像是主人，更可能是长期、一直住在北京；"住在北京"的"他"更像是客人，更可能是暂时住在北京。无"在"有更强的主观选择性，加"在"就事论事的客观性比较强。用一个式子来表示上例（1-2）中主语的自控度差异就是：不用"在"≥用"在"。

　　作为与例（1-2）相应的对比，英语有"ride the horse"（骑马）和"ride **on** the horse"（骑在马上），还有"wander the world"（漫游世界）和"wander **in** the world"（在世界漫游），等等（陆丙甫、郭中 2005）。前后的差异在于介词的使用，直接反映前者主语的自控度比后者大。

　　2.1.2　除主语的自控度以外，宾语的自控度（即宾语名词短语在多大程度上保留对动作的控制能力）亦需考虑。

　　日语句子"太郎使次郎离去"有两种表达法，一种是在"次郎"后用后置词 o（宾格），另一种用后置词 ni（用于收受者、方位、工具等语义角色）（Comrie 1989: 60）：

　　（3）a. Taroo ga Ziroo **o** ikaseta.（太郎迫使次郎离去。）
　　（3）b. Taroo ga Ziroo **ni** ikaseta.（太郎设法/说服/请求 使次郎离去。）

　　"次郎"在（3a）的自控度很小，在（3b）的自控度较大。除日语使成式表达外，Kannada 语的被使者（causee）若持工具格则表示有较大自控，若持与格则表示自控较小。匈牙利语的被使者持工具格表示有较大自控，持宾格表示自控较小。这都反映被使者所持的自控度由于表示这个语义角色的格的不同而不同。据此，Comrie（1989: 181）提出一个宾语的自控度由大到小的等级：

　　（4）工具格＞与格＞宾格

　　上文例（1a-b）中，"马"既可看作受事宾语，又可看作处所宾语，二者的形式差别在于（1b）多了一个框式介词"在……上"（刘丹青 2002；参看 3.2 节）。从以上讨论来看，把它处理为处所宾语便于和其他例子、其他语言进行比较。"在……上"这个框式介词与上文匈牙利语、Kannada 语、日语的工具格十分相似，宜把它看作处所宾语标记。对应 Comrie 的宾语自控度等级，若宾语标记为处所格，其自控度就较高；若无标记（比附地说，也可说这是宾格标记零形式），其自控度就较低。看来可以在 Comrie 的自控度等级序列上把处所标记也加进来：

　　（5）{处所格/工具格}[①]＞与格＞宾格

　　上述等级中，与格比宾格自控度大，这是一个明显的事实。例如：

　　（6）a. 张三打了李四一个耳光，[?]但没打着。
　　（6）b. 张三给了李四一本书，但李四不要。

---

　　① 芬兰语的部分格（partitive）与这里的处所/工具格有类似表现：其及物动词的宾语若只是部分受行动的影响持部分格，若全部受影响持非部分格。（Comrie 1989: 127）

（6a）的"李四"往往被打着了，（6b）的"李四"往往可以做出拒绝动作，换言之，作为受事的"李四"（6a）没有作为与事的"李四"（6b）同样的自控度。但是，把工具/处所格列入这个等级也存在一个问题：大多工具/处所成分是无生命的，而与格往往为有生命的，宾格也可以是有生命的，按一般推断，工具/处所格的自控度会较小。

不过，工具虽然无生命，但它能发出动作，例如"用手拿、用脚踢"，若没有"手、脚"，"拿、踢"的动作无法完成；或是动作赖以发生的凭借，如"用弓打猎、用杯子喝（水）、用筷子吃（饭）"里的"弓、杯子、筷子"等。

把工具与施事联系起来有不少语言的证据。例如嘉戎语施事助词（单数 gue^{55}lɛ^{13}，多数ʐue^{55}iɛ^{13}）既用于施动者，也用于动作者使用的工具（陆绍尊 2007：882）[1]。类似的例子在藏缅语里特别丰富，例如门巴语施动/工具助词 te^{31}（陆绍尊 2007：209），怒苏语施动/工具助词 i^{31}（孙宏开 2007：483），景颇语施动/处所助词 e^{31}（刘璐 2007：560），独龙语施动/工具助词 mi^{55}（孙宏开 2007：578），格曼语施动/工具助词 ka^{35}（孙宏开 2007：597），阿侬语施动/工具助词 mi^{55}（孙宏开 2007：641-2），载瓦语主动者/工具助词 eʔ^{21}（徐悉艰 2007：767），仙岛语主语/工具助词 aʔ^{55}（戴庆厦等 2007：801），木雅语施动/工具助词 ji（黄布凡 2007：921），却域语施动/工具助词ŋi^{35}、ji^{35}（陆绍尊 2007：1072），等等。

另一方面，工具与处所也有不少相似的句法表现，例如它们都是充当旁接宾语的典型成员（沈家煊 1999：36）。许多语言的工具与处所（格/助词）的表达形式一样，例如白马语的工具/处所助词 nɔ^{13}，用作工具时一般加在容器工具之后，用作处所表示事物存在于另一事物里面或表面（孙宏开 2007：227）：

（7）a. kho^{13}ɳe^{53} tʃha^{13}li^{53} **nɔ^{13}**   ʐi^{341} ly^{13} dɐ^{13}. '他在用口袋装书。'（工具）
　　　他　　口袋　（助词）书　装（后加）
（7）b. ti^{13}pa^{53} na^{13} da^{13}ua^{35} **nɔ^{13}**   ɳe^{53} mɐ^{53} nɔ^{13}. '现在这寨子里的人都不在。'
　　　现在　这儿　寨子　（助词）人　不　在　　　　　　　　（处所）

此外，怒苏语助词 do^{35} 可兼表工具与处所（孙宏开 2007：483），羌语（容器）工具助词χe^{33}也用于处所（孙宏开、刘光坤 2007：860-1），纳木依语施动/处所助词同形，都是 pə^{55}（刘辉强 2007：980）。而达让语的情况最能说明问题，其处所助词 go^{31} 有兼表工具和施动的作用，另有受动助词 we^{55}（we^{31}）表示受动者（孙宏开 2007：620）。

但是，工具与处所的句法表现也有不同之处，例如它们充当主语的能力有差别（参看 Levin 2005）。陈平（1994）提出汉语一些语义范畴跟主语相配的一个连续统：

（8）施事＞感事＞工具＞系事＞地点＞对象＞受事

---

① 本文引证的少数民族语言材料，凡注为"2007"而未见于参考文献的，均引自孙宏开等主编（2007）。

工具和处所（地点）之间还有一个"系事"。看来，处所与施事的联系可能没有工具与施事那么强。据此，上文的自控度等级（5）或可修改为：

（9）工具格＞处所格＞与格＞宾格

只是该等级尚待更多语言的证实（或证伪）。

一句话，宾语的自控度高，需要用"X"；自控度低，不用"X"。回到例（1），"骑马"的"马"和"骑在马上"的"马"是不同的：前者自控度通常较低，不用"在"；后者自控度可能较高（例如：马把人摔下来），用"在"。

2.2 处所宾语的复杂程度

与自控度描述的是名词论元与谓语动词之间的关系不同，处所宾语的复杂程度（长度和结构复杂度）是宾语名词短语的自身特性。本节的讨论将显示，处所宾语的复杂度对"X"的隐现有直接影响。比较下例：

（10）a. 他住（在）北京。
（10）b. 他住（在）北京西郊。
（10）c. 他住（在）北京西郊中关村。
（10）d. 他住$^?$（在）北京西郊中关村农场一间小屋（里）。
（10）e. 他住$^{??}$（在）北京西郊中关村农场一间破旧不堪的小屋（里）。

不难看到，处所宾语越复杂，越需要显性的"X"来标记，这是一种"复杂度-标记"对应[①]。此外，（10e）尤其不能省略"在"的另一个原因是（10e）处所宾语内部使用了助词"的"，导致结构复杂化。更显豁的对比：

（11）a. 他住北京西郊。
（11）b. $^?$他住北京的西郊。
（11）c. 他住在北京（的）西郊。

与此类似，英语的小句宾语往往难以省略连接词：

---

① 一类似是而非的例子是有序的住址表述。例如"我住上海市普陀区中山北路 3663 号 17 宿舍 218 室"，"住"后也可以不用"在"。不过，对受话人而言，动词"住"后加"在"有助于尽早确立后续成分的处所宾语地位。上例"在"的使用之所以是任意的，是因为常规的住址表述模式已为受话人所熟悉，一般的句子记忆处理尚不困难。若上例的处所宾语再长和/或复杂一些（更有定），则还是需要加"在"。

（12）a.We know (that) a parrot can't really speak.（我们知道鹦鹉不是真的会说话。）

（12）b. We know $^?$(that) a parrot can't really speak any language of mankind fluently.
（我们知道鹦鹉不是真的会流利地说任何人类语言。）

在英语口语里，若省略 that，主要动词后就需要一个停顿（汉语口语也常常在主要动词后有一个停顿，甚至插入"啊、嘛"等语气词）。这与上文关于"X"作为一个处所宾语标记而存在的讨论是一致的。

小句宾语比普通名词宾语更需要标记，这是一个语言普遍现象（参看罗天华 2007）。例如，法语、西班牙语、葡萄牙语的小句宾语都需要使用连接词（例如 que）引导。我国一些少数民族语言的长宾语、复杂宾语也需要额外标记，这可算是识别宾语的一种处理（processing）策略。例如，哈尼语的长句中，短句里不带助词的宾语，也可以带助词 jo^{55}（李永燧、王尔松 1986 使用的是 jo^{55}，参看李泽然 2005 的说明）。此外，哈尼语还有一个专门标记长宾语的助词 le^{55}。当宾语为从句形式或较复杂词组时，就要使用助词 le^{55}（李永燧、王尔松 1986: 99；李永燧 2007: 318；李泽然 2005）：

（13）$a^{31}jo^{31}$ [ηa^{31}　jo^{55}　　$a^{31}\gamma a^{31}$ $t\varphi hu^{33}$ $\underset{.}{n}a^{33}$]　le^{55}　　e^{55} $ph\emptyset^{31}$. '他夸我会养猪。'
　　　　他　我　（宾助）　猪　　养　会　（宾助）　夸

与上文提及的英语小句宾语连接词 that 相似，义都语也使用一个名物化标记来标记小句宾语（江荻 2005: 162-3）：

（14）ηa^{35}（$\underset{.}{n}i^{55}$）[$\underset{.}{n}u^{35}$ go^{31}　pra^{35}　$ndio^{31}$] $we^{33}ja^{31}$　$wu^{55}di^{33}$ ma^{33} $ja^{31}ba^{31}$
　　　　我　施事　你（宾语）盐巴　买　　（名物化）忘记　（实现体）
　　　'我忘记给你买盐巴了。'

此外，藏语致使动词的小句宾语也可从其前后的标记加以识别（江荻 2006），述说动词的小句宾语一般也有名词化标记（江荻 2007）。

凉山彝语的引语结构出现标句词"ko^{33}"，标明后面接的是一个句子，也与英语间接引语引导词 that 类似（刘鸿勇、顾阳 2008）：

（15）a. su^{33}　hi^{21}　ko^{33}　[$nu\underline{u}^{33}$ $\underset{.}{n}i^{33}ko^{34}$ $t\varphi ho^{33}$　di^{34}].（胡素华 2002：246）
　　　　别人　说（标句词）你　也　它　参与（引语标记）'别人说你也参与了。'
（15）b. ηa^{33} ηo^{21}　ko^{33}　[$t sh\underset{.}{\eta}^{33}$ $i^{21}\underset{.}{n}i^{21}$ a^{21}-la^{33}].（Fu 1950: 175）
　　　　我　想　（标句词）他　今天 不 来 '我想他今天不会来。'

景颇语中，如果受动者是较长的词组（或小句），也可以在其后面加助词"$e\textglotstop$"，例如（刘璐 1984：71-72；参看戴庆厦、徐悉艰 1992：258）：

（16）[khjí³³ n̩³³tai³³ lam³³ a⁵⁵pui³¹ʃa³¹ kǎ²lo³³ na³³]   eʔ⁵⁵   mjit³¹mǎ²ta³¹ n̩³¹ŋai³³
　　　他　这　事　细致地　做（情貌助）（结构助）希望　（语尾助）
　　　'（我）希望他细致地做这件事。'

2.3 宾语的定指度及其他

动词后的处所短语若有数量短语修饰，一般需要"在"：

（17）a. 照片挂在一面墙上。他坐在一把椅子上。他住在一家宾馆。
（17）b. *照片挂一面墙上。*他坐一把椅子上。*他住一家宾馆。

上例"一面墙/一把椅子/一家宾馆"虽然不是定指的（definite），但至少是特指的（specific）。看来，加"在"是特指的需要。换成对举的说法也一样：

（18）a. 照片挂在墙上，衣服挂在衣柜里。他坐在椅子上，我坐在凳子上。他住在宾
　　　　馆，我住在宿舍。
（18）b. 照片挂墙上，衣服挂衣柜里。他坐椅子上，我坐凳子上。他住宾馆，我住宿
　　　　舍。

这里的差别是特指和类指（kind-denoting）的差别：（18a）表示动作的具体处所，是特指的；（18b）不表示动作的具体处所，而表示处所的类别。这种对比在例（19）里更为明显（关于"的"，参看例25）：

（19）他骑（的）白马，我骑（的）黑马。

对于成分的长度和有定性之间的关联，徐烈炯（Xu 1997）指出，越长的名词性成分，因为修饰语多，内容也越具体，定指性也越大。如"一条狗进来了"一般不说，但是"一条白白胖胖的狗进来了"就比较好，因为主语比较有定。

除本节讨论的三点之外，还有一些因素也值得考虑。例如，用"把"字句表示对主语的处置时，往往需要"X"来引进处所（20a），或需要在主要动词后有一个弱读的"de"（20b），否则就是不合格的（20c）：

（20）a. 把字写在/到黑板上。把标语贴在/到墙上。
（20）b. 把字写 de 黑板上。把标语贴 de 墙上。
（20）c. *把字写黑板上。*把标语贴墙上。

另外，在"来"、"去"、"到"等趋向动词之后也不能使用"在"。因为这些动词的宾语是目标而非处所。与汉语类似，崩如语处所词做"来"、"去"、"到"等动词的宾语时也不使用处所助词 rau⁵⁵（李大勤 2007：721）^①。

3　两个相关的问题

3.1　"X"的分化与读音

范继淹（1986）指出，"坐在椅子上、坐到椅子上"是不同的句式，前者表已然，后者表未然，一般都不表示进行。动词后"在+处所"结构的语义有二：在及物动词后指动作到达的处所（如"他一刀砍在门框上"），在不及物动词后指动作到达的处所（如"一只青蛙跳在水里"）或状态呈现的处所（如"花瓣儿漂浮在水面上"）。类似的讨论也见于俞光中（1987）、邵洪亮（2003）等。

其实"坐在椅子上"句式也可表进行，又如"他住在北京"，既可说是已然，也可说是进行。但"坐在到椅子上、坐到椅子上"是不同句式则毫无疑义：前者表状态，后者表趋向。英语的相应表达是"to be sitting in the chair，to sit in the chair"。苏龙语（一种藏缅语）的处所名词使用两个不同的功能语素来标记处所（la³³）与趋向（tçe³³）（李大勤 2004：89-90）：

（21）a. du³¹jəu⁵⁵ la³³　dzau⁵⁵　'住在斗玉'（地名）
　　　　斗玉　（附）　住
（21）b. a³¹wa⁵⁵ tçe³³　ʐei⁵⁵　'跑到下游'
　　　　下游　（附）　跑

汉语方言里也有不少"X"可以分化为处所和趋向标记的证据。例如江苏宿迁话"搁"[kə⁵⁵]、上海话"辣"[lAʔI¹²]/[leʔI¹²]/[lA²³]和"辣辣"[lAʔI¹²lAʔI¹²]/[leʔI¹²leʔI¹²]/[ləʔI¹²lA²³]、长沙话"得"、广州话"喺"[hai³⁵]都既可表示状态又可表示趋向（黄伯荣 1996：532-534），赣语乐平话"得"也是如此。下例为长沙话（张大旗 1985；长沙话还有"哒"，参看刘丹青 2001）：

（22）a. 坐得地上玩泥巴。（坐在地上玩泥巴。）
（22）b. 糍粑跌得井里，变只蛤蟆。（糍粑跌到井里，变只蛤蟆。）

赣语永新话里有更明显的对比：

①《水浒传》里有"来在、出在"的说法，例如（于江 2001）：
　a. 宋江军马又来在庄前了。（50 回）
　b. 宋江教戴宗同李逵出在门前等。（72 回）

（23）a. 佢坐来凳浪。（他坐在凳子上/坐到凳子上[去]。）

（23）b. 佢坐到（来）凳浪。（他坐到凳子上[去]。）

（23）c. 佢坐（到）栖[tɕʻi³³]凳浪。（他[正]坐在凳子上。）

（23a）表示"坐"的趋向，也可表示"坐"的状态/位置。若要强调"坐"的趋向，用（23b）；若要强调"坐"的状态/处所，用（23c）。

在把"X"分化为趋向和处所标记之后，它的读音问题就相应地清楚了。

朱德熙（1981）认为北京话里"在"有六种读音形式：[tsai⁴]、[tsai³]、[tai³]、[ai¹]、[ai²]、[han²]，而[tsai⁴]可以在动词后出现并读轻声[tsai]，也可说成[·tə]，并以后者常见。郭熙（1986）指出北京话"住在北京"里的"在"有四种读音：[tsai]、[tai]、[tʊei]、[tə°]，认为"在"的变读是[ts]、[t]的发音部位相同导致其发音方法有互转的可能。徐丹（1994）补充了一种变读的说法，即"V+的"来源于"V+到"。

我们认为北京话"在"、"到"、"的"不属同一层次，根据"X"的分化，相应地有两种处理办法：一是认为只有"在"和"到"，"的"只是"在"、"到"的弱读形式，口语里不予区分，若一定要区分，往往带有主观（强调）意义。一是认为北京话没有"在"字（胡明扬 1991），"X"就是"的"，那么可把"的"分为"的 A"（="在"）、"的 B"（="到"）。

例（19）提到了另一个"的"，不同于"坐的椅子上"的"的"（的 A）或"跳的马背上"的"的"（的 B），而表示"V 的是……"，又如：

（24）他住的宾馆（我住的宿舍）

上例等于说"他住**的是**宾馆"。"的"可能是"的是"的合音，或是由于"的是"中"是"脱落了，我们记作"的 C"。

3.2　"动词+X+处所"的切分

"动词+在+处所"结构一般被切分为"动词+在|+处所"，这种切分的两个主要理由是：（i）"在"在韵律上依附于前面的动词，（ii）体标记可以加在"在"后而非"在"前（参看刘丹青 2001，2003：174-178 及其引用文献）。刘丹青认为"在、往、向、自"等方所题元标记经重新分析之后成为核心上的成分，即从属语标记（dependent-marking）变成核心标记（head-marking）。

然而，这两种理由并非完全靠得住。正如刘丹青（2001，2003：174-178）所指出的，我们也可以分别说这是附缀化（cliticization）和句法-韵律的错配（mismatch）现象。此外，对于（i），还可以说是一种韵律跨界现象，即韵律边界和语法边界不一致（王洪君 2002）；对于（ii），也有方言的反例，例如赣语永新话有"佢坐到栖[tɕʻi³³]凳浪"（他[已经]坐在了凳子上）、"衫裤，佢挂哩栖竹竿上"（衣服，他[已经]挂在了在竹竿上）的说法，完成体标记"到、哩"就是分别加在主要动词"坐"、"挂"之上，位于"栖"之前。

此外，若方所题元同时有前、后置介词（"框式介词"），"动词+X|+处所"的切分就把框式介词一分为二：前置介词纳入核心动词，后置介词留在方所题元上。例如，"他 住 在-宾馆-里"的切分就是"他 住-在|宾馆-里"。我们主张在切分时保存框式介词的完整性，即把上例切分为"他 住|在-宾馆-里"。这种切分的理由是，首先，从形式上来看，框式介词与一些语言里的"框式词缀"（circumfix）相似，宜与处所名词短语看作一个整体。其次，据第 2 节的讨论，处所（框式）介词可看作"类处所格"标记（或"准处所格"标记），自然应依附于方所题元，为从属语标记。至此，可把对介词、方位词的讨论概括为三个过程：

（25）介词+方位词→框式介词→类处所格/准处所格

4　小结和余论

本文讨论的制约"动词+X+处所"结构中"X"隐现的三个因素，即主语/宾语自控度、宾语复杂度、宾语定指度之间是紧密相关的。一方面，主语的自控度跟宾语的定指度密切相关：若主语自控度高，说明对处所已经有所选择、已经知道，所以处所宾语往往是有定的。另一方面，宾语的复杂度（长度、结构复杂）也和定指性密切相关。这一点前文已有说明（第 2 节），此不赘述。

最后讨论一下相关的"吃食堂、住旅馆"之类例子。试比较：

（26）a. 吃食堂　　在食堂吃　　　住旅馆　　在旅馆住
（26）b. *我吃在食堂　　*我吃（在）A 食堂　　　?我住在旅馆　　我住（在）A 旅馆

沈家煊（1999：333）指出"吃"与"食堂"、"住"与"旅馆"之间有一种自然联系，其搭配在预料之中，无需额外标记。陆丙甫（2004）则认为从"吃食堂"到"在食堂吃"的变换是"距离-标记对应律"在起作用：宾语"食堂"前移了（偏离了无标记位置），因而需要用介词"在"标记一下。

（26b）里的"*我吃在食堂"不合格，这是因为"吃"不表示"附着"义（朱德熙 1981；见第 1 节），即使"食堂"是有定的（*我吃[在]A 食堂）也不合格。而"住"具有"附着"义，"我住（在）A 旅馆"就合格；"?我住在旅馆"有点别扭，是因为框式介词"在……里"没有配合使用（参看储泽祥 2004），换作"我住在旅馆里"就更好了。又一则对比：

（27）a. 我住旅馆。
（27）b. 我住（在）北京的 A 旅馆。
（27）c. 我住[??]（在）北京西郊 A 大街的 A 旅馆。

若（27b）还不算特指，因而"在"的使用具有任意性的话，那么（27c）具体到某一个特定的旅馆时，语感上省略"在"就难以接受。从（27a）到（27c），"旅馆"的限制性成分在增加，其语义内涵也越来越具体，形成一个定指度的等级。这也正是 2.3 节谈到的："X"的使用有定指的需要。

参考文献

陈　平　1994　试论汉语中三种句子成分与语义成分的配位原则，《中国语文》3：161-168。

储泽祥　2004　汉语"在+方位短语"里方位词的隐现机制，《中国语文》2：112-122。

崔希亮　1996　"在"字结构解析——从动词的语义、配价及论元之关系考察，《世界汉语教学》3：32-42。

戴庆厦　徐悉艰　1992　《景颇语语法》，北京：中央民族学院出版社。

范继淹　1982　论介词短语"在+处所"，《语言研究》1：71-86。

郭　熙　1986　"放到桌子上""放在桌子上""放桌子上"，《中国语文》1：20-23。

胡明扬　1991　语文随谈二则，《语文建设》9：42。

胡素华　2002　《彝语助词研究》，北京：民族出版社。

黄伯荣　主编　1996　《汉语方言语法类编》，青岛：青岛出版社。

江　荻　2005　《义都语研究》，北京：民族出版社。

——　　2006　现代藏语致使动词句中宾语小句的边界识别，*Journal of Chinese Language and Computing* 15.4: 185-192。

——　　2007　藏语述说动词小句宾语及其标记，《中文信息学报》4：111-115。

李大勤　2004　《苏龙语研究》，北京：民族出版社。

李永燧　王尔松　1986　《哈尼语简志》，北京：民族出版社。

李泽然　2005　哈尼语的宾语助词，《语言研究》3：118-123。

刘丹青　2001　方所题元的若干类型学参项，香港《中国语文研究》12.1：11-23。

——　　2002　汉语中的框式介词，《当代语言学》4：241-253。

——　　2003　《语序类型学与介词理论》，北京：商务印书馆。

刘鸿勇　顾　阳　2008　凉山彝语的引语标记和示证标记，《民族语文》2：16-23。

刘　璐　1984　《景颇族语言简志（景颇语）》，北京：民族出版社。

陆丙甫　2004　作为一条语言共性的"距离-标记对应律"，《中国语文》1：3-15。

陆丙甫　郭　中　2005　语言符号理据性面面观，《外国语》6：32-39。

罗天华　2007　SOV 语言宾格标记的考察，《民族语文》4：21-29。

孙宏开　胡增益　黄　行　主编　2007　《中国的语言》，北京：商务印书馆。

邵洪亮　2003　"V 在+L"格式的表义和表达功能，《暨南大学华文学院学报》1：62-69。

沈家煊　1999　《不对称和标记论》，南昌：江西教育出版社。

王艾录　1982　"动词+在+方位结构"刍议，《语文研究》2：89-94。

王洪君　2002　普通话中韵律边界与韵律模式、语法、语用的关联，《语言学论丛》26：279-300。

徐　丹　1994　关于汉语里"动词+X+地点词"的句型，《中国语文》3：180-185。

俞光中　1987　"V 在 NL"格式的分析及其来源献疑，《语文研究》3：14-18。

于　江　2001　《水浒传》中的"V 在/到 NL"，《上海大学学报》（哲社版）5：28-35。

张大旗　1985　长沙话"得"字研究，《方言》1：46-63。

朱德熙　1981　"在黑板上写字"及相关句式，《语言教学与研究》1：4-18。

Comrie Bernard. 1989. *Language universals and linguistic typology* (2nd edition). Chicago: The University of Chicago Press.中译本《语言共性和语言类型》（第二版），沈家煊、罗天华译，陆丙甫校，北京大学出版社，2010 年。

Fu Maoji（傅懋勣）. 1950. *A descriptive grammar of Lolo*. Ph. D. dissertation, Cambridge University. Reprinted in *Linguistics of Tibeto-Burman Area* 20.1. 1997.

Levin Beth. 2005. The thematic hierarchy: a window into semantic prominence (Semantic prominence and argument realization II). *LSA Linguistic Institute Handout*. MIT & Harvard.

Xu Liejiong（徐烈炯）. 1997. Limitation on subjecthood of numerically quantified noun phrases: a pragmatic approach. In Xu (ed.) *The referential properties of Chinese noun phrases*, Paris: Ecole des Hautes Etudes en Sciences Sociales.

现代汉语目的范畴的语义基础与句法表达形式*

上海师范大学 丁 健

内容提要 目的范畴建立的语义基础表现为意图性、"行为-目的"关系和事件状态的变化这三个基本语义特征。这些语义特征也是判别一个句子或结构能否划入目的范畴的基准。现代汉语目的范畴的句法表达形式包括目的复句,带有目的标记的单句,无标记目的表达式和"V+目的宾语"结构等四种类型,它们在目的语义表达的原型性上形成了一个连续统。

关键词 目的范畴 语义特征 原型性 类型学

"目的"(purpose)是人类语言的一种重要语义范畴,不同的语言可能采用不同的形式来表达。汉语学界所说的目的范畴一般是指目的复句,而西方语言学界所说的目的范畴一般是指在复杂句(complex sentences)中充当状语的目的小句(purpose clause)。然而,汉语中的目的复句和普通语言学中包含目的小句的复杂句并不是两个对等的概念。[①]因此,本文只从功能和意义的角度出发来看待这个问题,考察目的范畴建立的语义基础,而不管某种具体的语言究竟采用何种形式来表达目的范畴。这样处理是基于以下两点来考虑的:

第一,即使在同一个语言内部,目的范畴也可能采用不同的语法形式来表达,比如汉语中的目的复句,连动句,目的宾语等,如果拘泥于某种特定的语法形式就无法全面地认识该语言的目的范畴系统。从这个角度来看,从语义范畴入手来研究其句法表现形式,可以帮助我们揭示出汉语丰富而细腻的目的表达手段。

第二,国际语言学界通行的观念中没有与汉语学界所说的目的复句相对等的概念。如果从目的复句的概念出发,就无法通过汉语与世界上其他语言的对比来发掘出汉语目的范畴表达形式的共性与个性。因此,从语义范畴入手来研究其句法表现形式,将更有利于我们展开汉语目的范畴的类型学研究。

要在世界语言的大范围内探讨汉语目的范畴的问题,首先必须要对其进行界定。本文将从对目的范畴语义基础的分析入手,建立区分目的范畴和非目的范畴的语义基准,进而划定汉语目的范畴的范围。与此同时,我们还将结合一些非汉语的研究成果来说明我们的做法是基于语言共性的角度来考虑的,将更有利于在汉语和非汉语之间进行目的范畴的对比研究。

---

* 感谢张谊生、陆丙甫、刘辉、杜轶等老师在本文写作过程中给予的指导。文中尚存问题,概由本人负责。

① 关于汉语学界对复句的理解与国际语言学界通行观念之间的差异,参见王春辉(2010:2-5)。

1　目的范畴的语义基础

汉语目的范畴的语义特征极为丰富，可以说至今尚未将其全貌挖掘出来。有时候，只是将一个合格的目的句中的目的标记词换成了另一个，这个句子就不成立了。例如：

（1）a. 他多么渴望能得到这样一个机会，<u>好</u>让自己梦想成真啊！

　　　b.*他多么渴望能得到这样一个机会，<u>以便</u>让自己梦想成真啊！

（1）a 中的"好"不能换成"以便"，这表明"好"的语义可以与感叹语气共现，而"以便"的语义却不可以。

不过，我们并非准备在此将目的范畴的各种语义特征都描写清楚，而只是准备将目的范畴区别于其他语义范畴的根本性语义特征提炼出来，以此作为目的范畴建立的语义基础。

1.1　意图性

意图性（或称为意向性）是目的范畴最根本的语义特征。这已经成为国际语言学界的共识。Bach（1982:39）在研究英语的目的小句时就认为"很明显，这些句子（按：指包含目的小句的复杂句）中所含有的意图性是至关重要的"。Diessel（2001:443）从类型学的角度考察了复杂句中的目的小句，指出"目的小句表明了主句所表达的行为的意图或目标"。

尽管意图和目的这两个概念有着本质上的区别（我们在下文中将会谈到），但在言语表达中，说话人对此往往是不加区分的。例如：

（2）我买了袋苹果，<u>以便</u>明天火车上吃。

（2）中说话人"我"的意图和目的都是"明天在火车上吃苹果"，而且这种意图性是非常明显的，因为目的标记"以便"表明了其后的成分是其前面行为实施的意图所在。

需要注意的是，目的标记能表达意图，但意图并不是都由目的标记来表达的。例如：

（3）我沏了一杯茶给你喝。

（3）中没有目的标记，"我"的意图"让你喝茶"是由受益者标记"给"表达出来的。

（2）（3）两句的主语都是第一人称，说话人和行为的施事是相同的，因此，句中主语的意图性是很明显的。如果句子的主语是第三人称，我们也可以根据语境来理解主语的意图性。例如：

（4）小王刻苦地学习，<u>以期</u>考上名牌大学。

（4）中的意图性是就"小王"来说的，也就是说意图是由行为的施事发出来的，而与说话人无关。不过，我们仍然能根据语境得知"小王"的意图是达到"考上名牌大学"的目的。

通常情况下，意图的发出者也是行为的施事。但也有些句子中，意图的发出者和行为的施事是分离的而非同一的。例如：

（5）你去沏一杯茶来给我喝。

（5）是一个祈使句。由祈使语气我们可以得知"去沏一杯茶"行为的施事"你"是依照某人的要求或命令来实施这个行为的。因此，句中的意图性是就命令发出者来说的，而不是行为的施事。虽然施事实施了这一行为，但这并非出于他的意愿。目的小句"来给我喝"表明，这个句子中说话人和意图的发出者是同一的。还有的句子中，说话人、意图发出者和行为的施事三者都是分离的。例如：

（6）张三叫李四去请王五帮忙。

（6）中意图的发出者是"张三"，行为的施事是"李四"，"王五"则是"张三"意图中的一个对象。说话人并没有在句子中出现，可以是实际话语表达中任何一个说出这句话的人。

由于意图性是隐含于目的句中的，没有显性的语法标记来标示，因此，有些句子单独拿出来是无法判断其中是否含有意图性的。尤其是那些以第三人称作主语且没有目的标记的句子。例如：

（7）他打开窗户睡觉。

如果没有上下文，单就（7）而言，可以有两种理解：一种是将"在通风的环境中睡觉"理解为主语"他"的意图，那么"睡觉"就是"打开窗户"这个行为的目的，这个句子就表达了目的语义关系。另一种是将该句理解为一个简单的陈述句，主语"他"并不带有某种意图。句子陈述的是施事"他"先后实施了"打开窗户"和"睡觉"这两个行为的事实。这两个行为之间除了时间关系以外，没有其他的语义关系。

对例（7）的分析表明，有没有意图性是决定一个句子是否划入目的范畴的一个根本因子，而判断句子有无意图性以及意图的发出者是谁等问题又在很大程度上依赖于语境提供的信息或人们的百科知识。因此，意图性是目的范畴建立的第一个语义特征。

1.2 "行为-目的"关系

有学者将祈使句、"想+单句谓语 VP"结构等也划入了目的范畴（赵春利 2005）。这种做法是基于将"意图性"看作是目的范畴根本语义特征的认识。但是，我们必须明确的是"意图不等于目的"。尽管目的范畴都有意图性，但是有意图性却并不一定就是目的范畴。

　　从意义上来看，"目的"是"想要得到的结果"，而"意图"是"希望达到某种目的的打算"（社科院语言所词典室 2005:971,1618）。当人们想要得到某种结果时，主观上必定先预设了某种行为的实施。因为结果是相对于导致其出现的行为事件而言的，所以不能独立于相应的行为而存在。目的是心理上预期的结果，也必须以预期的行为实施为其出现的先决条件。相反，当人们怀有某种意图时，主观上并不一定会继续设想去实施某种行为。也就是说，意图是刺激行为实施的心理诱因，但不是决定性的因素。请比较以下两例：

　　（8）她很想回家，可是有太多的工作需要她亲自来处理，今年又不能回家过年了。
　　（9）她很想回家，都等不了明天，今晚就要坐车回家了。

（8）中的"回家"是一种意图，后续句的内容表明，由于有其他因素的制约，该意图无法刺激行为的实施。（9）中的"回家"也是一种意图，但该意图刺激了行为"坐车"的实施，并使"回家"的目的得以达成。尽管时间名词"今晚"和副词"就"的使用表明，在说话时间，行为尚未实施，目的也尚未达成。不过，我们已经强调，目的只是预期的行为结果，并不等同于真实的行为结果，而这种预期结果的出现必须要以行为事件在心理上的实施为前提。人们只有在心理上预设某种行为的实施能够达成某种目的之后，才会在现实世界中实施这一行为。我们可以这样认为——行为是目的的必要非充分条件。因此，目的范畴建立的第二个语义特征就是"行为-目的"语义关系。

　　这样，"想+单句谓语 VP"结构就不能划入目的范畴，因为这类结构中只有意图，却没有实现该意图的行为或手段。至于祈使句，则要看句中是否有分别表达行为和目的两种语义的句法成分：如果有，就可以划入目的范畴，如例（5）；如果没有，就不能划入目的范畴，如例（10）。

　　（10）你过来。/ 把书给我。/ 大家别闹了！

因此，是否表达了"行为-目的"语义关系是区别目的范畴和单纯表达意图的语义范畴的最重要的标准。

　　邵敬敏（2007）指出："（旧有的复句类型）少数采取'双视点'命名，比如说'因果'就是双视点，……揭示了前后分句之间的语义关系，是比较准确的名称；但绝大多数都是采取'单视点'，比如'条件''假设''让步''转折'就都是单视点了……"显然，汉语学界以往所说的目的句的命名也是单视点的，其实际的语义关系应该是"行为-目的"，即"偏句表示一种动作行为，正句表示偏句采取某种动作行为所要达到的目的"（陈昌来 2000：292），只不过这种的语义关系并没有体现在其命名上。与此相似的是，西方学者也把包括目的小句在内的整个复杂句称为"目的复杂句"（purposive complex sentences）。

　　我们认为，汉语中目的句的命名是汉语学者对目的语义成分凸显的结果，体现出以目的语义的句法表现形式这一部分来转喻复句这个整体的倾向性认知模式。但是，我们并不能因为这种命名而忽视了目的句内部客观存在的"行为—目的"语义关系。目的语义依赖于行为语义，不能脱离行为语义来单独地表达，但如果只有行为语义，那就只是单纯地对某种行为的描述，无法表达出行为实施的目的。

要确定一个句子在语义上能否划入目的范畴，并不取决于句中前后两个语义成分各自的性质，而是取决于这两个语义成分之间是否构成了"行为-目的"的语义关系。

1.3　事件状态的变化

"结果状态"（result state）是 Bach（1982）提出的一个用来解释英语目的小句的概念，他将其定义为"动词变化的结果所造成的状态"（Bach 1982:40）。这种观点实质上就是将英语中的目的小句看成是主句中行为事件所导致的结果。例如：

（11）a. I bought *War and Peace* to read to the children.（引自 Bach 1982:41）
　　　b. 我买了《战争与和平》读给孩子们听。

（11a）中呈现出两个事件状态，一个是"I bought *War and Peace*"，另一个是"I read (the book) to the children"。后者是前者的结果状态。Bach（1982:41）认为，这个例子反映了"小说所有权的变化"。第一个事件状态表现出主语"I"通过购买的方式从书店获得了这本小说的所有权，第二个事件状态表现出主语已经拥有了这本小说，并将其中的故事读给孩子们听。如果我们将注意点放在目的小句"to read to the children"上，就可以看到主语经历了如下的事件状态变化：从买小说之前无法读故事给孩子们听到买小说之后可以读故事给孩子们听的变化过程。反之，如果我们的视点只停留在主句"I bought *War and Peace*"上，那么这种事件状态的变化就表现不出来了。因为主句可以脱离目的从句而独立成句，句义不变，还是一个描述某种行为的句子，但目的从句如果脱离主句独立成句的话，就只是一个单纯描述某种行为的句子，不能再称其为目的小句了。

汉语目的范畴中同样也具有事件状态变化这一语义特征。（11a）的汉语译文（11b）就很好地体现了这一点。即使构成目的范畴的事件不止两个，事件状态的变化仍然可以根据事件发生的先后依次表现出来。例如：

（12）<u>为了</u>填饱肚子，张三当了母亲留下的鸡血石印章买东西吃。

（12）涵盖了一系列的状态变化，先是"鸡血石印章"所有权的变化，再是"钱"所有权的变化（尽管句子中没提到，但是我们可以根据百科知识推断出来），接着是"食物"所有权的变化，最后是"食物从没吃到吃"的变化。以上这些状态变化都是围绕"张三由饿到饱"这一状态变化展开来的。

结合上文对意图性的分析，我们认为目的范畴中各种内容不同的事件状态变化都可以概括为"从意图到行为结果"的变化过程。比如（12）中，意图是"想填饱肚子"，行为的结果是"吃东西"。主语"张三"所经历的是从没东西吃肚子饿到有东西吃肚子饱的状态变化。"食物"所有权的变化虽然与"吃东西"的行为直接相关，但与"肚子饱"的状态并无直接关系。依次类推，我们可以看到包含多重事件的目的范畴中相邻两个事件之间的目的关系是有层级性的。

单就行为事件和目的事件的之间的语义关系而言，事件状态的变化与"行为-目的"关系在本质上是一致的，只不过前者强调的是行为事件的发生与否对目的事件所造成的影响，而后者强调的是目的事件的发生必须要以行为事件的发生为前提。但是，正如对（12）的分析所表明的那样，事件状态的变化还涵盖了意图的表达，将意图性和"行为-目的"关系这两个语义特征之间的联系呈现了出来。因此，它是目的范畴建立的第三个语义特征。

综上，汉语目的范畴建立的语义基础是意图性、"行为-目的"关系和事件状态的变化这三个语义特征。意图、行为、目的三者之间的关系可以表现为下图：

（13）

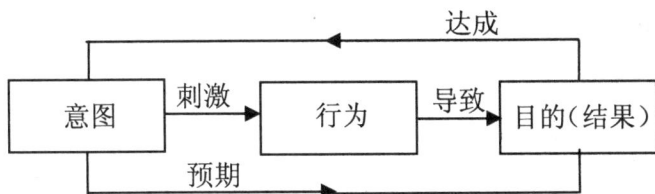

意图是一种心理诱因，会刺激行为的发生，并在行为发生之前预期行为的结果。这种预期的行为结果就是目的。当行为发生之后，其导致的事实结果如果与预期的结果相一致的话，那就表明目的已经达成了。如果两者不一致的话，那就表明目的没有达成。

2　目的范畴的句法表达形式

赵春利（2005）以"心理目的"为参照基点，提出了评判"各种表达方式在形式上是否具有目的性"的标准："如果某一表达方式直接指向心理目的，那么语言形式的语义与心理目的是一致的，语言形式在语义上体现了目的"，"该语言形式属于体现目的范畴的表达形式"。我们认为，这种说法虽然是正确的，但有一定的模糊性，不便于操作。

要考察目的范畴在句法上有哪些表达形式，最合理也是最简便的做法就是以目的范畴建立的语义基础为判别基准，只要在语义表达上同时满足意图性、"行为-目的"关系和事件状态的改变这三个语义特征的句子或结构，就可以看作是目的范畴的句法表达形式。

通过考察，我们发现汉语中目的范畴的表达形式除了以往公认的目的复句之外，还包括以下三种：带有目的标记的单句、无标记目的表达式和"V+目的宾语"结构。

2.1　目的复句

汉语学界以往所说的目的句实际上就是目的复句。目的复句的命名虽然是基于语义的，但是当汉语使用者要判断一个复句是否为目的复句时，却往往只关注其外在形式上有没有目的标记的出现。这些目的标记可以根据其句法功能分为连词和短语两类：

A. 连词类："好、好让、好使、来、免得、省得、为₂、为了₂、为着₂、以、以备、以便、以防、以免、以期、以求、以使、以图"等①，例如：

（14）公司为新员工提供了一次免费旅游的机会，<u>好让</u>大家相互间有更深入的了解。
（15）你要保管好这笔现金，<u>以免</u>让坏人偷走。

B. 短语类："是为了、是想、是想要、是要、目的是、目的在于、为的是"等，例如：

（16）李大人这次进京，<u>是为了</u>向皇上进献一件稀世宝物。
（17）那天早上，他们几个都起得很早，<u>为的是</u>赶上去千岛湖的首班车。

对于（16）（17）这类句子的理解，关键取决于对短语类目的标记的定性。以"是为了"为例，如果把"是为了"看成一个连词（周刚 2002:58）的话，（16）就是一个复句。如果把"是"看作判断动词，把"为了……"看作动宾短语，那么（16）就是一个判断句，是单句。可见，"是为了"等短语正处于词汇化和连词化的过程中。单从功能和意义的角度来考虑，这类短语和典型的目的连词一样都具有关联功能并表达了目的语义关系，因此我们仍将其所在的句子归入目的复句。

在以往的复句研究中，我们都是将目的复句看作是偏正复句下面的一个次类。不过，在关联词语的使用上，目的复句是完全不同于其他偏正复句的。因为在目的复句中，关联词语只能用一个，而且必须出现在目的小句中，行为小句中是没有关联词语的。但在其他偏正复句中，关联词语往往都是成对使用的，一个用于偏句，另一个用于正句。比如，因果复句中的"因为……所以……"，条件复句中的"只有……才……"，假设复句中的"如果……就……"，转折复句中的"虽然……但是……"等等。

2.2 带有目的标记的单句

有些单句也可以表达目的语义范畴，但在以往的研究中似乎很少有人将它们称为目的句。这些单句中也有专门使用的目的标记，可以分为介词和动词两类：

A. 介词类："为₁、为了₁、为着₁、为（了）₁……而……、为（了）₁……起见"等②，例如：

---

① "为、为了、为着"引导的成分如果是一个小句或复句形式，它们就是连词；如果引导的成分是一个单词或体词性短语，它们就是介词。（参见张谊生 2000:100）
② 后两个目的标记是框式介词而非特殊的句式，我们认为应该归入介词类。关于框式介词，请参见刘丹青（2002）、史金生（2006）。

（18）小明<u>为了</u>考上名牌大学拼命地学习。

（19）<u>为慎重起见</u>，李四没有直接把这件事告诉老爷。

　　B. 动词类："借以、用来、用以、旨在"等，例如：

（20）最近美国还专门发射了一颗人造卫星，<u>用来</u>监测大气中的臭氧变化。

（21）他搜集了很多资料，<u>借以</u>研究中国家庭究竟需要什么样的洗衣机。

　　区分单句和复句的一个重要标准就是："复句中，分句与分句在结构上互不包含，作为语言单位相对独立，不是对方内部结构的一个组成成分"（张斌主编 2010:636）。因此，（18）是单句，而（22）是复句。（18）中，"为了考上名牌大学"是介宾结构，充当"拼命地学习"的状语。目的标记"为了"不仅表明状语在语义上是谓语的目的成分，还有对状语加以强调的作用。

（22）<u>为了</u>考上名牌大学，小明拼命地学习。

刘丹青（2008:51-52）认为，汉语的偏正复句中，"带标记的偏句可以嵌入正句（母句）的主谓之间"。那么，如果偏正复句（22）中的偏句"为了考上大学"嵌入正句"小明拼命地学习"的主谓之间，就得到了单句（18）。这表明带有目的标记的单句中的目的状语和目的复句中的偏句之间存在着一定的对应关系。

　　动词类目的标记的语法化程度很低。"借以、用来、用以"等一般表达的是广义的工具义，而非目的义。例如：

（23）教育是迄今为止人类<u>借以</u>达到社会平等的最重要手段。

（24）浑天仪是一种<u>用来</u>测量天体坐标的仪器。

只有当它们位于表行为义的语法成分和表目的义的语法成分之间时，才具备了充当目的标记的功能，如（20）（21）等。

　　"旨在"的情况比较特别，它能充当目的标记是因为其本身的词汇（语素）义。例如：

（25）本次科技节的举办，<u>旨在</u>进一步提高我校学生的创新能力和实践能力。

因为"旨"本身就有"目的"的意思，所以就直接表明了"旨在"后面的成分一定是某种行为的目的。与此情况相同的还有短语类目的标记中的"目的是"和"目的在于"。

　　另外，　还有一些单句中，某个句法成分可以表现为"目的复句"的形式。请比较：

（26）a. 国家统一制定计划<u>来</u>调节社会生产。

　　　　b. 国家可以统一制定计划<u>来</u>调节社会生产。

（26a）是一个紧缩复句，而（26b）中，由于能愿动词"可以"的使用，使得"统一制定计划来调节社会生产"这个复句成了单句的宾语成分，"这种形式上的'复句'称之为'复句形式'，并不是真正的复句，整个句子还是单句"（张斌主编 2010:636）。但是，句子所表达的目的语义并没有因为单句或复句的形式而改变，即都满足目的范畴建立的三个语义特征，因此上述两句都属于目的范畴的句法表达形式。

2.3　无标记目的表达式

有些连动句也可以用来表达目的语义范畴。通常前一个动词（短语）表示行为，后一个动词（短语）表示目的。例如：

（27）张三买了一本小说读。

形式语法学者称这类句子为"无标记目的式"（bare purposive）（Lin & Liao 2008:27）。我们也借用这个术语，因为并非所有的连动句都能表达目的语义。例如：

（28）他病了躺在床上。
（29）你吃了饭再去上课。
（30）小莉微笑着低下了头。

（28）体现的是两个动作间的因果关系，（29）和（30）则分别表达了两个动作间先后和同时的时间关系，都不是目的关系。判断一个连动句是否为目的范畴表达形式的基准也是目的范畴建立的三个语义特征。

吕叔湘在《中国文法要略》中首次将连动句看作是"白话里头""表达目的的方式"（吕叔湘 1982[1944]:406），并举例：

（31）打开窗透透空气。（引自吕叔湘 1982:406）

这种看法显然与该书"以语法意义（各种范畴、各种关系）为纲，说明所赖以表达的语法形式"（吕叔湘 1982:5）的写作模式有关。

目前汉语学界接受吕叔湘的观点的学者还很少，尽管在讨论连动句时，大家都不否认连动句可以表达目的语义关系。这很可能是因为这些连动句在形式上都没有目的标记。值得一提的是，张伯江（2002）一反学界的成见，在吕叔湘（1982）的基础上进一步指出"目的句是连谓句中常见的一种，两个动词短语陈述同一个行为者，后面的动词短语表示前一个动词短语的目的"。张伯江的观点表明汉语中目的范畴的表达不一定要有目的标记，也不一定要以复句的形式表现出来。这与我们用语义标准而非形式标准来界定目的范畴句法表达形式的思路是一致的。

　　不过，张伯江把（32）这种以往公认的紧缩复句也看作是连动句，即"标明 VP₂ 为 VP₁ 的目的的语法标记成分"的"连谓结构"：

　　（32）我得早点着手准备<u>好</u>应付考试。（引自张伯江 2002）

这种观点是有争议的。因为以往我们所定义的连动句中都是不能出现关联标记的。

　　另外，刘辉（2009）也指出"凡是表达目的且不是动词论元的从句结构都可以看作目的状语从句"。他所举的例子就是我们一般所说的连动句。例如：

　　（33）他专门买了一台复读机学外语。（引自刘辉 2009）

在目的语义的表达上，这个连动句和由特定目的标记标示的目的复句是没有任何差别的。

　　"从跨语言的角度说，典型的连动式表达的是结果（resultive）关系"，但是"与西非语言相比，汉语似乎可以允许在连动结构中出现更松散一些的事件关系，这种事件关系就是目的关系"（高增霞 2006:71）。然而，用连动结构来表达目的关系并非是汉语的特性。现有的类型学研究表明，除了汉语之外，至少还有三种语言中也有用于表达目的关系的连动结构，而且这三种语言都分布于东南亚地区。例如：

　　（34）Acehnese 语（属南岛语系，分布于印度尼西亚和马来西亚，参见 Durie 1985:241）

Neu	duek	pajôh	bu	dilee.
第二人称单数	坐	吃	米饭	现在

　　　你现在坐下来吃饭。

Acehnese 语中表达目的关系的连动句和汉语中的情况一样，前一个动作表示行为，后一个动作表示目的。比较特殊的是下面这个例子：

　　（35）Tukang Besi 语（属南岛语系，分布于印度尼西亚，转引自 Schmidtke-Bode 2009:104）

Te	anabou	iso	no-	wila	no-	kee-	ngkee	kua	wunua.
定冠词	孩子	那边	第三人称现实情态	去	第三人称现实情态	重叠	跳跃	向格	房子

　　那孩子走向那所房子为的是蹦蹦跳跳。

Tukang Besi 语的连动句在表达目的语义关系时，第二个动词充当第一个动词的目的状语。我们认为，这很有可能与有向格（allative）形态的语言中，向格所标示的宾语往往只能与位移动词（motion verb）搭配的现象有关。

还有些语言中，连动句能否表达目的语义关系取决于句中使用的动词的性质。在 Semelai 语的连动句中，如果有位移动词出现的话，则可以理解为目的句。如果没有使用位移动词的话，通常就理解为结果句。例如：

（36）Semelai 语（属南亚语系，分布于马来西亚，转引自 Schmidtke-Bode 2009:104）

> Ki = lɔh   yɔk   knɔn.
> 第三人称单数 = 跑过去   （迎）接   孩子

> 他跑过去接孩子。（=表示其前后两部分是以"类附着语素"（clisis）联结在一起的）

（36）中，因为有位移动词"lɔh"的使用，所以这个句子可以理解为目的句。也就是说，在 Semelai 语中，连动句中的目的语义关系是依靠位移动词凸显出来的。

因此，从语义的角度出发来讨论汉语中目的范畴的句法表达形式，是符合类型学的研究方法的。这将更有利于我们在跨语言的环境中研究汉语的目的范畴。

2.4 "V+目的宾语"结构

目的语义成分除了用动词短语或小句来表达之外，还可以用名词短语来表达。例如：

（37）为了这件事，他托了好几个人。

汉语中一般只能用"为、为了、为着"等介词类目的标记来标示名词性的目的成分。

英语中也有以名词短语来表达目的语义成分的用法，一般用介词 for 来充当目的标记。例如：

（38）I bought the machine for my work.
　　　为了工作，我买了这台机器。

不过，汉语中还有一类名词性目的成分是没有目的标记来标示的，它们在句子中直接做动词的宾语。例如：

（39）小王一大早就去排火车票了。
（40）小张最近一直忙着跑生意。
（41）看在我们是老同学的份上，就请你帮忙活动一个名额吧。

上述例句中"排"、"跑"、"活动"等动词后面的宾语虽然在语义上都是这些动词的目的，但并不是这些动词所直接支配的事物。而且，这些动词一般也都是不及物动词。①

另外，我们认为，那些可以和动词构成直接支配关系的名词性宾语都是受事宾语，不能被看作是目的宾语。比如"等人"、"考大学"、"申请项目"等等。这是因为在目的范畴中，目的是行为的结果，而不是行为直接支配的对象。

从句法上看，"V+目的宾语"最有可能是"为了"类目的句演变的结果。因为"以便"等目的标记不能用来标示名词性目的成分。结合认知的角度来看，这种假设也是比较合理的。目的是行为之前心理上预期的一种结果。因此，结果往往是作为行为实现之后的某种状态呈现出来的，而不是行为所支配的某个具体事物。有时候，行为实施的预期结果就是"获得某种事物"的状态。这样，在认知与心理表现互动的过程中，人们就会有意无意地将目的语义与目标事物等同起来。目的宾语就是在这种倾向性的认知模式的作用下产生的。不过，我们目前还没有找到历时语料中的证据来证明这种假设。

"V+目的宾语"结构的成因应该比较复杂，因为这类结构是不可类推的，并非所有的不及物动词都能与名词短语构成"V+目的宾语"结构。我们认为，目的宾语的出现可以从目的语义的凸显以及不及物动词的语法功能上得到一些解释。通常情况下，在一个述宾谓语句中位于句末的无标记受事宾语才是默认的句子语义表达的重心，即自然焦点。但在目的范畴的句法表达形式中，目的成分是语义表达的重心，行为成分只是达成目的的手段。因此，表达目的语义的语法成分要么就用目的标记来对其加以凸显，如目的复句等；要么就位于句末的自然焦点位置，可以不加目的标记，即无标记目的表达式。如果一个句子中，表达行为义的语法成分是不及物动词，而且表达目的义的语法成分是名词短语，例如：

（42）<u>为了</u>进口的原材料，厂长亲自去跑。

那么，名称短语既可以用语法标记来凸显其语义重心的地位，如（42）所示，也可以占据不及物动词后面的空位，即句末自然焦点的位置，以无标记的宾语的形式来凸显。例如：

（43）厂长亲自去跑进口的原材料。

尽管（42）和（43）中用来凸显目的义的形式不同，但两句所表达的语义是相同的。

2.5 目的范畴内部各成员间的关系

目的范畴是人们的认知对"预期的某种行为结果"的心理表现进行能动处理的结果。根据范畴化的原型理论，"自然类各成员地位并不平等，其中有较好的和较差的成员之分。……最好的成员即最具原型性（prototypicality）的成员，其与最差的成员之间，可有

---

①"排火车票"有两解：一是"排队买火车票"的意思，此时"排"是不及物动词，"火车票"是目的宾语；二是"将火车票一张张地按次序摆好"，此时"排"是及物动词，"火车票"是受事宾语。

等级之别"（张敏 1998:53）。尽管汉语目的范畴的四种句法表达形式都符合目的范畴建立的三个语义特征，但是各种句法表达形式对目的语义的凸显程度是不同的，有的目的性强，而有的目的性弱。我们可以根据目的性的强弱程度，将目的范畴内部的四个成员排出如下的等级序列：

（44）目的复句>带有目的标记的单句>无标记目的句> "V+目的宾语" 结果
　　　（符号 ">" 读为 "目的性程度强于"）

目的复句是目的范畴中最具原型性的成员，最典型地体现出了目的范畴建立所必需的三个语义特征。目的标记的使用和复句的表现形式，使其最大限度地区别于其他语义范畴的原型成员。目的范畴的其他三个成员都在不同程度上与目的复句发生偏离，其中的目的语义属性也表现得不太典型，而且还具有其他语义范畴的某些属性。

目的复句和带有目的标记的单句都是以显性的目的标记作为凸显目的语义的手段。相比较而言，在 "事件状态变化" 这个语义特征的表现上，目的复句的目的性要强于带有目的标记的单句的目的性。目的复句中行为义的表达和目的义的表达是分别由两个小句来实现的，我们可以明显地看到事件状态的变化过程；而在带有目的标记的单句中，这两种语义的表达被放在了一个句子中：有的将目的成分背景化，来充当行为成分的修饰语，如（18）（19）；还有的将行为成分话题化，以包含目的成分的动宾结构来陈述行为成分，如例（45）。

（45）驾车回家可以<u>免得</u>去挤公交车。

因此，事件状态的变化过程在单句中就变得不明显了。

无标记目的表达式中的 "行为-目的" 关系是蕴含在语境中的，没有形式上的标志来凸显。因此，两个连用的动词除了表达 "行为-目的" 关系之外，往往还可以理解为其他语义关系的表达。比如（27）就至少表达了三种语义关系，即时间关系（张三先买了一本小说，然后读），目的关系（张三买了一本小说以便读）和因果关系（因为张三买了一本小说，所以他（能）读）。这是 "词语之间语义结构关系的多重性"（陆俭明 2010）现象的一种表现。当然，在实际话语中，说话人如果明确要凸显哪种语义关系，就会有意识地加上相应的形式标志，以便于听话人的理解。因此，无标记目的表达式的目的性要弱于有标记的目的表达式。

值得注意的是，可能正是由于连动结构在语义关系表达上的模糊性与不精确性，在汉语和上面所谈到的三种东南亚语言（例（34）-（36））中，连动结构都不是目的范畴最主要的句法表达形式。这些语言中 "至少还有另外一种结构用来显性地标示目的义，使之明确地表达出来"（Schmidtke-Bode 2009:104）。

在 "V+目的宾语" 结构中，目的义是通过表行为义的动词所支配的论元的形式表达出来的。也就是说，目的宾语在句法形式上和受事宾语没有差别。这样就容易使人们淡化、乃至忽略动词与目的宾语之间的 "行为-目的" 关系，而将其与 "动作-受事" 这种语义关系混淆起来。这也可以通过目的宾语与受事宾语在句法表征上的一系列共同点体现出来。

比如，都可以变为受事主语句（票排到了/菜洗好了），都可以变为"把"字句（把票排到了/把菜洗好了），都可以受数量短语的修饰（排了两张票/洗了两斤菜），都可以用"的"字结构将宾语直接提取出来（排的是票/洗的是菜），等等。因此，传统语法都以能否将动宾短语转换为"为了"类目的句作为区别受事宾语和目的宾语的重要标准。可见，"V+目的宾语"是目的范畴中原型性最差的成员。

3　余论

长期以来，汉语学界一直将对目的范畴表达形式的研究限于复句之内是有深刻的历史原因的。这牵扯到传统语法在对单句和复句进行分类时所持的双重标准的问题。在对单句进行分类时，我们向来习惯于从句子结构类型的角度来入手，而不是从句子表达的语义范畴的角度来入手。相反，在对复句进行分类时，我们向来习惯于从分句之间语义关系的角度来入手。[1]因为各个分句的结构类型可以完全不同，无法从句型的角度对整个复句加以定性，所以只能依照语义关系上的差别来分类。对于能够很好地从句型角度来分类的单句而言，传统语法家（除了吕叔湘等少数学者之外）一般是不会关心其表达的语义范畴的。

从类型学角度来看，这种做法很不利于我们进行跨语言的比较研究以及对中国少数民族语言的调查。因为某种语义范畴可能为全人类或部分民族所共有，但是否以语法形式表达出来，或者以怎样的形式表达出来，则在不同的语言中往往是各异的，所以在跨语言的研究中，从语义范畴出发去寻求其在不同语言中的表现形式是比较好的做法。

就目的范畴而言，其本身在语义上就要求必须有"行为"和"目的"这两个语义成分的共现。人类语言的共性是在表达目的范畴时需要用两个"动词性情景"（verbal situaion）来分别表达这两个语义成分（Schmidtke-Bode 2009: 20）。西方学者所说的简单句（simple clause）只能包含一个主谓结构，所以就把"行为-目的"这种双成分的语义关系以复杂句的形式表达出来。[2]但是，汉语中的单句和复句都可以包含两个动词性情景，因此两者都能用来表达目的范畴。如果认为只有复句形式能表达目的范畴的话，就会在语法研究框架中人为地造成汉语目的范畴句法表达形式的一些缺失。尤其是例（34）-（36）表明，汉语中表达目的范畴的连动结构也具有一定的语言共性，而这一现象却是只就复句形式来考察目的范畴的研究方法所不可能发现的。因此，我们基于语义特征来建立的汉语的目的范畴，并以此为基准对汉语目的范畴的句法表达形式的界定，都是有类型学上的理据的。

另外，从跨语言的角度对"转价"（Valence-Transposing）现象进行比较研究，我们可以看到，汉语中的目的宾语也属于升级型转价机制的一种表现，即"不及物动词或及物动词带本来应该做旁格成分的成分做直接宾语"，而且这种现象在很多语言里都存在（刘丹青

---

① 我们认为，句式只是对某些在结构上有特点的单句的概括，并不是单句的一种分类模式。句类则是从语气类型的角度给句子所作的分类，不仅适用于单句，也同样适用于复句。

② 复合句（compound sentences）也是超过一个主谓结构的句子，但内部小句之间是并列关系（coordination）。而表达行为义的主句和目的小句之间是主从关系（main-subordination），因此不能用复合句来表达。

2009:38）。但是，我们目前还没有看到其他语言中有目的成分直接作动词宾语的情况。目的宾语究竟是不是汉语的个性特征，还有待于我们今后进一步的研究。

参考文献

陈昌来 2000 《现代汉语句子》，上海：华东师范大学出版社。

高增霞 2006 《现代汉语连动式的语法化视角》，北京：中国档案出版社。

刘丹青 2002 汉语中的框式介词，《当代语言学》4：241-253。

——　　 2008 《语法调查研究手册》，上海：上海教育出版社。

——　　 2009 《类型学导论——语言的共性和差异》导读，载《类型学导论——语言的差异和共性》（影印版），13-40 页，北京：世界图书出版公司。

刘　辉 2009 汉语"同宾结构"的句法地位，《中国语文》3：225-233。

陆俭明 2010 词语之间语义结构关系的多重性，载《汉语语法语义研究新探索（2000-2010 演讲集）》，109-127 页，北京：商务印书馆。

吕叔湘 1982[1944] 《中国文法要略》，北京：商务印书馆。

邵敬敏 2007 建立以语义特征为标志的汉语复句教学新系统刍议，《世界汉语教学》4：94-104。

史金生 2006 目的标记"起见"的语法化——兼谈汉语后置词的来源，载《语法研究和探索》（十三），15-31 页，北京：商务印书馆。

王春辉 2010 《汉语条件句的结构与功能》，中国社会科学院研究生院博士学位论文。

张　斌 主编 2010 《现代汉语描写语法》，北京：商务印书馆。

张　敏 1998 《认知语言学与汉语名词短语》，北京：中国社会科学出版社。

张伯江 2002 施事角色的语用属性，《中国语文》6：483-494。

张谊生 2000 《现代汉语虚词》，上海：华东师范大学出版社。

中国社会科学院语言研究所词典编辑室编 2005 《现代汉语词典》（第 5 版），北京：商务印书馆。

赵春利 2005 关于目的范畴在句法、延展及其筛选上的理论思考，《中国海洋大学学报》（社会科学版）2：75-79。

周　刚 2002 《连词与相关问题》，合肥：安徽教育出版社。

Bach, Emmon. 1982. Purpose clauses and control. In *The Nature of Syntactic Representation*, edited by P. Jacobson and G. K. Pullum, 35-37, Dordrecht: Reidel.

Diessel, Holger. 2001. The ordering distribution of main and adverbial clauses: a typological study. *Language* 77: 433-455.

Durie, Mark. 1985. *A Grammar of Acehnese: on the Basis of A Dialect of North Aceh*. Dordrecht: Foris Publications.

Lin, T.-H. Jonah. (林宗宏) & W.-W. Roger Liao. (廖伟闻) 2008. Purposives in Mandarin Chinese and their syntactic properties. Unpublished manuscript. National Tsing Hua University. http://www.ling.nthu.edu.tw/faculty/thlin/pdf/purposives.pdf

Schmidtke-Bode, Karsten. 2009. *A Typology of Purpose Clauses*. Amsterdam/ Philadelphla: John Benjamins Publishing Company.

使令动词"使"在先秦到东汉的发展*

湖南商学院　　刘文正

内容提要　语用影响导致先秦汉语使令动词"使"在兼语句中形成,从而导致使令范畴产生;"使"字兼语句的功能在战国到东汉的扩展又使形容词的概念不再自由地和[+致使]结合,从而使形容词的使动用法大规模衰落,又必然给动结式的产生以直接影响。

关键词　使　使令范畴　使动用法

什么是使令动词?使令动词是单纯表示"使令、致使"范畴的一类词,这种词只含有"致使"义素。动作行为有由行为主体主动发出的,也有由客观的致使者引起的。在后者,行为主体既是动作的施事,也是使令动词的受事——被致使者。也就是说,使令动词有两个论元:一个是"致使者"(causer),另一个是"被致使者-行为施事"(causee-agent)。现代汉语中常见的"使、令"是最典型的使令动词,只能用在兼语句中。与此相当的还有"叫"、"让"等,只是后者不如前者那么专职,往往带有其他类别的动词的特征。

现代汉语的使令动词是怎么形成的?它的形成对汉语的语法有什么影响?对这些问题加以深入研究,对揭示汉语语义跟语法的演变有重要的意义。本文拟勾勒"使"在先秦到东汉的语义变化和语法表现的变化,管窥语义与语法的关系。

1　早期"使"的语义特征和句法特征

探讨"使"的语义变化,自然要追索其最初的意义特征。先秦文献的"使"音义各二:

使$_1$:上声　　(行为动词　**[+致使]**　　[+行为])
使$_2$:去声　　(行为动词　[+致使]　　**[+行为]**)

二者虽然都是行为动词,但读音不同,语义的侧重也不同:"使1"侧重[+致使],表示"役使、驱使",[+行为]不是焦点,只隐含于词义中;"使2"侧重[+行为],表示"(被派遣而)出使",[+致使]不是焦点,只是隐含其中。音义不同,"使"的论旨角色也不同:"使$_1$"带

---

* 本文是在作者博士学位论文《<太平经>动词及相关基本句法研究》的基础上深化而成的,得到了导师蒋冀骋先生的悉心指点,又得到蒋绍愚先生的批评指正,特此致谢。文章错误概由作者负责。本文是教育部人文社会科学青年基金项目(10YJ740070)的阶段成果。

致使者（施事）和被致使者-隐含行为的施事，"使₂"带施事和行为的目的地（Location）。例如：

(1) 维曰予仕，孔棘且殆。云不可使，得罪于天子；亦云可使，怨及朋友。（《诗经·小雅·节南山之什·雨无正》）
(2) 万夫之长，可以观政；后非民罔使，民非后罔事。（《尚书·咸有一德》）
(3) 使於四方，不辱君命。（《论语·子路》）

例（1）的"使"是"使₁"，被致使者-隐含行为的施事"予"做话题，但承前省略，致使者"天子"蒙后省略；例（2）出自伪古文《尚书》，但语言古朴，对于考察"使"的较早意义特征问题不大，句中的"使"音义同例（1），被致使者-隐含行为的施事"民"做话题主语，致使者"君"或"天子"隐而不现；例（3）的"使"是"使₂"，"（被派遣而）出使"的意思，施事话题被省略，由于四言诗韵律结构的影响，目的地"四方"也由介词"于"引入，如果是散文，目的地是不须由介词引入的，如：

(4) 今子听吾计事，求归，可以有秦国。吾为子使秦，必来请子。（《战国策·秦策》）
(5) 乃请子良南道楚，西使秦，解齐患。（《战国策·楚策》）

一般来说，在先秦语言中，主语常承前省略。所以例（1）-（5）中的"使"均可视为带有两个论旨角色，即"使₁"和"使₂"都是带"致使"义的二价行为动词。

由于侧重不同，其发展趋势也必然不同。现代汉语的使令动词"使"只包含[+致使]，与其相联系的必然是"使₁"，所以下文的讨论限于"使₁"。为录入方便，简作"使"。我们把它的语义特征和句法特征图示如下：

图1

词汇层			使			
语义层	[+致使者]	**[+致使]**	[+被致使者]	[+施事]	[+行为]	
常规句法层	主语	+	使	+	宾语	

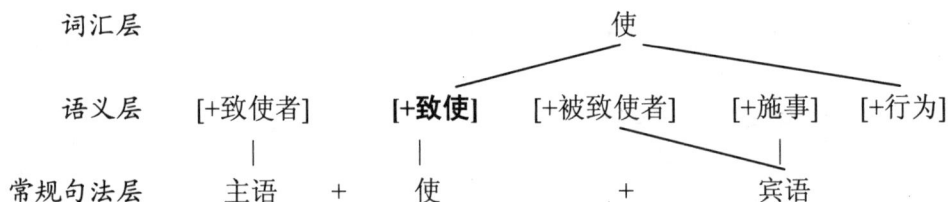

上图展示了常规情况下的语义和句法之间的关系：致使者做主语，"使"是谓语中心，被致使者-施事做宾语。

2 "使"的语义变化和句法变化

上文我们谈到，侧重[+行为]时，用"使₂"，但它只表示[+出使]，当遇到[+行为]需要侧重的时候怎么办呢？我们可以用扩大词义的办法，让"使₂"的概念内容无限扩大，但语言在表达的丰富性上难以保障。最简便的方法是让别的行为动词进入句法来补充语义[+行为]的表达。在这种语用中，"使"的概念临时变化：[+致使]和[+行为]被分开，只留下[+致使]。如图（二）所示：

图2

词汇层		使			V
语义层	[+致使者]	[+致使]	[+被致使者]	[+施事]	[+行为]
常规句法层	主语 +	使 +	兼语	+	行为动词

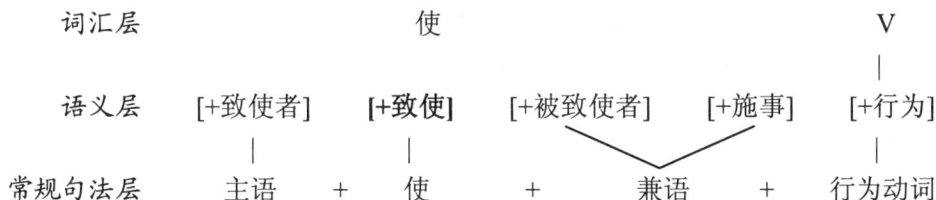

两图相比可以看出，在临时性的语用中，"使"的语义临时变化，[+行为]暂时磨损（erosion）；句法也有了变化：图1中"使"是谓语中心，整个句子是SVO，图2中"使"和另一个行为动词成为双核，整个句子为兼语句型SVOV，有时候兼语省略，"使"后紧接行为动词。

在甲骨文中，"使"已经有了临时磨损的倾向，如：

（6）使人往于唐。（甲骨文合集5544）（转引自张玉金2001:109）

但是，甲骨文中"使"的用例非常少，根据我们的抽样观察，在1-500以及40990-41549片甲骨文中，都找不到一个用例。根据这种情况，我们还不能说"使"在先秦已发展成使令动词。

从先秦早期的其他文献来看，"使"的意义磨损已经比较明显，在《尚书》中，意义磨损的用例已不少，例如：

（7）高宗梦得说，使百工营求诸野，得诸傅岩。（《尚书·说命上》）
（8）成王在丰，欲宅洛邑，使召公先相宅。（《尚书·召诰》）
（9）虞舜侧微，尧闻之聪明，将使嗣位，历试诸难。（《尚书·舜典》）
（10）咨四岳，有能奋庸，熙帝之载，使宅百揆。（《尚书·舜典》）

例（7）、（8）是兼语句，致使者承前省略，兼语句中谓语中心为动作动词；例（9）、（10）是"使"后接动作动词组成的短语，后者可视为省略兼语。从《尚书》"使"的整体运用来看,"使"共有 8 例:带名词(被致使者)宾语 2 例,带兼语句(动作句)2 例,带动词短语(动作)4 例,并且这 8 例的致使者都是人。可见《尚书》的"使"使令用法正在积极与行为用法竞争,并且已经取得优势。

这种兼语句的运用很有好处,一方面,它能促使一种新的语义范畴——"使令"得以产生;另一方面,它能使行为动词的概念内容不至于因带上[+致使]而过分复杂化,因为行为动词(尤其是及物动词)跟概念内容[+致使]结合的话,就会增加新的论旨角色——被致使者,这样导致动词的词汇负担过重,并且容易造成歧义。尽管古代汉语有屈折变调以分化歧义的手段,但是也无法从书面中显现出来;随着这种手段的萎缩,及物动词和[+致使]结合在交流中的歧义就难以避免。兼语句的使用,解决了这一矛盾,也成为一种更富有表现力的表述方式。随着这种句法形式的广泛使用,又使"使"的语义磨损得以固定。

"使"字兼语句继续发展,以《左传·隐公》为例,该文中"使"36 例(名词"使"除外),其中带兼语句 23 例,带省略兼语的动词短语的 12 例,另外 1 例的"使"是"使用"的意思,在 SVO 中充当谓语的 0 个;这些句子的致使者也都是人。就算《尚书》中使令动词"使"尚在形成,也可以说至少在《左传》中已正式确立。它的确立,标志着新的语义范畴——"使令"产生。

除了频率的提高,还有新的变化。在《左传·隐公》中,"使"后的动词都是动作动词,还没有表示性状的词语。不过,动作和状态两属的动词出现了。如:

(11)　请京,使居之。(《隐公元年》)

(12)　无使滋蔓。(同上)

(13)　寡人之使吾子处此。(《隐公十一年》)

(14)　乃使公孙获处许西偏。(同上)

(15)　公曰:"为其少故也,吾将授之矣,使营菟裘,吾将老焉。"　(同上)

这种情况《左传·隐公》共见 5 例。动作和状态两属的情况在兼语句谓语中心位置的出现使兼语句的情况发生变化,有可能使兼语句由表示事件进一步扩展为表示性状。

上文我们提到,《尚书》的"使"字句中的致使者都是人,而不是无生命的事/物;《左传·隐公》的"使"字句的致使者也是人,为什么会这样呢?难道没有一点变化?或许我们所考察的文献有问题,因为《左传·隐公》是叙述历史事件的,叙述的对象是人。描写不足也许会使我们曲解事实。因此我们以《诗经》进行对比,通过对比,我们发现我们的怀疑是合理的。在《诗经》中我们找到了 14 个"使"字句,其中一例我们已在上文列出(参例 1),抄录如下:

(16)　无感我帨兮,无使尨也吠。(《诗经·国风·野有死麕》)

(17)　大夫夙退,无使君劳。(《诗经·国风·硕人》)

(18)　维子之故,使我不能餐兮。(《诗经·国风·狡童》)

（19）　维子之故，使我不能息兮。（《诗经·国风·狡童》）

（20）　我戍未定，靡使归聘。（《诗经·小雅·采薇》）

（21）　及尔偕老，老使我怨。（《诗经·国风·氓》）

（22）　愿言思伯，使我心痗。（《诗经·国风·伯兮》）

（23）　是以有衮衣兮，无以我公归兮。无使我心悲兮。（《诗经·国风·九罭》）

（24）　神嗜饮食，使君寿考。（《诗经·小雅·鼓钟》）

（25）　既往既来，使我心疚。（《诗经·小雅·蓼莪》）

（26）　天位殷适，使不挟四方。（《诗经·大雅·文王》）

（27）　天子是若，明命使赋。（《诗经·大雅·崧高》）

（28）　亦集爰止，蔼蔼王多吉士；维君子使，媚于天子。（《诗经·大雅·泂酌》）

例（16）-（20）的致使者是人，例（21）-（26）的致使者是事或物，例（27）是"使"和动作连用，例（28）出自《雅》，语言古朴，保留了[+致使]和[+行为] 的语义特征。从"使"后的谓词来看，例（16）、（19）、（20）、（26）、（27）后接动词，表示事件；（17）、（18）、（21）、（22）、（23）、（25）后接心理动词，表示心理状态，例（24）后接"寿考"，表示性状。在《诗经》中，既有描写生活的，又有记叙事件的。语境多样化，句法也多样化：兼语句既有表事件的，也有表状态的；"致使者"有人，也有物或事。

将三部文献的数据列表如下：

表1

	动词"使"总数	使令动词数	兼语句谓词为动作动词	兼语句谓词为形容词
《尚书》	8	6	2	0
《左传·隐公》	36	23	18，另动作状态两属5	0
《诗经》	14	12	动作：5 心理：6	1

从表 1 中可以看出，作为使令动词的"使"从现存文献已难以找到其形成的源头，但在春秋战国之交已正式形成，也就是说"使令"范畴正式形成。因为《诗经》的 14 个"使"字有 12 例是[+致使]和[+行为]已经分开。"使"的这种语义变化是因语用的需求而引起的，并且语义的变化带来句法变化，使一种新的句型——"使令"兼语句广泛使用。而"使令"兼语句的广泛使用使"使"的语义变化得以巩固，使之由行为动词演变为使令动词。

3　"使"后谓词的变化和使令范畴的壮大

上文我们谈到，"使"字后的兼语句呈多元化，尤其是表示状态的兼语句在《诗经》中已占一半，《左传·隐公》中动作和状态两属的也不少。但是兼语句中的谓词是形容词的还很少，只在《诗经》中有 1 例。为什么"使令"范畴已经成立，而兼语句谓语是形容词的在上面所述的三部文献中仅 1 例呢？这和另一重要的现象——性状词（形容词）的使动用法相关。翻检先秦文献，我们可以看到，性状词的使动用法在先秦是极其丰富的。例如：

(29) 以正君臣，以笃父子，以睦兄弟，以和夫妇。（《礼记·礼运》）

(30) 今媪尊长安君之位。（《战国策·赵策》）

例（29）和（30）中的"正、笃、睦、和、尊"正是形容词在特定语境中的使动用法，即[+致使]与[+性状]结合。为什么能结合？其原因在于不致产生歧义。因为在形容词不带宾语的情况下，它是表示性状；在带宾语的情况下，它表示致使-性状。句法形式不同，语义也迥然有别，不会影响交际。

不过，随着使令动词的广泛使用和功能拓展，形容词的使动用法逐渐衰落了。下面我们勾勒战国到东汉时期的"使"的情况。

战国后期，"使"后谓词为形容词的情况增多。《庄子·内篇》共有"使"字句 38 个。其中兼语句谓词为形容词或形容词性短语的有 5 个。例如：

(31) 其神凝，使物不疵疠而年谷熟。（《庄子·内篇》）

(32) 天之生是使独也，人之貌有与也。（同上）

(33) 为人使易以伪，为天使难以伪。（同上）

(34) 嗅之，则使人狂醒。（同上）

(35) 使之和豫，通而不失于兑；（同上）

我们再看西汉《春秋繁露》的情况，我们查阅了前六卷。该篇共有"使"字句 34 个，其中兼语句中谓词为形容词的有 6 个。例如：

(36) 以此之故，难使会同，而易使骄奢。（《春秋繁露·卷二》）

(37) 晋灵行无礼……使阳处父死。（同上《卷四》）

(38) 圣人所欲说，在于说仁义而理之，知其分科条别，贯所附，明其义之所审，勿使嫌疑，是乃圣人所贵而已矣；（同上《卷五》）

(39) 亦有变其间，使之不齐如此，不可不省之，省之则重政之本矣。（同上《卷五》）

(40) 故子夏言："春秋重人，诸讥皆本此，或奢侈使人愤怨，或暴虐贼害人，终皆祸及身。"（同上《卷六》）

(41) 使之敦朴，不得无欲；（同上《卷六》）

需要说明的是，语法界一般将"死"归入不及物动词，我们根据它只表状态而归入形容词。

以上两部文献中"使"后兼语句谓词位置上出现形容词的例证不少，这说明从战国晚期开始，使令动词"使"的功能已经拓展；到东汉，"使"的兼语句中形容词的使用更为普及。从东汉《太平经》来看，"使"后兼语句中谓词为形容词更为频繁，甚至数量/数名短语都出现其中。例如：

（42）　夫蚑行万物之性，无有上下，取胜而已，故使乱败矣。（《分别四治法第七十九》）

（43）　更相欺以伪道，使人愚。（《上善臣子弟子为君父师得仙方诀第六十三》）

（44）　内失其真实，离其本根，转而相害，使人眩乱……（《守三实法第四十四》）

（45）　内独为过甚深，使王治不和良，凡人亦不可过节度也，故使一男二女也。（《一男二女法第四十二》）

（46）　疥虫蚤同使人烦懑，不得安坐，皆生疮疡。（《起土出书诀第六十一》）

动词"使"在《太平经》一书中共873个，其中兼语句谓词为形容词的共184个，占五分之一强。下面我们将上面三种文献的相关数据列表如下：

表2

	使令动词的总数	使令动词后为形容词的总数	比例
庄子·内篇	使：38	使：5	1/7 弱
春秋繁露·前六卷	使：34	使：6	1/6 强
太平经	使：873	使：184	1/5 强

从表2中可以看出，使令动词"使"的使用频率明显稳步提高。除"使"外，另一个产生于先秦的"令"在《太平经》中的情况也类似（刘文正2008）。

在东汉，不光"使"的功能得以扩展，使令范畴也得以壮大，除先秦已有的"使、令"等之外，还有新兴的使令动词"遣、致"等，例如：

（47）　粪中之有应天书度者，天遣神教之。（《善仁人自贵年在寿曹诀第一百八十二》）

（48）　当知人情，出入表里，可进可退，无遣人咎，各得增年，延及子孙。（《贪财色灾及胞中诚第一百八十五》）

（49）　若昼大兴长则致夜短，夜兴长则致昼短，阳兴则胜其阴，阴伏不敢妄见，则鬼神藏矣。（《事死不得过生法第四十六》）

（50）　天道法，孤阳无双，致枯，令天不时雨。（《分别贫富法第四十一》）

另外，在《太平经》中还出现了很多复音节的使令动词，如"使令、遣令、令敕、令欲使、候致、令致、致令、教使"等。例如：

（51）请问，古者火行，同当太平，而不正神道，今天师独使令火行正神道，何也？
（《火气正神道诀第一百三十五》）

（52）但宜清洁，天遣令狩，不宜数见，多畏之者，名之为虎。（《有德人禄命诀第一百八十一》）

（53）故以天书告，令敕民无犯所禁。（《七十二色死尸诫第一百八十六》）

（54）故令欲使其疾死亡，于其死不复恨之也。（《努力为善法第五十二》）

（55）今子所言，但当前小合于人意，反长候致诸祸凶所从起也。（《守三实法第四十四》）

（56）六曰无动乐衰休之气，令致多衰病人。（《某诀第二百四》）

（57）致令天时运转，乐王者乃长游而无事。（《急学真法第六十六》）

（58）君宜善开导其下，为作明令示敕，教使民各居其处而上书，悉道其所闻善恶。（《三合相通诀第六十五》）

双音节的使令动词的产生，使令范畴的扩大，证明使令范畴的地位更加巩固。使令范畴功能的扩展和地位的巩固，必然会对汉语语法的其他方面产生重要的影响，其最主要的影响在于形容词的使动用法的衰落。

4　使令兼语句的运用与形容词的使动用法的衰落

先秦形容词使动用法到汉魏六朝的衰落学术界早已成共识，但只知其然，而很少探其所以然。我们认为，这种衰落是由于使令范畴功能扩展所导致的，因为当形容词出现于这种环境中，其概念内容就不会与[+致使]相结合，久而久之，其使动用法就会大大衰退。下面我们以几个形容词来说明。

和：前面提到"和夫妇"的"和"包含[+致使]，是"使……和"的意思，而到东汉《太平经》中的"和"多不包含此义，如：

（59）或有力弱而不能自理，亦不敢言，皆名为闭绝不通，使阴阳气不和。（《服人以道不以威诀第六十四》）

（60）所以使子问是者，天上皇太平气且至，治当太平，恐愚民人犯天地忌讳不止，共乱正气，使为凶害，如是则太平气不得时和，故使子问之也。（《起土出书诀第六十一》）

当然《太平经》的"和"也还有使动用法，但用例有多个则说明它已趋萎缩。

愁："愁"在先秦可以自由地和[+致使]结合，如：

（61）　在有劳其身，愁其志，以忧社稷者。（《战国策·楚策》）

"愁其志"是"使其志愁"的意思，但在《太平经》中"愁"的用例多不含[+致使]，如：

（62）　夫俗人蔽隐，藏其要道德，反使其君愁而苦愚暗。（《六罪十治诀第一百三》）

明：在先秦，"明"可以自由地和[+致使]结合，如：

（63）　夫礼者所以定亲疏，决嫌疑，别同异，明是非也。（《礼记·曲礼》）

但到了东汉《太平经》中，"明"的使动用法受到限制，如：

（64）　□□□□□□□敕教使道不明，一是一非，其说不可传于为帝王法，故不敢有言不也。（《乐生得天心法第五十四》）

（65）　欲使阳气日兴，火大明，不知衰时者，但急绝由金气，勿使其王也。（《断金兵法第九十九》）

多：在东汉，"多"与[+致使]结合受到限制，但在先秦，可自由地用如使动，如：

（66）　少出师则不足以伤齐，多之则害于秦。（《战国策·秦策》）

以上我们用"和、愁、明、多"等从先秦到东汉的变化证明了前人关于形容词的使动用法在汉魏六朝衰落的论断。我们看到，形容词需要用来表述致使-情状时，在东汉往往用于"使"类兼语句，这足以证明使令范畴的功能拓展对形容词使动用法衰落的影响。

5　余论

分析表明，语用使汉语使令动词在"使"类兼语句中形成，其功能的扩展又导致形容词的使动用法衰落。不过，衰落不等于消失，直到现代汉语中仍有一些语词如"端正、大败"等可以和[+致使]相结合。这种情况可能与它们由几个语素复合有关，在此不展开论述。附带说明一点，"使令动词+性状"的广泛使用，使原来由词汇手段表达的内容发展为由句法手段来表达，这必定对产生汉语动结式以直接影响。王力（1989:262）认为，"由使动用法发展为使成式，是汉语语法的一大进步"，王氏说的"使成式"大致相当于后代学者的动结式或动补结构。这一精辟论述，看到了使动用法衰落与后世动结式的关系，也激起了众多学者沿着王力先生指引的方向深入研究，梅祖麟（1991）、蒋绍愚（1999）、吴福祥（1999）等是其中较为突出的代表。然而，他们大多过于关注连动结构的变化，而对使令动词"使"的作用没有足够重视，对"使+A"的形式与动补结构的关系没有足够重视。应该肯定，后世动补结构与使令范畴、"使"类兼语句的功能拓展有直接关系，因为"V+补"跟"使+A"的功能并无多大差别。

参考文献

蒋绍愚 1999 汉语动结式产生的时代，《国学研究》第六卷。

刘文正 2008 使令动词"令"在先秦至东汉的发展，《古汉语研究》4：78-82。

梅祖麟 1991 从汉代的"动、杀"、"动、死"来看动补结构的发展——兼论中古时期起词的施受关系的中立化，《语言学论丛》第十六辑，112-136 页，北京：商务印书馆。

王 力 1989 《汉语语法史》，北京：商务印书馆。

吴福祥 1999 试论现代汉语动补结构的来源，载江蓝生、侯精一主编《汉语现状与历史的研究——首届汉语语言学国际研讨会论文集》，317-345 页，北京：中国社会科学出版社。

张玉金 2001 《甲骨文语法学》，上海：学林出版社。

≈≈

第三届演化音法学研讨会一号通知

复旦大学中文系吴语研究室、香港科技大学中国语言学研究中心拟联合主办第三届演化音法学研讨会。此次会议的主题为"以语音学为工具，从事田野语音调查作为切入；以音节学为依托，建立共时音法类型作为基础——进而探求音法演化"。会议召开时间为 2011 年 9 月中旬，地点为复旦大学（具体日期、地点待定）。

有意参会者请在 2011 年 7 月 15 号之前将论文提要（1000 字以内）发送至电子信箱 evolphon@gmail.com。通过审稿后即发二号通知。也欢迎来信提出任何意见和建议。

[重要日期]（1）2011 年 7 月 15 日：稿件提交截止日期。（2）2011 年 8 月 1-15 日：陆续通知作者审稿结果并寄出会议二号通知。（3）2011 年 9 月中旬（具体时间待定）：会议召开。

书评：《The Chinese Rime Tables：Linguistic Philosophy and Historical-comparative Phonology》*

David Prager Branner (Ed.)
The Chinese Rime Tables: Linguistic Philosophy and Historical-comparative Phonology
Amsterdam/Philadelphia: John Benjamins Publishing Company, 2006. ⅷ+358 pages.
ISBN 90-272-4785-4 (Hb; alk. paper)

1998 年，D. P. Branner 教授在美国明尼苏达大学组织了一次名为"对韵图中语言哲学的新评价"（New Views on the Linguistic Philosophy Underlying the Rime Tables）的学术研讨会，会议论文后来由 Branner 编为《*The Chinese Rime Tables: Linguistic Philosophy and Historical-comparative Phonology*》（汉语韵图：语言哲学和历史-比较音韵学的研究，以下简称《韵图》），于 2006 年正式出版[①]。《韵图》包括献辞、前言、目录、正文、参考文献和人名、主题索引等内容。正文包括以下几个部分。

导言：何谓韵图？

该部分由 Branner 撰写，包括"什么是韵图"、"韵图的来源"、"解释"等内容（Branner 2006a）。

第一部分：韵图和构拟

该部分包括四篇论文：一、Abraham Chan（陈以信）《四等区分的原则》；二、Wen-Chao Li《从汉语和阿尔泰语的接触看四个"等"》；三、An-king Lim（林安庆）《古代突厥语的声母和中古汉语音系中锐音声母后元音的"等"》；四、Axel Schuessler（许思莱）《元音的复合化与<切韵>系统的"等"》。

第二部分：韵图的文本和构拟的历史

该部分包括三篇论文：一、W. South Coblin（柯蔚南 2006a）《关于守温韵学残卷》；二、Coblin（2006b）《张麟之的<韵镜>》；三、Branner（2006b）《Simmon Schaank（西蒙·沙昂克）和西方对传统汉语音韵学观念的发展》。

第三部分：作为描写工具的韵图

该部分包括五篇论文：一、R. V. Simmons（史皓元 2006a）《基于韵书的分析有何误导性》；二、Norman J.（罗杰瑞 2006a）《现代方言和早期韵图》；三、Simmons（2006b）《共

　　* 本文的撰写得到了上海市汉语言文字学重点学科（S30402）、上海市教委科研创新项目（11YS101）、上海高校选拔培养优秀青年教师科研专项基金（RE939）的资助。
　　① 其中有些论文并未在会议上宣读，但因与那次会议的主题有关，故而也收入《韵图》一书。

同方言音系的实践——赵元任的田野方法》；四、Branner（2006c）《汉语音韵系统的综合性质》；五、Norman（2006b）《共同汉语方言》。

第四部分：附录

该部分包括 Gari K. Ledyard 编《Boodberg 汉字通用标记法》、Branner《各家韵图转写法的比较》。

下文拟围绕以下四个问题，对《韵图》各文的内容择要作些评介：一、韵图和中古汉语的历史分期；二、对韵图"等"的认识；三、韵图和语言接触；四、韵图和现代方言。

一、韵图和中古汉语的历史分期

瑞典汉学家高本汉（1889-1978）的《中国音韵学研究》（*Études sur la phonologie chinoise*，1915-1926）至今仍是汉语历史音韵学领域最重要的参考书之一。该书由赵元任、李方桂、罗常培合译为中文，于 1940 年在商务印书馆出版。本书首次用现代语言学的方法，对中古汉语的音系做了系统的构拟，所据资料包括反切、韵图[①]、外语译音、现代方言等。反切材料来自《切韵》、《广韵》一系的韵书，韵图则包括晚唐北宋以后的《韵镜》、《切韵指掌图》等。对于韵图，高本汉（1940：20-21）表示不同意法国汉学家 Maspero H.（马伯乐）在《*Études sur la phonétique historique le la lanue Annamite*》（越南语音韵史）中所提出的"这些表（按指韵图）并不像是一般人所说的标注作表时代的读音，而是给古字书的读音作分类的"。高本汉认为，《广韵》的反切所代表的语言可叫做"中古汉语"，韵图代表的音叫做"近古汉语"，"在《广韵》出版的时候，非但把相沿下来的反切很忠实地保存着，就是二百零六韵的排列也都因仍旧贯。可是，后来四五百年，语言很有些朝着韵系简化的方向上变动。……所以司马光奉敕作一个字书的指南，就得把有关系的音都归纳成摄，好让人一眼可以全看见音……"。高氏虽然没有就此展开讨论，而且其论述也有失实之处，但至少他已经认识到了中古反切、近代韵图这两种材料所反映出的语音差异。实际上，罗常培（1943，2008：412）很早也发表了类似的看法：

> 而等韵图其作用为审音表，其对象纯为当时之语音，虽不无受韵书之影响与拘束，然终不能以早数百年之韵书音系衡之也。

高本汉（1940：22-25）谈到了三类韵图的不同，《韵镜》具有较强拟古性，比如止开三精组字"赀雌慈思"在晚唐以后失去 i 介音读作 η，《切韵指掌图》已列入一等，但《韵镜》还是把它们放在四等。因此《指掌图》在反映实际语音方面比《韵镜》明显。更晚的刘鉴《经史正音切韵指南》（1336）虽然在体例上有沿袭《指掌图》的迹象，但相比之下，两者的若干差异也体现了实际语音的演变，如"庄疮床霜"在《指掌图》、反切都读开口，而《切韵指南》已列为合口，和现在的官话一样了。

---

① 赵元任等的中译本将 Rime Table 译作"韵表"，后来音韵学界习惯上将其译作"韵图"。

加拿大汉学家蒲立本（Pulleyblank 1984）最早将中古汉语分为早、晚两期并作了系统的构拟。蒲氏认为，作为晚唐标准语的"晚期中古汉语"（Late Middle Chinese，LMC）和以《切韵》为代表"早期中古汉语"（Early Middle Chinese，EMC）并非前后相继，而是具有平行关系的两个方言。

Branner（2006a）对蒲氏的理论提出了批评。蒲氏提出 LMC 的主要证据来自语言学方面，比如李贺、白居易诗歌所反映出的晚唐口语。其他的证据还有：一、慧琳（736-820）《一切经音义》的反切；二、8 世纪以后的对佛经梵文的转写、藏文中的汉字音等；三、域外汉字音，如日译汉音、朝鲜译音、汉越音。前两条在 Branner 看来具有相同的性质，都跟佛教、佛经翻译有关，因此，用反切或转写材料来证实这种音韵分析方法，进而认为它们反映了 8 至 9 世纪的北方口语，有循环论证之嫌；第三条材料只能反映某种外语拼读汉语（而非其固有词）的传统，未必就和韵图音系一致。这就否定了蒲氏关于韵图反映晚期中古汉语的论据。Branner（2006a）认为，晚唐标准语存在与否，还需要政治及社会语言学层面的证据，这方面的历史材料最有说服力。《韵图》各篇论文的作者，只有 Abraham Chan、Wen-Chao Li 接受了蒲立本的中古汉语分期学说。

关于反切的来源，以往有两种看法，一是认为反切来自汉末所谓"反语"。《颜氏家训•音辞》说："孙叔然创尔雅音义，是汉末人独知反语。至于魏世，此事大行。"一是认为反切因受了佛教梵文的影响而产生，近人魏建功及 Branner（2006a）等皆持此观点。周法高先生（1963：35）认为：

> 案古代虽有合音，如蒺藜为茨、终葵为椎之类，究与后代反切有别，但与后代之反切亦不无关系。盖反切之兴起，所以济直音之穷，一方面承受固有合音之法，一方面亦可能受梵文之影响而促成。亦犹四声之别为中土所已有，而用于声律方面，则受转读佛经之影响也。

我们认为周先生的结论比较可信。玄应、慧琳《一切经音义》中的反切并非是对《切韵》的直接抄袭，而分别反映了初唐、中唐的实际语音，因此蒲立本提到的第一、二条证据没有问题。即使等韵图的产生受到了佛教的影响，也不能全然否定其透露出的语音演变信息。麦耘先生（2002：152-156）列举了从中古之初到中古之末所发生的各种变化，包括声母 7 项、韵母 12 项、声调 2 项。有些在等韵图有直接体现，并且有其他语音史材料的支持。例如：一、声母方面。帮、非组和端、知组的明确分化，云、以母并为喻母（分别列于韵图三、四等），庄、章组并为照组。二、韵母方面。止、蟹摄部分字合流，舌尖元音 i 出现，江、宕摄入声韵读同效摄。至于蒲氏提到的外语译音，作为韵图的旁证，自然也无可指摘。例如韵图将重纽 A 类和重纽 B 类分别置于四等和三等位置，虽然无法据此获知具体音值，但朝鲜译音、汉越音都不同程度地显示出其介音、声母色彩的差异。

实际上，中古汉语分作前、后两期，也并非缺少史料的支持。王力先生（1985）已经谈到了"五胡乱华"对于汉语上古到中古发展的重要影响。类似地，"安史之乱"不仅标志着唐代由盛转衰，北方少数民族和汉族的交流、融合想必也直接或间接地促使汉语的加速发展。中古后期诸如王仙芝、黄巢起义等历史事件，对于语音变化的影响也可以想见。（麦耘 2002：158）再往后，宋室南渡不仅成为北方移民南下的契机，同时也使汴洛官话对南方方言产生的深远的影响。

二、如何认识韵图的"等"

作为拼读反切的工具，等韵图将各个字音按等分列，这种声韵配合表的制作，一方面依托《广韵》反切，另一方面又在客观上反映了当时的实际语音，表面上看来有若干不一致的地方，其实韵母的"等"和声母的"等"是不同的两个概念。李新魁先生（1993：228）指出，等韵学中"等"最早来源于翻译佛经对汉语声类发音的标注，主要是发音方法上来区分的。稍后从声母的发音部位上来分等，因此通及韵母，声和韵的分等相应合，使整个音节"字"也有了等的划分。如阳韵是三等韵，但并非一定位于韵图三等的位置。知、庄组字列在二等位置，因为知组声母可以和二、三等韵配合，庄组声母的三等韵字列在二等位置，是因为其《切韵》时代的介音发生了改变，到了韵图时代，将其放在二等位置才能与实际语音相符合（麦耘 1990，2002，2008）。

《韵图》有几篇论文专门讨论早期韵图"等"的性质。Chan（2006）先简单回顾了 Volpicelli、Schaank、高本汉、蒲立本等前辈学者对"等"的构拟。Volpicelli（1896）用不同的主元音区分四个等，以 k 声母字为例，依次为 ko-、ka-、ke-、ki-。Schaank（1897）以介音来区别：ka-、kʲa-、kʲia-、kia-。高本汉（1915-1926）综合考虑了介音、主元音两个因素，将四等分别构拟为 kɑ-、ka-、kʲjɛ-、kie-。蒲立本（1984）明确地区分以韵图为代表的晚期中古汉语（LMC）和以《切韵》为代表的早期中古汉语（EMC），将四等分别写成 ka-、kja-、kia-、kjia-。Chan（2006）接受了蒲氏的 LMC 假设，并主张以元音舌位的不同来区分各等。他认为，LMC 的元音格局与现代英语有可比之处。如 LMC 的/ɑ æ i u/与英语相似，/e o /与英语的/ɛ ɔ/相似，而 LMC 的/ɯ ɤ/与英语的/u o/相比也只是[＋圆唇]特征的有无。

Chan（2006）为 LMC 构拟了 C_1(w)V_1 (V_2)(C_2)的音节结构，其中代表 C_1 代表"三十六字母"，(w)则代表了开、合口的不同（也包括圆唇元音）；"内转"、"外转"由 V_2 而定，某音节的等次由 V_1 而定，V_1 V_2式的复元音韵母只有 ie、ɯɤ 两个。具体如下：（可参看 Chan 2006：44。下表内转二等韵的相应位置阙如）

外转			内转		
	开	合		开	合
一等	kɑ-	kwɑ-	一等	kɤ-	kwɤ-或 ko-
二等	kæ-	kwæ-	二等		
三等	ke-	kwe-	三等	kɯ-或 kɯɤ-	kwɯ-或 kwɯɤ-或 ku-
四等	kie-	kwie-	四等	ki-	kwi-

从上表可以看到，Chan（2006）对有些已为国内外多数音韵学者所认同的看法并未坚持，比如三等韵带 i 介音[①]（韵图时代的四等韵已经滋生出了 i 介音，这点则是可以肯定的）。至于二等韵，不少学者也已经从不同角度提出 EMC 应带类似于 ɯ 的介音，具体可参看潘悟云先生（2000：295-297），在 LMC 里也应该有可寻的线索。其中诸多重要的细节问题，Chan（2006）并未涉及，比如怎样在他构拟的 LMC 元音系统与以《中原音韵》为代表的近代官话之间建立起历史关系，怎样认识重纽的语音性质，等等。

　　Coblin（2006a）对三种守温韵学残卷作了详细的讨论，所用版本是黄永武《敦煌宝藏》（台北新文丰出版社，1986）、潘重规《瀛涯敦煌韵辑新编》（台北文史哲出版社，1974）。Coblin（2006a：122）认为，守温残卷中的材料并未形成韵图，也并非对韵图所做的说明，但很可能为后来韵图的制作提供了有用的信息和拼读反切的方法。Coblin（2006b）依次讨论了永禄本《韵镜》的张麟之识语、韵镜序作、调韵指微、归字例、横呼韵、上声去音字、五音清浊、四声定位、列围等内容。Coblin 指出，《韵镜》编纂的目的，是提供汉字正确的书面读音，而非反映南宋的实际语音，它只是一部帮助科举士人从反切中获取有效读书音的实用性工具。Branner（2006b）则介绍了先于高本汉对汉语进行现代语言学构拟的 Simon Hartwich Schaank（西蒙·沙昂克，1861-1935）在中古音、等韵学等领域的研究。Schuessler（2006）讨论了由后汉（东汉）汉语发展而来的《切韵》以后的"等"，并提出一/四等韵、三等韵的产生是早期汉语单韵母的元音二合、三合化的结果。该文有两个工作性前提：一、上古汉语有 6 个元音；二、《切韵》系统中"等"的格局东汉已经形成。以开音节为例，中古三等韵、一/四等韵与上古汉语的对应如下：（Schuessler 2006：85）

上古汉语	i	e	ə	ɑ	o	u
三等韵	(j)i 死	(j)ie 支	(j)ɨ 思	jwo 居	ju 句	jəu 九
一/四等韵	ei 西	ei 鸡	âi 改	uo 古	əu 勾	âu 宝

三、韵图和语言接触

　　早期韵图的产生与汉末以来佛教东传及佛经翻译的密切关系，很多音韵学者已经谈及（如周法高 1956；Pulleyblank 1984；杨军 2003，2007）。Hashimoto（1986）也曾讨论过北方汉语受阿尔泰语影响后在句法、音系层面的各种表现。《韵图》中的两篇论文，即 Li（2006）和 Lim（2006）从语言接触的角度，具体论述了北方阿尔泰语对早期韵图和分"等"诸问题的影响。据 Hashimoto（1980）的研究，和北方民族的接触，使得晚唐以后汉语出现了阿尔泰语式的类型特征。在这个历史背景下，Li（2006）看到现代满-通古斯语（如鄂温克语）的元音系统与中古汉语有颇多相似，于是假设，公元 10 世纪中叶，和鄂温克语类似的某些阿尔泰语与北方汉语发生接触，后者的元音系统被重新分析如下：

[①] 黄笑山先生（1995：178）将《切韵》时代的三等韵介音拟作 ɨ，唐五代时大多数情况下前移作 i。

	I	II	III	IV
ɪ类元音	ə	o	ɪ	i
A类元音	ɔ	a	ⁱa	ɛ

这和薛凤生（1985：42）提出的韵图元音分等模式有可比之处：（下表引自 Li 2006：48）

	I	II	III	IV
A 类	kɔ		kiɔ	
B 类	kɔu	kau	kiau	keu

其中 A、B 两类的差别，分别大致相当于等韵学上"内转"和"外转"。韵图材料受阿尔泰语影响的证据，Li（2006：55）还提到了两点：一、《七音略·序》说："七音之作，起自西域，流入诸夏。……胡僧有此妙义，而儒者未闻。"多数学者认为"胡僧"来自印度，韵图效仿了梵文《悉昙章》的形式。从历史上看，佛教传入中原很可能要经过阿尔泰地区，佛经最早大多数是用中亚地区的印度西北部的语言（或方言）写成的，因此那些"胡僧"很可能并非来自印度，而是说阿尔泰语的中亚人。如果这样，那么假设他们编制韵图时，受到自身母语的影响，看来也并非不可能。二、《四声等子·序》说："近以《龙龛手鉴》重校。"《龙龛》乃辽僧行均所作，而辽国（907-1125）当时为契丹统治，属蒙古或通古斯语族。

诸家对韵图分等的依据，主要有元音音质（如 Vopicelli 1896）、介音腭化程度（如 Schaank 1897）两种基本假设。Li（2006）将元音、介音分等的不同模式，看成具有不同层次、分别代表了韵图"外转"、"内转"的两类：守温（907-960）最早将"等"的不同归因于元音音质的差异，而母语为阿尔泰语的韵图编制者对此种元音分等模式并不熟悉，于是很自然地将其命名为"外转"；相反地，他们所熟悉的语言以介音来分别元音，于是便以 i 介音的有无来区别一、三等，并命名为"内转"。这样，"内"、"外"分类恰好和薛凤生（1985）对韵图"内转"A 类、"外转"B 类的认识相对应。

Lim（2006）也从汉语与阿尔泰语接触的角度对韵图的音系作了分析。该文认为，通过对厄尔浑突厥语、《切韵》（EMC）的语音比较，可以发现《韵镜》分四等反映了早期中古汉语受阿尔泰语影响而产生的音变，是突厥语音系两极化的语音和谐的体现。具体地说，一等韵带低/后元音，对说阿尔泰语的人来说是无标记的（unmarked），同时也和阿尔泰语语音系统的后极性有关。三、四等韵带前高元音，代表了阿尔泰语语音系统的前极性特点。四等韵的 i 介音对于阿尔泰系的双语者（bilingual）来说也是无标记的。三等韵被调整为不同的调音姿态（articulatory gesture），就齿龈音声母（dental）来说，韵图编制者根据阿尔泰语提出了前腭音（三等韵）和卷舌音（二等韵），即照三（章组）、照二（庄组）之别；至于舌音声母（coronal），则产生了舌位央化的音节，即知组。

四、韵图和现代方言

Simmons（2006a）举例说明了《切韵》或韵图的分类格局与现代吴语之间的关系。Norman（2006a）则尝试将韵图的四等作了更加形式化的区分，考察韵类和声类的相配合的规则。以蟹、山摄为例：[①]（Noman 2006a：185）

蟹摄						山摄					
齐	bi	di	li		j	寒		d	l		g
祭	bi	zh	li		j	桓	b	d	l		g
泰	b	d	l		g	删	b	zh			j
佳	b	zh			j	山	b	zh			j
皆	b	zh				仙	bi	zh	li	r	j
灰	b	d	l		g	元	f				j
咍	b	d	l		g	先	bi	di	li		j

以上对 Branner 所编《韵图》（2006）中的大部分论文做了简单介绍。总的来说，《韵图》在以下几个方面值得肯定：

一、观点和角度。字母、等韵的产生与佛经翻译、梵文《悉昙章》密不可分，这大概已成为音韵学界的共识，历史、语言两方面的材料都支持这种看法。《韵图》各篇论文的有些观点对国内音韵学界来说尤为新鲜。如 Li（2006）提出"等"划分依据的层次性，认为元音音质、i 介音有无分别代表了"外转"、"内转"的不同，并进一步将其和韵图制作者的母语阿尔泰语相联系。Lim（2006）同样考虑到了阿尔泰语语音系统的特点及其对早期汉语可能产生的影响。这些假设未必就是定论，但至少可以给我们提供新颖的观察角度，拓宽研究的视野，对于提高等韵学的研究水平，无疑具有积极的作用。Schuessler（2006）从语音演变的角度观察《切韵》、韵图对"等"的划分，建立东汉到中古汉语元音演变的各种规律，并提出元音复合化是形成中古不同的"等"的重要原因，也非常具有启发性。

二、材料和方法。以往研究韵图，多注重对汉语内部文献材料的考证（"考古"），而不太利用非汉语、现代汉语方言等活语言的证据（"审音"）。近些年，国内已有学者开始从现代方言观察韵图的性质，如陈泽平先生（1999）、张玉来先生（2009）等。《韵图》的几篇论文也很强调用现实语言/方言材料来说明韵图分"等"的依据及其不足。如 Li（2006）说明韵图所展现的汉语受阿尔泰语影响后的元音格局时，参考了藏语 Ndzorge 方言与古藏文的 5 个元音之间的对应，以及日语的英语借词、牙买加的克里奥耳式英语对于外来词的元音是如何做出调整的。Norman（2006a）、Simmons（2006a）观察《切韵》、韵图所分的"等"在现代方言中的投射，后者还引用了他自己构拟的"共同北部吴语"（Common Northern Wu,

---

① 符号说明：b 代表唇音声母，d 代表齿音和 n 声母，zh 代表除 r 以外的卷舌声母，g 代表软腭声母，j 代表前腭声母。Norman（2006a：185）将元韵列入臻摄，今按一般的习惯列入山摄。

CNW)。Norman（2006b）也利用比较法，提出"共同汉语方言"（Common Dialectal Chinese，CDC）的假设，并说明 CDC 在各代表方言中的具体表现。例如：（Norman 2006b：237）

	日	人	二	染	热	肉
声调	阳入 8	阳平 2	阳去 6	阴上 3	阳入 8	阳入 8
CDC	nhit	nhin	nhi	nhiam	nhiat	nhiuk
北京	ʐʅ	zən	ɚ	zʐ	zʐ	zou
扬州	ləʔ	lən	a	ieʔ	ieʔ	lɔʔ
苏州	ɲiɪ	ɲin	ɲi	ɲiɪʔ	ɲiɪʔ	ɲioʔ
温州	ɲiai	ɲiaŋ	ŋ	ɲi	ɲi	ɲiəu
长沙	ɲi	zən	ɤ	ye	ye	zəu
双峰	i	ɲiɛn	e	ia	ia	ɲiʋ
南昌	ɲit	ɲin	ə	lɛt	lɛt	ɲiuk
黎川	ŋiʔ	nin	ɵ	ɲiɛʔ	ɲiɛʔ	niuʔ
梅县	ɲit	ɲin	ɲi	ɲiam	ɲiat	ɲiuk
广州	jɐt	jɐn	ji	jim	jit	jʋk

　　《韵图》是近年来汉语等韵学、音韵史方面值得参考的著作，相信对推动相关学科的发展具有积极的作用。该书也有一些不足，比如说对国内音韵学界的研究未能及时关注。上世纪 90 年代以来，大陆、台湾地区的音韵学者颇有重要的成果出现，例如麦耘先生（1990）、黄笑山先生（1991）、竺家宁先生（1991）对于中古音的历史分期，以及如何认识介音、重纽、元音等在 EMC、LMC 不同阶段的演变等。杨军先生（2003，2007）吸收了迄今为止海内外学人的研究成果，对《七音略》、《韵镜》作了详细的校注，很有参考价值。当然，还有不少研究论著本文没有提到，读者自可参阅。

　　该书有些文字方面的错误，例如：27 页脚注 35、303 页倒 4 行、327 页第 14 行，"有坂秀世"误作"有阪秀世"；129 页倒 2 行，Wang（1986）误作 Uang（1986）；172 页倒 1 行，"金坛"误作"金潭"；306 页第 24 行，"苏州"、"常州"之间漏一顿号；309 页倒 12 行，"汉语音韵讲义"误作"汉语语音讲义"；316 页第 21 行，"历史语言研究"后漏"所"字；323 页倒 19 行，"汉语语音史"误作"汉语音韵史"；324 页第 12 行，"三联"误作"三连"；325 页倒 7 行，"唐五代韵书集存"误作"唐五代韵学集存"；325 页倒 4 行，"江苏新字母"误作"江苏新自母"。①

---

　　① 承沈瑞清学兄告知，网上有个关于此书的勘误表供下载。网址如下：http://branner.americanorientalsociety.org /dpb/Branner_Corrigenda_Rime_ Tables.pdf。

参考文献

陈泽平 1999 从现代方言释《韵镜》假二等和内外转，《语言研究》2：160-168。

高本汉 1915-1926 《中国音韵学研究》，赵元任、李方桂、罗常培合译，北京：商务印书馆，1940 年。

黄笑山 1991 《<切韵>和中唐五代音位系统》，厦门大学博士论文，台北：文津出版社，1995 年。

李新魁 1993 论"等"的起源和发展，载《李新魁自选集》，207-229 页，郑州：河南教育出版社。

罗常培 1943 拟答郭晋稀《读<切韵指掌图>》，载《罗常培文集》（第七卷），412-419 页，济南：山东教育出版社，2008 年。

麦 耘 1990 韵图的介音系统及重组在《切韵》后的演变，载《音韵与方言研究》，63-76 页，广州：广东人民出版社，1995 年。

—— 2002 汉语语音史上"中古时期"内部阶段的划分——兼论早期韵图的性质，载潘悟云主编《东方语言与文化》，147-166 页，上海：东方出版中心。

—— 2008 对中古"等"的一致性构拟，《语言研究集刊》第五辑，18-34 页，上海辞书出版社。

潘悟云 2000 《汉语历史音韵学》，上海：上海教育出版社。

王 力 1985 《汉语语音史》，北京：中国社会科学出版社。

薛凤生 1985 试论等韵学之原理与内外转之涵义，《语言研究》8：35-56。

杨 军 2003 《七音略校注》，上海：上海辞书出版社。

—— 2007 《韵镜校注》，杭州：浙江大学出版社。

张玉来 2009 再释内外转并论及早期韵图的性质，《语言研究》3：27-45。

周法高 1963 佛教东传对中国音韵学之影响，《中国语文论丛》，21-51 页，台北：正中书局。

竺家宁 1991 《声韵学》，台北：五南图书出版公司。

Branner, David Prager. (ed.) 2006. *The Chinese Rime Tables: Linguistic Philosophy and Historical-comparative Phonology*. Amsterdam/Philadelphia: John Benjamins Publishing Company.

Hashimoto, Mantaro. 1986. The Altaicization of Northern Chinese. Ed. by John McCoy & Timothy Light, *Contributions to Sino-Tibetan Studies*, 76-97. Leiden: E. J. Brill.

Pulleyblank, Edwin G. 1984. *Middle Chinese: A study in historical phonology*. Vancouver: University of British Columbia Press.

图书在版编目(CIP)数据

东方语言学. 第9辑 / 潘悟云,陆丙甫主编. —上海：
上海教育出版社,2011.6
ISBN 978-7-5444-3490-4

Ⅰ.①东… Ⅱ.①潘… ②陆… Ⅲ.①汉语—语言学—期刊
Ⅳ.①H1–55

中国版本图书馆CIP数据核字(2011)第111529号

东方语言学
第九辑

《东方语言学》编委会

出版发行　上海世纪出版股份有限公司
　　　　　上 海 教 育 出 版 社
　　　　　易文网 www.ewen.cc
地　　址　上海永福路 123 号
邮　　编　200031
经　　销　各地新华书店
印　　刷　江苏启东人民印刷有限公司
开　　本　787×1092　1/16　印张 13　插页 2
版　　次　2011 年 6 月第 1 版
印　　次　2011 年 6 月第 1 次印刷
书　　号　ISBN 978-7-5444-3490-4/H·0192
定　　价　29.00 元